曾宪通

    1935年1月生，广东潮安人。1959年毕业于中山大学中国语言文学系，留校在古文字学研究室当助教，主要从事汉语文字学的教学和研究工作。从容庚、商承祚两教授治古文字之学，研究方向为战国秦汉文字。1985年起任中山大学中文系教授，1990年经国务院学位委员会批准为汉语文字学专业博士生导师。曾兼任中山大学人文学院院长、中文系主任以及中国古文字研究会理事长，中国秦文学会和中国语言学会常务理事。主要著作有《长沙楚帛书文字编》、《楚地出土文献三种研究》（合著）、《曾宪通学术文集》、《古文字与出土文献丛考》、《汉字源流》（合著）等专著及论文近百篇。曾荣获广东省哲学社会科学优秀成果著作二等奖，教育部人文社会科学优秀成果著作二等奖和三等奖。2015年被评为广东省第二届优秀社会科学家。

广东省优秀社会科学家文库（系列二）

曾宪通自选集

曾宪通 ◎ 著

中山大学出版社

·广州·

版权所有　翻印必究

图书在版编目（CIP）数据

曾宪通自选集/曾宪通著．—广州：中山大学出版社，2017.11
（广东省优秀社会科学家文库．系列二）
ISBN 978-7-306-06135-5

Ⅰ.①曾…　Ⅱ.①曾…　Ⅲ.①汉字—古文字学—文集
Ⅳ.①H121-53

中国版本图书馆 CIP 数据核字（2017）第 187718 号

出 版 人：徐　劲
策划编辑：嵇春霞
责任编辑：裴大泉
封面设计：曾　斌
版式设计：曾　斌
责任校对：刘丽丽　赵　婷
责任技编：何雅涛
出版发行：中山大学出版社
电　　话：编辑部 020-84110283，84111996，84111997，84113349
　　　　　发行部 020-84111998，84111981，84111160
地　　址：广州市新港西路 135 号
邮　　编：510275　传真：020-84036565
网　　址：http://www.zsup.com.cn　E-mail：zdcbs@mail.sysu.edu.cn
印 刷 者：广东虎彩云印刷有限公司
规　　格：787mm×1092mm　1/16　22.75 印张　386 千字
版次印次：2017 年 11 月第 1 版　2017 年 11 月第 1 次印刷
定　　价：60.00 元

如发现本书因印装质量影响阅读，请与出版社发行部联系调换。

"广东省优秀社会科学家文库"(系列二)

主　任　慎海雄

副主任　蒋　斌　王　晓　宋珊萍

委　员　林有能　丁晋清　徐　劲

　　　　魏安雄　姜　波　嵇春霞

"广东省优秀社会科学家文库"（系列二）

出版说明

习近平总书记在党的十九大报告中明确提出要"加快构建中国特色哲学社会科学"，为新时代中国哲学社会科学繁荣兴盛指明了方向。哲学社会科学是人们认识世界和改造世界、推动社会进步的强大思想武器，哲学社会科学的研究能力是文化软实力和综合国力的重要组成部分。广东改革开放近40年所取得的巨大成就离不开广大哲学社会科学工作者的辛勤劳动和聪明才智，广东要实现"四个坚持、三个支撑、两个走在前列"的目标更需要充分调动与发挥广大哲学社会科学工作者的积极性、主动性和创造性。中共广东省委、省政府高度重视哲学社会科学，明确提出要打造"理论粤军"、建设学术强省，提升广东哲学社会科学的学术形象和影响力。这次出版的"广东省优秀社会科学家文库"，就是广东社科界领军人物代表性成果的集中展现，是广东打造"理论粤军"、建设学术强省的一项重要工程。

这次入选"广东省优秀社会科学家文库"的作者，均为广东省第二届优秀社会科学家。2014年7月，中共广东省委宣传部和广东省社会科学界联合会启动"广东省第二届优秀社会科学家"评选活动。经过严格的评审，于2015年评选出广东省第二届优秀社会科学家10人。他们分别是（以姓氏笔画为序）：王珺（广东省社会科学院）、毛蕴诗（中山大学）、冯达文（中山大学）、胡经之（深圳大学）、桑兵（中山大学）、徐真华

（广东外语外贸大学）、黄修己（中山大学）、蒋述卓（暨南大学）、曾宪通（中山大学）、戴伟华（华南师范大学）。这些优秀社会科学家是我省哲学社会科学工作者的杰出代表和学术标杆。为进一步宣传、推介我省优秀社会科学家，充分发挥他们的示范引领作用，推动我省哲学社会科学繁荣兴盛，根据省委宣传部打造"理论粤军"系列工程的工作安排，我们决定在推出"广东省优秀社会科学家文库"（系列一）的基础上，继续编选第二届优秀社会科学家的自选集。

本文库自选集编选的原则是：（1）尽量收集作者最具代表性的学术论文和调研报告，专著中的章节尽量少收。（2）书前有作者的"学术自传"，叙述学术经历，分享治学经验；书末附"作者主要著述目录"。（3）为尊重历史，所收文章原则上不做修改，尽量保持原貌。（4）每本自选集控制在30万字左右。我们希望，本文库能够让读者比较方便地进入这些当代岭南学术名家的思想世界，领略其学术精华，了解其治学方法，感受其思想魅力。

10位优秀社会科学家中，有的年事已高，有的工作繁忙，但对编选工作都高度重视。他们亲自编选，亲自校对，并对全书做最后的审订。他们认真严谨、精益求精的精神和学风，令人肃然起敬。

在编辑出版过程中，除了10位优秀社会科学家外，我们还得到中山大学、暨南大学、华南师范大学、广东外语外贸大学、深圳大学、广东省社会科学院等有关单位的大力支持，在此一并致以衷心的感谢。

广东省优秀社会科学家每三年评选一次。"广东省优秀社会科学家文库"将按照"统一封面、统一版式、统一标准"的要求,陆续推出每一届优秀社会科学家的自选集,把这些珍贵的学术精华结集出版,使广东哲学社会科学学术之薪火燃烧得更旺、烛照得更远。我们希望,本文库的出版能为打造"理论粤军"、建设学术强省做出积极的贡献。我们相信,在习近平新时代中国特色社会主义思想指引下,广东的哲学社会科学一定能迈上新台阶。

"广东省优秀社会科学家文库"编委会
2017 年 11 月

目录

学术自传 / 1

"作"字探源
　　——兼谈"耒"字的流变 / 1

释"鳳""皇"及其相关诸字 / 15

说繇 / 25

楚文字释丛 / 36

楚帛书文字新订 / 47

说"踐""殿"及其它 / 55

"亯"及相关诸字考辨 / 60

从曾侯乙编钟之钟虡铜人说"虡"与"業" / 67

再说"蛊"符 / 77

古文字资料的释读与训诂问题 / 87

吴王光编钟铭文的再探讨 / 99

关于曾侯乙编钟铭文的释读问题 / 120

宋代著录楚公逆钟铭文补释 / 142

《周易·睽》卦卦辞及六三爻辞新诠 / 150

《周易·离》卦卦辞及九四爻辞新诠 / 156

《保训》篇"中"字别解 / 163

包山卜筮简考释 / 169

试论银雀山汉墓竹书《孙子兵法》 / 180

居延汉简研究二题 / 194

敦煌本古文《尚书》"三郊三逋"辨正
　　——兼论遂、述二字之关系 / 202

汉字起源的探索 / 208
楚帛书神话系统试说 / 219
楚月名初探
　　——兼谈昭固墓竹简的年代问题 / 230
战国楚地简帛文字书法浅析 / 245
秦汉时制刍议 / 258
容庚先生与中国青铜器学 / 271
商锡永先生与楚帛书之缘及其贡献 / 290
选堂先生与荆楚文化的研究 / 297
明本潮州戏文所见潮州方言概述 / 310
明本潮州戏文疑难字试释 / 338

附录　曾宪通主要著述目录 / 347

学术自传

◎ 曾宪通

我的乳名叫曾雄镇，1935年1月（农历甲戌腊八）出生于广东省潮安县彩塘镇骊塘乡——桑浦山下一个负山吞江、碧野秀水的侨乡。先考讳曾松锦公，年十六即随长辈到马来亚谋生，先后当过锡矿工、橡胶农和店员。家族中的成年男性几乎散居在南洋各地，家中只有祖母、母亲、姐姐和我。母亲为了使儿子在成长中不失阳刚之气，便让我从小就近在"耕余小筑"同农民兄弟住在一起。"耕余小筑"是单身农民聚居的地方，也是农民农闲聚会和娱乐的场所，潮俗称之为"闲间"。我在"闲间"里不但养成与人和谐相处的习惯，还从长辈那里了解到四时农事和许多民间习俗，并学习潮乐和潮曲，能用"工尺谱"背诵上百首"弦诗"，学会用《潮声十五音》替不识字的侨眷回复侨批等。小学就读于星洲侨领曾汝平乡贤创办的"务滋学校"，正式启用学名曾宪通。抗日战争胜利第二年，曾代表学校参加全县小学生"较艺"获奖。小学毕业后，先后在潮安二中和金山中学读初中和高中。

1955年秋，我在汕头金山中学毕业，即考进中山大学中文系，在康乐园度过了第一个中秋节。当容庚教授和夫人将同大家一起赏月的消息传来，宿舍里一片欢腾。记得当晚皓月悬空，全班同学围坐在东大球场的绿草坪上，一边品尝着广州的五仁月饼，一边听着容庚先生和夫人聊聊康乐园的故事。康乐园原来是岭南大学的校园，因在珠江边的康乐村而得名，而康乐村则据说同谢灵运（号康乐）到过附近的下渡村有关。1952年院系调整，岭南大学并入中山大学，从此便成为中山大学的校园了。容庚先生就是这样从岭南大学来到中山大学的。同学们都知道，容庚先生是海内外著名的古文字学家，但当时许多同学都不知道古文字为何物，便七嘴八舌地向容先生讨教。容先生答得很风趣，他说："所谓古文字，就是我们的祖宗用过而你们今天还不认得的字。"但他把话锋一转说："其实要学古文字也不困难，我当初学钟鼎文时还不是个中学生？"接着他便断断续续地介绍他自己如何在舅父邓尔雅的影响下学习《说文》，如何同弟妹们分工搜集古文字资料编书，又如何夹着《金文编》稿本谒见了著名考古学家罗振玉，进了北京大学研究所国学门当研究生，毕业后又如何进入燕京大学成为教授的，等等。容先生这次讲话给同学们留下深刻的印象，使大家明白，他是怎样通过研究古文字，才从一个默默无闻的中学生一跃而成为鼎鼎大名的大学教授的。当时中文系汉语言文学专业分别设有语言学和文学两个专门化方向，开设的课程几乎有一半是语言文字学的。在系里多位语言文字学家的影响下，我开始对历史悠久的传统语文学产生了浓厚的兴趣，主动修习了语言文字学系列的全部课程，用心钻研，并惊奇地发现，在整个学术的殿堂里，还有语言文字学这块宽广无垠的天地，渴望着窥探其中的奥秘。

  1959年暮春，容庚先生带着四位副博士研究生北上实习，学校让我提前毕业作为容庚先生的助手随行。这次实习历时两个多月，在全国各大博物馆和文物工作队看到了许多传世和新出土的珍贵文物，还拜会了多位向往已久的著名学者和专家，其中印象最深的是唐兰和郭沫若两位先生。当时我们一行住在故宫博物院的西角楼招待所，经常在故宫的金石室见到唐兰先生。容先生一见面就批评唐先生守着故宫大批青铜器，不编图录供大家使用。而唐先生总是笑呵呵地回答说："编图录不算研究，这不是我的工作。"还经常对我们说："古文字的功夫不在古文字之内，而在古文字之外。"这使我朦胧地意识到，研究古文字并非认识几个古字那么简单。有一天，故宫博物院院长通知我们，郭沫若院长准备在前海家中接见我们，令我们非常兴奋。原来郭老在上世纪二三十年代避难日本研究古文字时，就与容庚先生订下文字之交。这次一听说容先生带学生到北京实习，便欣然答应会见。记得当时郭老刚从安阳考察回到北京，便兴致勃勃地向我们介绍安阳圆坑墓的发现情况，并回答了我们一行提出的许多学术问题。这次随同实习使我有机会接触到大批老祖宗使用过的古文字实物资料，眼界大开，知道要在古文字学领域里有所作为，就必须具备多方面的学识，尤其要了解与古文字密切相关的历史、考古和古器物学等背景资料，光靠课堂上的学习和书本上的知识是远远不够的。

  1959年8月，我在中山大学中文系正式毕业，组织上分配我留校在古文字学研究室工作，担任容庚先生的助教兼任古文字研究室秘书，协助室主任商承祚教授开展研究室的日常工作。当我向容庚先生报告自己留校当助教时，没料到他竟给我大泼冷水。他说："现在批判'厚古薄今'，提倡'厚今薄古'，青年人何苦来钻这个冷门？"后来，他见我并没有动摇，便把他妹妹容媛编著的《金石书录目》送给我，还无私地开放他那著名的"五千卷金石室"供我自由地阅读，还叮嘱我把他的藏书记号移录到自己的书上，以便按图索骥。并布置我临摹《说文解字》、《金文编》和《甲骨文编》三部字书，细心比较彼此的异同，留意某些器物上的特殊写法。他常对我说："大匠予人以规矩而不能予人以巧，巧，只能在刻苦的磨炼中得来。"又说："一个人要做学问，光靠平日博闻强记是不够的，必须借助'目录'一类的工具书作为治学的阶梯，这本《金石书录目》你要好好地加以利用。"容庚先生的爱护和鼓励，使我明白做学问必须善于学习、勤于探索，一步一个脚印地循序渐进，才能达致科学的顶点。

1961年深秋，商承祚教授带领王子超和我到郑州和北京两地摹校信阳楚墓出土的竹简。当时正值经济困难时期，每天靠生蒜头送玉米粥糊口。一向养尊处优的商先生毫无怨言，每天起早摸黑地往返于地下库房与资料室之间，全身心地投入工作。商先生对残简拼接和简文临摹有很丰富的经验。他认为，残简拼接要注意内部条件和外部条件的协调。内部条件指字形和文意，同一个字的用笔体势往往因人而异，同篇文章的文气也必然是上下连贯的。属于同一写手的字而又上下文意通达无碍是拼接残简最基本的条件，再参照字形的大小、字距的疏密和残简断口的形状，以及相关的花纹、色泽等外部条件，即可作出判断了。商先生说："具备这些条件的拼复工作，是往往可以做到十拿九稳的。"商先生对于简文的临摹，则主张主观与客观相结合，先无我然后才有我。所谓"无我"，就是要做到完全客观地，将所见的笔画准确无误地临摹下来，而不管它对与不对；所谓"有我"，就是要根据自己的学识与经验，判断其笔画和结体是否符合规律，然后决定如何取舍；对于笔画漫漶不清和残缺不全的字，尤其需要反复斟酌和推敲。商先生的这些理论和方法，成为我们日后整理竹简的指南。

1962年4月，中共中央宣传部和国务院文化部介绍容庚先生到全国各地搜集青铜器资料，准备改编容庚先生的名著《商周彝器通考》一书。改编小组成员除张维持、马国权外，我也忝列其中。我们随同容庚先生到全国十六个省市作学术考察，每到一处都受到热情接待，并收集到大量的青铜器资料。回校后即着手改编工作，有若干篇章已经写出初稿。但苦于后续的图片资料不济，加上"文化大革命"的冲击，遂告中断。一项行将实现的宏图大略，终因不可逆料的原因而夭折，这实在是中国学术史上难以弥补的重大损失。

从20世纪50年代末到70年代中期，是我踏入古文字学门槛的第一个阶段，这段时间的许多日子都是在容庚、商承祚二位老先生身边度过的。二位前辈长期从事古文字资料的搜罗和撰集工作，他们擅长字形分析和强调第一手材料、注重实证的严谨学风，对我影响至深，特别是容庚先生一贯倡导的"人一能之己百之，人十能之己千之"的自强不息、锲而不舍的精神，至今仍是自己克服困难的座右铭。

第二个阶段开始于1974年初夏，当时正是新中国考古发现的黄金时代。继山东临沂银雀山汉墓竹书出土之后，又发现了湖南长沙马王堆帛书和湖北云梦睡虎地秦简，这些都是轰动中外学术界的重大考古收获。在国家文物局王冶秋局长的主持下，从全国各地调来了一大批学者组成秦汉简帛整理小组，在当时的特殊条件下开展了卓有成效的工作。当初，我是作为商承祚教授的随行人员加入这一行列的，说起来有点偶然。我本来并不是这个小组的正式成员，有一次，当我翻阅罗福颐先生初步整理的简本《孙子兵法》时，在一篇名为《形》篇的简文中，发现有不少句子总是重重复复地出现。对于这一现象，我提出可能存在两个写本的看法，得到朱德熙先生的支持。朱先生嘱咐我试着按照不同字体重新加以整理。这样一来，原先重复出现的简文果然按照不同写本各就各位，泾渭分明，不再重复出现，证明确是两个写本无疑。与此同时，我还发现一些与《孙子》十三篇有关及十三篇以外的《孙子》佚文的残简，因而朱德熙先生建议由我继续整理简本《孙子兵法》，其他人发现的相关简文也归到我这里来，并以宋本十一家注《孙子》与简本相校注。随后，我又参加了简本《尉缭子》校注、《孙膑兵法》简注和《睡虎地秦墓竹简》的整理等。直到1976年夏天，因受唐山大地震的影响不能继续在红楼工作，外地学者陆续离开北京，我也于8月上旬回到广州。

这次在北京红楼工作，我不但接触到一批批新出土的简帛资料，还认识了许多全国一流的老专家，以及同辈学者中的众多佼佼者，从他们身上学到不少高尚的品德和可贵的学识，明确了自己治学的方向和目标。这对我一生的学术生涯是有决定性意义的。特别是在整理临沂汉简的过程中，在朱德熙先生的主持下，与裘锡圭、李家浩、吴九龙等先生一起讨论残简的拼接、编联和文字的考释、通读等问题，受到很大的启发。朱德熙先生研究古文字的特点是重视字形而又不囿于字形，他注重透过文字符号去了解较为隐蔽的语言事实，这样往往可以收到意想不到的效果。在出土文字资料的释读上常常有这样的情况，光从字形上看问题，往往感到"山穷水复疑无路"，就在这个时候，朱先生常用的口头禅是："换一个角度看看怎么样？"他的意思是：不妨从文字背后隐蔽的语言事实来考察。这样一来，往往就会出现"柳暗花明又一村"的新境界，令人有豁然开朗的感觉。我想，这就是语言学意识的效应。在古文字资料的释读上，有没有这个"意识"是大不一样的。它使我们在思考问题时多了一条思路，多了一个角度和一条门径。这对于从事语言文字研究工作的人来说是至关重要的。

第三个阶段开始于1979年的初冬，中国古文字研究会在广州举行第二届学术年会，由商承祚教授担任理事会理事长，我和赵诚任秘书长兼负责操办具体的会务工作。这届年会有两个明显的特点：一是老一辈的古文字学家到得最齐，除容庚、商承祚两位先生外，还有于省吾、徐中舒、顾铁符、周祖谟、孙常叙、胡厚宣、张政烺、朱德熙、沈之瑜、启功、张颔等先生，相聚一堂，盛况空前；二是开始有海外学者在会上宣读论文。国际著名的汉学家、香港中文大学饶宗颐教授就是首次回内地参加学术活动的。当时的广东省领导吴南生书记特地设宴欢迎饶宗颐先生的到来。他希望饶宗颐先生今后多到内地看看，还指着我说，"必要时可叫宪通陪陪，这也是向饶老学习的好机会。"第二年秋天，饶宗颐教授应文物出版社王仿子社长的邀请，在往成都出席第三届古文字学术年会后，即到全国各地进行学术考察。当时文物出版社派郑昌政先生专程到成都迎候，我也作为广东省高教局派出的随行人员一路陪同。从成都出发，先后到过宝鸡、兰州、敦煌、西安、洛阳、登封、郑州、开封、武汉、荆州、奉节、宜昌、安阳、北京、承德、济南、泰安、曲阜、南京、扬州、镇江、常熟、无锡、苏州、上海、杭州、衡阳、广州等地，历时三个多月，行程达数万里。饶宗颐先生回香港后，特地请名家用顾炎武名句"九州历其七，五岳登其四"刻了一方印章作为纪念。在这次旅行中，饶先生饱览了祖国的名山大川，接触到大量新出土的文物，兴奋异常。由于先生对楚地出土文物情有独钟，在考察过程中，即拟定"楚地出土文献研究"这一课题，邀我共同研究。1981年10月至1983年12月，我应香港中文大学之聘，任该校中国文化研究所访问副研究员，在饶先生的亲自指导下，共同完成《云梦秦简日书研究》、《随县曾侯乙墓钟磬铭辞研究》和《楚帛书》三部著作。饶宗颐先生是位"博古通今，中西融贯"的国际著名汉学大家，在我有缘随侍左右的二三十个月里，饶先生总是耳提面命，言传身教，令人如沐春风。在此期间，除了根据研究对象的内容向饶先生请教古代术数、乐律和天文历法之外，还领悟到不少治学的门径。就有关研究地下出土文献而言，饶先生不但主张要释文字、明义理，更强调要从文化史的高度，明因果、溯源流，窥探人类文明发展的轨迹。饶先生非常重视"三点论"，即掌握焦点，发挥特点，尤其着力于关联性的层面和"问题点"的研究，即把研究对象的相关事物尽可能汇集起来，从纵的时间方面探讨其产生、衔接的先后层次，从横的空间方面考究其交流、传播和互相挹注的历史事实，进而从错综、交叉的关系中，寻找其说明种种现象的内部规律。正是饶先生这种追溯文化渊源的强烈意识和不知疲倦的求索精神，一直激励着自己不断地探索和进取。

以上是我研习古代文字的三个阶段。现在回过头来看，也可以说是三次机遇和三度升华，即培植根基—明确方向—把古文字研究和古代文化研究结合起来。在长时间从事教学和科研工作的过程中，逐渐形成了以古文字学为主体，以战国秦汉文字为重点的研究方向，在方法上，注意从字形入手，联系词的音义，掌握古文字资料的内涵，进而窥探语言、历史、文化等现象与规律，揭示其中底蕴，从微观以窥宏观。尽管本人的研究成果很有限，但我相信自己的路子是走对了的。这应归功于我的老师和多位长辈对我的关爱和悉心的指导。在他们的向导下，我才能够在这块古老的园地里不断地耕耘和收获。

"作"字探源
——兼谈"未"字的流变

"作"字古作"乍",自古至今都是个常用字。可是"乍"的初形所象何物,朔谊所指何事,前辈学者虽然做过不少探讨,但至今仍没有一种为大家所认同的意见。就《说文》家而言,许书将"乍"字隶于亡部,说解云:"止也,一曰亡也,从亡一,一,有所碍也。"(此从小徐本)①可见许慎据篆文立说。清代《说文》家于"乍"字亦无善解,段玉裁改说解为"止亡词也",云"有人逃亡而一止之"。桂馥谓"止也者,为一所碍而止也"。王筠疑"曰"字"或当作止",谓"一曰亡"当作"一止亡也"。朱骏声以为字"从亡,一以碍之,指事,与丂以碍𠃑,巛以邕川,毋以止奸,宋以止朱同意"。显然四家皆以小徐"一,有所碍也"为依据。其余各家说解间或不同,然类多望文之训,更不足据。

卜辞有ᛉ、ᛊ等形,孙诒让首释为"乍"②,但无解释。郭沫若先生早年曾以ᛉ为孖之初文,他说:"卜辞有ᛉ字,亦作ᛊ,罗氏入《待问》编中,按此即乍字。"又云:"作之作ᛉ若屮,余意乃ᚸ形之变,ᚸ即孖之初文。《说文》云:'孖持也,象手有所孖据也,读若戟。'戟音与作同部,《秦风·无衣》正以泽、戟、作三字为韵。是屮之与孖形音义俱相若也。"③叶玉森以为郭说难以成立,叶云:"郭氏《释作》篇推阐甚详,惟谓屮乃ᚸ形之讹变,即孖初文,余谛审丫、ᛣ、丫、ᛣ诸形,与卜辞孖字及从孖诸文均作跪跽形且象手指者迥别,是说尚未能信。"④后来,郭沫若先生复据金文"ᛰ"字重加推衍,谓"ᛰ""乃象人伸脚而坐有所操作之形,即作之初字,量侯𣪘文作ᛰ,从木,其形尤著"⑤。李孝定氏在《金文诂林读后记》中对郭说颇置疑辞,以为"ᛰ"之字形从ᛣ,"已不

---

① 《说文》小徐本"从亡一",大徐本作"从亡从一",下无"一有所碍也"。
② 孙诒让:《契文举例》下,第16页。
③ 郭沫若:《甲骨文字研究》(初版)卷一《释作》。
④ 叶玉森:《殷虚书契前编集释》卷一,第94页。
⑤ 郭沫若:《金文馀释·释亡乍》。

类伸脚之形，从'卜'，亦无操作之象"①。由此看来，郭沫若先生试图从古文字和形体抉发"乍"的造字本义是可取的，但他以为甲骨文和金文的"乍"字皆从人体取象的说法并不为学人所接受。可见要解决"乍"字的字源问题，还必须另找别的办法。

一、释㇄、丿

这里涉及如何分析"乍"字的初形结构以及初形何以取象的问题，许慎据小篆作㇄而析为"从亡一"（小徐本）或"从亡从一"（大徐本）。但甲骨文、金文的"乍"字既不从"亡"，亦不从"一"，知《说文》所据已非其朔。初形既失，说解自难免穿凿。高田忠周氏析为"从亡从卜"，谓"人已亡焉，卜而得其处，即可止也"②。高鸿缙氏析颂器之㇄为"从卜匕声"，以为本为"乍见孺子"之"乍"③。按二氏皆以为"乍"字从"卜"取义，不知甲文本不从"卜"，金文之"卜"乃由"乚"形所讹变。据已讹变的形体来探索造字的本义当然是无法中鹄的。

其实，甲骨文的"乍"字已有多种不同的形体，要了解"乍"字的初形朔谊，必须从全面分析这些不同的形体入手，弄清诸形体之间的内部关系及其演变规律。《甲骨文编》共收"乍"字29文，大体有如下四种写法：

A ㇄   B 丿   C ㇄   D 丿

在以上四种形体中，B写法最为常见（17个），A次之（7个），C、D甚少（只有5个）。从形体看，B、D分别是A和C的反书。甲骨文正书反书往往不别，所以，实际上只有A和B的两种写法，其余不管如何错综变化，都只不过是A或B的变体。再从A、B两形考察，便可发现甲骨文的"㇄"字明显地包涵着乚和丨两个部件，乚的变体有乚、乚、丨、丿、丿、乚等形，丨的形状则随丿之变丿而有凵形的写法。将乚同丨比较，还可以显示出"乚"是更为重要的构件，因为当㇄与其他部件结合的时候，"丨"往往可以省略（如㇄、㇄、㇄、㇄等），而"乚"则是始

---

① 李孝定：《金文诂林读后记》卷十二，第427页。
② 高田忠周：《古籀篇》。
③ 高鸿缙：《颂鼎考释》。

终不可缺少的。这样，从㞢同其他部件的结合上，我们可以进一步区分出𠂇和乚这两个基本构件的主次关系来。

在青铜器铭文中，"乍"字是最常见的。据第四版《金文编》所收，"乍"字多达130个，其中以"㞢"形尤为多见。但其基本形仍然与甲骨文一样，由𠂇和乚所构成，如㞢（乙亥鼎）、㞢（遽伯殷）、㞢（䲹君鼎）、㞢（白者君鼎）、㞢（昶伯匜）及㞢（末距悖）等。它们与甲骨文的㞢和金文的㞢，从下图可以看出其前后递嬗的关系来。

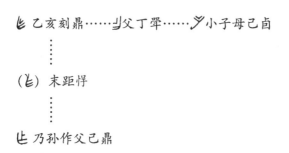

上表横列三器乙亥鼎、父丁斝、小子母己卣时代都在商代或商周之际，大体与甲骨文同时，鼎文㞢较甲骨刻辞上常见之㞢更为近古。斝文𠃜是鼎文的反书。卣文𠃜则是斝文𠃜的变体。由于卣文与甲骨文之𠃜字几乎如出一辙，更可反证卜辞𠃜、㞢等形，确是由𠂇、ㄑ所构成的。表中竖行从㞢到㞢，可以清楚看到所谓金文"从卜"的卜，乃是乚形的讹变。它铭如㞢（伯吉父鼎）、㞢（王子申盏盂）、㞢（曾仲斿父壶）、㞢（殷毃盘）等，则又是㞢的别体。末距悖㞢时代虽然稍晚，却保留着由㞢到诸别体的过渡形态。从这里可以看到，金文乍字别体虽多，但其发展脉络却有条不紊，可说是万变不离其宗的。从甲骨文、金文"乍"字的基本构件分析，其初形当作㞢或𠃜，字当从𠂇、乚会意，而𠂇更是"乍"字原始构件的主体。不过这个主体构件决非象人伸足而坐之形，其取象很可能与古代耒耜有关。

《甲骨文编》收录从耒的耤（藉）字共二十一文，如𦓷（《甲》3420）、𦓷（《乙》1111）、𦓷（《乙》401）、𦓷（《前》7153）等，均象人侧立秉耒而耕之形，是个典型的会意字。其中从耒的偏旁，大抵有如下五种写法：

Ⅰ：𠦒（《乙》7396）、𠦒（《京都》705）、𠦒（《佚》700）；

Ⅱ：𠂆（《后》2.28.16）、𠂆（《甲》3420）、𠂆（《前》6.17.5）；

Ⅲ：𠂆（《甲》1369）、𠂆（《乙》13154）、𠂆（《乙》3155反）、𠂆（《乙》3212）、𠂆（《乙》3295）、𠂆（《乙》3983）、𠂆（《乙》4306）、𠂆（《乙》8151）、𠂆（《前》6.17.6）、𠂆（《乙》7808）；

Ⅳ：𠂆（《乙》4057）、𠂆（《前》7.15.3）、𠂆（《存》1013）、𠂆（《乙》1111）；

Ⅴ：𠂆（《菁》11.19）。

商代金文中有耒的象形文作：

𠂆 父己觶

𠂆 父乙爵

父己觶的耒字同于甲骨文偏旁第Ⅰ式，父乙爵同于第Ⅲ式。西周令鼎："王大耤农于諆田"，耤字作

[字形]

所从耒旁之𠂆，同甲骨文偏旁第Ⅱ式。由此看来，甲骨文的耒偏旁Ⅰ.（𠦒）、Ⅱ.（𠂆）、Ⅲ.（𠂆）式与古金文的象形文及偏旁非常吻合。其Ⅳ、Ⅴ二式作𠂆及𠂆者，亦当是𠦒、𠂆、𠂆诸形的省变，但无论如何变化，其象形意味仍未尽失，盖上象耒柄，下象歧头之耟，耒耟间的横木则或正或侧，或有或无。而无横木之𠂆（或𠂆），与𠂆（或𠂆）的主体构件"𠂆"尤为密合，可证乍的初文𠂆确是从耒形取象的。至于𠂆上之𠃊，疑是以耒起土时随庛而起的土块，郑玄谓庛为"耒下前曲接耟"者，"读为棘刺之刺"①。按耒乃发土的农具，耟刺入土，土块便随前曲之庛而起，故土块呈"𠃊"作屈起之形，是符合以耒耟起土的实际情况的，因知以耒起土是"乍"字的本义，引伸而为耕作、农作之作。卜辞有"乍田"的记载，辞为对贞②，云：

---

① 见《周礼·考工记·车人》郑玄注。
② 此辞或释为"令尹作大田？""勿令尹作大田？"此从金祥恒氏，详注[16]。

令尹大乍田？（乙1155）

勿令尹大乍田？（乙2044）

甲骨文又有"劦田"及"耤"等卜，云：

王大令众人曰劦田，其受年？十一月。（《续》2.28.5，《前》7.30.2，《粹》866）

丙辰卜，争贞：乎耤于隽，受出年？（《乙》4057）

金文亦有"耤田"，见薛尚功《历代钟鼎彝器款识法帖》及王俅《啸堂集古录》之載毁①，铭云：

王曰："載，令女乍（作）嗣土（司徒），官嗣耤田。"

以上"作田"、"劦田"与"耤"及"耤田"意义均相当。"作"是从耒起土会意，义为耕作。卜辞"劦"字或作劦，徐中舒先生谓力象耒形，劦字作三耒并列，象许多耒在田中并耕之形，故有协作之意。甲骨文耤字象人侧立推耒、举足踏耕之形，西周金文才加声符"昔"而为形声字，均与耕作有关。"作"之义为耕作，古籍中亦不乏例证，如《易·益卦》："利用为大作"，虞注："大作谓耕播耒耨之利。"《尚书·尧典》："寅宾出日，平秩东作"，注："东作之事，以务农也。"《左传·昭公八年》："作事不时"杨伯峻先生注"不时"为违农时，则"作事"乃指农事。《逸周书·太子晋》："士率众时作"，注："作谓农功"，意正相同。战国中山王𧬿方壶："复（作）敛（敛）中则庶民㠯（附）"，张政烺先生引《墨子·辞过》"当今之主，……必厚作敛于百姓"证之，谓"敛是租税，作是劳役"②。"作"解劳役，当是耕作、劳作一义的引伸。又《周礼·地官·稻人》："掌稼下地，以潴畜水，以防止水，……以浍写水，以涉

---

① 薛尚功：《历代钟鼎彝器款识法帖》卷十四第4页"載敦"，王俅《啸堂集古录》第93页"京叔彝"。

② 张政烺：《中山王𧬿壶及鼎铭考释》，载《古文字研究》第一辑，中华书局1979年版，第221页。

扬其芟,作田。"说的是稻人在洼地耕种,必须以渊池畜水,以堤防止水,……以沟浍泻去积水。于是举镰刀芟去新生之草,然后方可耕作种植。郑注"作田"为"治田种稻",用的正是作的本义,可与卜辞"作田"印证。此外,保存古代汉语成分较多的潮州方言,现在仍把起土、犁地、种植等农活称为"作田",正是古语的残留,亦可佐证。

二、释玨

卜辞有玨字,或作玨、玨等形。

于玨之上益以丰、丰、十等究竟是什么字?学者有过多种不同的解释。

郭沫若先生以为即封字之异。谓字当从屮从丰、丰亦声。其丰与丰即屮与屮之简略急就①。

叶玉森以为玨应释乍,即乍之古文,增丰、丰者乃其繁文②。

鲁实先以为玨应隶写作珜,从玉乍声,与乍字声义并同③。

金祥恒氏疑丰为《说文》之丯,乃耕田芟夷之具,其状如刻齿。卜辞乍或从丰、或从丯,以示耕田之谊④。

以上四家,以金祥恒氏之说为近是。郭沫若先生以为封字之异,然甲骨文封字作屮或屮,无作丰、丰、十者,叶玉森氏讥其以封之简略急就强为之解而不能自圆其说。叶氏以玨为乍之繁文固然可取,可惜仍未能说明繁文所增之丰、丰究属何意。鲁实先氏从玉乍声之说颇有影响,《甲骨文编》及近出的《小屯南地甲骨》释文皆将玨隶定作珜。然甲骨文玉字三画平行,此则斜画。卜辞玉除作丰外,尚作丰、丰等,均像贯玉之形,未见有作丰、十及随意横置、斜置等写法,可知玨所从之丰与玉判然有别,不当隶定作玉。新近姚孝遂、肖丁合著《小屯南地甲骨考释》于玨字均隶写作耒,可见其持审慎的态度。金祥恒氏谓从丰以示耕作之谊极有见地,但他囿于《说文》"从木推丯"的说解,误释丯为形状如齿的芟夷之具,可惜未达一间。

---

① 郭沫若:《甲骨文字研究》(初版)卷一《释封》;又《卜辞通纂》,第116页。
② 叶玉森:《殷虚书契前编集释》卷一,第94页。
③ 鲁实先:《卜辞姓氏通释》之一,转引自《中国文字》第十九册金祥恒文(见下注)。
④ 金祥恒:《释玨、玨、玨、玨、玨》,《中国文字》第十九册。

我们从卜辞文例加以考察，⿱与⿱在用法上几乎完全相同，例如：

己卯卜争贞：王⿱邑，帝若？《乙》570
癸丑卜争贞：勿⿱邑，帝若？《乙》7307

又：

甲午贞：其令多尹⿱王寰？《戬》75－13
……壳贞：⿱王寰于□？《前》4.15.5

以上四例，⿱与⿱，⿱与⿱，在句子中的地位和意义完全相同，说明⿱、⿱为一字之异体是可信的。但既然⿱与⿱二者用法相同，为什么⿱字之外还有⿱字的存在呢？作为⿱的繁体⿱所增益的⿱或⿱意义何在？这是我们必须进一步探究的问题。

我们将早期铜器铭文中所有耒的象形文加以比较，发现⿱之与⿱，犹如⿱之与⿱，二者声义虽同，形体上却有细微的差别：前者有手握持的标志，后者却略去了这一标志。

关于"丯"为握持之"手"的问题，需要从耒字的构成谈起。

《说文》："耒，手耕曲木也，从木推丯。古者垂作耒耜，以振民也。"在许慎这个说解里，有两点值得注意：

一是"手耕曲木"的"手"字。段玉裁根据《广韵·队韵》所引，删去手字。但我们从耤字所从的耒形来看，甲骨文耤字作⿱，金文作⿱，所从耒旁于曲木之上皆有手形。商代铜器耒的象形文亦有⿱、⿱两种写法，第二式亦有手形。由古文字资料看来，耒字实由手形与歧头之曲木所构成，因知许训"手耕曲木"必有所本，若删去"手"字，则于耒字之构形将无法说明。

另一是"从木推丯"的问题。尽管许慎用"手推曲木"来训释耒字，但实际上并不知道"手"在耒字的形体中是怎样体现的。他把"耒"部次于训为艸芥的"丯"部之下，就是把小篆⿱字上体的丯，看作艸芥之丯，并据此将字分析为"从木推丯"的。其实这是一种误解。朱骏声就怀疑过《说文》"从木推丯"的说法，谓"耒非推艸之用"，意思是说耒并不是除艸的农具，怎能用来推艸芥呢？可见把"丯"形释为艸芥，是不符合耒字的初形朔谊的。

我们认为，徐中舒先生在《耒耜考》中指出"耒即㧱的笔误"，为揭开耒字的奥秘提供了可贵的线索，至于"㧱"是怎样讹变为"耒"和"耒"，则需要加以证明。

耒字上体之三画作彡，于省吾先生认为是由"又"形变来的。他说："商代金文的耒字作㧱或㧱、㧱，《金文编》误入于附录。《说文》耒字作耒，其上部的三邪划，即'又'字作彐形的讹变。"① 于省吾先生的"又变"说，可为徐中舒先生"笔误"说的补充，确不可易。在于先生的启示下，我们还可以进而推论耒字上体之丯，实际上是表示握持之手即㧱形的省变。《说文》握字古文作㩻，向不知所从，今按㩻所从之丯，实为握持之手即㧱形的省变，㩻上之丯，同耒上之丯，与㞢上之丯或丰同例。《说文》训握为"搤持也，从手屋声"。古文所从之丯并非艸芥之丯，而是握持之㧱的省形，正与握义密合。《六书通》引《汗简》别本耒字作耒，《正字通》古文耒及耤所从之耒旁亦均作耒。且上丯均与下木析书。《六书通》与《正字通》二书虽然征引繁芜不为学人所重，但其中所收间有可与古文字资料相印证者，实为古代讹别诸体的残存，不可一概斥之为伪，在今天是必须有条件有选择地加以利用的。上述耒字作耒，与古文握字之作㩻，当属同一现象，其中㧱为㧱的省变，即由㧱而㧱而丯，从丯之字，其表示持握之意甚明，可以互证。

至于丯下之木，通常以耒为木制，故以木为义类说之。实不尽然。丰下之木乃原始耒形的诡变。耒之为物，原先是用歧出的树枝加工而成的，《易·系辞传》所谓"揉木为耒"，指的就是这种现成的原始木耒。甲骨文和金文中所见的耒作㞢、㞢、㞢等形，应当都是这类歧头木制农具的象形。《说文·木部》：枱（即耜字）训"木端也"，更直接把刺地入土的部分称为木端，亦是视木制之耒为整体而言的。木端歧出部分有时与横木合一而发生省变，即由㞢变㞢，如《菁华》有一耤字作㧱（11.19），人手所操之耒，下端正作㞢形（与力混同）；金文弭伯簋耤字作㧱，所从耒旁正作㞢，酷肖手操曲木之形。曲木之耒形作㞢，渐变而为小篆的木了。

耒字形体的演变大抵如次：

---

① 于省吾：《甲骨文字释林》，中华书局1979年版，第254页《释丯》。

◞（古金文）…◟（古金文） ◊（甲文耤字所从） ◊（金文耤字所从）

◊（甲文耤字所从） ◊（金文耤字所从） ◊（小篆）

◊（据《六书通》说文另本如此） 耒（隶书） 耒（真书）

值得注意的是，隶书和真书的耒字并不从木，它绕过小篆，直接取象于古文，更加接近于造字时的构形，小篆显然是由弭伯簋一系的耒形讹变而成的。《说文》所谓"从木推丯"的木与丯，其实都是讹体。因为许慎据讹变后的篆体立说，字形已非其朔，分析难免出现差错。总之，耒的构形乃象手所握持的木制农具，其初当从◊持◊，小篆既讹◊为木，又省◊为丯，遂成◊字，因知正确的析形当是"从丯推木"，而非"从木推丯"。

现在我们可以回头讨论"◊"字的构形了。◊字上体之丯既是握持之手的省变，则◊字亦有可说。如前所述，◊即◊的结构本为：用耒（◊）起土（◊），以会耕作之意，"用耒起土"当然离不开人手的操持，故于◊或◊之上增益表示人手的丯、艹艹等形，自然是合乎情理的。确切地说，◊、◊等形实际上保留了人手操持的标志，而◊、◊只是省去这一标志而已。《甲骨续存》1013 片有卜辞云：

己亥卜贞：[众] 耤不丧？

此辞乃贞问农奴耤田会不会逃跑，耤字作◊，象人手操耒而耕之形。其中人手正作"丯"形。如果将人手操耒部分从中分离出来，就成◊形，再加◊表示耒器所起的土块，便与上引◊邑之"◊"毫无差别了。◊为以手操耒，◊则以手操耒起土，二者仅以"◊"形之有无为其主要区别，由此可证，以"丯"为手形操持的标志是可信的，而具此标志之"◊"，为省去这一标志之"◊"的繁形，亦是可以成立的。

◊既与◊字，只有繁简的不同，则卜辞中从◊之◊、◊二文亦可据此而定。◊（宁沪1.383）中之丯与◊看似重复，实是累增，为古文字中常见的现象。辞云：

卜：亥，其[耤]于盂□

盂下一字仅存上半之"𠆢"，似丘字之残，当是地名。[耤]可隶定为𦎧，在此用为耕作的专字，义与耤同。"𦎧于盂丘（？）"，与卜辞"耤于陮"（《乙》4057）、"耤于向"（《乙》8151）、"耤于姶"（《乙》3212）、"耤于尸"（《乙》11.19）等同例，耕作之义至明。

[𧗳]于卜辞仅一见，辞云："东乎[𧗳]"，鲁实先氏以甲骨文史字作[𧗳]，出字作[𧗳]，步字作[𧗳]，牛字作[𧗳]，羍字作[𧗳]，卯字作[𧗳]，鹿字作[𧗳]例之，谓亦[𠂇]之繁文①。我们认为[𧗳]字从行当有表义作用，字可隶写作衒或迍，犹今之窄字。但孤辞残片，疑莫能明，只好存考。

三、释𦎧、𦎧、𦎧

上面谈到具备人形的作字虽然只是一种假设，但实际上，保存人形的作字在古文字资料中是不乏其例的。甲骨文中有：

[𦎧]（《缀》487、《文》629、《金》729）
[𦎧]（《库》1180、1244）

两种写法，左旁[𦎧]乃[𠆢]（人）形的变体，易与弓形混同。春秋栾书缶"作"字从又作[𦎧]，战国以后"又"旁转置"乍"下为[𦎧]（中山王譻壶）或[𦎧]（酓前鼎），从又、从[𦎧]从[𠂇]的构形相同，可见[𦎧]、[𦎧]实与[𦎧]、[𦎧]无别。准此道理，甲骨文的[𦎧]字，与具备人形的[𦎧]字只有人身向背的不同，并没有实质性的差别。由此观之，甲文[𦎧]当是"作"的本字，[𦎧]则是[𦎧]的省体。[𦎧]字从人从又从乍会意，示人用手操耒起土，引伸之，"作"字便有"起"义。《说文》："作，起也，从人从乍。"小篆之[𦎧]，便是[𦎧]形的省变。卜辞每云："龙不既[𦎧]"，则是作义的引申。

《三代吉金文存》卷三第四十八页有鼎文：

[𦎧]

---

① 鲁实先：《卜辞姓氏通释》之一，转引自《中国文字》第十九册金祥恒文。

此字旧释为叚，然与字形不合。右旁所从之殳非殳甚明，当是𠬛形的省变。其初形疑作🦴，与鞏即𠬛之右旁相同。下止讹变为又，为金文所习见①。故此文可隶写作𠬛，与鞏同字。鼎铭云："虢文公子𠬛（糟）乍（作）叔妃鼎"，属人名用字。最近陕西秦公大墓出土编磬上有𠬛字，与鼎文同，铭云"𠬛虎戜入"，𠬛即糟字，疑读为借。

春秋时期的晋公䀇铭有一文作：

𠬛

此字吴闿生释𠬛②，误乍为隹；于省吾先生释𠬛③，误人为弓。郭沫若先生隶定为𠬛④，比较切合字形的实质，可从。铭云："刺㬎糟𠬛"，郭释云"刺，击也，㬎（今作㬎）假为暴，糟即舒字，𠬛当是迮迫的本字。暴者击之，受迮迫者舒之，犹言吊民伐罪或除暴安良矣。"⑤继而分析𠬛字说："𠬛当如今人之搾字，许书压迫字作窄，汉人亦有用迮字者，《后汉书·陈忠传》：'共相压迮'，搾乃其后起字，窄迮均借用字，𠬛其初字也。其字从人爪又，𠂉（乍）声，执其人而抑迫之也。"郭氏解𠬛字为从人爪又，乍声，为搾字的初文，似有可商。从字形看，𠬛当是延或𠬛的别构。字从人爪又者，并非如郭说"执其人而压迫之"，其实是🦴即𠬛形的裂变和反书。汉字从甲骨文发展到周代的金文，有些会意字发生了较大的变化。原先用图画表意的方式，往往因图画被割裂或分解而受到破坏，一个完整的图形便逐渐被解体后所产生的若干偏旁组合所代替，汉字的表意方式也随之而发生了变化。在由一个图形分解为若干个偏旁的过程中，各自的偏旁又往往同近似的部件产生混同、变异或移位，导致一字多体的复杂现象。上举𠬛、𠬛二文，除基本部件"𠂉"已相对稳定并蜕变为声符外，作为𠬛字偏旁的𠬛当是由整体的🦴形分化为上下结构的𠬛，再由𠂉讹变为又而成为𠬛的。由此观之，𠬛中的🦴表面看来似乎由人、爪、又所构成，其实却是由于割裂人体与手足为各别的部件，再经过各自的变异和移位而形成的。原先是整体的人形，裂变而为偏旁的组合。如果我们将爪和又的组

---

① 参张桂光：《古文字中的形体讹变》，载《古文字研究》第十五辑，中华书局1986年版。
② 吴闿生：《吉金文录》卷四，第33页。
③ 于省吾：《双剑誃吉金文选》卷上三，第29页。
④ 郭沫若：《殷周青铜器铭文研究》，第143页《晋邦䀇韵读》。
⑤ 郭沫若：《两周金文辞大系考释》，第235页。

合（其实又是止的讹变）理解为"执人"，便是望文生义的误解。我们从甲骨文的作字别体作𠂇，可以看到汉字的裂变在很早就已经产生了。将它同金文的 、 等联系起来考察，还可以发现它们存在着前后递嬗的关系，可说是一脉相承的。总之，晋公䤿的 字所从的人爪又，乃是人体与手足的分解，当以释"作"为宜。铭文"糙作"，则当读为迫筰之筰，《释名》："织竹曰筰，相迫筰之名也。"以竹为之，故字从竹，《说文》："筰，迫也，在瓦之下棼上。"段注曰："筰在上椽之下，下椽之上，迫居其间，故曰筰。"迫居重屋上下椽之间，犹编竹之重重相迫，义正相仿，故亦称之为筰。金文用作，史籍用迮，皆筰之借字。䤿铭借僼为筰，则僼非迮迫的本字，便不言而喻了。

此外，朝歌钟有一"嫚"字，铭云："朝歌下官嫚半钟"，李学勤同志以为铭中的嫚与秦戈铭"曾仲之孙奉䤿用戈"的䤿都应读为"作"①。这在古音上是有根据的，二铭如此读法也是很正确的。但如果从嫚、作二字的来源考虑，我们认为二者实际上存在同源的关系。如前所述，甲骨文的俸和金文的馁、僼都是作的别体，其中的又、爪、廾都是由人体分化出来的偏旁。准此道理，则"嫚"字中的立和又（又亦止之讹变）也都有可能是由人体分解出来的。上面谈到，馁和僼原先都是以图形表意的会意字，后来由于偏旁的分化和变异，会意字已经不能靠图像来表意了，于是作为基本部件的"乍"便逐渐转化而为表音的声符，而馁、僼等也就由会意字转化为形声字了。在古文字里，义近的形旁和音近的声符常常可以通用，尤以春秋战国时期为烈。在汉字日益声化的总趋势下，形声字的俸、僼等变换形符，借用音近的且来代替乍，这种现象在古文字资料中是屡见不鲜的。总之，我们把朝歌钟的"嫚"字视为"作"字改换声符的异体形声字，而不作为一般的通假字看待，对于钟铭的读法固然没有什么不同，但对于"嫚"字本身的形体结构来说，却不失为一种较为合理的解释。

---

① 李学勤：《古文字学初阶》，中华书局1985年版，第70页。

四、说作、耤同源

郭沫若先生在早期研究甲骨文字的时候，著有《释作》、《释耤》二篇①，当时可能他还没有意识到两字同源，所以才得出二者截然不同的结论。但从古文字资料考察，作和耤无论音、形、义都是关系非常密切的。

就二字的读音来说，作、耤古皆读铎韵入声，作在精纽，耤属从纽，精从二纽十分接近。谐声字酢、醋古通用，甚至音义互易。《集韵》齰龃同字，縩絓同字。《礼记·内则》"鱼曰作之"，今本《尔雅·释器》"作"字作"斮"。《淮南子·氾论》："履天子之籍"，高诱注："籍借为阼。"马王堆帛书《老子乙本》："万物昔而弗始"，傅奕本作"万物作而不为始"。1983年，湖北江陵发现矛形兵器，上镌"吴王夫差自乍（作）甬（用）鍺"八字，张舜徽、田宜超二先生均谓"鍺"为"猎"的异文②，《说文》："猎，矛属，从矛昔声，读若笮。"所有这些，都是作、昔古音相近的佳证。

作、耤二字在形义方面亦是相关相属的。上面说到，耤字甲骨文作𦔳（《乙》1111）、𦔳（《前》7.15.3）、𦔳（《存》1013）等，象一人侧立操耒而耕。作字商代金文作𠂇（父丁尊）、形变为𠂇（小子母己卣），与甲骨文𠂇、𠂇形同，字从𠂇从𠃊，象征以耒起土之意。甲骨文中常见的𦔳、𠂇、𠂇等，则于𠂇形之上外加𡗗若𡈼（皆𢆶形之省变），表示以手操耒起土，耕作之意尤显。甲骨文中还有从人从手操耒起土的𦔳（《库》1180、1244）字，左旁𠂇与弓混同，实是"人"的讹混，右上之𠂇乃"又"之变，右下即"乍"字。其简体𦔳（《掇》487、《金》729、《文》629），与《甲骨续存》之耤字作𦔳（1013），只有人身向背与手形的不同，耕作之意几乎毫无二致。由此可以推论𦔳即作的本字，从人从又从乍会意，示人侧立用手操耒起土，故作有"起"义。小篆之𦔳则是𦔳的省变，《说文》："作，起也，从人从乍"，实即此字。由于作、耤二字不但形体相关，而且音义相属，所以卜辞里的"作田"，在金文称为"耤田"。后来

---

① 郭沫若：《甲骨文字研究》（初版）卷一第五篇《释作》；第九篇《释耤》。
② 张舜徽：《吴王夫差矛铭文考释》，载《光明日报》1984年3月7日；田宜超《释鍺》，载《江汉考古》1984年第3期。

二字用各有专，形体也起了分化和省变。甲骨文耤字至金文增植声符"昔"而为耤，小篆又省去人形之𠂇而成后世通行的耤字。同一道理，作亦省去人形而为👐，变体作🖐、👋；复有省去手形之👆、👇；卜辞中遂有👋、👆、🖐、👇并存的现象。其保留手形之👐若👋便为后来👐（栾书缶）、👆（中山王𰯼壶）、👆（楚王酓前鼎）等从又诸体之所本。其省手形之👆、👇等在金文中更讹变为止或屮，乚变为卜，小篆又讹混为从亡从一的𠂉，隶变为乍。作、耤二字于是分道扬镳，字形距离越来越远，意义的引申和转移亦愈演愈烈，几乎变成彼此毫不相干的两个字了。但是通过溯流追源，便不难发现，作和耤其实是一对音同、形近、意义相关的同源字。这是我们透过上面的分析所得出的起码结论。

（原载《古文字研究》第十九辑，中华书局，1992年）

释"鳳""皇"及其相关诸字

鳳皇是中国古代传说中的神鸟。《说文·鸟部》:"鳳,神鸟也。天老曰:'鳳之象也,鸿前麐后,蛇颈鱼尾,鹳颡鸳思,龙文虎背,燕颔鸡喙,五色备举,出于东方君子之国,翱翔四海之外,过昆仑,饮砥柱,濯羽弱水,莫宿风穴,见则天下大安宁。'从鸟凡声。▨古文鳳,象形。鳳飞,群鸟从以万数,故以为朋党字。▨,亦古文鳳。"以上许慎不厌其详地引黄帝臣天老之语,对鳳鸟之形状、色泽、产地、习性等描述备至。根据鳳的形状特征,论者以为与现今动物学上之孔雀十分相似。古代神鸟之鳳,大概是以孔雀为对象神化而成的①。虽然,现代孔雀并不产于中原,然《山海经·海内经》所载之"孔鸟",郭璞以为即孔雀;脍炙人口的古乐府《孔雀东南飞》,亦可证明迟至东汉尚有孔雀存于中土。这与商人制"为"字象征役象以助劳,而今象并不存于中土,乃属同类现象。从这些情况分析,古代中土存在孔雀并以之作为神鸟之鳳的化身,大概是没有问题的。

一、释鳳与凤

殷代甲骨文的鳳字作▨(《菁》3.1)、▨(《后》下39.10)等形,象其华冠丰羽长尾之状,十分逼真。或于其旁加兄、凡为声符,如▨(《后》上14.8)▨(《甲》3918)等。它们在卜辞中罕见用其本义,一般都用作凤字。董作宾氏指出:"凤字在甲骨文中有一个演变的历史,最初一二两期完全借鳳鸟字为之,第三期乃附兄为声符,到了四五期又改为附了凡声的新字。"② 例如:

---

① 主张鳳即今之孔雀的学者主要有:董作宾、高鸿缙、金祥恒、李孝定、邱德修等,详邱德修《说文解字古文释形考述》,台北,学生书局1974年版,第434~449页。
② 参董作宾《安阳侯家庄出土之甲骨文字》,《董作宾先生全集》第二册,台北,艺文印书馆1977年11月,第687~756页。

癸未卜，翌日乙，王其不［冓］鳳（風）。
王往田，湄日不冓大鳳（風），亡。（《后》上14.8）
王往田，湄日不冓大鳳（風）。（《甲》615）
貞，翌丙子，其出（有）鳳（風）。（《前》4.43.1）
大疾鳳（風）。（《外编》221）
庚午其雨，庚午日征，鳳（風）自北。（《前》4.43.3）
癸亥卜，狄貞：今日亡大颷（風）。
癸亥卜，狄貞：又（有）大颷（風）。（《甲》3918）

甲骨文中还有一些于鳳尾末端带有明显珠毛①的鳳字，形同孔雀，栩栩如生。如 ▨ （《乙》18）、▨ （《甲》615）等。值得注意的是，这些带有珠毛的鳳字在西周金文中也有所因袭和沿用，并且成为后来"風"字的滥觞。

宋代薛尚功《历代钟鼎彝器款识法帖》录有周成王时期的南宫中鼎四器，第三器铭文有"中乎归生鳳于王"句，鳳字作▨，有明显的讹变。郭沫若氏指出："'中乎归生鳳于王'乃被动调，言王乎馈中以生鳳也。"又云："鳳字诸刻诡变甚剧，仅《啸堂》第二器作▨尚存其形似。按此与卜辞之風字作▨（《通纂》409片）者同，乃从奇鸟形，凡声，本即鳳字，卜辞假为風。本铭言'生鳳'自是活物。"② 我们将南宫中鼎此一鳳字与甲骨文中带有珠毛的鳳字相比照，便会发现二者确实有所传承。所不同者，金文的鳳尾珠毛已完全脱离，而置于声符"凡"之下，构成为相对独立的▨结构，这就是战国时期"風"字的由来。

越来越多的出土材料证明，汉以后传钞的古文一系资料，与出土的战国文字不但是"一家之眷属"（王国维语），并且与商周文字也有一脉相承的联系。風字就是其中一例。郭忠恕《汗简》引碧落碑文風字作▨，今存碑文作▨，《汗简》又录《周礼》故书作▨。不难发现，这些传钞古文都是上举甲骨文和金文鳳字的变体。至于風字《说文》古文作▨，则

---

① 古代称孔雀尾端之钱斑为珠毛，唐·段成式《酉阳杂俎·广动植物总序》云："孔雀尾端圆一寸名珠毛"，今谓之钱斑或眼斑，呈▨形，是孔雀别于其它鸟类的主要特征，故又作为孔雀的别名。唐·僧远年《兼名苑》谓"孔雀一名珠毛"（据日本《辅仁本草》引）可证。

② 郭沫若：《两周金文辞大系考释》"中齋"第18页上。

与《周礼》故书所从右旁毫无二致。属于战国中晚期的长沙子弹库楚帛书两见风字，皆写作⿰。笔者过去以为此字从虫凡声，为后来小篆🅇字之所本①。其实这是由小篆上推帛文所产生的错觉。如果我们将帛文置于🅇—🅇—🅇—⿰这一发展系列来考察，便可悟出古文的"⊙"和帛书的"∧"实际上都是从凤尾珠毛的"𓆏"形分化出来的，即由🅇简化为🅇，再由🅇分化为从⊙的🅇和从∧的⿰字。这个蜕变和分化的脉络是十分清楚的。帛文⿰的声符作🅇，与帛书乙篇凡字写法全同。旁出一笔不见于他书，与同篇春字作🅇者构形相同，是楚文字的特殊写法。《周礼》故书与《说文》古文的風字都旁出一笔，分别作🅇和🅇，可能与楚文字的这种特殊写法有关。从这一现象看来，战国时期从鳳字嬗变出风字有可能是在楚地完成的。由于楚系文字虫字作∧，与凤尾珠毛散发的细毛酷肖，二者极易混同。到小篆便完全蜕变为从虫凡声的🅇字，失去了与凤鸟在字形上的联系，成为另一个完全不同的形体。既然《说文》的体例是"叙篆文"、"合古籀"，许慎在说解风字时，除了以八方风名加以训释之外，为了牵合古文的"日"和篆文的"虫"，便串解出"风动虫生，故虫八日而化"的怪论来，一直令后人十分费解。

通过以上分析，我们至少可以得出如下三点结论：

（一）鳳与风自古以来都是同字同源，它们只是一字的分化，并非两个不同的字；

（二）从现有的材料来看，从鳳分化出风字大概始于战国古文与楚帛书。过去认为至秦时才造出从虫凡声的风字，其实是一种误解；

（三）篆文"風"字所从之虫，实际上是凤尾珠毛的简省和讹变，本与虫类无关，许慎根据讹变之体立说是不足为据的。

至于鳳字何以用作为风？以往由于受到鳳、风异字见解的限制，一般都以假借说之，即认为卜辞借鳳为风，后世才造出风字，以与鳳字相区别，例如，罗振玉氏在考释鳳字的同时，就指出卜辞"假借为风"②。董作宾氏虽亦认为鳳与风并非一字，但他却指出鳳翼生风是殷人借鳳为风的由来。他说："六像中有'翼像风'（见《论语摘衰圣》），亦就是最初假鳳为风的由来了。《诗·大雅》：'鳳皇于飞，翙翙其羽'。翙，《广韵》：

---

① 参拙编《长沙楚帛书文字编》，中华书局1993年版，第59页。
② 罗振玉：《殷虚书契考释·中》，第32页。

'乎会切'。《说文》：'飞声也'。翙翙犹呼呼。鳳之翼大，其飞生風，作翙翙声，假借鳳字作風，真是再好没有了。"并推测風字的读音"乃呼呼然像大鳳鸟之飞声"①。在没有认识鳳風一字的情况下，董氏透过"翼像風"的记载，以鳳飞生風作解，不失为一种比较合理的训释。但如果按照这种说法，已经不是严格意义的假借了。

但也有主张鳳風一字者，斯维至氏在《殷代風的神话》中说："罗说大致尚信，惟以鳳为風之假借则不可从。盖殷代以鳳为風之神，故鳳、風实一字，非假借也。"又云："鳳即風伯。因風为无形之物，不可图象，故制鳳風为一字。"②斯氏认为鳳風一字堪称卓识，但限于资料，故没有作进一步的申说和阐明。風伯又名飞廉，《周礼·大宗伯》作飌师，即古文風字。

此外还有认为鳳即古代之風鸟。陈启彤氏指出，"風鸟一名天乐园，又名雀皇，产于南洋一带，好群栖，常迎風翔行，其形极肖古文鳳字。今之風鸟，实即我国所谓鳳也。意者，古时風鸟曾至吾国北部，古人谓之神鸟，而因形以制字。"③ 郭沫若氏也引"或说"云："古人所谓鳳即南洋之极乐鸟，土名为 Banlock，Ban 即鳳之对音。似近是。"④

以上鳳翼生風以及風伯、風鸟诸说，从不同侧面道出殷人以鳳为風的某些原因，也在一定程度上揭示了鳳風一字的缘由，可资参证。

二、释朋与鵬

上述由鳳嬗变为風，是鳳字形体局部（指鳳尾珠毛的 形）分化蜕变的系列。此外尚有另一系列，即由鳳到朋到鵬，则是鳳形整体省变和讹混的结果。试举例说明之。

由甲骨文之 （《菁》5.1）省其华冠而为 ，反书之则成 ，再变而为金文的 （张伯鼎）和 （郰子钟）字⑤，这就是《说文》古文 字的

---

① 董作宾：《安阳侯家庄出土之甲骨文字》，《董作宾先生全集》第二册，台湾艺文印书馆 1977 年 11 月，第 714 页。
② 斯维至：《殷代風的神话》，《中国文化研究丛刊》第八卷，第 1~9 页。
③ 参陈启彤《说文疑义》。
④ 郭沫若：《西周金文辞大系考释》，第 18 页下。
⑤ 张伯鼎、郰子钟二文转引自金祥恒《释鳳》，载《中国文字》第三册，第 254 页。

由来。许慎云："𢒈，古文鳳，象形。鳳飞，群鸟从以万数，故以为朋党字。"从上引资料看来，古文之𢒈确像丰羽昂首静立的鳳形。但用为朋党字，却是由于读音相同和形体讹混的结果，与"鳳飞，群鸟从以万数"毫不相干。

在古文字发展史上，由于形体与意义失去了联系而又存在与形体近似的某些部件，往往就会产生形体讹混的现象①。朋与鳳字古文的混同即属此例。按朋本是古代货币的单位，《诗·菁菁者莪》："锡我百朋"，笺云："古者货贝，五贝为朋。"王国维谓"古制贝玉皆五枚为一系，合二系为珏若朋。"又云："经余目验，古贝其长不过寸许，必如余说，五贝一系，二系一朋，乃成制度。"② 金文中作且癸鼎有"侯锡中贝三朋"，朋字作𣟒，正像二系一朋之形。许书谓鳳之古文用为朋党字，则鳳在此非借为朋贝之朋，而是佣党、佣友之佣字。佣者辅也。金文作𨥛（弔妣簋）、𤔲（多友鼎）若𩂶（克鼎），从𣟒勹声，勹为伏之本字。《说文》讹勹为人。金文的这些形体，与鳳之古文作𢒈若𢒈者十分逼肖，可见，以佣友、佣党之𩂶混同于鳳之古文𢒈字，在当时是极为常见的。这与许慎所见以鳳之古文而用为佣党字属于同类现象，当是可信的。

小篆既将鳳之古文𢒈字混同于朋若佣字，则《说文》中凡从朋（实为佣，后佣字废，通作朋）得声的字，小篆概以𢒈字当之。据朱骏声氏《说文通训定声·升部》所列，计有十文之多。𢒈用为朋，为借义所专，鳳鸟之义晦而不显，于是又益鸟旁以足义，遂成鹏字。《说文》："鹏，亦古文鳳。"鳳乃传说中的神鸟，故《庄子·逍遥游》谓鹏"背负青天，而莫之夭阏者，"又云："鹏之徙于南冥也，水击三千里，抟扶摇而上者九万里。"《尔雅》云："扶摇谓之飚"，抟扶摇而上者谓之鹏飚，言聚风力而举也。郭璞以为即暴风，与朱骏声读鹏为风可以互证。

值得指出的是，《说文》即借鳳为佣即朋，而《汗简》也有借佣为鳳之例，如该书卷下之二页 83 采自林罕《集字》的𨎥字，与王孙钟佣友之佣字作𨐱，嘉宾钟作𨐲，形体十分相似，分明是佣即朋字的变体，而释文作鳳。可见当时朋、佣、风、鳳等字都是混用不别的。

---

① 参张桂光《古文字中的形体讹变》，载《古文字研究》第十五辑，中华书局 1986 年版，第 161 页。

② 王国维：《说珏朋》，载《观堂集林》卷三，第 20～21 页。

至于朋贝之拜与佣友之鼡何以都变为朋？新近出土的竹简文字为我们提供了可靠的线索，揭示如下：

金文朋贝之朋作拜，新出包山楚简作拜（简 242 缣字所从）、其草率写法则作夆（简 173 俚字所从）。佣友之佣金文作冈，包山楚简写作冈（见简 219 缣字），而睡虎地秦简《日书》则写作用。可见楚简和秦简时期，朋与佣写法虽略有差异，而实际应用已相混不别了。到了汉隶，朋、佣便合流为朋了。如熹平石经"朋玉"字作用，尹宙碑"交佣会友"字亦作用，整齐之则为朋，楷化便成为双月的"朋"字了。汉字在发展的过程中由于形、音、义的交互作用产生了错综的变化，其中有着复杂的背景和丰富的内涵，成为汉字发展史上的一大特色，是值得深入探讨和系统研究的。

三、释皇、翌与鷟、凰

关于皇字的初形朔谊，历来异说颇多。《说文》训皇为大，从自王会意。然与金文不合。金文皇字作呈（仲辛父簋）、呈（士父钟）、呈（师奥钟）、呈（徐王义楚鼎）、呈（秦公簋）等。小篆所谓的"自王"，其实是由晚周金文讹变而成的，并非初形。皇在金文中也只有美、大之义，人王之谊亦非其朔，故古文字学者对许说深表怀疑而另觅新解。比较有代表性的见解有"日光"说（吴大澂）、"旺字"说（刘心源）、"煌字"说（高鸿缙、高田忠周、朱芳圃等）、"王冠"说（汪荣宝、徐中舒、郭沫若、严一萍、单周尧、高明等）四种[①]。近时秦建明氏从青铜器上凤鸟尾羽的造形每呈罕形中得到启示，认为"皇"字就是孔雀带有美丽彩斑的羽毛[②]。笔者深感此说饶有新意，与本文探讨鳳—風的嬗变每多暗合，因借此略加阐发。

就字形而言，甲骨文中虽然未见皇字，但卜辞后期多数鳳形的尾端都有引人注目的"珠毛"，分别作品、品、品、品等形；金文则于空廓处加注圆点而成罕形，传钞古文和楚帛书的風字，就是在这个基础上增益声符分化而成的。鳳翼生風，故甲骨文鳳字往往呈振翼奋飞之状，羽翎之钱斑向

---

① 参周法高《金文诂林》第一卷和高明《古陶文字徵》"皇"字条。
② 秦建明：《释皇》，载《考古》1995 年第 5 期。

下即奋飞的特征。金文⚝字则呈凤尾开屏之势，上体椭圆形是朝上的钱斑及其周边奋发的细毛，其下是羽脊及两侧对称的羽枝，上揭士父钟、师奭钟二皇字尚存旁出羽枝上翘的形状，十分逼真。由此观之，皇为皇羽的象形是没有问题的，其原始意义亦可据此而定。皇字作为皇羽讲的这一原始意义，至今仍保留在《礼经》中，试举三例证之。

一曰"皇舞"。皇舞一词分别见于《周礼》的《舞师》和《乐师》。郑司农于《舞师》注云："皇舞，蒙羽舞。书或为䍿，或为义。"又于《乐师》注云："皇舞者，以羽冒覆头上，衣饰翡翠之羽。䍿读为皇，书亦或为皇。"郑玄则于前者注："皇，析五采羽为之，亦如帗。"又于后者注云："帗，析五采缯，今灵星舞子持之是也。皇，杂五采羽如凤皇色，持以舞。"对于皇舞皇字的解释，先郑与后郑略有差异：一是先郑以皇为一般之羽，而后郑则特指凤皇之羽；二是先郑以羽覆于头上或衣饰，后郑则以皇羽为舞具以持之；三是先郑以䍿为本字，后郑则改䍿为皇。

二曰"皇邸"。见于《周礼·掌次》云："王大旅上帝，则张毡案，设皇邸。"郑司农曰："皇，羽覆上也；邸，后板也。"郑玄谓："后板，屏风欤？染羽像凤皇羽色以为之。"这里说的是，王在大旅上帝之时，"掌次"之职必须张毡案，并在床案的后板即屏风处设"皇"。关于此处皇字的解释，先郑仍指一般的羽，后郑则特指象凤皇之羽为之，也即皇羽。孙诒让《周礼正义》云："凡《礼经》言皇者，郑（玄）并以凤皇羽为释。"一语道破后郑与先郑的主要差别。

三曰"皇而祭"。分别见于《礼记》之《王制》和《内则》。文云："有虞氏皇而祭，深衣而养老；夏后氏收而祭，燕衣而养老；殷人冔而祭，缟衣而养老；周人冕而祭，玄衣而养老。"此段盖言四代养老皆以祭之冠，而衣则或异。有虞氏以䍿为士之祭冠。陆德明《音义》云："䍿音皇，本又作皇。"郑玄注云："皇，冕属也，画羽饰之。"郑注以皇为冕属，而有别于周代之冕，故以画凤皇羽饰之。孔颖达《礼记正义》申述之曰："以皇与下冕相对，故为冕属。按《周礼》有'设皇邸'，又云'有皇舞'，皆为凤皇之字。凤羽五采，故云'画羽饰之'。"郭沫若氏对"画羽饰之"提出异议，他说："我意画羽饰之冕亦是后起之事，古人当即插羽于头上而谓之皇，原始民族之酋长头饰亦多如此，故于此可得皇字之初义，即是有羽饰的王冠。"又说："皇字的本义原为插有五采羽的王冠，其特征在有五采羽，故五采羽即谓之皇。后由实物之羽毛变而为画文，亦相沿而谓之皇。引申之，遂有辉煌、壮美、崇高、伟大、尊严、严正、闲暇（做王的人不做事）等义。到了秦始皇而固定成为帝王之最高称号，这是皇字的一部变迁史。"① 郭氏虽力主"皇为王冠"之说，但仍认为"五彩羽即谓之皇"。就这一点而论，实与郑玄氏之"皇羽"说并无区别。最早提出王冠说的汪荣宝氏，其所根据者，即《礼记》郑注的训皇为冕②。然皇如非特指皇羽而训为一般之冕，则与下文"周冕"义有重复，故孔《疏》结合《周礼》郑注申述此处皇字之义，是十分正确的。汪氏又析金文皇字之〇像冠卷，ᴎ像冠饰，土像冠架。按《王制》篇此处乃指士者之冠，冠卷、冠饰当非其所特有，并不足以与周之冕相区别；况且皇字如像冕形而竟及其冠架，也实在令人费解。故《王制》之皇字，仍当以《周礼》郑注以皇羽之释为是。今以楚简证之，望山楚简45 有：四皇俎、四皇豆；包山楚简266 有：五皇槃、四皇胆。胆豆古通。意谓楚墓随葬之俎、豆、槃皆以画鳳皇羽为饰，与《周礼》郑注正相吻合。

  如前所述，《礼经》的皇字原有二体：一作自王之皇，一作羽王之翌。皇字之形义已如上述。关于翌字，《说文·羽部》云："翌，乐舞，以羽翿自翳其首，以祀星辰也。从羽王声，读若皇。"按此处"乐舞"当指《周礼》春官的《乐师》和地官的《舞师》。《乐师》"有皇舞"，注："故书皇作翌。郑司农云：'翌读为皇，书亦或为皇。'"《舞师》"教皇舞，帅而舞旱暵之事。"注："郑司农云：'翌舞，蒙羽舞。书或为皇，或为义。'"段玉裁《说文解字注》曰："大郑从故书作翌，后郑则从今书作皇。云'杂五采羽如鳳皇色，持以舞。'许同大郑，惟不云'衣翡翠羽'，又不同经文'舞旱暵之事'，盖本贾侍中《周官解故》。"我们将《礼经》与《说文》合观，可知"翌"字乃出自《礼经》故书，许书既从故书别出"翌"字，又引《周官解故》以证之。经文言"舞旱暵之事"，许书言"以祀星辰"。乍看似乎不同。然《左传》昭公元年云："日月星辰之神，则雪霜風雨之不时，于是乎禜之。"可见"舞旱暵"与"祀星辰"乃一回事。段氏又指出："此等字（按指翌）小篆皆未必有之，专释古经古文也。"王筠亦从郑司农言"翌读为皇，书或为皇"推知"是时已有借皇

---

① 郭沫若：《长安张家坡铜器群铭文汇释》"师旋鼎"，载《考古学报》1962年第2期。
② 汪荣宝：《释皇》，载《华国月刊》第1卷第2期。

者，故许君言此以关之。"① 按照段氏的说法，翌字不见于小篆，而见于故书的古文，当属传钞古文之列，《说文》翌字亦属于以古文为正字之例，且专为训释古经古文而设。王筠则以为汉时已有借翌为皇的用法，故许书出翌字以"关之"。这里涉及古文经传承的问题。自西汉末刘歆创立古文经学之后，在学术界产生了巨大的影响，郑众、贾逵、许慎，皆古文经学派之佼佼者。所以，以故书为依据来训释古经古义正是他们之所长。到郑玄注《礼经》，古文经与今文经两大学派已趋于合流，故郑玄不从故书作翌而改从今书之皇，正是时代之反映。惟皇之与翌实是一字而二体，许书分隶二部，除了由于一从篆文、一从古文之外，其形体结构与意义用法也确有区别。笔者以为，翌字当是战国时流行于东方六国的古文别体，颇疑心是为"皇舞"而作的专字。皇之作翌，犹舞之作翌，雩之作翌。三者形义相关，属于同一系列。《说文·雨部》："雩，夏祭，乐于赤帝，以祈甘雨也。从雨亏声。翌，羽舞也，故或从羽。"按乐者舞也，谓雩祭赤帝而以羽舞求雨。故不但羽舞所执之皇羽作翌，羽舞之舞亦作翌，同类相及，就连以羽舞求雨之雩祭的雩字，亦改从羽作翌。从这一系列从"羽"的字看来，皇羽在这一活动中的重要性便可想而知了。

综上所述，皇字的发展大致可分为三个阶段：一是初文。见于青铜器纹饰及金文的望字，为凤皇尾羽的象形，尤以"珠毛"为其特征。其本义则保存于《礼经》之中，引伸之而有美、大之义。二是战国时期的古文，是以皇羽作为舞具而造的专字，故书作翌，与舞之作翌，雩之作翌等古文别体同例。三是小篆从自从王的皇字，隶变作皇，乃由晚周金文讹变而成。由美、大而派生出君、王之义。至秦始皇乃成为帝王之专字。王国维谓"三皇五帝之称颇晚，乃战国时后起之义"②。因知皇、翌二字之从王作者，当与此一观念之形成相应。从凤到凤皇也有个发展的过程，其初乃单称，凤皇者本指凤鸟艳美的尾饰，后来又以凤鸟艳美之尾饰这一特征来代表凤鸟，遂成为双音之凤皇。《诗·卷阿》"凤皇于飞"、"凤皇鸣矣"，皆其例，可见其出现甚早。《尔雅·释鸟》又以皇为凤之雌者，当在此双音词产生之后。凤作为凤鸟的通称，本就兼赅雄雌在内，而皇字作为艳美的尾羽，本也只是雄性的特征，但《尔雅》等书反而称为"凤之

---

① 王筠：《说文句读》卷七"翌"字条。
② 王国维：《说文讲义》，转引自刘节《古史考存》人民出版社1958年版，第11页。

雌者"，后世竟衍生出《鳳求皇》的曲名来。晋唐间，因与鳳字类化而造出"鶑"和"凰"字（并见《集韵·唐韵》）。在皇字之义为君、王所专之后，鶑与凰字的出现部分地反映出皇字的古义。这种现象，文字学家称之为后起的"本字"。以上这些，可说是由"鳳"到"鳳凰"的一部变迁史，是值得回味的。

（原载《中国语言学报》第八期，北京语言文化大学出版社，1997年4月）

说 繇

　　古籍中常见的繇字，今本《说文》只作为偏旁①，不见于正字。《说文·系部》："繇，随从也，从系䍃声。"徐铉曰："今俗从备"，以繇为繇之俗体。《说文通训定声》据偏旁及《韵会》引，补繇为繇之重文。然《韵会》二萧引繇为正篆，繇为或体，故朱芳圃改为："繇，随从也，从系䍃声，繇、繇或从肴"。并云："今本繇误作繇，并脱重文繇。"②

　　从先秦古文字资料考察，繇、繇其实并不从系，亦无䍃声或肴声之朕迹。彔伯䜌簋"王若曰：彔伯䜌，繇，自乃祖考有勋于周邦"。繇字作 ，分明是从言象形之奇字。许君所谓"从系"、"肉声"（按䍃从言肉声）者，乃是象形文之头、足及尾。此外，繇字还见于懋史鼎作 ，师克盨作 ，师寰簋作 ，所从象形文亦大致相同。此象形文之初谊，于爯伯簋中尚可窥见。簋铭曰："王命仲致归（馈）爯伯 裘，"又曰："锡汝 裘。"裘上一字义当为兽类，所从象形文亦象兽形，其结构当是象形刀声（或召省声），实是貂之古文，《六书通》貂字下出古文 、籀文 者疑即此。《说文》："貂，鼠属，大而黑，从豸召声。"今人所谓貂鼠是也。貂、貂音义并同，貂裘、貂裘于《史记》及《汉书·货殖传》中屡见。此字王国维隶作 ③，误刀为人，固是王氏一时之疏失，然其定象形文为繇，则繇所从之象形文亦必与貂同类，此由 、 二文之酷似可以证知。考魏三体石经《多士》篇残石有"王曰繇"三字，篆体作 ，与《说文》同，古文作 ，形虽讹变，而象形之意尚未尽失。字从口不从言，古文从口从言于义不别，从辵者，乃借邎径之邎为发语辞之繇。《多士》篇"王曰繇"，马本作"繇"，长沙楚帛书"帝曰繇"作 ，从言繇声，知马本作繇乃取其声。而金文、篆文作繇则是从言从繇省声，与《说文·爪部》

---

① 繇，古文字形多作繇。今本《说文》正篆无繇字，然口部有囂字从繇，木部有櫾字从繇声，瓜部有䕃字从繇省声，又肉部有朦字说解有读若繇，因知古本《说文》正字不得无繇篆。
② 朱芳圃：《殷周文字释丛》卷上，第11页。
③ 王国维：《观堂集林别集·羌伯敦跋》。

繇字从䚻省声同例。由此推知，《说文》原本当以《韵会》所引为是，即以繇为正篆，以从言从䚻省声之䚻为重文，或黄公绍所见之小徐本即如此。

繇与由音同字通，《尔雅·释水》陆德明音义："繇，古由字。"《汉书·元帝纪》："不知所繇"，颜注"繇与由同"，长沙楚帛书："帝将䚻以乱□之行"，繇亦假为由，皆其证。古籍中䚻、繇均可通由，故繇、鼬亦可互相通假，如《尚书》皋陶古作咎繇，《左传》定公四年作皋鼬；《说文·瓜部》䕍繇，《后汉书·马融传》作髟鼬，皆古繇、鼬二字通用之证。按缶、由古音同在幽部，由字篆文作㕕，《说文·由部》曰："东楚名缶曰由"，是缶与由异名而同实，故象形文可以从缶作繇，亦可以从由作鼬。其初本为一字，后因字形变化，字义转移，繇字复多经假借，本义渐晦，惟鼬字至今仍保留原义。《说文·鼠部》："鼬，如貂（从小徐本），赤黄色，尾大，食鼠者，从鼠由声。"《尔雅·释兽》："鼬鼠"，郭注："今鼬似貂，赤黄色，大尾，啖鼠。"《广雅·释兽》："鼠狼鼬"，王念孙曰："今俗通呼黄鼠狼。"从已知繇之古文分析，可得鼬即繇之象形文有䑕、䑕、䑕、䑕等多种变体。下面，我们将据鼬之初文，进一步探讨与繇有关的若干问题。

二

穆公鬲有䑕字，铭曰："穆公作尹姞宗室于䑕林"，又曰："各（格）于尹姞宗室䑕林。"䑕字诸家缺释，陈梦家定为繇字①。全铭大意是：穆公为其妻尹姞在繇林之地作了宗室，天君不忘穆公如何圣明地服事先王，因亲临于尹姞之宗室，而以玉和马匹赏赐之。䑕在此二处均为地名。但陈氏根据什么释䑕为繇，文中没有说明，有些学者对此表示怀疑②。今按䑕乃䑕（录伯𣪘繇字所从）之变体，䑕即鼬之初文，鼬、繇古本一字，故可释繇。陈释䑕为繇，较之王国维释䑕为襹更进一境，是可信的。

伯晨鼎有繇字，铭曰："䑕戈繇胄"，乃赏赐之物。繇字吴荣光释

---

① 陈梦家：《西周铜器断代（五）》68"尹姞齐鼎"，载《考古学报》1956年第3期。
② 见周法高《金文诂林》附录第2570页䑕字条。李孝定曰："未详，陈说待考。"

绥①，吴大澂释虢②，孙诒让疑是皋之古文。孙云："繇字从虎从幺，又疑当从白，抚拓不审，遂成𢆶形，惜未见拓本也。从㚔形甚明析，窃疑当为皋之古文。"又曰："伯晨鼎之繇盖即皋字，谓以虎皮包甲，繇胄即甲胄也。"③《金文编》即据孙释录繇字入正编卷五。孙氏又指出小孟鼎"画虢"之虢亦当是繇字，说虢字"右从虎甚明，唯左㚔形摩灭不甚可辨"④，最后仍疑未能决。郭沫若于《两周金文辞大系》小孟鼎考释中亦论及此二字，谓："孙疑至有见地，惟孙氏所见二器乃据《攈古录》摹本，故于字形有所未谛。孟鼎铭虢字，拓本左旁虽漫漶，审谛确是㚔字，当说为从虎𠬝省声。伯晨鼎则是从虎从幺㚔声，盖本幽部字转入宵部者也。"⑤ 孙郭读繇为皋，确不可易。然于字形分析却未有当。二氏皆将鼠旁割裂为二，复本㚔声立说，而于𢆶形则或以为糸，或以为幺，或疑从白，实是裂形释字，难以令人置信。今按鼠实为鼬之初文，字乃象形文鼬之省变，上体𢆶象鼬鼠之头部，非幺非白，亦非从糸，下体㚔象鼬鼠之足及尾，绝非㚔声。将鼠与象形文鼬作一比较，便可了然。因此繇乃从虎鼠声或鼬省声，可隶定为虢，与从虎𠬝省声之虢字古音同在幽部。小孟鼎之虢字最古，必为以虎皮包甲之专字，"画虢"即于虎皮之上施以文饰之甲。伯晨鼎之虢字稍后，乃虢字之异构，"繇胄"即甲胄也。皋古音亦在幽部，读繇为皋，则为假借字也。总之，繇之释虢，无论从字形字音来看，都要合理得多。

三

古匋文中习见𰯼字，此字每见于文辞的开头，其下往往与"鄙"字相连接，常见的辞例有下面几种：

（1）𰯼鄙合匋里卅（《季》四一上）；𰯼鄙合匋里莫（《季》四二上）；𰯼鄙合匋里癸（《季》四二下）。

---

① 吴荣光：《筠清馆金文》卷四，第13页"周韩侯伯晨鼎"。
② 吴大澂：《愙斋集古录》第五册，第6页。又《说文古籀补》卷五"虢"字下引。
③ 孙诒让：《古籀馀论》卷三，第56～57页。
④ 孙诒让：《名原》卷下，第27页。
⑤ 郭沫若：《两周金文辞大系考释》，第38页"小孟鼎"。

（2）🔲鄙东匋里夜（《季》四一下）；🔲鄙東匋里绩（《季》四二上）；🔲鄙东匋里🔲（《季》四三上）。

（3）🔲鄙中匋里倖（《季》四三下）；🔲鄙中匋里🔲（潘北山所藏古匋文字拓本）。

（4）🔲鄙脊里🔲🔲（《季》四一上）；🔲鄙🔲里圉贵（《季》四二上）；🔲鄙脊里圭🔲（《季》七六下，原文反书，首字略残）。

（5）🔲鄙上毯里邻吉（《季》八一下）。

（6）🔲鄙蘷阳南里大（《季》四四下）。

亦有下不连接"鄙"的，

（7）🔲谷匋里逼疾（《铁》五三下）；🔲谷里逼疾（《铁》百四十二下）。

上列首字之🔲字旧释为绍①，但细审字之左旁并不从刀，右旁亦非从糸，其作🔲或🔲者未见有析书之例，总是连成一体，分明象征鼬鼠首尾之形，实是鼬字初文之省变，作🔲者，殆从楚帛书之🔲形嬗变而来。最后一例，首字或作🔲，独立成文，正是鼬之象形文。

《季木藏匋》（六九上）有范文"🔲🔲"二字（见图一），🔲字未见前贤考释，顾廷龙《古匋文香录》及金祥恒《匋文编》均入附录，可见仍未辨识。我们从繇字所从象形文之演变考察，可以判断古匋上的这个🔲就是繇字，🔲与上引匋文首字之🔲、🔲、🔲、🔲等均是同体之别构，其后加缶为音符，象形文🔲便变成形声字🔲了。这就是从象形文"鼬"到形声字"繇"的发展过程，也是先秦已有繇字的明证，且由此也可反证前说繇中之媣乃由象形文🔲所讹变，并非无稽也。（1）（2）（3）（6）四例首字作🔲或🔲，从口从繇省声，古文从口与从言同意，故当是繇之异体。师衮簋"淮夷繇我員晦臣"，繇字从🔲作，石经古文繇字亦从🔲作，均从口象形，与匋文从口象形作🔲者虽繁简不一，其结构则同，故🔲之为繇亦可无疑问。

---

① 顾廷龙：《古匋文香录》卷十三；金祥恒：《匋文编》卷十三；又李学勤：《战国题铭概述（上）》，载《文物》1959年第7期。

图一　《季》六九上

䍃、䍃此处均读为陶。考陶字古匋文作🅰（《季》二八下"缶攻🅱"，缶攻即匋工），作🅲（《季》四九下"匋🅳"）。又作窑（《季》四九下"蘷阳窑里人膏"），或省宀，或从穴，实为一字。后分化为二形二音，从勹之匋音陶，从穴之窑音窯，《说文》作窰。徐灏云："䍃为瓦器之通名，因谓烧瓦灶为䍃，后又增穴为窑也。䍃、匋语之转。"① 徐氏从字形变化与字音转移说明陶、䍃二字的关系，䍃（䍃）之与陶通假，其理亦然。经籍中陶、䍃互通之例不胜枚举，如《尚书》皋陶，《离骚》、《尚书大传》、《说文·言部》引《虞书》，均作咎䍃。《尔雅·释诂》郁䍃，《礼记·檀弓》、《文选·谢灵运诗》作郁陶。上举陶范文之"右䍃"亦即右陶，《季木藏匋》（二九上）有"右匋攻丑"、"右匋攻徒"等，"右匋攻"即右陶工。又例（4）、（5）首字作🅴及🅵（附图二、附图三），从邑🅶声或🅷声，实是陶之专字。例（4）"🅸鄙臂里"，《季木藏匋》（八一上）刻划文正作"陶鄙臂里"（附图四），是🅸，🅹为陶字之确证。因此，上举🅰鄙、🅱鄙、🅲鄙、🅳鄙、🅴鄙等，均应当是陶鄙无疑。

---

① 徐灏：《说文解字注笺》。

图二 《季》四一上

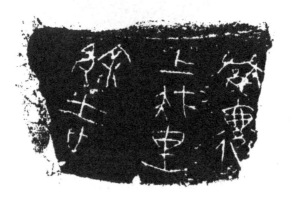

图三 《季》八一下

图四 《季》八一上

齐匋文相传出于齐都临淄。从匋文所记生产者的籍贯来看，当时位于临淄周围的许多鄙里，都有制作陶器的工场，如楚郭鄙、门左南郭鄙、苴丘鄙、桀鄙、貝鄙、黍郡鄙、陶鄙等。鄙中设里，如陶鄙中即有吞匋里、东匋里、中匋里、上毡里、蒦阳南里、甫阳□里等。从出土题铭看出，陶鄙拥有众多的制陶作坊（里），其中如吞匋里、蒦阳南里等还生产了大量的陶器，在匋文中留下了丰富的记载，由此推知，陶鄙在当时可能是临淄城外一个颇为发达的制陶中心。

四

由匋文鼫字作🐭以比验金文鼫字，疑鼫亦当是鼫字的省变。

鼫字见于能匋尊，铭曰："能匋锡贝于𠧑鼫公矢宜五朋。"又见于鼫簋，铭云："康公右命鼫"，"鼫敢对扬王休。"鼫之异体作鼫，二器中皆用为人名。此字罗振玉隶作䶊①，赤塚忠释为盈②，吴闿生释胎③，于省吾先生初也释胎④，后据甲骨文䶊字作🐭而定此为䶊字⑤，然《金文编》二版、三版均入附录，可见鼫字并无定说。

按鼫字乃从口象形。象形文🐭疑即鼬字初文之讹变。字由初具头足尾之鼫省变而为仅具头尾之🐭或🐭，递嬗之迹历历可寻。其作🐭或🐭者，乃突出其兽之尖首修尾，正是鼠属之特征。原本《玉篇·用部》末有由字，作甶（即由字）。注云："《说文》以由从为鼫，在言部，今为由字。"王国维曰："当云《说文》以由从为鼫字，在系部，鼫讹为䛐，又讹为䛐，写书者因改系部为言部耳。"⑥ 王氏说䛐乃鼫字之讹变，极是。然字之讹变不当在字讹为从系䛐声之后，而当在此之前。如前所述，先秦鼫字乃从言象形，到小篆变象形文为偏旁，鼫便分解而为从系肉声，象形文便不再有形可象了。自此之后，鼫字从系䛐声的结构就一直固定下来，二千多年未发生过任何变化。王氏以为鼫讹为䛐，再讹为䛐，虽不能说绝不可

---

① 罗振玉：《贞松堂集古遗文》卷七，第18页。
② 赤塚忠：《殷金文考释》，第155页"能匋尊"。
③ 吴闿生：《吉金文录》卷四，第11页"能匋尊"。
④ 于省吾：《双剑誃吉金文选》卷下之二，第1页"能匋尊"。
⑤ 于省吾：《商周金文录遗·序》，第2页。
⑥ 王国维：《观堂集林》卷六"说由"（下）。

能，恐怕事实上是没有出现过的。故𣝣与誉之讹迹不当在隶变后的楷体中寻绎，相反地，必须追溯到"从言象形"的早期阶段加以考察，方有可能。就其象形讹变而言，既然象形文🅰讹变而为从𣝣肉声之🅱，那么，象形文🅲讹变为🅳也就不足为奇了。根据𣝣之古文有从言作之🅴、🅵，亦有从口作之🅶、🅷，推知誉之古文，亦当有从言之🅸与从口之🅹等异体存在。从口作之🅹或🅺，见于上举能匋尊及🅹簋；而从言作的🅸，便是原本《玉篇》用部末所见的誉字了。注文谓"《说文》以由从字为誉，字在言部"。查今本《说文》言部并无此字。王国维以为"写书者改系部为言部"，实不尽然。誉、𣝣古本一字，后分为二形二义，因而分隶两部：誉义为由从，在言部；𣝣义为随从，在系部。非必写书者改系为言。疑古本《说文》言部原有誉字，今本言部有古文🆄者，殆即誉字古文之遗存。古本《说文》誉字原次于诰字之下，《玉篇》诰字下列誉字，恐即古本列字原次。后誉字佚去，遗古文🆄，无所依附，抄书者误置诰下，遂成聚讼。按今本《说文》诰下出古文🆄，字从肉、从又、从言，与诰字义既不类，音又不谐，历来文字学家争论不休。段玉裁、严可均、朱骏声以为🆄字从言肘声，桂馥《说文解字义证》则移古文🆄于誉字之下，并云："本书及徐锴本并误在诰下，即本书旧次，后人移誉于前而遗其古文也。"近人多从其说①。今从原本《玉篇》用部末由字注文看来，既然"《说文》由从之誉字在言部"，则《玉篇》言部诰下之誉，即是由从之誉，并非"言微亲訡"之訡。誉、訡形近易混，然音、义各殊。誉为由从，原与𣝣是一字；訡为言微亲訡，从言察省声。由从之誉原位于诰下，后佚去，其古文🆄上缀于诰，遂成诰之古文，自是顺理成章。若如桂氏所言，则誉须先讹为訡，訡字再移于前，訡所遗之古文复附诰字之下，如此往返重复，不合事理。且后人因何移訡于前，移时何以遗古文于后，亦不得其解。退一步说，若桂氏所言属实，则原本《玉篇》"由"下所注又作何解释？如此等等，桂氏之说恐难成立。从现有材料看，古本《说文》言部当有誉、訡二字，彼此区分甚明，或因誉字与系部𣝣字义同，又与同部訡字形近，故被后人删去，遗古文🆄附于诰下，这便是今本《说文》诰古文作🆄之由来。而诰之古文🆄《汗简》卷上之一引作🆄，与金文🅹及楚帛书𣝣字所从之🅱形近，亦是🆄原为誉字古文之佐证。

---

① 见朱孔彰《说文粹》。又商承祚：《说文中之古文考》，舒连景：《说文古文疏证》。

五

⿰既为䤲,则金文中之⿱字亦须重新加以考察。

⿱字旧或释餐①,或释祭②,或疑是居字③,均不确。郭沫若释䈾,读为馆④,于字形较为接近,于文义却难讲通。臣辰盉铭云:"隹王大禴于宗周祄⿱⿱京年",记王出于⿱京,并以为纪年。⿱京乃王常居之地,若⿱果为馆字,断无以王之馆居为纪年。⿱还见于吕鼎,字稍变作⿱,鼎铭云:"唯五月既死霸,辰在壬戌,王⿱于大室。"大室乃明堂中央之大室,为天子举行重大祭祀典礼和赏赐活动的场所。《尚书·洛诰》:"王入大室裸",与吕鼎"王⿱于大室"及戍嗣子鼎"王⿱䦥大室"语意正同。按⿱即⿱之别构,笔画稍有变异,䦥为地名,大室之所在,殷末周初金文中屡见。马承源同志据薛氏《钟鼎款识》尹卣"隹十有二月王初⿱旁",与孟爵"王初䦥于成周"辞例相同,因断"⿱亦祭名,旧释馆非是"⑤。今以戍嗣子鼎及吕鼎铭比验《洛诰》文,知祭名之说极是。惟从⿱字分析,所从夕、夕、丂等疑皆䤲字初文之讹变,䤲从缶得声,则从夕之⿱⿱⿱等亦可视为宭之异构。上文提到,甸文中䤲、陶、匋、缶音同字通,金文中亦有假匋为宝(见□建鼎、䚇父盉)及省宝为宭(见仲盘、姞䑣母鼎、周䆫鼎等)的通例,甚至还有假缶为宝的,如牺却尊:"用乍朕莫且缶尊彝"。故疑⿱字乃从食宭声,也即饱字之异文。《说文·食部》饱,古文作⿱,中山王嚳方壶"永⿱用",它器作"永宝用";十年陈侯午錞保字从缶作⿱,又经传之"鞄",金文作"⿱",皆可证从食宭声之⿱确是饱之古文。原本《玉篇》食部饱字古文作䬧,疑即⿱之变体,可以佐证。饱为祭名,当读为报。令簋铭曰:"丁公文报",又曰:"隹丁公报"。郭沫若云:"报当读为保,'文报'犹言福荫也。下'隹丁公报'则是报祭之报,犹

---

① 强运开:《说文古籀三补》卷五,第9页。
② 高田忠周:《古籀篇》九,第17页。又柯昌济:《韡华阁集古录跋尾》,第36页"吕鼎"。
③ 陈梦家:《西周铜器断代(二)》21·"士上盉"。
④ 郭沫若:《两周金文辞大系考释》,第28页"䈾鼎",又《金文丛考》,第324页"臣辰盉铭考释"。
⑤ 马承源:《德方鼎铭文管见》,载《文物》1963年第1期。

《国语·鲁语》'有虞氏报幕，夏后氏报抒，商人报上甲微，周人报高圉'。"①报乃报德之祭，上引《鲁语》将禘、郊、祖、宗、报五者列为"国之祀典"②。报祭既为"国之祀典"，故在明堂大室举行。臣辰盉铭"隹王大禴于宗周出[图]京年"，上记王行大礼于宗周，下言报祭于[图]京大室，在当时是件了不起的大事，故作铭者以为纪年，是理所当然的。

六

综上所述，先秦繇字或作象形文[图]，或作形声字[图]，但无论象形或形声，均无"从系䚻声"之形迹。繇字偏旁之[图]，是由象形文之兽头与声符缶讹变而成的，与肉声毫不相干；而从缶肉声的䚻字，则是由另一系统演变、发展而来的。章太炎《文始》云："《说文》缶'瓦器，所以盛酒浆，象形'。变易为匋，'瓦器也，从勹声'，故《史籀》读与缶同。作喉音，则变易为䚻，'瓦器也'。䚻旁转为宵，又孳乳为窑'烧瓦窑灶也'。"③可见偏旁之䚻与瓦器之䚻来源不同，意义各别。免盘有[图]字，即䚻之繁文，朱芳圃曰："按上揭奇字（指[图]字），从叜从自，结构与篆文尊金文作隮相同。叜象手持䚻，䚻从由肉声，当即'䚻'之异文。《说文·缶部》：'䚻，瓦器也。从缶肉声。'考《由部》：'由，东楚名缶曰由，象形。'是'由'与'缶'异名同实，从由犹从缶矣。自，象征尊奉之意。免盘云：'锡免卣百陵'。玩其辞意，盖'䚻'之繁文也。"④朱说[图]字所从之䚻即䚻之异文，甚是。夕为肉字，金文亦有例证，如胤字秦公簋作[图]，䢼鼎作[图]，从夕亦可从夕，均是肉字。《说文·缶部》："䚻，瓦器也，从缶肉声。"徐铉曰："当从䚻省乃得声。"大徐以繇为繇之俗体，故有此说。言部"䚻，徒歌（按《尔雅·释乐》徒歌曰谣，䚻即谣之古字），从言肉"。段玉裁云："各本无声字，缶部䚻从缶肉声，然则此亦当曰肉声，无疑肉声则在第三部，故繇即由字音转入第二部，故䚻、瑶、繇、徭皆读如遥"⑤。段氏谓䚻瑶繇徭皆读如遥，正是谐声偏旁二、三部

---

① 郭沫若：《两周金文辞大系考释》，第5页"令殷"。
② 见《国语·鲁语》"展禽论祭爰居非攻之宜"章。
③ 章炳麟：《文始》卷七，第12页。
④ 朱芳圃：《殷周文字释丛》，第191～192页"陵"。
⑤ 段玉裁：《说文解字注》第三篇上。

合用（即幽、宵合用）之证。由此，我们找到了由象形缶声的䍃讹变为从系䍃声的繇的一条线索，这就是读音上的转移，引起形体上的变易。具体言之，䍃字从缶得声，原在三部（幽部），变易为繇，转入二部（宵部）；瓦器象形之缶，原在三部（幽部），变易为从缶肉声之䍃，亦转入二部（宵部）。两者在语音上的转移变化，正好相同，因而在读音上也就趋于一致。由于䍃与䍃语音上的巧合，加之䍃与䍃形体上的近似，后人因昧于䍃字所象之形，遂改形附声，将象形文䍃割裂而为系肉二形，肉又与音符之缶结合为䍃，遂与从缶肉声之䍃完全同形同音。于是，两个来源不同，意义各别的"䍃"形，便靠着音读巧合这根中轴七转八转终于转合在一起了。这便是由不具䍃声的䍃，变为从系䍃声的繇的讹变过程，也就是偏旁之䍃与瓦器之缶同化在一起的过程。这种象形文声化的复杂现象在文字发展史上是屡见不鲜的。至于象形文的身与首何时割裂为偏旁呢？从繇字长沙楚帛书作繇，楚简作繇的情况来看，战国时期的象形文仍以身首相连为主，偶有若接若离的写法，但象形文与言旁仍保持相对的独立性；到了睡虎地秦简与凤凰山汉简，凡徭役字均作繇、繇①，象形文之首与言组成"䍃"为声旁，兽尾则讹变为系了。可见繇字讹变的过程，早在许慎以前就已经完成了，所以《说文》只能据讹变后之形体立说，自然会引起后人对其形声的诸多争论，这是我们今天必须加以辨明的。

1981 年 5 月初稿于康乐园
（原载《古文字研究》第十辑，中华书局，1983 年 7 月）

---

① 朱德熙、裘锡圭：《信阳楚简考释·䋣绁》，载《考古学报》1973 年第 1 期，第 122～124 页。《睡虎地秦墓竹简·繇律》；又湖北江陵凤凰山一六八号汉墓出土木衡杆题字，载《文物》1975 年第 9 期。

楚文字释丛

一、说"夐月"

江陵望山楚简有代月名"夐月",我们曾据秦简日书"秦楚月名对照表"考释其音义,认为楚简的"夐月",就是秦简的"爨月"①。今按夐、爨二字音近义属,古代同源当没有问题。但就夐字的结构而言,更准确地说,它应该是后代的焌字。楚简的"夐月"在秦简中写作"爨月",与楚简的"冬栾"、"屈栾"、"远栾"、"夏栾"在秦简中分别写作"冬夕"、"屈夕"、"援夕"、"夏夕",楚简的"亯月"在秦简中写作"纺月",属于同类现象。它们之间的关系,或则同音,或则同源,但未必是同字。

望山楚简所记之夐月凡四见,其中简 47 从艸作蔉②。蔉、夐皆不见于字书,从结构分析,当与焌为一字。焌字从火夋声,夋又从允得声,畯字金文作畎可证。望山简文夐字从炅允声,则夐焌同声可知。夐所从之炅,《说文·火部》训为"见也"。桂馥谓:"见当为光之误。《广韵》炅,光也,《类编》作炅,云火光,即此字之讹。"王筠《句读》谓:"作光则当在热篆之前。"徐锴《系传》云:"炅,从火日声。"按炅从火日,当是热的或体,《素问·举痛论》:"卒然而痛,得炅则痛立止";《调经论》:"乃为炅中疏";《五过论》:"脓积寒炅",王冰注皆训为炅热。马王堆帛书《老子》甲本"趮胜寒,靓胜炅",傅奕本《老子》第四十五章作"燥胜寒,静胜热",足证上引诸家之卓识。望山一号楚墓竹简之"夐月",包山二号楚墓竹简多省变为"夐月"。夐字之声旁允在此省略为厶(即㠯字,《说文》允字从人㠯声);义旁炅之声符日则讹变为田;天星观一号楚墓竹简作"炅月",炅之声符不但讹日为田,且移位在上。又

---

① 曾宪通:《楚月名初探》,载《古文字研究》第五辑,中华书局 1981 年版,第 303~320 页。
② 商承祚编著:《战国楚竹简汇编》,齐鲁书社 1995 年版,第 240 页。

古玺有"㚔"（3269、2480）"㷙"（1152、2742）二文，前者与包山楚简构形相同①，后者则为天星观简之省变。包山简有一𤐫字，右旁更省作㚒，为㚔字最简略的形态，已开后世燧字之先河。以上各例均为一字之异体，其演变轨迹大致如下表：

从以上的材料分析，㚔字是个上声下形的形声字，声旁（允）和形旁（炅）本身又都是上声下形的形声结构。这种重床迭架式的结体在演变过程中一定要求简化。于是，作声旁用的形声结构由于形符不起表音作用而容易脱落（如允—厶）；同一道理，做形旁用的形声结构由于声符不起表义作用而产生讹变和移位（如炅—㚒—㷙）。而上下结构进一步省变的结果，便成为上举最简单的㚒字。㚒再变上下为左右结构的㶳，进而演化而为㷣和燧，遂成为后代的燧字。这个例子在古文字形体演变中有着相当的代表性，是很值得探究的。

《说文·火部》："燧，然火也，从火㒸声。《周礼》曰：'遂龡其燧'。燧火在前，以焞焯龟。""遂龡其燧"语出《周礼·春官·菙氏》："菙氏掌共燋契，以待卜事。凡卜，以明火爇燋，遂龡其焌契（引者注：此为郑玄读法，许慎从杜子春以契字属下读），以授卜师，遂役之。"根据杜、郑读法，焌字的解释有二：一是杜子春读焌为英俊之俊，意取荆樵中之英俊者为楚焞，用之灼龟。二是郑玄读焌为戈镈之镈，意取锐头以灼龟。杜、郑读焌虽有小异，而其用以灼龟则一。按照郑氏的读法，"遂龡其焌契"即以契樵火而吹之使炽，以授卜师。由此观之，《说文》训燧为然火者，其旨在于灼龟，与《士丧礼》之楚焞用意正同。

《说文·火部》："焞，明也，从火𦎫声，《春秋传》曰：'焞耀天地。'"《仪礼·士丧礼》："楚焞置于燋，在龟东。"段注云："《士丧礼》

---

① 此形体一直沿用到秦代，山西朔县秦墓（M12）出有铜印一枚，印文作"鄝㚔"，㚔字同于包山楚简，参《文物》1987年第6期。

楚焞，所以钻灼龟者，楚，荆也；焞，盖取明火之意。"按照段注的意思，训明之焞乃指楚焞，明者盖取楚焞明火之意。其主旨亦在于灼龟。

更有进者，焌、焞二字不但意义非常接近，其所指之实物也十分类同。王筠《说文句读》对此有详细论述。王氏于焌字下解释说："焌是名物，下文'以焌焞龟'则是谓焞为焌。"又云："《周礼》有焌契及燋，《仪礼》有楚焞及契，则焌契为名物可知。"并总括言之："以焞焯龟即以焌灼龟也。以焞代焌，犹郑君谓契为焞矣。《集韵》以焞为焌之或体，似即本自许、郑两君。"考《集韵·恨韵》在"徂闷切"的小韵中，列有焌焞二字，注"然火以灼龟，焌或作焞。"说明焌、焞二字音义完全相同。聂崇义《三礼图》于"楚焞"下注云："焞即焌，俱音镈。"聂氏引《周礼·菙氏》文后指出："然则焌、焞契，三字二名，具是一物，皆用楚为之。楚，荆也。当灼龟之时，其箠氏以荆之焞契柱燋火之炬以吹之，其契既然，乃授卜师，灼龟开兆也。"① 可见焌即焞契，义同楚焞，其物由荆木或麻苇制成。朱骏声云："楚焞谓之契，如今之麻骨，以荆为之。炬谓之燋，如今之火把，以苇为之。"故望山楚简夐字或益艸旁以足义，正可印证。要之，焌与焞同字同物，用以灼龟开兆，均与龟卜有关。

焌与焞既是同字同物，其与爨字之关系亦有线索可寻。上古焌字属精纽文部，爨字在清纽元部，精清同为齿头，文元旁转，古音十分接近。《集韵·桓韵》在"七丸切"的小韵中收有爨字，注"炊也，《周礼》'以火爨鼎水也'"。同一小韵又有鋑字，与爨完全同音。鋑、焌均从夋得声，可见爨与焌（夋）读音也应相同。古籍中并不乏爨与夋声通假的例证，如《说文·革部》："鞍，读若钻，或作䩅。"《集韵》："蹲、踆"同字，《山海经·大荒东经》"有一人踆其上"，郭注："踆或作俊，皆古蹲字。"与上引郑注《周礼》"鞍读如戈镈之镈"正可互证。以形义言，焌、爨二字皆从火取义。《说文》："焌，然火也。"王筠谓"别本无火字"②。《礼记·丧大记》："甸人取所彻庙之西北厞，薪用爨之。"孔疏："爨，然也。"是则焌、爨二字同训为"然"。《文选·七命》注引《汉书》韦昭注："爨，灼也。"李善注《琴赋》引《说文》："灼，明也。"按李善引文乃"焯"字之训（焯灼古通）。《说文·火部》焯、灼二字相邻，皆训

---

① 聂崇义：《三礼图》卷八。
② 见王筠《说文句读》"焌"字条。

"明也",又与"焞"字同训。由此足证焞、焌、爨三字义正相属。综上所述,楚简中的代月名"夐月"实即"焌月",同于秦简的"爨月",据包山楚简楚历的月序,夐月所指代的具体月份,当为楚历十一月。

夐(焌)月之夐,旨在灼龟开兆,于江陵楚简中又可得一佳证。据初步整理所得,望山一号楚墓出土的竹简中,在"夐月"内多次出现"黄竈占"语,其中惟一得以拼复之一整简言之尤详。简文云:

> 辛未之日埜斋,以其古(故)[敓]之,无佗。占之日吉。姻以黄竈习之,尚祝。圣王、悬王既赛祷。己未之日赛祷王孙巢。①

这一简记载辛未、己未两天的祭祷活动。辛未赛祷圣(声)王、悬(悼)王②;己未赛祷王孙巢。内容十分重要。赛祷之前,先野斋,次占,再次卜。"黄竈"之竈从黾霝声。为竈之异构。《集韵·青韵》有竈字,音灵,注:"黄竈,龟名。"《广韵·青部》作竈。龟卜之法,复卜为习。《周礼·龟人》:"祭祀先卜。若有祭事,则奉龟以往。"简文于夐月之内记"以黄竈习之",正可与焌契、楚焞灼龟以卜相印证。

二、释夐、戭、䥯

夐 夐字在包山楚简中只出现过三次(见简129、221),同于望山简,其余皆省作夐。此字除用于月名外,还有其他的用法。

> 甘匨之岁,左司马适以王命命恒思睿枼煮□王之爨,一青犨之赉,足金六匀(钧)。(简129)

如前所述,夐即焌字,在此当读为爨。《楚辞·忧苦》:"爨土鬻于中宇",注:"爨,炊灶也。"《广雅》:"爨,炊也。"《周礼·亨人》:"职外

---

① 中山大学古文字学研究室:《战国楚简研究》(三),1977年(油印本)。此次释文略有改动。

② 参阅陈振裕《望山一号墓的墓主与年代》所引材料,刊《中国考古学会第一次年会论文集》,文物出版社1979年版。又见湖北省文物考古所与北京大学中文系合编《望山楚简》,中华书局1995年版,第90页注(24)。

内饔之爨、烹、煮",注:"爨,今之灶,主于其灶煮物。"简文"煮□王之食,一青犙之赍",意谓炊煮□王之灶,以青犙及羊各一为馈赠。

戙 包山楚简在遣策简牍中屡见一"戙"字,有关简文摘录如下:

五翏,戙。(简269)
白戙。(简272)
九翏,二戙,皆戢。(简273)
五翏,戙。(牍1)

本组所记,皆属遣策简中"甬车"上所载的兵器,其中简269与牍1所记文字基本相同。"白"疑读为旧,他处还有"白髤"、"白骰"等。戙与翏每相连为文,可见二者关系之密切。翏读如厹。戙字从戈臭声,按上节臭即焞的音读,当读为錞或镦。《诗·秦风·小戎》:"厹矛鋈錞",传:"厹,三隅矛也;錞,镦也。"秦诗"厹"、"錞"连言,犹简文之"翏"、"戙"连文,二者正可互证;且由此反证戙在此当读为錞。包山二号楚墓出有双叶下延成倒钩状的矛,包山楚简整理小组以为可能就是厹矛①。但以戙为锻即锥状之矛②则非是。《说文·金部》:"錞,矛戟柲下铜镦也。"又云:"镦,柲下铜也。"桂馥曰:"柲下铜也者,当为戈柲下铜也。矛戟下曰錞,戈下曰镦。"此以矛戟与戈,区别其下铜为錞与镦。但矛戟下也有称镦之例,《释名·释兵》:"矛下头曰镦,镦入地也。"上揭包山简文:"九翏、二戙,皆戢戢。"楚帛书边文"以利戢伐",戢用作侵。按戢在此当读为鐱,锐末曰鐱,字也作鐵。简文的意思是:九矛二戙皆锐末。与《释名》所言相符。《礼记·曲礼》:"进戈者前其镦,后其刃;进矛戟者前其镦。"郑注:"镦镦虽在下,犹为首。锐底曰镦,取其镦地;平底曰镦,取其镦地。"镦即錞之繁构。要之,镦、錞二字同源,泛指长兵柲下之铜饰物,其制有锐底平底之分,浑言之则镦錞不别,彼此可以互注;析言之则略有差异,当视其实际情况加以判定。

𨯅 包山楚墓遣策简中有如下一段文字:

---

① 参见《包山楚简》注(627),文物出版社1991年版。
② 参见《包山楚简》注(629)。

豻貘之鞼鞍，紫绅、䋠绛、紫绐。（简271）

本组属遣策篇中"正车"上所载的随葬品。凡豸旁简文多从鼠作，故䑕即豻，䑕即貘。豻似狐而貘似熊，其皮均可制革。鞍即鞍字，《说文·革部》："鞍，马鞁具也"，鞍为跨马所设之具。鞼简文作鞼，右半乃夐字最简之体。以上节焌字音义求之，当是鞼字。《说文·革部》："鞼，车衡三束也。"段玉裁以为"三束"当作"五束"，并云："鞼之言横也，以革缚之凡五。"据此，简文"豻貘之鞼鞍"，乃指用豻貘之革横缚之鞍具。鞍具为人所骑坐，用豻貘之革横之，以策安全。紫绅、䋠绛、紫绐等皆鞍上之饰物。

三、释

长沙五里牌406号墓出土残简37枚，经拼复为18枚。简文内容是记载随葬器物的清单。其制在简之上半记以名物及数量，下半记存放处所。其中八简有"在匩䛑"的记号。匩䛑当读为胠篋。《说文》训胠为"亦（腋）下也"，引申而有旁、侧及边之义。篋为箱篋。可见简文的"匩䛑"当指考古学上所谓的边箱。简文标记"在匩䛑"者，是指该随葬品置放于椁室的边箱。另三简下段标有"在长□"的记号，长下一字分别作：

（简13）　　　　（简14）　　　　（简18）

过去因此字不识，难以确知简文的真正意义。最近新出包山楚简屡见此字，形体分别作：

（简61）　　　　（简78）　　　　（简78）

简文云：

十月辛未之日，不行代易厩尹郘之人戜我于长㞑公之军。（简61）

夏月己亥之日，长䣆之旦阳倚受期，甲辰之日，不遲长遲正差郢思以廷。（简78）

将包山简的㞑、䣆和遲与五里牌简的"长"下一字比较，即可判断其为"㞑"字。据包山简简文，长䣆乃邑名，简78一文从邑其义尤显。而五里牌简之"长㞑"则决非地名。简文"在长㞑"应与"在匛賊"相当。其具体涵义由下面一简可以得到启示：

相遲之器所以行。（简256）

上文是包山遣策简简首的第一句。"相"假为箱，简文"箱遲"当指椁室尾部的脚箱。整句的意思是：用于出行的随葬物品放置在椁室尾部的脚箱。准此，五里牌楚简的"在长㞑"，应与包山简的"相遲"相当，是指该简所记的器物，放置于椁室尾部的脚箱，以与置于椁室两"亦（腋）"即边箱的"匛賊"相区别。

长沙楚帛书丙篇"玄"月内也有此字，我们在《楚帛书》附释文临写本中据红外线照片摹作遲，而释为遲①。饶宗颐先生《楚帛书新证》因此字上下文残缺太甚故未作解释。李零此字原释为遹②，后改释作遲，并据以隶定甲篇虘下残文为遲字。李解释说："此字当是徙的古文，《说文》徙古文作㞑，叔夷钟、镈和陈肪簋戜字从之，皆作㞑。"③今按李释遲为徙可从。然楚系文字与齐系文字略有差别。据楚简遲字，知楚帛书作遲者乃从辵从㞑省声。《说文》古文则借㞑为徙，古文作㞑者乃齐系㞑字之讹变。

齐系文字除上面提到的陈肪簋作㞑，叔夷钟作㞑之外，还有著名的"昜都邑"玺。玺文"昜都邑圣䢘盟之玺"，"圣"下一字他玺或作䢘、䢘，历来争议最多，有隶定为遹或遊的，均有未安。今以楚简之㞑及遲证之，当释为㞑及遲字。清宋书昇为《续齐鲁古印攈》作序时，已释此

---

① 见饶宗颐、曾宪通《楚帛书》图版13，中华书局香港分局1985年版。
② 李零：《长沙子弹库战国楚帛书研究》，中华书局1985年版，第79页。
③ 李零：《长沙子弹库战国楚帛书补正》，中国古文字研究会成立十周年论文，1988年7月。

字为徙。宋氏云：𨑒乃徙字，"徙屎二字古通用。毛诗'民之方殿屎'，即借屎为徙。屎尸从尾省，《说文》徙之古文作㞎亦即屎字，中从火者，尾篆从到毛与火近，文字流传趋变使然。篆书加辵与碧落碑所书徙篆政同。"① 宋氏所引见毛《诗·大雅·板》篇："民之方殿屎"。"殿屎"训为呻吟。《说文》引《诗》作"民之方唸㕧"（依《五经文字》引当作"唸㕧"，㕧从口伊省声），可见毛《诗》之"殿屎"乃"唸㕧"之借字。《说文》徙古文作㞎，《汗简》引碧落碑文作㣎（今碑文作㣎），下俱从米，与齐文尤近。然屎、㕧皆脂部字，徙乃歌部字，声韵远隔。而屎徙则同属歌部。因颇疑齐玺文之㞷是㞷之变体，流行于齐地，《说文》古文既来源于"壁中书"，故以流行于齐鲁之㞷作为徙的古文，自是情理中事。从现有的材料看，它们都源自西周金文的㞷字。现将㞷、㞷，以及作为徙之古文的㞎等相关形体录出，按其嬗变关系列表如下：

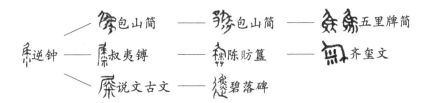

以上第一列为楚系㞷字。形体虽略有讹变，然其结构与西周逆钟、师毁簋之㞷字基本相同。第二列为齐系㞷字及其变体，其中尾的形体虽左右向背和繁简不同，但其共同特点均以米代少（沙），为下列古文之所本。第三列为传钞古文㞷字，其中㞷讹为㞷或㞷，下从米同于齐系文字，《说文》古文借用为徙。

四、释枭、鸢、翼、鸣

楚文字中鸟形的变化比较复杂。过去由于作偏旁用的鸟形不易辨认，以致有关的简帛文一直未获得确解。近年来由于楚文字出土日多，为我们提供了相互参证的有利条件。金文鸣字鸟旁蔡侯钟作㬎、王孙𩁰钟作㬎，王

---

① 郭申堂：《续齐鲁古印攈·宋序》。

孙遗者钟作🔲，而曾侯乙编钟馘字鸟旁作🔲，包山楚简鸡字鸟旁作🔲，更与楚帛书鸟旁如出一辙。

🔲 楚帛书丙篇"仓"月云："曰仓：不可以川，□。大不训于邦，又🔲，内于上下。"🔲字上从🔲，即鸟头之鸟。鸟头下从木乃枭字。《说文·木部》："枭，不孝鸟也，日至捕枭磔之。从鸟头在木上。"楚人忌枭，以为不祥，故于日至之日捕枭磔之。《汉书·郊祀志》："祀黄帝，用一枭。"当与楚俗有关。帛文言"大不训（顺）于邦，有枭，纳于上下"，意谓于仓月邦有大不顺者，则用枭为祭，纳于上下神祇。包山楚简于"飤室"内有"枭二笲"（简258），与"熬鸡一笲"、"煮鸡一笲"、"熬鱼二笲"等同列。字亦作🔲，与帛文同。整理小组隶作枭而释为棋，非是。

🔲 楚帛书丙篇"欿"月云："曰欿，🔲衕□得，以不见，月在□□，不可以享祀，凶，取□□为臣妾。"🔲字从鸟戈声，当释为戗即鸢。鸢字出现甚早，金文之🔲，甲骨文之🔲，皆于鸟头上戴戈形，为鸢字初文。古文字偏旁戈与弋每互作，故鸢又写作鸢。鸢属鹫类，为善击杀之鸟。帛文之"鸢衕（帅）"，意指善于击杀之统帅。

🔲 楚帛书乙篇云："隹李德匿，出自黄渊，土身亡🔲，出入□同，作其下凶。"帛书此文左从鸟旁，右从異声，以谐声求之，当是鷖即翼之异构。帛文此处讲的是李，李星即火星，因其隐现不定，令人迷惑，故又称"荧惑"。"出自黄渊"，是说荧惑从地面升起，古人以为出自黄渊。"土身亡翼"，土，火也。《春秋繁露》以五行对土者火也。"土身"指火星。"土身亡翼"殆指火星不带光芒。古人认为，这类不带光芒的火星出现于某一分野，其下则有凶兆，故云然。

🔲 包山"疋狱"简95云，九月戊午之日，邵无𤕌之州人某控告郲之🔲𤜶邑人某某杀人。整理者🔲字缺释，此字右旁似鸟形，从鸟从口乃鸣字；𤜶字从鼠从瓜声，楚简偏旁每以鼠代豸或犬，故𤜶当是狐字。鸣狐为楚邑名，地望待考。又简194"集脂（厨）鸣夜"之鸣字作🔲，乃此字之反书，简文在此用作人名。

五、"風"字探源

"風"字何以从虫？其古文何以从日？这个问题，自许慎以来似乎还没有人说得清楚。尽管有人怀疑过《说文》"风动虫生，故虫八日而化"的解释，想从先秦文字中找到反证，可是长沙楚帛书中却偏偏出了个从虫凡声的"㲋"字，可见《说文》所收的篆文确有所本，问题在于对風字的形体结构作何解释。

近读黄锡全同志所著《汗简注释》，很受启迪，深信要揭开楚帛书㲋字及其古文之谜，实有赖于对甲骨文、金文资料的细致分析。黄锡全同志指出："甲骨文假鳳为風，《说文》風字古文作凮，当由𩙿、凮等形省变。"① 综观先秦風字的资料，其形体演变的轨迹当如下表：

A — B — C — D — E — F 凮 说文《古文》 / G 㲋 楚帛书

《合》133572　《合》20246　南宫中鼎

表中甲骨文例 A 以鳳为風，例 B 是在 A 的基础上加"凡"为声符。例 C 为金文，已将鳳尾纹饰与鳳体分离，且移置声符"凡"之下，形成左右式并列结构，其右旁之𩙿，则为風字之滥觞。例 D 是 C 的简省，由偏旁独立成字，例 E 是 D 的进一步简化，即由声符和单个鳳尾纹饰所组成。此形体为風字的分化提供了条件。D、E 二形虽然尚无出土资料的实证，然而却合乎字形发展的一般规律，应是可信的。汉夏承碑風字作凮，孟孝琚碑作凮，皆是凮形的变体，并可作为凮字存在的旁证。例 F 和 G 则分别是 E 的分化和省变，即在声符"凡"之下，《说文》古文取鳳尾纹饰之上部"⊙"而成得凮字；楚帛书取尾饰之下部"ㄟ"而成㲋字。两相对照，若合符节。由此可见，風字自甲骨文时代至今皆假鳳为之，不过后代分别以其尾饰之局部代替鳳体，故不易为人所觉察。尾饰之𮅕，犹孔雀尾端之钱斑，是鳳鸟别于其他鸟类的主要特征，故以之代表鳳之整体。其本与虫、日无关，许慎以其字形与虫、日相类，遂以"风动虫生，故虫八日而化"强为之解，是不足为据的。

---

① 参见黄锡全《汗简注释》，武汉大学出版社1990年版，第216、450、451页。

校后附记：此文曾于中国古文字研究会第九届年会（南京·1992年）上宣读。文中引用金文鳳字采自宋人薛尚功《历代钟鼎彝器款识》摹本。近读台湾学者蔡哲茂先生《甲骨文四方風名再探》（刊《金祥恒教授逝世周年纪念文集》台北1990年7月版），得知吴匡先生在《释盠驹尊盖鳳字兼说風字》（未刊）中已释盠驹尊盖铭之㿝、㿞为鳳即風字，铭文分别读作"風雷雅子"和"風雷骆子"。吴先生指出："字从⻊（ᢒ）凡声，凡为凡字，ᢒ为隹（鸟）字，从鸟凡声，鳳字亦風字也。"又云：铭言"王锡盠驹，其迅疾如風雷也。"堪称卓识。宋人著录之南宫中鼎铭为传世之摹本，盠驹尊铭乃出土之真品，二器所传鳳即風字可谓异曲同工，诚可珍贵。盠驹尊铭此字过去不识，故特志之。

1996年元月
（原刊《中山大学学报》1996年第3期）

楚帛书文字新订

1942年，长沙子弹库楚帛书被盗掘而重现人间，迄今已历半个多世纪，这件图文并茂的战国文物魅力依然，有关论著不绝，竟达一百余种。笔者前有《长沙楚帛书文字编》等撰述，随着近年新出楚简资料日增，"觉今是而昨非"，对过去楚帛书文字考释中若干疑莫能定的问题似可重加检讨，有所订正。

一、凥（处）于叚☐

帛书甲篇云："凥于叚☐。"首字旧释"居"，实即《说文》凥字，从尸从几会意。包山楚简32号有"不以所死于其州者之居凥名族致命"句，居、凥同时出现于简文中，可见二字自古有别。我们不妨以《老子》为例，考察一下居、凥二字在典籍中的使用情况。下面分别以A、B、C、D代表郭店楚简本、马王堆帛书甲本、马王堆帛书乙本和传世傅奕本。

1. **是以圣人居无为之事**（举例为楚简释文，下同）。

A作"居"，B、C同，D则作"处"。王本作"处"[①]，异本作"居"。

2. **成而弗居**。

A作"居"，B、C同，D则作"处"。王本作"居"，敦煌本、遂州本及范本则作"处"。

3. **夫唯弗居也**。

A作"居"，B、C同，D范本作"处"，他本作"居"。

4. **王凥一安（焉）**。

A作"凥"，B、C作"居"，D作"处"，景龙碑及徽、邵、彭三本作"处"，他本作"居"。

[①] 《老子》版本及简称参高明先生《帛书老子校注》卷首，中华书局1996年版。

5. 君子居则贵左。

A作"居"，B、C、D同，他本亦同。

6. 是以下将军居左，上将军居右。

A作二"居"字，B、C同，D则作"处"。范、徽、邵、彭、楼古及景福碑皆作"处"，他本则作"居"。

7. 言以丧礼居之也。

A作"居"，B、C同，D作"处"，王、范、徽、邵、彭、焦、孟頫诸本作"处"。

8. 战胜，则以丧礼居之。

A作"居"，B、C、D皆作"处"，王、景福、庆阳、楼古、磻溪、楼正、孟頫、顾、邵、司马、苏、志诸本皆作"处"。

从以上八例诸本异同勘校结果来看，无论是出土简帛材料，还是传世的各种写本、刻本材料，"居"、"凥"、"处"都存在大量的互作情况。

朱骏声《说文通训定声》："凥，处也。从尸得几而止，会意……按从几与处同意。经传皆以居为之。居者踞字，俗居作踞。"朱氏以"居"为"凥"、"踞"之初文是对的，但谓经传都借"居"为"凥"则不全合于事实。

段玉裁对"居"、"凥"二字有较明晰的考辨："《说文》有凥有居。凥，处也。从尸得几而止。凡言人居处字，古只作凥处。居，蹲也，凡今人蹲踞字，古只作居。《广雅·释诂》：凥、踞二字分立条目，判然有别。今人用蹲居字代凥处字，而凥字遂废，又别制踞字为蹲居字，而居字之本义废。"

从段氏的考辨可知，古人每借"蹲居"之"居"（后别作踞）为"凥处"之"凥"，久假不归，后世就作"居处"了。中古一部分照系三等字来自上古牙音的见系[1]，故"凥"与"居"不但韵部相同，声纽本亦相近，不然就不会以喉音字的"虍"作"处"的声符了，而喉音的晓母、匣母是来自牙音的见、溪、群诸纽的[2]。凥与处为一字异体，从尸为平卧之人，从夂为人之局部（脚趾）。因此，《说文》用处训凥，看作以今字释古字之例也未尝不可。

---

① 陈初生：《上古见系声母发展中一些值得注意的线索》，载《古汉语研究》1989年第1期。
② 李新魁：《上古音"晓匣"归"见溪群"说》，载《学术研究》1963年第2期。

总之，帛书甲篇"⿱宀𠃌于馘☐"当释为"处于馘☐"，而不宜释首字为"居"。

二、晷而〈天〉步達

帛书甲篇："以司堵壤，晷而〈天〉步達。"选堂先生指出："司堵壤与平水土有关。晷可读为晷。《释名·释天》：'晷，规也，如规画也。'"并训"步"为"推步"①。《文字编》云："此字（指達）诸家缺释，选堂先生以为遺字之残，谓步遺即步瘖。"② 近年冯时释此字为"遺（数）"，谓"晷步天数即规步天数，……帛书以为周天历数乃禹、契步算而得，故数字从辵。"③ 今按，帛书乙篇有"娄"字作𡊮，即使此字为何从辵勉强可说通，然右旁与"娄"字相去甚远。

包山楚简 119 号有字作𡊮，凡二见，整理者当未隶定字处理。简文均用为人名。高智释"探（造）"④，亦非是。九店楚简有字与包山简及楚帛书相同，李家浩释为"達"，甚是⑤。郭店楚简此字多见，简本《老子》甲组有"非溺玄達"，马王堆帛书乙本正作"微眇玄達"。《古文四声韵》引《古老子》達字作𡊮，简文乃其所本。

"晷"下一字诸家均释为"天"，李家浩指出是"而"字，拙作《文字编》已从其说。然帛书"天"、"而"二字虽有上下体连与不连的差别，而形体酷似，辨析不易。江陵九店 M56 的 19、22、33 号简有日书成语"无为而可"，"而"字作𡊮，整理者均未释出，刘乐贤已代为补释。⑥ 简本《老子》"天"、"而"两字亦每有相混之例，如甲组："古（故）不可得天〈而〉新（親）"，"人多智天〈而〉战（奇）勿（物）慈（滋）记（起）"

---

① 饶宗颐：《楚帛书新证》，载《楚地出土文献三种研究》，中华书局 1993 年版，第 237 页。
② 曾宪通：《长沙楚帛书文字编》，中华书局 1993 年版，第 64 页。
③ 冯时：《楚帛书研究三题》，载《于省吾教授百年诞辰纪念文集》，吉林大学出版社 1996 年版，第 190～191 页。
④ 高智：《〈包山楚简〉文字校释十四则》，载《于省吾教授百年诞辰纪念文集》，吉林大学出版社 1996 年版，第 184 页。
⑤ 李家浩：《江陵九店五十六号墓竹简释文》，见湖北文物考古研究所编著《江陵九店东周墓》，科学出版社 1995 年版，第 507 页。
⑥ 刘乐贤：《九店楚简日书研究》，载《华学》第二辑，中山大学出版社 1996 年版，第 61～62 页。

二句，二"天"字皆为"而"字之讹混。郭店简《五行》篇："德，而（道也）"（简20）；"圣人知而道也"（简26、27）；"[文王在上，于昭]于而"（简30）。三"而"字皆为"天"之误书。由此推测帛书此处的"而"字亦有可能是"天"字的写讹。从上下文来看，咎下一字仍以释"天"为长。所谓"咎（晷）天步達"，就是说通过规测周天度数，制定历法，推步達致神明之境。这种沟通神人的方式，反映的是创世时期混沌初开的状况，与"绝地天通"、"神人异业"的情形有别。

三、九州不坪（平）

帛书甲篇"九州不![]。"末字严一萍、裘锡圭、李家浩诸先生释"坪"，选堂先生释"墅"，后释"重"。各家之说均持之有故，过去难以按断。

郭店楚简《老子》丙组："埶（整理者释"執"，此从裘锡圭先生按语改）大象，天下往。往而不害，安坪大。"马王堆帛书《老子》及传世本均作"安平泰"。"坪"字楚简作![]，与楚帛书同。由此看来，楚帛书确当释为"九州不坪（平）"。

四、燥气倉气

帛书甲篇："山陵不疏，乃命山川四海，![]燹（气）![]燹（气），以为其疏，以涉山陵。""![]燹（气）![]燹（气）"一语，历来聚讼纷纭。首字旧或释熏，或释寮，李零分析为从宀熱声①，刘信芳谓寅字当是从宀从戠省，戠即《说文》熾之古文②。李、刘二氏均将寅气读为熱气。周凤五氏认为"应可确认无疑"③。

今按，![]字诸家隶定无误，只是字形分析及释读仍有可商，论者均以中为义符，实则以中为声，字当释为从宀臬声。臬从戾即熱之初文以为

---

① 李零：《土城读书记（五则）》，纪念容庚先生百年诞辰暨中国古文字学国际学术研讨会论文1994年；后易名为《古文字杂识（五则）》，刊于《国学研究》第三卷，1995年，第267～269页。
② 刘信芳：《楚帛书解诂》，载《中国文字》新廿一期，（台北）艺文印书馆1996年版，第76页。
③ 周凤五：《子弹库帛书"热气仓气"说》，载《中国文字》新廿三期，（台北）艺文印书馆1997年版，第237～240页。

义，中以为声，疑为燥字异构，故寅可读为燥。声符之中，《说文》以为艸之古文，后孳乳为草。出土古文字材料及传世文献亦屡见用中为艸即草之例，如侯马盟书1.91蒴字作🜨，天星观卜筮简"英"字作🜨，或作🜨，遣策简作🜨。包山简"若"字从中从艸任作，如作🜨（包2·70），或作🜨（包2·155）。古玺"藥"字作🜨从中（《玺汇》1384），汉印作🜨从艸（《印徵》1·16）。银雀山汉墓《孙膑兵法》"草"字，简108作🜨，简159作🜨。《易·屯》："天造草昧"，《汉书·叙传》作"天造中昧。"《荀子·富国》："刺中殖谷"，杨倞注："中，古草字。"中（艸、草），清纽幽部字；燥，心纽宵部字。上古音幽、宵二部最近，声纽清、心同部位，故寅可释为燥字别体。

第三字历来争议最多，早期有释"再"、释"金"诸说，李零曾疑是"害"字，笔者据中山王𦥑器之"百"字作🜨而释为"百"之异构，形虽近而义未安，近时李零改释为"寒"字之省，推理成分较多而未见有省写之实证。周凤五氏根据包山、望山和天星观楚简的"倉"和从"倉"的字，认为形体与第三字"十分相似"而释为"倉"字。虽然楚帛书丙篇亦有"倉"字作🜨，楚简中较为草率的写法作🜨，且下亦从二横，就形体而言，较金文的"寒"字更为接近，周说可从。

郭店楚简《老子》乙组竹简云："喿胜蒼，清胜然。"周凤五指出第一句三字马王堆帛书甲、乙种均作"趡胜寒"，今本作"躁胜寒"，简帛各本用字虽小有出入，文意则一。刘信芳谓"喿胜蒼"，当释"躁胜凔（沧）"①。周先生以为"热气倉气"得此坚强证据可成定论。其实，文意虽得确诂，若论释字，帛书"🜨燹（气）🜨燹（气）"则宜释为"寅（燥）燹（气）倉（凔）燹（气）"。郭店简《太一生水》云："四时复相楠（辅）也，是以成倉（凔）然（热）。倉（凔）然（热）复相辅也，是以成湿澡（燥）。"据此则"倉（凔）"与"然（热）"对，"湿"与"澡（燥）"对。不过"燥"与"热"二字均从火，义实相涵，今语"燥热"，犹自沿用。故"燥"可与训寒之"倉（凔）"对举，而帛书之"寅（燥）燹（气）倉（凔）燹（气）"与楚简《老子》之"喿（燥）胜蒼"正可互证。

---

① 刘信芳：《楚简老子释读二则》（稿本），转引自周凤五《子弹库帛书"热气仓气"说》。

五、唯李德匿

帛书乙篇："隹李德匿。""李"字作❄，朱德熙、裘锡圭先生释"殺"，商锡永、李学勤、饶选堂先生释"孛"。《文字编》从之。然郭店楚简《老子》乙组有"明道如孛"句，"孛"字作❄，整理者谓与《古文四声韵》引《古孝经》悖字同形。则帛文非孛字明矣。近时郑刚、何琳仪、刘信芳相继释为"李"字，可信。字乃从子来省声，楚简"来"字每作❄或❄可证。包山"疋狱"简简文末了每署"某某为李"之"李"读为"理"，乃指法官，帛文则专指李星。

商先生读"德匿"为"侧匿"甚是，古籍又作"仄慝"、"缩朒"①。《尚书大传》解释说："朔而月见东方谓之侧匿，甚则薄蚀是也。"朔日早晨月亮在东方只现一线，这是月亮行度迟缓的天文现象。李零认为"德匿"是个反义合成词。"德"指天之庆赏，"匿"指天之刑罚，表示上天对人事的报施，亦就是古书常见的"德刑"或"刑德"②。

今按，"德匿"并非反义合成词，而是近义合成词。"侧"与"仄"均是不平不正之意，"德匿"之"德"亦当读为"侧"或"仄"。《左传·文公十八年》："好行凶德。"《史记·五帝本纪》"德"作"慝"。《说文》："匿，亡也。"《尔雅·释诂》："匿，微也。"帛书称"唯李德匿"之"李"星就是火星，古人因火星隐现不定，令人迷惑，故又名为"荧惑"。"朔而月见东方"、李星或岁星行度不正常都可称为"德匿"。《史记·天官书》："荧惑为勃乱、残贼、疾、丧、饥、兵。"又"察刚气以处荧惑。……礼失，罚出荧惑，荧惑失行是也。出则有兵，入则兵散。"帛书"德匿"一词凡四见，均在乙篇，都是指李星或岁星隐匿失行而引起人间社会的灾异变化。"凡岁德匿"是说凡是岁星隐匿的时候，接着罗列种种妖祥。"唯德匿之岁"是指幽微的岁星。"隹李德匿"指李星幽隐不明，故描述其形象是"出自黄渊（泉），土（徒）身亡（无）鷝（翼）"，结果是"出内（人）□同，乍其下凶。""李"同"理"，天上的李星就像人间的李官即法官，专司刑罚之职，李星不显，犹法官失威，

---

① 商承祚：《战国楚帛书述略》，《文物》1964年第9期。
② 李零：《长沙子弹库战国楚帛书研究》，中华书局1985年版，第57~58页。

故有种种凶象。李星、岁星的职能极为相似，都是报德惩恶，因而在楚帛书中相提并论——"是胃（谓）李、岁"，"李、岁内（入）月七日……"句式亦每每相似，如"凡岁德匿"与"隹（唯）李德匿"等。

六、取女为邦笑

帛书丙篇："取（娶）女，为邦笑。"笑字作茮，从艸从犬，为秦汉简帛笑字形体之所本，笔者尝有考辨。朱德熙先生以笑为"莽"之省而读为"墓"。释笑释莽，论者依违不一。今按郭店楚简《老子》乙组云："下士昏（闻）道，大笑之；弗大笑，不足以为道。"二"笑"字皆从艸从犬，与楚帛书所见相同，而马王堆帛书乙本及传世诸本此处均作"笑"，可证帛书此文确为"笑"字。

《文字编》前谓帛文"为邦笑"乃战国恒语，仅举《韩策》为证，以"为天下笑"与"为邦笑"同意。今检诸子书，知"为邦笑"虽非战国恒语，而被动句式"为……笑"之证颇多，试补述之。《庄子·徐无鬼》："吾恐其为天下笑。"又《盗跖》："然卒为天下笑。"《荀子·强国》："必为天下大笑。"《韩非子·十过》："则灭高名为人笑之始也。"又："为天下笑。"又："而灭高名为天下笑者，何也？"又："为诸侯笑。"又《奸劫弑臣》："无为人笑。"又《外储说右下》："故身死为戮，而为天下笑。"又《难势》："使臧获御之则为人笑。"又："或为笑。"又《说疑》："为天下笑。"又《五蠹》："必为鲧、禹笑矣。"又："必为汤武笑矣。"又："必为新圣笑矣。"又："而身为宋国笑。"有了大量的传世文献相印证，知帛文"为邦笑"当可论定，而释笑为"莽"之省而读为"墓"则稍嫌迂远。更有进者，历来"笑"字形义分析未有确解，今得楚帛书茮字之助，知此体乃"笑"字目前所见最早之古文字形体，故而颇疑"笑"字本从犬，从艸得声。何以从犬虽不易质言，后人不明艸为声符，复因古文字偏旁从艸从竹义近每互作，卒至易艸为竹作义符，讹犬为夭作声符。

利用新出简帛材料与楚帛书合证，某些问题尚有可为，惜一时颇难廓清。例如，帛书乙篇称："日月星辰，乱逆其行；絟（赢）绌逆□，卉木亡尚（常）。"又："是胃（谓）逆月，闰之勿行。一月二月三月，是胃（谓）逆终。"此数处之逆字，《文字编》据何琳仪、李学勤之说，并引秦汉简帛文字以证其与遜、迸、逆为一字。今据新出楚简材料,知当是"失"字,而帛文此字音形当如何分析,则不易索解,有待以后进一步探讨。

(原刊《中国古文字研究》第一辑,吉林大学出版社,1999年)

编校后按:楚帛书"孛"字过去或释季,或释骰,或释孛。此从郑刚释作李。帛文之李指李星。参本书《楚帛书文字新订》及郑刚《楚简道家文献辨证》第61～75页附《战国文字中的"陵"和"李"》(汕头大学出版社2004年3月)。

说"踐""毇"及其它

睡虎地秦墓竹简有两个结构奇特的字,秦简整理小组分别隶定作踐和毇①。现将有关简文分列如下:

第一组

(1) 百姓段(假)公器及有责(债)未赏(偿),其日踐以收责之……(简144)

(2) 终岁衣食不踐以稍赏(偿),令居之……(简145)

(3) 司寇不踐,免城旦劳三岁以上者,以为城旦司寇。(简213)

(4) 人各食其所耆(嗜),不踐以贫(分)人。(简714)

(5) 各乐其所乐,而踐以贫(分)人。(简715)

以上例(1)、(2)见于《金布律》,例(3)见于《司空律》,例(4)、(5)见于《为吏之道》。"踐"在句中义为"够数",与"足"同谊,它简或径写作"足"。如简212:"城旦司寇不足以将,令隶臣妾将。"此处"城旦司寇不足"即简213之"司寇不踐",二简上下相联,语气连贯,而上简作"不足",下简作"不踐",都是指城旦司寇的人数不够而言。

第二组

(6) 毋(无)金钱者乃月为言脂、胶,期毇。(简196)

(7) 有实官县料者,各有衡石羸(累)、斗甬(桶),期毇。(简261)

例(6)见于《司空律》,例(7)见于《内史杂》,均有"期毇"一

---

① 睡虎地秦简整理小组:《睡虎地秦墓竹简》,文物出版社1990年版,第38页注[一]。

语。它简或写作"期足",如简130:"用大者,畜犬期足"(仓律),可证"期蹳"同于"期足"。期,限度也。《诗·南山有台》:"乐只君子,万寿无期",期,限也、竟也;《吕氏春秋·怀宠》:"征敛无期",注:"期,度也。"简文"期足"为意动用法,即"以足为期",意谓"以够数为限度"。

第三组

(8) 禾粟虽败而可飤(食)殹(也),程之,以其耗石数论籑之。(简292)
(9) 甲盗名曰耤郑壬籑强当良。(简815反)

例(8)见于《效律》,句中"籑"字义为赔偿,与"负"同谊。此句又见于《秦律十八种·效律》,作"禾粟虽败而尚可食殹,程之,以其耗石数论负之。"(简233)两条律文完全相同,只是简292之"籑"字,简233作"负",正是"籑"同于"负"的佳证。例(9)见于《日书》甲种,"籑"为盗者之名,文义无从查考。从隶定结构看,字之右旁下体从贝不从夂,是否与籑同字,尚有待于研究。

从以上六组可以看出,秦简文字中结构奇特的蹳和籑,在句中的意义和用法与足和负完全相同。因此,把蹳和籑视为足、负的别体是不成问题的。可是,既然二者完全相同,为何在形体上却存在如此的差异,应如何理解蹳、籑二字所从的"夊"旁,它在字中起着何种作用,等等。这些问题,都有进一步探讨的必要。

要查考"夊"旁的来历和作用,自然会联系到籀文中的"夒"旁。《说文·示部》:"禷,籀文齋从襲省。""禲,籀文禱。""禷,籀文祟从襲省。"王国维氏《史籀篇疏证》云:"案此三字齊、昌、出皆声,则疑从襲。意古当有襲字,而襲从示从夒,是又当有夒字。襲古文字中未之见,夒则项肆簋之𤉞,番生敦之𤉞,《考古图》所载秦弔龢钟之𤉞,其所从之𤉞若𤉞,与篆文𤉞字均为近之。其字上首下止,实象人形,古之《史篇》与后之《说文》屡经传写,遂讹为夒矣。襲字象人事神之形,疑古祷字,后世复加昌以为声。"① 王氏在这里所揭示的籀文"夒"旁的演变,对于

---

① 王国维:《王国维遗书》第六册,上海古籍出版社1983年版。

我们考察秦简"夋"旁的由来是深有启迪的。我们颇疑心踐、䞠所从的"夋"旁，也可能是由人形讹变的结果，但苦无实证。

最近，笔者有机会到湖北省博物馆仔细核对了原简，发现上引诸例踐、䞠二字的夋旁存在多种不同的写法。现按字形相近者依次排列，下附简号，揭示如下：

A	B	C	D	E	F	G	H	I
144	145	213	196	261	714	715	292	815 反

上列九个例字的右偏旁可以分为两组：A—E 为一组，均由三个夂形或其变体相重迭所组成，秦简整理小组将右旁隶定为"夋"，即以本组形体为依据。F—I 为另一组，实由上卂下夂所构成，尤以简 292 之 H 作夋形者最为明显。试与秦公簋、镈之䞠字作一比较：

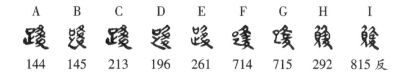

| 秦公簋 | 秦公镈 | 简 292 | 简 714 | 简 145 反 |

由秦公簋、秦公镈的䞠，演变为秦简的夋、夋、夋，其间递嬗蜕变的轨迹十分清楚，它们都是由上卂下夂的人形逐步演化讹变而成的。由此看来，秦简的"夋"旁为侧向的人形，与《史籀篇》的"夒"旁为正面的人形有异曲同工之妙。从秦简的材料分析，前一组五例均见于《秦律十八种》，为同一书手所抄；后一组的前三例分别见于《为吏之道》和《效律》，书手虽然不同，字体却差别不大，可见其流行的范围更广。将它们同秦公簋、镈铭文比较，字形略有变异而不失其本来的面目。至于《日书》甲种的䞠字（简 815 反），谛审原简作䞠，右旁下体仍存夂形，并非从贝，从整体看，仍是人形的讹变。显而易见，前一组的夋若夋是后一组夋若夋的写讹。所以，如果将足和负的别体根据前一组分别隶定作踐和䞠，便不能正确反映上述二字形体结构的实质，必须按照后一组的形体结构改定作踆和䞠。

秦简的足、负，它简或写作踆、䞠，这同小篆的齎、禂、祟，籀文分别作齌、霁、櫜的情形正相仿佛。与此同类的现象在秦国的铜器铭文中也时可见到。如秦国最早的铜器不其簋，器主为秦庄公。据《史记·十二诸侯年表》所载，秦庄公名其，而簋铭作"不其"（"不"在此为助词，无义），铭末"子子孙孙其永宝用"则用"其"。可见当时已有"其"或作"其"的用例。以戈、叒为同类偏旁例之，簋铭之"其"，与籀文之齌、霁、櫜等也应属同类现象。不其簋是秦庄公于周宣王四至六年（前824—前822年）①所作，正与《说文·叙》言《史籀篇》为周宣王太史所作的年代相当，这或许不是偶然的巧合。值得注意的是，不其簋"其"、"其"并用在它器中也有所表现，如秦公及王姬铸铭"具即其服"作"其"，而同铭"秦公其唆黼在位"及铭末"其康宝"则用"其"；北宋出土的秦公镈铭文"其音铣铣"用"其"，而同一器主所作的秦公簋"其严遢各"则用"其"。甚至在石鼓文中，也可以找到同类形体结构的痕迹。石鼓《作原》篇有"为所斿䟆"句，郭沫若引钱大昕云："斿䟆即游優，与優游义同。"郭氏补充钱说云："乃因与下文'鳌导'为韵，故倒言之也。"② 按钱、郭二氏说"斿䟆"为"優游"甚是，惟于"𡈼"旁之构形仍不得其解，总觉未安。张德容氏云："憂即優之本字。……石鼓从𡈼，盖籀文也。《说文》瑇，籀文作𤫊；叡，籀文作𡨄。可证憂之作䟆。"罗振玉氏云："如张说则许书之𡨄籀文从𡈼，乃从𡈼之讹也。"③ 今将秦石之"𡈼"，与秦简之"𡈼"、"𡈼"及秦器之"𡈼"相互比照，便不难发现，《作原》"䟆"字所从的"𡈼"旁，其实就是不带"夊"形的𦣞（𦣞）即丌，与金文"其"或作"期"（刺鼎），或作"其"（秦公簋）"𡪡"（不其簋）同例，故"䟆"也当隶写作"𩖗"。或许在石鼓文的年代，即有憂或作𩖗的用例，后来人形左移而成为優，故曰"斿䟆即游優"，义同"優游"。

综上所述，秦简中的跂、䟆不但与籀文的齌、霁、櫜等结体相同，而且与秦国早期某些金石文字的写法也是一脉相承的，当是秦系文字这一特殊写法的孑遗。在秦系文字中，足之作跂，负之作䟆，其之作其、𡪡，憂之作𩖗，亦同齌之作齌、霁之作霁、櫜之作櫜一样，前者和后者的区别，

---

① 李学勤：《秦国文物的新认识》，载《文物》1980 年第 9 期。
② 郭沫若：《石鼓文研究》，科学出版社 1982 年版，第 27 页。
③ 转引自罗君惕《秦刻十碣考释》，齐鲁书社 1983 年版，第 204 页。

仅在于人形（夒、要等）的有无而已。许氏《说文》及王氏强以"省声"说爨、䕫二字，恐不足信。在古文字资料中，廾字的早期写法作，像人跪踞而有所操作之形，其后才有站立带趾的人形（要）及讹趾为女的人形（要）出现，然两手操持之状仍约略可见；至秦简讹作三夂重迭之形，操持之状已不复见，形义也随之失去了联系。意先民造字之初，从廾的字大抵与人的行为动作有关，或者在一定程度上带有使名词动化的倾向。后来由于语言发展、语音变异以及字形的孳乳、分化，从廾的字表示行为动作的作用慢慢淡化，某些字动化与非动化的用法趋于混同，在书写上从廾与否也就随意任作，因此，才会出现如上所述的种种情况。此一饶有趣味的语言文字现象端赖秦系资料得以保存，真可谓难能可贵了。

（原载《江汉考古》1992 年第 2 期）

"亯"及相关诸字考辨

众所周知，先秦时代的亯字隶变作享。然而，隶变后的享字却不限于代表亯，它在醇淳錞錞鯚和鶉敦惇蜳等字中代表的是𦎧，在郭椁嵉埻鞟等字中所代表的是𩫸，且享又分化为亨和烹。本文所要说明的是，上述这些现象并不是隶变之后才出现的，早在先秦时期，亯字在使用过程中就常常与𦎧、𩫸混同，并且与《说文》的墉、㐭、庸等字有着错综复杂的关系。理清它们之间的关系，对于理解汉字形音义的互相制约和古文字的释读是很有必要的。

一、亯与𦎧

《说文·亯部》："亯，献也，从高省，曰象进孰物形，《孝经》曰：'祭则鬼亯之。'……㫔篆文亯。"又《亯部》："𦎧，孰也。从亯从羊。读若纯。一曰：鬻也。𩫸篆文𦎧。"

在出土文献和典籍中，亯和𦎧往往混用不别，如卜辞"甲辰卜，王贞，于戊申𦎧。"（《前》3.24.2）罗振玉氏以为此𦎧字同亯①。金文齐侯匜"膳𦎧"，陈邦怀氏谓当读作"膳亯"，始与下文"无疆"为韵②。《诗·小雅·信南山》："是烝是享，苾苾芬芬。"杨树达氏以为"享实是𦎧字，当读为炖（燉），始能与芬为韵，谓烝煮时香气之四溢也。"③《说文·鬲部》："鬻，亯也。"《亯部》："𦎧，孰也。……一曰鬻也。"孙诒让云："𦎧不得训鬻，鬻当作鬻，与煮古今字。"④ 是煮训亯，而𦎧又训煮，可见二字义极相近。所有这些，都说明亯、𦎧二字关系非常密切，其混用不别的情况确是由来已久的。

---

① 罗振玉：《殷虚书契考释》，第26页。
② 陈邦怀：《殷虚书契考释小笺》，1925年，第12页下。
③ 杨树达：《积微居小学述林·释𦎧》，中华书局1983年版，第73～74页。
④ 孙诒让：《籀庼述林》卷十。

按亯字甲骨文和早期金文皆作含，吴大澂以为"象宗庙之形"①，此为亯字之本义。宗庙乃祭祀之所，故引伸之而有祭祀之义。《诗·小雅·楚茨》"以亯以祀"，《鲁颂·閟宫》"亯祀不忒"，皆以亯、祀对称或连言。《广雅·释言》："亯，祀也。"因亯祀而有荐献之举，引而伸之，荐献于神亦曰亯。《书·洛诰》"汝其敬识百姓亯"，传："奉上谓之亯"。《商颂·殷武》"莫敢不来亯"，笺："献也。"亯既训为献神，诚意可通于神，故又读许庚切，隶书作亨。《易·乾卦》"元亨利贞"，子夏传："通也"。《左传·昭公四年》"以亨神人"，注："通也"。又因荐献之举而及于荐献之物，故甲骨文孰字作𩰫，正象人敬献宗庙之形，殆即《说文》训献而及"进孰物形"之所本。亯象荐孰，《閟宫》"亯以骍牺"可以为证。孰与煮义正相因，故《说文》以孰释䵝，而亯又读普庚切，隶书作烹。郑玄注《仪礼·士冠礼》"煮于镬曰享"，又注《士虞礼》云"享于爨用镬"，皆用此义。段注本《说文》："䵝，亯也。"小徐本改亯为烹，正是亯字此义之读写。䵝字从亯从羊，即烹羊为孰会意，义同于䵝，故《说文》云然。从烹这个意义上来说，亯与䵝形虽异而义实同。上述杨树达氏读"是烝是亯"为"是烝是燉"，陈邦怀氏读"膳䵝"为"膳亯"，都是这一现象的反映。至于罗振玉氏读卜辞之䵝为亯则似可不必。考金文䵝字除作器名用外，多挚乳为敦伐之敦，如𣪘钟"王䵝伐其至，戣伐厥都"，即敦伐之义。上引卜辞"于戊申䵝"亦当同此义，无须以亯字说之。

在古文字里，当䵝作为合体字的偏旁使用的时候，常常是䵝、亯任作，或简省为亯，如镎字，陈侯午镎作𨰻，从䵝；而克公镎作𨰻，从亯。又镎字篆文作𨰻，从䵝；而古玺文作𨰻（《玺汇》5601），省从亯；复姓"淳于"，䵝于公戈作"𨰻于"；在印文里常写作"敦于"（见《玺汇》4025），又作"𨰻于"（4023），还有省作"亯于"（3194、4024）的。以上材料说明，这些声符里的"亯"均应是"䵝"符的省写，严格来说，应称之为从䵝省声。但亦有相反的情况，即本当用亯的地方却改用作䵝，如痶钟铭中常见有"用追孝亯祀"的句子。痶簋亦云："其亯祀大神"，而亯字皆从䵝作𨰻，无一例外。又如孰字，甲骨文作𩰫（《京津》2676），金文作𩰫（伯侄簋），并从亯；而小篆作𩰫，则从䵝；隶变作孰，又改从

---

① 吴大澂：《说文古籀补》卷五"亯"字条。

享。通过这些，我们可以看到汉字从㫄、𩫞的混用到它们一起嬗变为享的轨迹。

二、㫄与𩫞（郭）

《说文·𩫞部》："𩫞，度也，民所度居也。从回，象城𩫞之重，两亭相对也。或但从囗。"又《邑部》："郭，齐之郭氏虚，善善不能进，恶恶不能退，是以亡国也。从邑𩫞声。"

𩫞即城郭之象形，中间之"回"象内外城之重，上下象两城楼相对，谊训民所度居，即外城之义。《释名》云："郭，廓也，廓落在城外也。"典籍以"郭氏虚"之郭代之，郭行而象形之文遂废。在古玺文字中，刚好有作为城郭之郭和姓氏之郭的例子：

左𩫞司马 　《玺汇》44
𩫞閒 　《古徵》附31下

朱德熙先生分析说："楚帛书说'炎帝乃命祝䖒'，饶宗颐读祝䖒为祝融，甚是。参照朱公鈺钟陆𧆑之为陆终，䖒和𧆑显然是同一个字。𩫞字所从的㫄实际上是𩫞字，只是把下边的一部分省去了。这种省略的办法在战国文字里是很常见的。据此我们可以确定玺印文的𣐊字从木从𩫞省，应释为椁，读作郭。"① 上揭印文，前者为管治城郭的官名；后者是姓氏为郭的人名。

但《说文》的𩫞字除此处作城郭为部首之外，还作为城垣之墉的古文，段玉裁《说文解字注》墉字下云："《玉篇》曰：𩫞，度也，民所度居也，字音古博切。此云古文墉者，盖古读为庸，秦以后读如郭。"

段玉裁将古文的"墉"与部首的"郭"区分为先秦的古读与秦汉的后读，在学术界颇有影响。不过，朱德熙先生对此却提出质疑，他说："如果𩫞字真的像段氏所说的那样，秦以前读如墉，秦以后读如郭，那么

---

① 朱德熙：《古文字考释四篇·释椁》，载《古文字研究》第8辑，中华书局1983年版；又见《朱德熙古文字论集》，中华书局1995年版；按此印文吴振武释作楝而读为廪，见《战国回（廩）考察》，载《考古与文物》1994年第4期；本文从朱德熙先生所释。

凡是直接间接从𩫖得声的字，先秦也必然读如庸，不可读如郭。"接着，朱先生根据《说文》用度训郭的声训，根据《木部》的椁和《邑部》的郭均从𩫖得声，以及《诗经》中廓、鞟等从𩫖得声的字都跟鱼部字叶韵等材料，指出"段氏的说法是站不住的"。他认为"𩫖字在先秦就有庸和郭两种读法，因为墉和郭意义相近，所以古人就用一个𩫖字代表这两个来源不同的词。"由于𩫖字常常省略为𠅃，以致引起𠅃和𩫖的混同。但这种混同并不是一开始就如此，它经历过一个由异趋同的过程。

值得注意的是，从甲骨文、金文一直到小篆，𠅃和𩫖的写法始终是有区别的，至战国时期才逐渐把从𩫖的字简化为从𠅃，如哀成叔鼎的"郑"字作█，吴买作雖鼎的"雖"字作█，楚国简帛"祝融"的"融"字作█（楚帛书）、█（包山简2.217），天星观简的𩫖字作█（见遣策），郭店简从𩫖的淳、惇、墩等字分别作█（9.4）、█（5.15）、█（12.21）。从中可以看到𠅃和𩫖两个形体已趋于合流，它们共同的特点，就是上部都出现一个明显的𠅃字，而且又进一步把整个部件简化为"𠅃"。这样一来，原来从𠅃、𩫖的字便都简省为从"𠅃"了。至于𠅃字又如何演变成享，亦有形迹可寻。上引《说文》𠅃之篆文作█。按此篆文其实是篆文部首█的省写。█本从回，象城郭之重，亦可省从口，此则连口亦进一步略去，仅存其上下两亭而已。█古音属见纽铎部，声训为度，𠅃属晓纽阳部，韵部阳入对转，声属喉牙，声韵极近。𠅃象宗庙，█为城楼，皆为高台建筑，形义相涵。总之，𠅃和█（𩫖）实际上是一对形相因，义相属，音相谐的同源字，所以，《说文》才以█的简体█作为𠅃的篆文。丁佛言《说文古籀补补》于𠅃（𩫖）字条下录有古玺█（郑𠅃）、█（畋𠅃）二文，云："古玺'郑𠅃'，从高省从子，子为█之异，隶变从子本此。古文亨、烹皆作𠅃。原书以为季字，季从稚即穉，穉从禾，古文无作█者。"① 今按丁佛言氏所举从"子"之例，今已多改释为"余子"合文，且有证明当以释"余子"为是。从"子"之"享"，在先秦文字中，以古玺文字"东郭"氏之"郭"字作█为较早②。据此，从"子"之"享"在先秦就已经出现了。亨和烹则是在享字的基础上进一步分化的结果。𠅃与𩫖古今嬗变形迹

---

① 丁佛言：《说文古籀补补》，"𠅃"字条。
② 参吴振武《古玺姓氏考（复姓十五篇）》，载《出土文献研究》第三辑，文物出版社1998年版。

略如下表:

享—亨—烹

从上面的材料可以清楚看到,隶变诸种形体的来源,实际上是承袭了战国文字的写法的。

三、㝵与㝵(墉、亯、庸)

《说文·土部》:"墉,城垣也,从土庸声。㝵古文墉。"又《㝵部》:"亯,用也,从㝵从自,自知臭香所食也。读如庸。"又《用部》:"庸,用也,从用从庚,庚更事也。《易云》:'先庚三日。'"

《说文》里的㝵符凡三见:一为篆文作部首,象城郭上两亭相对之形;二是墉字的古文;三为籀文的偏旁,代表城垣的意思,可以与土旁或阜旁互换,垣、堵、城、陴等字从之,分别作㝵、㝵、㝵、㝵等形,严可均氏尝据此推断墉之古文㝵为㝵之烂体①。桂馥氏亦主其说,并举《玉篇·㝵部》墉之古文作㝵为证②。商承祚先生《说文中之古文考》已辨其非③。从出土资料来看,毛公鼎"余非㝵又昏",㝵显然当读为庸;召伯簋"僕㝵土田",孙诒让读为"僕墉土田",犹《诗·鲁颂·閟宫》之"土田附庸"④,王国维进一步指出即《左传》之"土田陪敦"⑤。古僕、附、陪三字同音,僕作附作陪者,声之通也。而㝵作庸作敦者,则须作具体分析。按㝵、㝵本墉字,故毛公鼎、召伯簋及《诗·閟宫》均假作庸;而《左传》之所以作敦,则有可能因㝵、㝵形近致讹,意㝵先误为㝵,然后才读为敦

---

① 严可均:《说文校议》"墉"字条。
② 桂馥:《说文解字义证》"墉"字条。
③ 商承祚:《说文中之古文考》,载《金陵学报》第十卷第1、2期合刊(1940年5月),第259页;又,上海古籍出版社1983年版,第115页。
④ 孙诒让:《名原》下,第4页。
⑤ 王国维:《观堂集林·毛公鼎考释》。

的。其实，墉之古文🆗来源甚古，甲骨文本作🆗（《前》8.10.1），象城垣四周有城楼之形，作🆗者为其简省写法，《说文》之🆗乃其变体。🆗字其初当读为"墉"，至篆文时期分化出"郭"的读音，故许慎以为🆗形有二音二谊，而分别以古文为墉，篆文为郭。周法高氏指出，郭字与墉字古通。郭为阳部相应之入声铎部字，属见纽；墉为东部字，属喻纽四等；二者之相通，亦犹橐字与东字相通①。然则一形二音之说可以无疑矣。

《亯部》之🆗亦当是墉字之变。这不仅因为🆗字与庸字同声同训，而且就形体而言，只要将毛公鼎的🆗、召伯簋二的🆗，同拍尊盖的🆗加以对照，便不难发现，它们形体的变化是一脉相承的。🆗是🆗的讹变，犹🆗为🆗之讹变，其迹甚明。从亯从自者，乃许慎据讹变之形立说，不足为据。此外，🆗之为墉尚有数事可资佐证：

一是金文坏、垒、堨、城诸字均从🆗不从土，城字班簋作🆗，师兑簋作🆗，而战国陶文每从🆗作🆗、🆗（并见《古陶文春录》13.3），可证🆗同于🆗，且由此可以推知🆗为战国时之变体。

二是战国拍尊盖铭云："作朕配平姬🆗宫祀彝"，同人所作之另一器铭云："作朕配平姬亯宫祀彝"②，"🆗宫"异文作"亯宫"。如另一器之铭不误，则🆗复可书作亯，这与《说文》亯下出篆文🆗实为🆗字之省（即省去"回"而仅存其上🆗、下🆗之形），当属同类现象。

三是魏三体石经《尚书·君奭》篇庸字古文作🆗，与拍尊之🆗十分接近，此亦🆗字之递变。石经《春秋·僖公二十八年》垣字作🆗，不从🆗而从🆗，可以印证。

四是敦煌本未改字《尚书释文》云"登庸古作亯"，此处以亯为庸，当本自壁中古文，与齐陶文、拍尊铭、三体石经古文同属战国时东土文字的遗存。

由此看来，由于🆗和🆗都包含有亯的成分，在形、音、义诸方面因素的互动下，容易省变为亯，是后来隶变为享的先声。

---

① 周法高：《金文诂林》卷五下，第3513页。
② 拍尊铭见罗振玉《三代吉金文存》卷十一，第33页，铭7行26字："佳正月吉日乙丑，拍作平姬🆗宫祀彝，继母呈用祀，永世毋出。"另一同人所作之器见高鸿缙《字例》第二篇第323页所引，铭云："佳正月吉日乙丑，子继作朕配平姬亯宫祀彝，用祀。永世保之。"高鸿缙氏云：此铭"与拍尊应是一人之器，拍为名，子继为字"。可以参考。

综上所述，宫字在古代是一个使用频率较高的常用词，在频繁使用的过程中，衍生出很多新义，隶变后一般都写作享。其中，通神一义分化为亨，饪物一义又分化为烹。羣字从宫从羊，义训为孰，即会烹羊为孰之意，与宫字饪物之谊相涵，故在应用中羣常常简省为宫。宫和羣在早期古文字资料中一直区分甚明，战国以后，从羣的偏旁上部逐渐演变为从宫，并且慢慢地与从羣的偏旁混同起来，进而简化为宫，成为这些偏旁后来隶变为享的滥觞。通过这些现象，我们可以得到如下几点启示：

第一，文字的发展是自然流变的过程，隶变亦并非突变。宫字隶变而为享，由享进而分化出亨、烹，羣和羣作为偏旁用时都隶变为享，这些现象，其实都是承袭战国文字的用法和写法，并不是隶变的时候才突然发生的。

第二，文字的简省和分化除了形体本身的条件之外，还要受到义和音的制约。当宫字通神一义派生出许庚切的读音，饪物一义派生出普庚切的读音，就意味着新词的诞生，需要新的符号去记录新词，而在原有符号上分化出新的符号是最简便的办法，于是乎亨、烹便在享的基础上应运而生。至于羣和羣之简省为宫，固然跟二者均包涵有"宫"的成分有关，然与羣、宫同训为孰，羣、宫同为高台的建筑，形义相因又相涵，恐怕亦不无关系的。

第三，鉴于宫在古代职能的纷繁，对于古文字中的宫字，在释读时须作具体的分析。如果作为宫的本字来解还无法通读时，就应考虑其作为羣和羣的省体的可能性，或者当读如后来的亨或烹。

第四，隶变是汉字在结构和体势上发生激烈变动的发展阶段，也是汉字构形从古文字转化为今文字的关键所在。目前，学术界对隶变发生的时期已由过去的秦代上推到战国晚期，那么，由隶变所产生的偏旁变异、混同和重新组合等现象，也自然要到先秦文字中去寻找。阐明汉字偏旁如何由同变异，又由异趋同这些现象与隶变的关系，应该成为汉字构形研究的课题之一。本文试图对此作一探讨，并初步证明，隶变现象不独产生于秦系文字之中，作为东方六国的东土文字，也同样是蓄势待发的。

（原载《古文字研究》第二十二辑，中华书局，2001年。收编时略有修改和补充）

从曾侯乙编钟之钟虡铜人
说"虡"与"業"

1978 年发掘的湖北随县擂鼓墩曾侯乙墓，出土了大批乐器群，其中尤以大型编钟及其架座最为引人注目。这些编钟和钟架的钟虡铜人对于我们今天了解古代的乐悬制度，乃至认识虡、業二字的构成及其意义，都是十分珍贵的实物资料。

一、说虡

虡是钟架的重要构件，《说文》对虡字的解释是："虡，钟鼓之柎也，饰为猛兽。从虍，異象其下足。鐻，从金豦；𢊽，篆文虡省。""柎"字木部云："阑足也"，此指钟架之足。注家于虡之构成，即"从虍異象其下足"一句说解最为纷纭：锴本于"象"下补一"形"字，作"異象形，其下足"；段注本因之，作"从虍異，象形；其（丌）下足"；桂馥则怀疑"異当作由，由鬼头，像猛兽"；王筠读作"从虍，異象形，其下，足"；朱骏声解作"从虍，異象其下足"；皆以虍、異二形为说。殊不知異乃𦥑之讹变（详下文），许书以讹体为正篆而说解之，以致扞格难通，故朱氏骏声改以声求之，谓虡"从虍，虍亦声"，鐻"从金豦声"，𢊽"篆文虡省曰"。这在当时是很有见地的。

虡字见于晋邨钟，铭云："大钟八聿（肆），其笽（簴）四堵，乔乔其龙，既㒞邕虡。"大意是说，编钟、编磬悬挂于饰有壮猛龙形的横笱，连蜷着开畅之竖虡，栩栩如生。邨钟铭所描绘的笱虡形象，与曾侯乙编钟架正相吻合。从实物观察，出土的编钟架座为铜木结构，木质横笱的两端均装置有浮雕龙形的铜套，刚好与竖虡的铜柱结构相衔接（图一）。钟铭所谓"乔乔其龙，既㒞邕虡"者即指此。值得注意的是，曾侯乙墓编钟的"竖虡"竟是几个正立作擎举状的铜人。据报道，"中、下层的虡共有六个佩剑的青铜武士，每层各三个，分别以头和双手承托钟架的横笱，下层铜人则固定在雕龙的铜圆座上"①（图二、图三）。饶有趣味的是，这些双手向上作擎举状的铜人，与族氏文字的🧍（《金文编》附录006）及所从的🧍字显然是同一形象，于省吾先生考定这类族氏文字就是后世的举字②。由此可知，作为钟虡的实物，原本当象人正立两手向上举笱之形，义为擎举。而钟虡的虡字，其初很可能就是从此取象的。《释名·释乐器》："所以悬钟鼓者，横曰笱，笱，峻也，在上高峻也。"曾侯乙编钟位于钟架顶端的上层横笱分别在离地面 2.65—2.73 米的高处，正合笱"在上高峻"之义。《释名》又云："虡，举也，在旁举笱也。"证之于钟架两旁铜人举笱的造型，刘氏训虡为举可谓确诂。

古籍中有不少关于秦始皇收天下兵铜铸为钟虡铜人的记载，《史记·秦始皇本纪》云："（始皇）收天下兵，聚之咸阳，销以为钟鐻，（【编按】此处据中华书局1959年标点本断开，并注："徐广曰：'音巨。'"）金人十二，重各千石，置廷宫中。"西汉时，钟虡金人移置建安、未央、长乐诸宫中。《汉书·郊祀志》下云："汉宣帝甘露元年（前 53 年）夏，黄龙见新丰，建安、未央、长乐宫钟虡铜人生毛一寸所，时以为美祥。"师古注："虡，神兽名也，悬钟之木，刻饰为之，因名曰虡。"今按，旧说因昧于钟虡为神兽名或以猛兽为饰，故将钟虡与铜人对立起来，段玉裁《说文解字注》亦以"钟虡与铜人为二事"。今以擂鼓墩出土实物验之，钟虡既以铜人为之，则钟虡即铜人，铜人亦即钟虡。因知《史记》、《汉志》之所谓"钟虡金人"或"钟鐻铜人"者，实为一事而非二事。此事古籍他处所记，亦只单举而不并举，如《汉书·贾邹枚路传》："悬石铸钟虡，筛土筑阿房之宫"；《三辅黄图》："秦始皇收天下兵，销以为钟虡，高三丈，钟小者皆千石。"此二例皆举钟虡以赅金人。贾谊《过秦论》云："收天下之兵，聚之咸阳，销锋镝（镝），铸以为铜人十二，以弱天下之民。"《汉书·陈胜项羽传》同。《三辅故事》亦说："聚天下兵器，铸金人十二，各重二十四万斤，汉世在长乐宫门。"则举金人或铜人以赅钟虡。《太史公自序》云："始皇既立，并兼六国，销锋铸鐻，维偃干革，尊号称帝，矜武任力，……作《始皇本纪》第六。""销锋铸鐻"居然成为太史公作《秦始皇本纪》的重要原因之一，然于《序》中亦未及金人。

---

① 随县擂鼓墩一号墓考古发掘队：《湖北随县曾侯乙墓发掘简报》，载《文物》1979 年第 7 期。
② 说见于省吾：《释𦥑》，载《考古》1979 年第 4 期，第 353～355 页。

钟虡铜人至董卓时椎毁，以铸小钱，《关中记》云："董卓坏铜人，馀二枚，徙清门里。"《后汉书·董卓传》："又坏五铢钱，更铸小钱，悉取洛阳及长安铜人钟虡、飞廉铜马之属，以充铸焉。"注："钟虡以铜为之"，实即铜人。此亦足证钟虡与铜人确为一回事。且由此可以证明秦始皇时期的虡制，与战国初年的曾侯乙钟虡是一脉相承的。

既然钟虡由向上擎举的铜人所构成，则古文字资料中某些作向上擎举姿态的象形文，亦当与虡字有关。如：

(1) ✦王光趞自乍（作）用戈（《周金文存》六·一七）
(2) ✦✦之用玄镠（镠）（《鸟书考》图三一）

第（1）例首字过去以为是省口的吴字①，近李家浩同志隶定作虞而读为吴，甚是②。据此，第（2）例首二字亦当释为"虞王"即吴王。

古玺中常见某某都邑下有"✦皇"的字样，如：

(3) 诋都✦皇（《古玺汇编》一八六）
(4) 坪阴都✦皇（《古玺汇编》一八七）

朱德熙、裘锡圭先生隶作"虞呈"而读为"遽驲"，并指出印文的"遽驲"是指设在都邑的规模较大的驿传机构③。我们从虡字的源流考察，印文的"✦"当是向上擎举人形的变体，本来就是虡的初文，将它隶定作虞或虞无疑是正确的。

就目前所知，古文字资料中的虡字有如下几种写法：

(5) ✦ 邵钟
(6) ✦ 壬午剑

---

① 容庚：《鸟书考》，载《中山大学学报》1964年第1期。
② 李家浩：《攻敔王光剑铭文考释》，中国古文字研究会十周年纪念论文，刊《文物》1990年第2期。
③ 朱德熙、裘锡圭：《战国文字研究六种·遽驲考》，载《考古学报》1972年第2期。

(7) ![字] 蔡侯钟

(8) ![字] 鹰节

(9) ![字] 雁节

以上五字，上体皆从虍及其变体，用作声符。其下体，(5)、(6) 二例是甲骨文 ![字]（![字]）和金文 ![字] 的省变，而上肢仍保持向上扛举的姿态，与上揭古玺文比较接近，当是举字在东周的特殊写法。例（7）是例（5）、(6) 的变体，仅保留人形的肢体，而向上扛举之势已失，严格来说已非举字，倒有点像战国文字的乘字，公乘壶乘字作 ![字] 与此颇近。(8)、(9) 二例则是例（7）的进一步简化。大凡偏旁部件在合体字中的位置相对固定之后，其形体即使变化激烈一些，仍然可以辨识，虡字构件由 ![字] 变 ![字] 变 ![字]，擎举之形渐失，然益以虍声，仍为虡字，便是一例。《说文》虡下从舁作 ![字]，则是小篆的讹变。

必须指出，《说文》以虡为虞之省是本末倒置的，迄今为止，我们还没有在古文字资料中发现从虍从異的虞字，上引邿钟、壬午剑的虡字下体与異字极为相似，或后人因其形似而误将虡字写作虞，所以，虞很可能是个后起的讹文①，《说文》把它作为正篆而引起后人曲为之解，其原因正在于此。总之，虡的初文本从钟虡铜人取象，字初作 ![字]，后因象形文发生变化，便增益"虍"旁为声符，遂成虡字。这与网之作罔、兄之作祝属同类现象。因此，我们认为，《说文》应以虡为正文，鐻为重文，虞为讹文。其说解宜改为："虡，在旁举枸也。从舁虍声。"

虡从虍声，在出土文献中也不乏例证，如：

(10) 载县（悬）钟虡（虡）用车輨（輹），皆不胜任而折……皆为用而出之。（秦简《司空律》）

(11) 犹孔子之闻轻（磬）者之鼓而得夏之卢（虡）也。（马王堆帛书《五行》）

---

① 朱德熙、裘锡圭：《战国文字研究六种·遽駍考》，载《考古学报》1972 年第 2 期。

例（10）借虞为虡。虞从虍吴声，古音属鱼部疑母，与在鱼部群母之虡音近可通。《左传·隐公元年》孔《疏》云："石经古文虞作👥"①，《汗简》引古尚书作👥，《古文四声韵》引并同。今按虞作👥者，疑是👥即🔥之讹文。🔥乃前举鹰节、雁节用为传遽的虞字之省。这种省变，与夶字秦简日书作👥、👥，马王堆帛书《老子》后作👥，隶变作夶楷写作夶属同类现象，都是由人形的大字裂变而成的，可见石经古文借虞为虡，亦虞、虡二字相通之证。例（11）借盧为虡。盧乃从皿虐声，虐又从由虍声，与虡声符相同，故可通假。又经传筥字金文作簷，簷字从竹膚声，膚与盧并同从虐得声。《隶释》所录石经古文筥莒字作簷，《古文四声韵》引石经作簷，《汗简》作簷。疑石经古文之簷即虡字，是则筥、簷、虡皆音同字通，可为旁证。

二、说業

《说文》："業，大版也，所以饰悬钟鼓。捷業如锯齿，以白画之，象其鉏铻相承也。从丵从巾，巾象版。"在许慎这段说解中，"大版"是指業之为物，"所以饰悬钟鼓"是指業之为用，"捷業"以下云云，是指業之为名。饰者谓饰于栒（同前文横筍之筍），孙炎曰："業所以饰栒"；《诗·有瞽》传云："業所以饰栒为悬也"，王筠《句读》据此于"饰"下补一"栒"字，语意更加明确。"饰栒"也者，乃指大版之業饰于栒上，作为悬挂钟鼓之用。《释名·释言语》："業，捷也。""捷業"为叠韵联绵字，《汉书·扬雄传》作"緁猎"，颜注："相差次也"；《文选·洞箫赋》作"捷猎"，李善注："参差也"；《灵光赋》作"徣猎"，五臣注："次比也"；义皆近同。《引经证例》云："捷業，不齐貌。"段注云："業之为言齾也"。齾本指齿缺。《广韵》引申为"器缺"或"兽食之馀"，五割切，音櫱。今闽南方言谓物之参差不齐者为"刺齾齾"，尚存古义。業字一名或即由此语源而来。《释名·释乐器》："筍上之版为業，刻为牙捷業如锯齿也。"可与《说文》互证。

许慎据篆文将業字析为"从丵从巾"，已非其朔，从现有的材料来看，業字的初形本谊当于古文及古文字中求之。《说文》古文業字作鸏，《汗简》引古书经作鸏，《古文四声韵》引云台碑及古尚书并作鸏，形体奇

---

① 转引自朱骏声《说文通训定声》虞字条。

诡，言古文者多阙而不论。段注亦谓"字形未详其意"，朱骏声与段注同。孔广森以为，"从二㞢二火"①，苗夔则以二火为炎字，谓"業之古文从炎得声"②，朱芳圃以为業字从芊，"芊象辛燃烧时光芒上射之形"③，均出于臆测。惟徐灏《说文解字注笺》说"業之古文象两虡形"，可谓慧眼独具，下面试作补证。

如前所述，𧇽为虡之初文，金文虡字下体所从之🙏或🙏，亦象人正立两手向上擎举之形，古玺文作🙏或🙏，皆古文虡字。《说文》業字古文作🙏，实即两个擎举人形之进一步讹变，《汗简》及《古文四声韵》所引，则又是《说文》古文的蜕变，虽离初形渐远，然彼此递嬗演变之迹尚隐约可寻。下面我们将金文業字与之比照，便可了然。

A 🙏（晋公䵼） B 🙏（秦公簋） C 🙏（九年卫鼎）
D 🙏（痶钟）   E 🙏（中山王壶）

从以上五例，可以看出業字形体的演进。A 例晋公䵼文与《说文》古文形体最近。然《说文》古文仅作两虡形，而晋公䵼铭则于两个并立人形之上分别益以"业"形，表明植于两旁之铜人（即钟虡）所举者乃笱上捷業如锯齿之大版，可见金文较之古文更加切合業字造字之本义。

B—D 三例《金文编》均隶定为𡚘，隶于"去"字之后，作为《说文》所无之字处理。其实三例均于 A 形之外增一"去"字为声符。業字何以从去得声？"業"在古代属疑纽叶部字，"去"属溪纽鱼部字，声纽虽近，韵部却相隔较远。但从"去"得声的一部分字上古归入叶韵，如劫、鉣、厾古读见母叶韵，怯、抾古读溪母叶韵。韵母与業同在叶部，见、溪与疑同属牙音，古音十分接近。業字以"去"为声符，当属此类情况④。

---

① 孔广森：《说文疑疑》。
② 苗夔：《说文声订》。
③ 朱芳圃：《殷周文字释丛》卷上第 22 页《释芊業》。
④ 《集韵》入声業韵"逆怯切"小韵有業及从業得声的字十一文；"迄業切"小韵中有从"去"得声的字 4 文；"乞業切"小韵中有从去得声的字 9 文；"讫業切"小韵中有从"去"得声的字 8 文，等等，均可为業字从"去"得声的旁证。编按：关于"去"字的音义，可参看裘锡圭《说字小记》，载《古文字论集》第 646～647 页。

所以，金文業字当是个从去得声的形声字。

中山王壶的 E 例，似可以看作是 A 形省去重复的部分，又益口旁为繁形。虽然古文字中增益口旁的例子屡见叠现，但一个字在简化的同时又出现繁化的现象却并不多见。所以，与其看作是 A 形的省略并益口旁，无宁看作是形声字 B—D 的简化形式，即上体是重复部分的省略，下体是"去"字的声符，中间的大则是上下体的共用部分，或称之为借笔。这样，E 例便集形体简化与声符省略于一身，是个省形兼省声的形声字，亦是業字从有声符到消失声符的过渡形态。

小篆之業是一个纯粹省去重复部分的省形字，其上体是形如锯齿的大版，下体是人形的省变，实即于虡上著版之象。许慎据篆体析为"从丵从巾，巾象版。"纯属牵强。林义光说："業象虡上有饰版之形，樂字象鼓鼙在虡上形，亦以木为足，则業下当非巾字。"① 林说業象虡上有饰版及業下非巾字，甚确。《说文》業之古文乃自金文而变，其下似火者，为大稍讹而为火；小篆業字亦自金文而变，其下似木或巾者，亦由大所讹变，碧落碑："有唐五十二祀"，祀字从異作禩，与《说文》祀的或体从異者同。然碑文異字偏旁有一下垂的竖笔，其简体作異，假借为祀，就是中山王𠑇器的異字②。業之由𤐫而業而業，与異之由異而異而異，情形正相仿佛，这便是業字下体从木或巾的由来。

金文業字的音义，秦公簋云"保業鼄秦"，与晋公𪭩"保辥王国"、宗妇鼎"保辥䣝国"、克鼎"保辥周邦"同例。王国维谓辥即乂之本字，辥误为辟，后加乂为声，又省作乂。《书·康诰》："用保乂民"，《多士》、《君奭》："保乂有殷"，《康王之诰》："保乂王家"，《诗·小雅·南山有台》："保艾尔后"。保乂、保艾即克鼎等之保辥③。杨树达云："業与辥、乂、艾皆同声，铭文保業，犹《书》云'保乂'，《诗》云'保艾'，克鼎诸器云'保辥'也。《尔雅·释诂》：'艾，相也'，凡言保業、保乂、保艾、保辥者，皆谓保相也。"④ 可见秦公簋的業只借其声。至于中山王𠑇壶铭云："以内绝邵公之業"，则是创業、基業之業，虽离業的

---

① 林义光：《文源》卷二·十四，1920 年。
② 朱德熙：《中山王器的祀字》，载《文物》1987 年第 11 期。
③ 王国维：《毛公鼎铭考释》，载《王国维遗书》第六册。
④ 杨树达：《秦公𣪘跋》，载《积微居金文说》第 43～44 页，科学出版社 1959 年版。

本义甚远，然已同業字的基本义很接近了。

三、说虡業

古籍中虡、業二字常相提并举，如《诗·大雅·灵台》："虡業维枞，贲鼓维镛"，又《周颂·有瞽》："设業设虡，崇牙树羽"。传谓：植者曰虡，横者曰栒。業，大版也；枞，崇牙也；贲，大鼓也；镛，大钟也。笺云："虡者，栒也，所以悬钟鼓也。设大版于上，刻画以为饰。"孔疏曰："使人设植者之虡，横者之栒，上加大版而捷業然，又有崇牙其饰维枞然。于此虡業之上，悬贲之大鼓及维镛之大钟。"据此，则虡業实为古代钟架的主要构件，或用以悬鼓、磬。其直者曰虡，横者曰栒，栒上加大版曰業，上有参差不齐的崇牙，以为悬挂钟鼓之用。经典举虡業二事以代钟架，故"设業设虡"为作乐的前提。《灵台》"虡業维枞"，《说文》引作"巨業维枞"，段注云："今诗作虡，《上林赋》虡作钜，许作巨，盖三家诗巨与钜同也。《墨子·贵义》曰'钜者白也，黔者黑也'，钜業者，盖谓以白画之与？"按段氏疑钜業为以白画之者，盖涉上文"以白画之"而误解。以白画之指的是業上的纹饰，使之分明可观；而钜業即虡業，是对钟架之竖横结构而言，犹他处之言钜栒或簨簴，与《墨子》钜白之说无关。

前面谈到，🙋是举字的初文，钟虡之虡因从钟虡铜人取象，故🙋可以视为虡的先造字。但这并不等于说，早期的🙋形都可以认为是虡字，更不能以为所有的钟虡都作成🙋形，这是需要特别申明的。从古籍记载和出土实物来看，钟虡作向上擎举的人形尚属少见。一般地说，古籍以虡業或簨簴代表钟架，虡立两旁而举栒在上，是最常见的横竖结构的架座，其状如⌒形，故又名之为几。《方言》第四："几，其高者谓之虡。"注云："即箰虡也，音巨。"《广雅·释器》："虡，桯，几也。"是则桯、几与虡为同类之物。信阳楚简有记载乐器的简文云："一槃🝁首钟，小大十又三"；"一槃🝁［首磬］，小大十又九"。（2—108）"🝁"字刘雨同志隶作呈，即桯之省。"一槃桯"系指一部大的悬挂钟磬的架子①。由此观之，虡亦可兼赅栒業而特指钟架矣。

---

① 刘雨：《信阳楚简释文与考释》，载《信阳楚墓》文物出版社1986年版，第134～135页。

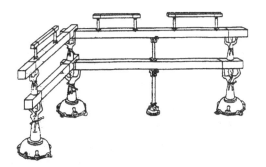

图一　曾侯乙编钟钟架

图二　曾侯乙编钟中层钟虡铜人

图三　曾侯乙编钟下层钟虡铜人

（原载《曾侯乙编钟研究》，湖北人民出版社，1992年11月）

编校后按：

本文成稿于 1988 年，文本曾在长春中国古文字研究会上宣读过。其后收入《曾侯乙编钟研究》一书，有中、英文本，分别由湖北人民出版社（1992 年）和新加坡"为公东亚科技史丛书"（1993 年）出版。自文章发表以来，就本人所见，先后有四篇文章涉及"業"字的材料和考释问题：一是彭泽元《魏"十四年鄴"戈考释》，刊于《江汉考古》1989 年第 3 期；二是杨泽生《战国文字中的"無"字》，刊《中国文字》新 21 期，台北艺文印书馆 1996 年 12 月；三是焦智勤《鄴城战国陶文研究》，刊《古文字研究》第 24 辑，中华书局 2002 年 7 月；四是程邦雄、金钟赞《说業》，刊《中国文字研究》第三辑，广西教育出版社 2002 年 10 月。彭文考定"十四年鄴下库"戈为魏惠王前元十四年（前 357）所造，戈铭業字作鄴，是出土题铭中首次发现带邑旁的"鄴"字，弥足珍贵。杨文指出《金文编》業下所收燕剑的業字，其上部左右两点原本是横画的残泐，应是"無"字的省体。纠正了过去对業字的误释。焦文根据郑城出土的陶文作業，认为它是春秋古文的省减，并列出自春秋金文至秦简"業"字形体的演变表，颇便观览。但焦文根据業城陶文的業字不带邑旁，便断言先秦古文字中未见从邑的鄴字，则未免失之武断。程、金之文旨在探讨"業"字形体的构形理据，然所据乃《说文》从丵从巾的業字和吴大澂《说文古籀补》業下误收的㭒字，故该文认为："業的构形以'丝纱'和'积绕丝纱'的器具组合，以示'织治丝麻'、'端绪'、'丝端'义，其他诸义如'次序'、'功业'、'事业'等，则均是从基本义引伸发展得来的。"这个结论纯据讹误的形体立说，其距業字的初形朔谊实在太远。不过，程、金文中举列《尔雅》古训以探讨業字的词义系统在方法上是可取的。我们从虞与業的形义关系来考察，既然業的古体作虞上著大版之形，则《尔雅·释诂》"大版谓之業"之古训与字的形义完全密合，当是業字的本义所在。且由"大版"而衍生出"大"义，更由版上所刻之锯齿排列有序而派生出"顺"、"叙"、"绪"等意义，引而伸之，遂有"次第"、"端绪"、"创始"、"功业"及"事业"等义项，构成一个彼此相关相涵的词义系统。值得指出的是，现今通行的简体字作"业"者，依然保存着"版如锯齿"的古形。由此可见，"版如锯齿"自古至今都是業字最基本的特征。

又《三代吉金文存》卷二十第 19、23 页分别载有一戈，铭上一作業形，一作業形，疑亦業字之变。补记于此，以备参考。

再说"蚰"符

数年前,笔者曾写过一篇小文,题为《从"蚰"符之音读再论古韵部东冬的分合》①,指出在先秦古文字资料中,有一个由二"虫"重叠组成的符号,通常作♈、♈或♈,在字的左旁或右侧,起着标音的作用,是一个相对稳定的原始声符,并举出六例加以证明。近些年来,新的材料不断涌现,有关的研究也不断深入,现在是必须重新加以检讨的时候了。

郭店楚简和上海竹书公布后,人们发现所谓"蚰"符其实有着不同的来源。通常释为"融(䰜)"字的"蚰"符是蟲的省变,这从《说文》融字籀文从鬲蟲声、小篆从鬲蟲省声便可得知。《说文》分虫蚰蟲为三字,但古文字资料却单复不别,作双虫重叠的"蚰"符也当是蟲的别体。而一般释为"流(㳅)"字的"蚰"符则来源于毓字的省文即"㐬"形的讹变,有的"蚰"符旁边还保留着圆圈形,便是倒子头形的割裂,后来更连倒子的头部也省略了,最后讹成了"蚰"形。于是两个来源不同的"蚰"形遂混而为一。

那么,㳅(流)字的"蚰"符与䰜(融)字的"蚰"符读音是否相同?笔者认为,这两个来源不同的符号之所以会混同,必定是以两者的音同音近为条件的。因为混同的表现不是单向而是双向的,即不但原来带圆圈的因丢失圆圈而变为"蚰"符,就是原来的"蚰"形也会增益圆圈而变成带圈的"蚰"符。这种现象,只有两者音同音近才能解释。就上面提到的流、㐬(毓)、融三字而言,正代表着上古幽、觉、冬三个韵部的读音,即代表上古的冬韵及其相配的阴声韵和入声韵。因为它们的主要元音相同,只是韵尾稍有区别而已,所以,三者的读音应该是相同或相近的。

下面,我们略按古音的从属关系,考察一下带"蚰"符诸字的古音和韵读。

---

① 曾宪通:《从"蚰"符之音读再论古韵部东冬的分合》,载《第三届国际中国古文字学研讨会论文集》,香港中文大学1997年10月,第741～756页。

例之一：

轤（瘐钟甲组）　　轤（瘐钟丙组）

以上二文分别见于瘐钟的甲组和丙组，属西周中期。字的左旁从古墉字，右旁双虫作上下相对形，当是蟲的变体。此字从蟲得声，应是融字的古体。杨泽生在考释郭店《老子》“有状蟲成”为“有状融成”时，引张舜徽《说文解字约注》“融之本义为炊气上出，经传中多假蟲为之。《诗·大雅·云汉》：‘蕴隆蟲蟲’。毛传云：‘蟲蟲而热’。正义云：‘是热气蒸人之貌’。热气蒸人，有无甚于吹气上出者，《诗》曰‘蟲蟲’，犹云‘融融’也。”① 可见古有读蟲如融之例，也正是融字从蟲得声的力证。

值得注意的是，瘐钟甲组和丙组都有“融妥厚多福”的颂词，但此词在瘐钟乙组的铭文中却写作“業妥厚多福”，“融”与“業”在此互为异文。瘐钟的融字从“蚰”符得声，属冬韵字；業为疑纽葉部字，且此“業”字的古体下部都附有一个“去”的声符，古音也是属葉部的。裘锡圭先生指出过：“形声字从‘去’声而古音属葉部的，如怯、狉、屋等字，旧或以为从‘劫’省声，其实都应该是从这个‘去’字的。”“这个‘去’字其实就是‘盍’的初文。”② 在这对异文中，我们可以看到“蚰”符的读音应当是收唇音［-m］尾的，也就是与葉部相配的谈韵字。最近裘先生从殷墟卜辞“王占曰”揭示了殷墟时代“兆占对转”的现象，正是《诗经》时代之前宵谈对转语音现象的反映③。上揭瘐钟铭文中的“融業对转”当属同一表现，并且由此说明，宵谈对转或幽侵对转的语音现象可能一直延续到西周中期。

例之二：

---

① 杨泽生：《郭店简几个字词的考释》，载《中国文字》新二十七期，台北：艺文印书馆2001年12月版，第166页。

② 裘锡圭：《说字小记·说“去”、“今”》，载《北京师院学报》1988年第2期；《古文字论集》，中华书局1992年版，第646～649页。

③ 裘锡圭：《从殷墟卜辞的“王占曰”说到上古汉语的宵谈对转》，载《中国语文》2002年第1期。

鼄(邾公牼钟)

邾公牼钟铭云:"陆鼄之孙邾公牼作厥和钟"。王国维《邾公钟跋》云:"鼄字从㒑蚰声,㒑古墉字,以声类求之,当是螽,陆螽即陆终也。"① 李学勤先生指出:"王氏说'陆鼄'即'陆终'是对的,但它对'鼄'字的分析有缺点,因为'墉'字古音在东部,'螽'字在冬部,是有别的。王氏沿用王念孙父子《说文谐声谱》,没有区别东冬。实际上'鼄'应从'蟲'省声,与'终'同属冬部。"② 古韵东冬的分合问题,一直是古音学家聚讼未决的问题。很显然,李先生是倾向于东冬分立的。他直接将"蚰"符读为同属冬韵的终,在音理上更加密合。王氏则是主张东冬合韵的,所以它忽视了"蚰"符的表音作用,且把"蚰"符混同于"蚰",误把"㒑"旁当声符。其实右旁从墉之古文㒑者,义同于土。《说文》城、垣、堵、陴等字的义符籀文均从㒑作;金文的坏、墅、堨、城等字也皆从㒑不从土;战国陶文和三体石经古文的城字垣字亦然。可见"㒑"字作偏旁用时是可以跟"土"旁互换的。所以,㒑(古墉字)在此是个义符,与土相同,某些族氏的名称往往有加注"土"旁或"㒑"旁来表示的。

例之三:

譴(上博竹书《孔子诗论》)

上海博物馆藏竹书《孔子诗论》第8简有一个从言从蚰的"譴"字,简文作:

《少弁》、《考言》,则言譴人之害也。

《少弁》、《考言》,即《诗经·国风》的篇名《小弁》、《巧言》。整

---

① 王国维:《邾公钟跋》,载《观堂集林》卷十八。
② 李学勤:《谈祝融八姓》,载《江汉考古》1980年第2期;又载《李学勤集》,黑龙江教育出版社1989年,第74~75页。

句的意思并不难理解，可是"譶"字的解释却成为争论的焦点，论及或涉及者不下十余家，大抵有如下几种说法：

（一）释"譶"为"诓"，义近于"诳"。整理者马承源先生说："叕"《说文》所无，从言，蚰以为声符。据《小弁》诗意，前四章诗人表达"我心忧矣"、"我心忧伤"，后四章表达"君子信谗，如或醻之。君子不惠，不舒究之"，"君子无易由言，耳属于垣"。《巧言》后半诗句有"巧言如簧，颜之厚矣"。诗的重点在于描述"谗"人和"巧言如簧"之人，从言蚰声音近字当读如"诓"，以谎言骗人，与"诳"义近①。李添富则径读为"诳"字之假借②。

（二）释"譶"为"流"。李零主之，他说：上字从言从双虫，与楚"流"字和"融"字同，让人联想，也许是读为"流人"（指传播流言的人）或"中人"（古称奄人为中人），但更大可能是，此即古书所说的"谗人"（《青蝇》有谗人），字从双虫，乃是双兔的讹写，原书读诓③。陈美兰从之，认为"譶"字可隶定为从言从虺的"虪"字，但又指出，譶形可能是谗字的会意字④。彭裕商也认为，譶字右旁与郭店楚简《缁衣》、《成之闻之》、《语丛四》等篇流字写法相同，故应隶定做虪，而读诬妄之诬⑤。董莲池也隶作虪而读为诬，但又说似庸，也可能是谀的初文或异体⑥。黄德宽、徐在国也认为"譶"应读为流，说此字应分析为从言蚰声，疑为流言之"流"的专字。《礼记·乐记》："先王耻其乱，故制雅颂之声以道之，使其声足乐而不流。"郑玄注："流，谓淫放也。"⑦

（三）释"譶"为"庸"。魏宜辉说，我们也同意"譶人"应作"谗人"解，但"譶"在这里应当如何释读，尚需讨论。他认为，"譶"字当从言从蟲省声。在简文里似乎可以读作庸。"庸人"一般指的是平庸的

---

① 马承源主编：《上海博物馆藏战国楚竹书》（一），上海古籍出版社2001年版，第137页。
② 李添富：《上博楚简〈诗论〉马氏假借说申议》，载《新出楚简与儒家思想国际学术研讨会论文集》，2002年3月。
③ 李零：《上博楚简三篇校读记》，台北万卷楼图书公司2002年3月版，第36页。
④ 陈美兰：《上海简谗字刍议》，简帛研究网2003年5月28日。
⑤ 彭裕商：《读〈战国楚竹书〉（一）随记》，简帛研究网2003年5月29日。
⑥ 董莲池：《上海博物馆藏〈战国楚竹书（一）·孔子诗论〉三诂》，"新出土文献与中国文明研究"国际学术研讨会论文，上海大学2002年7月。
⑦ 黄德宽、徐在国：《〈上海博物馆藏战国楚竹书（一）孔子诗论〉释文补正》，载《安徽大学学报》（哲社版），，2002年第2期，第3页。

人，但从《大戴礼记》中的一段话分析，"庸人"身上似乎也有"谗人"的特征。孔子所说的庸人"口不能道善言"，与《诗》所说的"谗人"颇类①。

（四）释"諬"为"佞"。胡平生认为諬字应从蟲得声，上古音为定母冬部字，而"佞"为泥母耕部字。定母、泥母为旁纽，耕部、冬部为旁转，二字音近，可以相通。又说，从文义来看，将此字释为佞，读此句为"佞人之害"，则非常准确地概括了《小弁》、《巧言》的诗意②。

（五）释"諬"为"谗"。李学勤先生所作释文，就直接将"諬人"隶定为"谗人"，但无解释③。王志平也主"諬人"即"谗人"之说，并引《毛传》和《郑笺》，指出《小弁》的内容是幽王听信"谗人褒姒之言放逐太子宜臼之事④。蔡哲茂氏赞同李学勤释"諬"为谗，他指出：漉（流）字和諬（谗）字的"蟲"形来源不同，"諬人"不应读为"流人"。蔡氏认为，"諬"从蚰声，蚰与蟲同，此读作谗。文中举出《周易·豫》卦九四爻辞："朋盍簪"的"簪"字，《经典释文》引荀爽本作"宗"，而马王堆帛书本则作"谗"。又《左传·昭公三年》之"谗鼎"，《礼记·明堂》作"崇鼎"。清人俞樾谓即《广韵·一东》的"䚇"字。这两个例子的"谗"字分别与"宗"、"崇"互为异文。"崇"从"宗"声，上古音为崇纽冬部字，与"蟲"为定纽冬部字，韵则同部，纽则相邻，的确是"諬"读为"谗"的佳证。蔡文最后的结论是：諬只可能是谗而不可能是流字⑤。黄人二赞同蔡氏读"諬"为谗，又赞同李零疑双虫乃双兔之笔误，谓"或因读音之通假而作"⑥。

以上五说，论者对"諬"释为某字及其读法虽有所不同，然其所表

---

① 魏宜辉：《读上博简文字札记》，载《上博馆藏战国楚竹书研究》，上海书店出版社2002年版，第389页。
② 胡平生：《读上博藏战国楚竹书〈诗论〉札记》，载《上博馆藏战国楚竹书研究》，上海书店出版社2002年版，第281～282页。
③ 李学勤：《〈诗论〉简的编联与复原》附录：《〈诗论〉分章释文》，载《新出楚简与儒家思想国际学术研讨会论文集》，2002年3月。
④ 王志平：《〈诗论〉笺疏》，载《上博馆藏战国楚竹书研究》，上海书店出版社2002年版，第210～227页。
⑤ 蔡哲茂：《上海简〈孔子诗论〉"谗"字解》，"新出土文献与古代文明研究"国际学术研讨会论文，上海大学，2002年7月。
⑥ 黄人二：《上海博物馆藏战国楚竹书（一）研究》，台中：高文出版社2002年8月版。

示的意义则基本一致，即都是尽量向着"谗"及"谗人"这个中心词靠拢的。因为从《小旻》和《巧言》的内容分析，只有将"謓"读为"谗"，将"謓人之害"读为"谗人之害"，才是最准确也是最合理的解释。可为什么还有那么多人不直接读"謓"为"谗"而要绕那么大的弯子呢？这种现象，似乎说明在释读上存在一个误区，即误以为读謓为谗在音理上是站不住脚的。于是，像刘信芳氏这样勤敏深思的学者，他在感慨"诸家于该字之理解皆不差，然究为何字，则尚有待也"之后，也只好另辟蹊径，改以"言"为声符，"以为字从言声，读为闲"①，真可谓煞费苦心了。

其实从蟲得声的"冬"韵字在上古和中古有很大的不同。上古的冬部字包括中古的东三韵字和冬韵字，前期的古音学家尚把冬部合于东部。至张惠言、孔广森等人才首先将冬部从东部分出来的，江有诰、章炳麟、黄侃等人承其说，都分立了冬部。冬部从东部分出后，严可均等人又主张将它合入侵部。因为在《诗经》及《易》的押韵材料中，侵部字常与冬部字相押。因此，陆志韦认为周朝的东部收 [-ŋ]，冬蒸收 [-m]。冬收 [-m]，实际上就是与侵同收 [-m] 尾。《诗经》韵中冬、侵部字相押的例子是不少的。这些情形表明，上古音的冬部应归入侵部②。上述崇从宗声，宗古音属精纽冬部，与謓属定纽冬部为纽近韵同，謓读为谗则属冬侵合韵。这说明当时的冬韵还保留着唇音收尾 [-m] 的读法。这同《小旻》以"犹、集、咎、道"为韵，本身就是幽缉相押的佳例，在大范围上是相一致的。

例之四：

锋 韇（望山简）　　銊 韇（包山简）　　銊 韇（楚帛书）

以上数文分别见于楚系竹简和帛书。同痶钟和邾公钅宅钟的铭文相比较，可以看到战国楚系文字的"辜"旁已经发生了明显的讹变，变成上如亯下似羊，类于"辜"的偏旁，这是隶变由亯—辜—享的滥觞，即由

---

① 刘信芳：《楚简〈诗论〉释文校补》，载《江汉考古》2002年第2期；又《孔子诗论述学》，安徽大学出版社2003年版。

② 请参考李新魁《汉语音韵学》，北京出版社1986年版，第341～344页。

"韓"讹混为"章","章"与"言"再分别隶变为"享"。这是音义各殊由讹混引起的同形字。在简帛文字中,上揭三文均与"祝"字连读,释为祝融的"融"是可以肯定的。但诸家对字的解释则稍有不同。《望山楚简》编者在注中写道:"'蟲',从'章'声。古代'章'有二音,一为城郭之'郭',一为城墉之'墉'。'蟲'所从声旁当为'墉'。'墉'、'融'音近古通。祝融之'融'《路史·后纪》即写作'庸'。简文的老禧、祝融当即《山海经》的老童、祝融。"① 李学勤先生指出:"实际上,蟲字应从'蟲'省声,与'终'同属冬部,在帛书上读为'融',是由于'融'也从蟲省声之故。"②《望山楚简》编者据《路史》祝融字作庸,而释简帛文之蟲为庸,读作融;李学勤先生据《说文》融为蟲省声,而释简文之蟲为融。两者可谓殊途而同归。然而从音韵学的角度分析,前者的立足点是东冬合韵,故两部间庸与融通转自如;而后者则严守东冬分立的原则,仅限于冬部本身而不阑入东部。笔者过去曾据李先生的考释③,以为黄君孟鼎最后一字作"福",从宀从示蟲省声,可读为"永宝用"之"用",并以此判断"蟲"符既可标示冬韵字又可表示东韵字,而倾向于东冬合韵的。现在知道黄君孟鼎最后一字的所谓"蟲"符乃是"缶"字之残,应读为"永祜福"而不是"永宝用"④。这样一来,目前所见的"蟲"符就只标示冬韵而不兼表东韵了。这同"蟲"符的时代性是比较相应的。从音韵学的历史层面考察,冬侵合韵属于较早期的语音现象,冬东合韵当是冬从侵分出以后的事。从"祝融(冬韵)"常可写作"祝庸"、"祝诵"等东韵字的材料来看,时代都较晚出,这同"蟲"符作为原始声符的时代性是不相协调的。

例之五:

、潼(古玺文) 、潼(郭店简) 潼(上博竹书)

---

① 湖北省文物考古研究所、北京大学中文系编:《望山楚简》,中华书局1995年,第102页。
② 李学勤:《谈祝融八姓》,载《江汉考古》1980年第2期;又载《李学勤集》,黑龙江教育出版社1989年。
③ 李学勤:《光山黄国墓的几个问题》,载《考古与文物》1985年第2期。
④ 李家浩:《包山竹简所见楚先祖名及其相关的问题》,载《文史》第四十二辑第17页注⑨。

"㳄"字最早只发现于古玺文字,上揭第一组见《古玺汇编》0212、3201。笔者过去根据汤馀惠释为"雍"字之省,印文"雍食之玺"读为"饔食之玺"。雍饔皆东部字①。现在看来此释有误。同样的字形又见于郭店简和上博竹书。从简文的上下文意来看,将这类形体释为"流"字,于文义均无滞碍。但是,这类形体的"虫"符与上面提到的"虫"符有着不同的来源。经过刘钊、本人和李天虹诸人的疏释②,此字形的形成和发展大体上经历如下的过程:①早期字形来源于甲骨文和金文"毓"字省体的"㐬",本像倒子离开母体身带羊水之形;②羊水逐渐向倒子头部聚拢,形成圆圈(倒子头部)上下两个"虫"字的模样,中山王壶的"㐬"字即为其过渡形态;③圆圈脱离倒子,移位在旁,乃至脱落,就剩下上下两个"虫"形相叠了。本来,圆圈的有无是"㐬"与"虫"的重要区别,但两者的讹混不是单向而是双向,所以,判断孰"㐬"孰"虫",还要靠文义才能最后决断。

上揭古玺文"流食之玺"究竟应当如何释读?从音理和文义求之,疑读为"廪食之玺"。上古"流"字属来母幽部,"廪"字属来母侵部,二字声母相同,韵属阴阳对转,古音十分接近。《周礼·地官·廪人》"掌九谷之数,以待国之匪颁、赒赐、稍食。"郑注:"稍食,禄廪。"孙诒让曰:"稍食,犹言廪食,与禄异。《孟子·万章篇》:'廪人继粟,'此即廪人掌廪食之证。"又于《天官·宫正》"均其稍食"注云:"《校人》先郑注云:'稍食谓廪,此训最析。稍食亦曰廪食,《聘礼》云'既致饔,旬而稍'。郑彼注云'稍,廪食也。'是稍食、廪食同义。"③按《说文·禾部》:"稍,出物有渐也。"又云:"廪,赐谷也。"贾疏曰:"稍则稍稍与之,则月俸是也。"《正义》引沈彤曰:"稍食,食之小者。""稍食"、"廪食"乃同义词。混言之则含"禄"在内,析言之则廪食指无"禄"者或临时性的口粮配给。"廪食"之名见于《墨子》、《韩非子》和《史

---

① 汤馀惠:《略论战国文字形体研究中的几个问题》,载《古文字研究》第十五辑,中华书局1986年,第15页。
② 见刘钊《读郭店楚简字词札记》,载《郭店楚简国际学术研讨会论文集》,2000年5月,第80页;曾宪通:《从"子"字族群论及字族的研究》,第一届中国语言文字国际学术研讨会论文,2002年3月;李天虹:《上海简书文字三题》,载《上博馆藏战国楚竹书研究》,上海书店出版社2002年版,第377—382页。
③ 孙诒让:《周礼正义》,中华书局1987年版,第218~220、1223~1224页。

记》，其制一直延续到秦汉，《睡虎地秦墓竹简·秦律杂抄》和《香港中文大学文物馆藏简牍·奴婢廪食粟出入簿》都有相关的记载。既然古代有廪食的制度和职司，则传世有"廪食之玺"也就合乎情理了。

例之六：

[字形]娎（望山简）　　[字形]娎（包山简）　　[字形]娎（包山简）

上三文分别见于望山楚简和包山楚简，除包山简 2.35 一处用作人名外，其余都与"酓"字连文，作为楚先祖的专名。李学勤先生在《论包山简中一楚先祖名》中写道："既然楚国文字把熊某的'熊'写作'酓'，某熊之熊也可能写作'酓'。由世系知道，楚先祖名某熊的有穴熊、鬻熊二人。"他接着分析说，包山楚简这个字是从"女"，"蟲"省声，古音在冬部。它和在质部的"穴"字不会有什么关系。因而包山简上这一楚先祖名不可能是穴熊，而应是鬻熊。鬻熊的"鬻"是喻母觉部字，与喻母冬部字的"融"刚好是入阳对转。"娎"和"融"都是从"蟲"省声，故可与"鬻"通假。并强调指出"包山简提到的这个楚先祖不是别人，乃是文献中的鬻熊。"① 很明显，李先生在这里是把"娎"字的"蛊"符作为声符来认识的，因而得出了简文的"娎酓"就是文献中的"鬻熊"的结论。

此字的另一种考释见于《望山楚简》，该书编者认为，"典籍所记楚王名多为'熊某'，其'熊'字在楚国文字资料中皆作'酓'，'酓''琴'二字皆从'今'声。简文娎酓是指《山海经》的长琴，还是指《史记》的穴熊或鬻熊，待考。"② 其后，李家浩先生发表了《包山楚简所见楚先祖名及其相关问题》的长文，其中对蛊（即譁）酓即《山海经》的长琴作了详细的论证。李文还在"附记"中提到河南新蔡葛陵楚墓出土的竹简，也有像包山竹简那样的卜筮内容。并指出该墓竹简所记祭祷的楚先，位于"老僮、祝蝝"后的"蛊酓"之"蛊"作穴下土。这个字从穴从土得声，《史记·楚世家》的"穴熊"之"穴"，即其讹误。上古音

---

① 李学勤：《论包山简中一楚先祖名》，载《文物》1988 年第 8 期；又载《李学勤集》第 262～265 页。
② 湖北省文物考古研究所、北京大学中文系编：《望山楚简》，中华书局 1995 年，第 102 页。

"土"属透母鱼部，"女"属泥母鱼部，韵母相同，声母都是舌音，故可通用。作者认为，"葛陵楚简的发现，不仅证明本文对包山 B（按指&字）的释读是合理的，同时还证明《山海经》的长琴与《楚世家》的穴熊应该是同一个人。本将长琴与穴熊作为二人，现在看来应予纠正。"① 家浩先生此文对楚的先公和武王以前的楚王作了系统的疏理和阐释，发明良多，十分钦佩。然而，"附记"中仅据"穴"字的另一种写法就作出长琴与穴熊是同一个人的结论，似乎还有讨论的余地。葛陵楚简的"空酓"据说也有写作不从土的穴熊"，如果属实，则土旁恐非声符，因为形声字的声符一般是不能省略的。又葛陵楚简祭祷的楚先，据说还有写作"禱酓"的，如果属实，则"禱酓"有可能就是望山简、包山简"媸酓"的异构。若将它们的女旁、示旁视为声符，恐有不妥；宜作为形符看待（氏名、神名多有之）。它们共有的"蚩"符才是声符。如此，则"媸酓"、"禱酓"均可读为"鬻熊"，正可与李学勤先生释作"鬻熊"互相印证。而"蚩"符与上举各例作为原始声符之用例也不相违背。从整体而言，这样似乎更合理些。

将以上六例同笔者数年前所写的小文相比较，最明显的不同是删去了过去释"澭"为"雍"和释"寙"为"用"二例，增加释"謘"为"谗"一例。雍用都是东部韵字，由于它们的被删除，也就排除了"蚩"符代表东冬合韵的可能性；又由于谗字的古音属侵部，这也就增加了"蚩"符代表冬侵合韵的可能性，加上疾钟铭的"融""業"异文和卜辞里的宵谈对转等语音现象，更增加了"蚩"符代表冬侵合韵的可信度。总之，从上述六例可以看到韣、鐔、謘、韣、澭、媸（禱）等字的共同"蚩"符，分别代表融、蟊、谗、融、流和鬻的读音。它们的古音韵部不出幽、觉；冬、侵（葉、谈）的范围，说明"蚩"符具有相对稳定的同一性。这些语音材料不但说明"蚩"符确是一个颇有代表性的原始声符，而且，它反映冬部字还处在从早期的韵尾 [-m] 向 [-ŋ] 韵尾过渡的状态。

（原载《古文字研究》第二十五辑，中华书局，2004 年）

---

① 李家浩：《包山竹简所见楚先祖名及其相关的问题》，载《文史》第四十二辑，第 19 页。

古文字资料的释读与训诂问题

地下出土的古文字资料,是古代汉语的书面形式,它与传世文献有着非常密切的关系。由于传世文献历经传钞和翻刻,鲁鱼亥豕之讹自不待言;而古文字资料久藏地下,未经后人的窜改,保存着古人手书的真迹,具有无可争议的可靠性。因此,前辈学者利用古文字资料以勘正传世文献,做了大量的工作,成绩十分可观。例如,晚清古文字学家吴大澂发现金文的"文"字有从心作"㲋"者,与壁中古文的"宁"字非常相似,因而纠正了《尚书·大诰》中的"宁武"、"宁王"、"宁考"、"前宁人"等的"宁"字皆为"文"字之讹,就是典型的例子。另一方面,由于古文字资料一般都比较零星和分散,不如传世典籍那样完整和系统,因此,在整理和研究古文字资料的工作中,必须借助传世文献加以印证和补充;而汉唐以来研究古代典籍的大量训诂成果,则是释读古文字资料的重要依据。几乎可以这么说,能不能恰当而有效地运用训诂材料来释读古文字资料,是古文字研究成败的关键。同一道理,能不能恰当而有效地运用古文字资料以训读古代文献,亦是训诂工作的关键所在。本文试举数例加以说明。

一

《论语·公冶长》有一段孔子和子贡的对话。子贡问孔子:"赐也何如?"孔子回答:"女,器也。"子贡又问:"何器也?"孔子答:"瑚琏也。"何谓瑚琏?历代注释家皆以为瑚即簠,琏则簋的别名。

簠和簋都是古代常见的祭器,出土实物亦多。可是关于簠的形制长期存在争议:一说簠是方器,《周礼·地官·舍人》"凡祭祀,共簠簋",郑玄注:"方曰簠,圆曰簋。"一说簠是圆器,《说文》:"簠,黍稷圜器也。"然而从传世认为是簠的器物来看,都是侈口长方,器盖同形,因此一般学者都认为郑说是而许说非。这些被认为是簠的方器,往往自名为匿或匦、䣛、匡、㔼、𫓧、笑等,论者以为匿等与簠音近,例可通假,并以为《左传·哀公十一年》孔子提及"胡簋"之事的"胡",《礼记·明堂位》言"殷之六瑚"的"瑚",也都是簋。此说似成定论。

但金文另有匦字（见厚氏匦）,字或作箁（疾箁）,还有作甫（陈叔豆）、铺（刘公豆）等。其形制为圆盘形的高圈足器,确是圜器,与许说相合。这就向人们提出一个问题：究竟何者为簋？是臣为簋还是匦为簋？唐兰先生根据新出的西周微史家族铜器对此有精辟的见解。他说：

> 疾箁似豆而大,盘平底,圆足镂空,铭作箁,是簋的本字。宋代曾有刘公铺（薛尚功《历代款识》卷十五）,1932年出土的厚氏之匦,过去都列入豆类,是错了。《说文》："簋,黍稷圜器也",就是这类器。本多竹制,在铜器中发展较晚,宋以来金石学家都把方形的筐当作簋,铭文自称为匡,也称为臣,或作匲,是瑚的本字。学者们纷纷说许慎错了。今见此器,可以纠正宋以来的错误,也可以证明这类的簋在西周中期已经有了。①

唐先生的结论是正确的。出土方器之臣,字常作匲若𣪘,形近胡字,因知《左传》的"胡"与《礼记》的"瑚",皆由臣之形变。臣从古声,古属见母鱼部,其异体还有从夫、吾、王、黄得声的。夫吾鱼部,王黄阳部,鱼阳对转；胡瑚古属匣母鱼部,见匣同为牙音,韵部相同,故从声音上看,臣与胡瑚通作亦无问题。70年代陕西扶风齐家村出土𣪘簋,铭文124字,作器者𣪘为臣的繁文,说者以为是周厉王所作。据《史记·周本纪》周厉王名胡②,可为佐证。圆器之匦或作箁、铺,字从竹从金,反映此器先用竹制,后改铜制,当是《说文》簋的本字。匦、箁古属帮母鱼部,铺在滂母鱼部,帮滂同属唇音。要之,臣与匦韵部相同,声纽则异。为什么没有看到自名为臣而形制如豆,或自名为匦而形制为侈口长方的铜器呢？可见古人在假借字的选择上是相当严格的③。综观以上器物形制与字形字音,我们认为瑚琏之瑚应指自名为臣的侈口方形器,过去认为簋是错误的。簋确是圜器,与许说相符,只是由于形制似豆,过去误入豆类,终

---

① 唐兰：《略论西周微史家族窖藏铜器群的重要意义》,载《文物》1978年第3期。
② 扶风县图书馆：《陕西扶风发现西周王𣪘簋》,载《文物》1979年第4期。
③ 陈抗：《金文假借字研究》,中山大学硕士学位论文（油印本）1981年。

因瘕箄的发现而得以正名。

至于瑚琏之琏是否为簋之别名，亦可据古文字资料加以分析。《说文》簋从竹从皿从皀会意，因出土簋器多自名为殷，故簋亦可视为从竹从皿殷省声。古文作匦，从匚从食九声（据段注本）。大徐本从食几声，然几非声。九误作几，与《周礼·春官·小史》俎簋"故书簋或为几"之误正同。孙诒让《周礼正义》指出："故书簋或为几，几乃九之讹。九与簋之古文作匦、匦、朹者正同。"段玉裁云："古音簋轨皆读如九也。《史记·李斯传》：饭土匦，《公食大夫礼》注：古文簋皆作轨，《易·损》二簋，蜀才作轨。《周礼·小史》故书簋或为九，大郑云：九读为轨，书亦作轨，盖古文也。"① 可见簋字在先秦写本中多书作匦或轨，因匦与连字形近，后人遂误为连，又与瑚字类化，再赘增玉旁而为瑚琏。因此，瑚链实即胡匦，亦即匦簋。但必须指出，连与琏皆脱落声符九而失其读，其音义与簋了不相涉，只能视为匦（簋之古文）的讹体，并非簋的别名②。

二

宜、俎二字典籍习见，然在古文字里却常常纠缠不清。卜辞有⊘字，罗振玉释俎，云："《说文解字》：'俎，礼俎也，从半肉，在且上。'半肉谓⊘也，然在且旁，不在且上，卜辞作⊘，则正象置肉于且上之形。古金文亦有⊘，前人皆释为宜，误矣。"③ 商承祚先生则以为"宜与俎为一字，而宜乃俎之孳乳。字本象肉在且上之形，篆作俎者，乃因别于宜而移之也。"④ 容庚、唐兰、于省吾诸先生皆力主俎宜本是一字，后来孳乳分化，许慎因而误歧为二⑤。

但王国维却认为"俎宜不能合为一字，以声绝不同也。"其实，俎自

---

① 段玉裁：《说文解字注》五篇上，簋字条。
② 编按：关于"瑚琏"究竟是通名还是专名的问题，可参考蔡运章《释餷》，《中原文物》1981年特刊；黄锡全、何琳仪《瑚琏探源》，吉林大学《史学集刊》1983年第1期，又黄锡全《古文字论丛》第103～110页，（台北）艺文印书馆，1999年。
③ 罗振玉：《殷虚书契考释》中，第38页上。
④ 商承祚：《说文中之古文考》，上海古籍出版社1983年版，第70页。
⑤ 参见容庚《金文编》，唐兰《殷虚文字二记》，于省吾《论俗书每合于古文》。

为俎，宜自为宜，二者无论形体与读音，都各不相同，且各有自己递嬗演变的轨迹。甲骨文和金文的宜字，与秦刻石、古玺、封泥以及《说文》古文等，皆一脉相承。卜辞为用牲之法，甲骨、金文中又多用作祭名，后世训肴训安乃其引申。1929年郭沫若在日本研究古文字时，以"未知友"的名义给容庚先生写的第一封信，即以金文⊠字向容先生请益。信中写道：

  ⊠字为宜为俎，颇有聚讼。由字形而言，自以俎义为长。然甲文、金文多用为祭名，似又宜于释宜。仆据盠和钟韵读，于煌、享、疆、庆、方之下缀以"永宝⊠"三字，读宜读俎均脱韵。揆金文成语如"宝享"、"宝尚"均可入韵，"宝用"亦可作为中阳合韵，而均不用。独选此字，如不入韵未免过于唐突。余疑此亦东阳部内字，由字形之俎求之，或当为《诗》"边豆大房"之房。房乃假字，⊠乃正字。①

郭氏此处分析⊠的音义，当是个与俎义同且能与东阳叶韵的字，因释为房俎的房字。后来对此有所订正。1935年作《两周金文辞大系考释》，于大丰簋铭"王卿（飨）大⊠（宜）"处云："⊠字金文习见，卜辞亦多有，旧释为宜，罗振玉释俎，余囊以为房俎之房，今按仍以释宜为是。"1954年《殷周青铜器铭文研究》新版，郭氏于《大丰簋韵读》宜字下加"后案"云："此字仍以释宜为据，秦泰山刻石'诸产得宜'亦如此作。"郭氏舍弃俎与房的说法而坚持释作宜是有道理的。

  根据于豪亮先生的研究，"金文中自有俎字"②。一处见于三年痶壶，壶铭言王于丁巳之日锡痶以"羔俎"③；己丑之日又锡痶以"彘俎"。二俎字皆作⊠。另一处见于彧鼎，鼎铭载王刔姜锡彧玄衣等物，彧作器对扬王刔姜休。刔字作⊠，从俎从刀，乃王姜之字，于先生认为当读为俎。

  考俎之为物，其初用以切肉，后来才逐渐演变为祭神时载肉之礼器，

---

① 见曾宪通编注《郭沫若书简——致容庚》，广东人民出版社1983年版，第6页。
② 于豪亮：《说俎字》，载《于豪亮学术文存》，中华书局1985年版，第77～81页。
③ 壶铭此处豪亮先生释为坒而读作"鹅俎"，孙稚雏先生改释为"羔俎"，此采孙说。见《金文释读中一些问题的探讨》，载《古文字研究》第9辑，中华书局1984年版，第412页。

《说文》以为"礼俎"是也。从出土实物联系汉画像所用切肉之器来看，俎之形制，皆狭长作丌形，由两足或四足支一平板，多为木制，铜制的为数甚少，每与鼎伴出。罗振玉云："古鼎铭往往云'作鼏彝'，鼏字从日从肉从匕，盖象以匕取肉于大鼎而分纳于旅鼎中。日则俎形，殆取牲体时暂置俎上以去其潽。"① 今俎字作 ，则右边之且为俯视之平板，旁出者为侧视之足形。因小篆变足形为 ，许慎遂误认为半肉之形，并衍生出"半肉在且上"之说。倘 为半肉，则明明在且旁而非在且上，难怪王筠献疑云："案许说，疑篆本作 ；如今篆，则肉不在且上，似后人移使平列也。"② 由于过去古文字资料中尚未发现俎字，而甲骨文的宜字作 若 ，恰似置半肉于且上之形，因而有释宜为俎或宜俎一字的说法。现在随着金文俎字的发现，宜俎二字的发展线索可谓泾渭分明，其讹混和变异也随之得以澄清。

三

甲骨文的鳳字作 ，象高冠丰羽华尾之形，十分逼真。但卜辞罕见用其本义，一般都借为风字。后期更增益"凡"为声符，并于鳳尾末端带有明显的"珠毛"③ 标志。值得注意的是，这些带有声符和珠毛标志的鳳字，在西周金文中逐渐演化为 （南宫中鼎）和 （盠驹尊）。至战国中晚期乃分化为楚帛书的 和传钞古文的 字。证明風字自古至今都是借鳳字为之，只不过由于形体经过多次讹变不易识别而已。许慎据讹变之小篆以"从虫凡声"④ 为说，是不足为据的。

与鳳字密切相关的是皇字。关于皇字的初形朔谊，历来颇多异说。《说文》训皇为大，从自王会意。然与金文不合。金文皇字作 （仲辛父簋）、 （土父钟）、 （师虗钟）、 （秦公簋）诸形。小篆所谓的"自王"，其实是由晚周金文讹变而成的，并非皇之初形。皇在金文中亦只有美、大之义，君王之谊亦非其朔。故古文字学者对许说深表怀疑而另觅新

---

① 罗振玉：《古器物识小录》，第 3 页。
② 王筠：《说文句读》卷二十七，俎字条。
③ 一般认为，古代的鳳即后世之孔雀，古称孔雀尾端之钱斑为"珠毛"，唐段成式《酉阳杂俎》云："孔雀尾端圆一寸名珠毛"，故此用以指称鳳尾之钱斑。
④ 许慎《说文解字》卷四上，風字条。

解。举其要者，自晚清以来先后有吴大澂的"日光"说，刘心源的"旺字"说，高鸿缙、高田忠周和朱芳圃的"煌字"说，以及汪荣宝、徐中舒、郭沫若、严一萍、单周尧、高明等的"王冠"说等。其中尤以"王冠"说最为流行。近时秦建明氏从青铜器上凤尾造形每呈❈状中得到启示，认为皇字即孔雀带有美丽彩斑的羽毛①。笔者深感此说饶有新意，且与上文所揭凤—風嬗变之迹每多暗合，因借此加以阐发。

就字形而言，甲骨文中虽然未见"皇"字，但卜辞后期多数凤形每带有引人注目的"珠毛"，即秦氏所谓的"美丽彩斑"，分别作❈、❈、❈、❈等形，金文则于空廓处加注圆点而成❈形，传钞古文和楚帛书的風字，就是在这个基础上增益声旁分化而成的。凤借为風，据说与凤翼生风的传说有关，故甲骨文用为風字的凤形往往呈振翼奋飞的姿态，羽翎之珠毛向下即为奋飞的特征。而金文❈字则呈凤尾开屏之势，以显示其艳美之丰姿，其上呈珠毛向上奋发之状，其下为羽脊及两侧对称的羽枝，与上揭士父钟、师㝢钟二皇字尚存旁出羽枝上翘的形状酷肖。由此观之，皇字的初形为皇羽的象形是可信的，其原始意义亦可据此而定。

值得指出的是，皇字作为皇羽讲的这一原始意义，仍保留在《礼经》之中，试举三例证之。一曰"皇舞"。见于《周礼·地官·舞师》和《春官·乐师》。郑司农于《舞师》注："皇舞，蒙羽舞。书或为䍿，或为义（仪）。"又于《乐师》注："皇舞者，以羽冒覆头上，衣饰翡翠之羽。䍿读为皇，书亦或为皇。"郑玄则于前者注："析五采羽为之，亦如帗。"又于后者注："帗，析五采缯，今灵星舞子持之是也。皇，杂采羽如凤皇色，持以舞。"从以上的引文可以看出，先郑与后郑对于"皇"的解释稍有不同：一是先郑以皇为一般之羽，而后郑则特指皇为凤皇之羽，即所谓皇羽；二是先郑以羽冒覆于头上或衣饰，后郑则以皇羽为舞具以持之；三是先郑以䍿为本字，而后郑则改䍿为皇。

二曰"皇邸"。见于《周礼·天官·掌次》："王大旅上帝，则张氊案，设皇邸。"郑司农曰："皇，羽覆上也；邸，后板也。"郑玄谓："后板，屏风欤？染羽象凤皇羽毛以为之。"经文意谓王在大旅上帝之时，"掌次"之职必张氊案，并在床案的后板即屏风处设皇。关于此处"皇"字的解释，先郑仍指一般之羽，而后郑则特指象凤皇之羽毛为之。孙诒让

---

① 秦建明：《释皇》，载《考古》1995年第5期。

指出："凡《礼经》言皇者，郑（玄）并以鳳皇羽为饰。"（语见《周礼正义》）孙氏此处一语道破后郑与先郑的主要差别。

三曰"皇而祭"。分别见于《礼记》之《王制》和《内则》，文云"有虞氏皇而祭，深衣而养老；夏后氏收而祭，燕衣而养老；殷人哻而祭，缟衣而养老；周人冕而祭，玄衣而养老。"此段文字盖言四代养老皆以祭之冠，而衣则或异。有虞氏以皇为士之祭冠。陆德明《音义》谓"翌音皇，本又作皇。"郑玄注："皇，冕属也，画羽饰之。"郑注以皇为冕属而有别于周冕，故以画鳳皇羽饰之。孔颖达《礼记正义》申述之曰："以皇与下冕相对，故为冕属。按《周礼》有'设皇邸'，又云'有皇舞'，皆为鳳皇之字，鳳羽五采，故云'画羽饰之'。"郭沫若氏对"画羽饰之"提出异议。他说："我意画羽饰之冕，亦是后起之事，古人当即以插羽于头上而谓之皇，原始民族之酋长头饰亦多如此，故于此可得皇字之初义，即是有羽饰的王冠。"又说："皇字的本义原为插有五采羽的王冠，其特征在有五采羽，故五采羽即谓之皇。"① 郭氏虽力主皇为王冠之说，但此处仍强调"五采羽即谓之皇。"仅就此点而言，实与郑玄之"皇羽"说无别。最早提出王冠说的汪荣宝氏，其所据即《礼记》郑注的训皇为冕②。然皇如非特指皇羽而为一般之冕，则与下文周冕义有重复。实际上，郑玄于皇字之义在《周礼》注中已说得非常明白，故孔颖达作《正义》时，联系《周礼》郑注申述"皇舞""皇邸"皆为鳳皇之羽，鳳羽五采故云"画羽饰之"，是非常必要的。汪氏又析金文皇字之⊙象冠卷，业象冠饰，土象冠架。案《王制》篇此处乃指士者之冠，冠卷、冠饰当非其特有，并不足以与周冕相区别；况且皇字如象冕形，何以竟及其冠架，实在令人费解。故《王制》篇之皇字，仍当以《周礼》郑注以皇羽之释为是。而皇字作为皇羽的这一原始意义，是同"皇"字取象于鳳尾珠毛这一特征互为表里的，也是完全符合"皇"字原来的初形朔谊的。

四

春秋以前，青铜器铭文中已有关于易（锡）金铸器的记载，但毕竟

---

① 郭沫若：《长安张家坡铜器群铭文汇释》之"师旋鼎"，载《考古》1962年第2期。
② 汪荣宝：《释皇》，载《国华月刊》第1卷第2期。

比较少见。春秋以后，诸侯间求取良金铸器之风盛行起来，铭文中出现"某人铸作某器"的句式最为常见，其中尤以"某人择其吉金自作某器"的格式最为流行。至于铸器吉金的来源，有用战争中俘获敌方的青铜兵器来铸作祭器的，如楚王酓忎鼎；有用群诸侯所献的青铜作器的，如陈侯午敦和陈侯因𬯎敦；有毁旧器以铸造新器的，如陈伯陭壶、邾公华钟；有以铜、铅、锡等金属矿物直接冶铸的，如吴王光鉴等等。在众多的"择其吉金"的铭辞中，于"择"前缀一奇字者，就目前所见，仅有齐器二例：

其一曰："余陈仲产（彦）孙，敹择吉金，作兹宝簠。"（陈肪簠）

其二曰："粤生叔夷，又（有）共（恭）于公所，敹择吉金，铁、锑、镛、铝，用作铸其宝镈。"（叔夷镈）

"择"前一字，簠铭作敹，镈铭作敹，隶写作屖及敹，皆从屖得声，从收与从攴同意，乃一字之异体，故可直接写作敹字。此字前人未得其解。所从声符之屖，又见于齐古印"遅盟之玺"，清人宋书昇据《说文》古文徙作屖而定为徙字①。齐地之徙作屖，楚简之徙作屖，又读为长沙之沙，存在地区性的差异。它们都是从甲骨文的 ，金文的 发展而来，说明由屖而屖是一脉相承的。由于从屖或屖得声的字在先秦古文写本中常与徙同音通假（按睡虎地秦简之徙从"少"得声。《说文》徙从"止"声乃"少"之讹变），故《说文》于徙字下并出屖之古文，这与《说文》于遂字下并录述之古文同例。从甲骨文的"屖田"读为徙田，金文的"彤屖"读为彤纱，包山楚简的"长屖"读为长沙可以推知，齐印之"遅"与齐器之"敹"亦当读音如沙。据记载，齐人有将阳声韵读为阴声的习惯，如《礼记·中庸》的"壹戎衣"，郑注："衣读如殷，声之误也，齐人言殷声如衣。"《尚书·康诰》正作"殪戎殷"。再如《仪礼·大射礼》"两壶献酒"，郑注："献读为沙"。《周礼·春官·司尊彝》："郁齐献酌"，郑注："献读为摩莎，齐语，声之误也。"《礼记·郊特牲》："汁献涗于醆酒"，郑注："献当读为莎，齐语，声之误也。"从郑玄的注释来看，以上见诸《三礼》的三个"献"字，原本都是读阴声的沙或莎，由于齐地的特殊读法（郑注以为误读）而书作阳声的"献"字。据此，上文提到齐器铭文中"择"前的奇字，其读法当有类似的情况。如前所述，屖、敹二体皆从屖得声，按照彤纱、长沙之例，当读如沙。根据齐人将阳声韵读为阴声

---

① 宋书昇：《续齐鲁古印攈·序》。

的习惯，在齐地读为沙的阴声字，其原本当是一个与"沙"音相对应的阳声字。依声类求之，应是"爰"字。沙与爰为歌元对转，与上举《三礼》郑注所注沙与献对转十分相似。因而似乎可以仿照郑玄的说法，于"敠"字下加注云："敠（沙）读如爰，声之误也，齐人言爰声如敠（沙）"。如果此说成立，则与李家浩先生认为卜辞里的"屫田"应读为"徣田"，可能跟古书所说的"爰田"意近①的说法正可互相印证。

考察"敠"在句中的意义和用法，当用作句首连词，义同于是。"敠择吉金"犹言"爰择吉金"，与《诗·大雅·绵》的"爰契我龟"，《魏风·硕鼠》的"爰得我所"，《鄘风·定之方中》的"爰我琴瑟"等句法相同，都是古代汉语常见的句式。

此外，齐鞄氏钟有铭云："齐鞄氏之孙，㒸择吉金，自作和钟。""择"上一字旧不识，今从残存笔画看来，疑是敠字之残，句法亦与上述二器相同。又陈侯因朁敦有"㒸嗣趄文"句，"嗣"上一字旧释为佚，今按当是曩字的省体，用法亦同。以上一簋一镈一钟一敦皆齐人所作，从中可以窥见齐人用语的某些习惯。从齐地出土古印古器来看，齐人不但在器物形制上与他处有所不同，在用字造词和句法读音上也都有自己的特色。

叔夷镈铭文有"铁、铬、镥、铝"云云，铁为镞矢字之繁构，铬为似鼎而长足之釜，镥即小釜，铝借为炉，类于后世的火盆，皆成器的名称，亦属于销成器以铸新器之例。

五

敦煌写本《古文尚书》残卷，于《费誓》篇经文中两见"鲁人三郊三逪"的句子。今本逪字并作遂，卷子本注语中亦作遂。今本《尚书》之"遂"古文本何以作"逪"？王重民先生曾反复作过探讨。他说：

> 《说文·辵部》：䢜，古文遂。段玉裁谓遁字不得其所从，俞樾《儿笘录》以为𦦼即簣字，从部旗重文作旍，古遺遂通用，未知其然否？然逪为遂之古文，今仅见于此卷，盖即许君所本也。（1937年8月28日）

---

① 见裘锡圭《甲骨文中所见的商代农业》所引李家浩说，载《社会科学战线》1981年第1期。

又说：

  《费誓》"三郊三遂"，今本遂并作遂，余尝引俞樾遗遂通用之说，然疑犹未决也。今按《汗简》卷一辵部：《尚书》㊟，郭氏释为遂，郑珍笺正云："古作㊟，薛本同。"然则㊟又作㊟，楷变为遁也。洪颐煊《读书丛录》卷十二云："穴部㊟遂，出孙强《集字》；《说文》遂古文作㊟，㊟即㊟字之省，与速字异。"洪氏之说，尤为明白。《汗简·穴部》邃字从㊟，正即辵部之㊟，㊟非迟速字，遁非遁亡字，皆遂字也。然何以从朩，余仍不得其解。（1943年7月17日）①

  王先生认为"㊟为㊟之省"，"㊟楷变为遁"，是非常正确的。但要了解其中省变之缘由，必须进一步考察其历史。考"遂"在先秦典籍中虽然十分常见，但出土文献的遂字却迟至秦汉时期才出现。遍检先秦古文字字书，尚未发现《说文》所载从辵从㒸的遂字。而传世典籍中的"遂"，出土文献通常假"述"字为之，如盂鼎"我闻殷述令（命）"，与魏三体石经《尚书·君奭》"乃其述命"之"述命"相同。石经古文之述小篆作遂，隶书作隧，今本《尚书·君奭》则作"墬"，可见盂鼎此处述字乃假为遂而读作墬。又中山王譽壶"述定君臣之謂（位）"，与诅楚文"述取我边城"句法相同，此处作为句首副词的述字皆假为遂。三体石经古文《春秋》僖公三十一年："公子述如晋。"述字今本《春秋》作遂，皆其例。由于先秦时代普遍以述代遂，许慎《说文》才于正篆"遂"字之下别出述之古文，以致后世字书误以为即遂之古文，且长期得不到纠正。

  至于述之古文何以变为遁、为速，这同传钞古文的性质有关。从出土材料来看，西周盂鼎述字作㊟，字从辵术声，声符术乃秫之本字，《说文》训为"稷之黏者"，字形象于"又"（即手）四周布满颗状物，朱芳圃先生以为"象稷黏手之形"②，堪称卓识。至战国声符渐变而为㊟（诅楚文述字所从）或㊟（信阳楚简述字所从）；传钞古文更变而为㊟（云台碑述字所从）或㊟（三体石经古文遂字所从）；再繁化而为㊟（《说文》古文遂字所从），简化之则作㊟（《汗简》古文遂字所从）。复益之以辵旁，隶写

---

① 王重民：《敦煌古籍叙录》，中华书局1979年版，第21～22页。
② 朱芳圃：《殷周古文释丛》卷下，中华书局1962年版，第131页"释述"。

便成为逋和速了。这便是王重民先生所谓速非迟速之速，逋非逋亡之逋的真相和由来。换言之，传钞古文的逋和速，都是述字古文讹变之后经过隶定而引起混淆的，它与迟速之速，逋亡之逋实不相涉。不过，述（术）与遂是一组形相因、义相属、音相谐的同源字，在传世典籍中它们彼此互相通用，在出土文献中则往往以述代遂，而以传钞古文尤为突出，《说文》遂古文借述字为之，就是这一现象的反映。敦煌本古文《尚书》"三郊三逋"，今本《尚书》作"三郊三遂"，这里的"逋"（即述）或遂，本指郊外之道（或术），引申而为军旅、田役、贡赋之编制。此句盖言鲁侯率郊内三乡与郊外三遂之兵力（另一郊一遂为留守），往伐徐夷，在鲁之东郊费地盟誓，故谓之"费誓"。

通过以上辨"瑚琏"，析"宜俎"，说"凤皇"，释"敷择吉金"和正"三郊三逋"五个例子，可以说明古文字资料的释读同训诂有着密不可分的关系。就古文字方面而言，如果没有浩如烟海的古代文化典籍做依托，古文字资料便只是一堆堆彼此互不相干的"散钱"；如果没有汉唐以来历代留传下来的训诂材料做依据，古文字的释读就会黯然失色，甚至流为无稽之谈，因而也就不可能真正认识古文字。就训诂方面而言，如果没有地下真实材料的发现，典籍上某些讹误就得不到纠正。没有古文字研究的新成果，训诂上一些长期纠缠不清的问题便得不到澄清，训诂工作就会失去源头和缺少新意。因此，古文字学与训诂学都是传统语文学的重要学科，两者相辅相成，相得而益彰。由于很多老一辈的古文字学者本身就是著名的训诂学家，他们在古文字方面的成就，已使治古文字学的人认识到训诂对于古文字研究的重要性；但从事训诂工作的人却未必认识到古文字资料对于训诂研究的重要作用，更不用说达到某种程度的共识。著名语言学家王力先生曾经把古文字与少数民族语言和汉语方言并列为我国得天独厚的三大优势。他在《中国语言学史》中指出："中国古文字学在语文学中可算是异军突起……就语言学本身来说，古文字学是非常重要的，汉语语源的研究，汉藏系语言比较的研究，等等，都要靠古文字学来帮助解决。"① 我们从事古汉语和汉语史研究的同行，必须充分重视古文字资料的利用，特别要留意新出资料中提出的新问题，从事创造性的研究。王国

---

① 王力：《中国语言学史》，载《王力文集》第12卷，第167～178页。

维先生有句名言:"新的发现带来新的学问"①,一些过去没法解决的问题,也许会在新的材料面前迎刃而解的。从某种意义上讲,重视并善于运用新发现的古文字资料,也是推进和提高中国语言学研究的重要途径之一。希望从事这两方面研究的学者今后能有更多的机会广泛接触和交流,为中国语言学的发展和进步而共同努力。

(本文原载台湾高雄《第一届国际训诂学研讨会论文集》,1997.04.19-20;又收入《古文字与汉语史论集》,中山大学出版社,2002年;本书收编时略有增益)

---

① 王国维:《最近二三十年间中国新发现之学问》,载女师大《学术季刊》1925年,第1卷第4期。

吴王光编钟铭文的再探讨

20世纪50年代中,安徽寿县蔡侯墓出土了举世闻名的蔡侯🈳(申)铜器群。同出还有不少吴国青铜器,除两件著名的吴王光鉴外,还有若干枚吴王光编钟。这一大批具有春秋晚期制作风格的蔡、吴青铜器,是研究春秋末期蔡国与吴楚关系的重要资料。尤其是吴王光编钟铭文,出土时已破碎残泐,经郭若愚先生联缀和考释,① 已粗略可以通读,弥足珍贵。可是郭先生没有把这些残钟铭文的原始材料一一录出,详细说明彼此系联的依据;我们将《寿县蔡侯墓出土遗物》②(以下简称《寿县》)所载拓本同郭先生所做"吴王光钟铭文复原图"一一复按,发现疑点颇多。这就不能不影响到这篇重要铭文的真正价值。为了能更充分地利用这批重要的资料,笔者认为对蔡侯墓出土的这批吴王光编钟铭文重新加以整理和甄别是非常必要的。

据报告,蔡侯墓出土的甬编钟已知有12枚(《寿县》第五页图三"发掘前民工掘出部分复原图"编号29有12枚甬钟的示意图,编号:29/1-12),出土时大部分已残破,较完整的有8枚,形式相同(《寿县》图版拾捌)。其中一件有铭文(编号29/7),约14行,锈重,字数不详(图版肆拾贰、肆拾叁)。③ 此外,还从无法计数的残钟碎片中清理出47件残片有铭文(图版柒拾至柒拾伍,编号95/1-47)。报告指出"其文与甬钟、编镈、编钟已发现之铭文有所不同,似为另一种钟;但有钟乳与甬钟相同,也可能是甬钟。"④ 从残钟拓片拼接的结果来看,其铭文亦可与甬钟相衔接,故可证明当是甬钟。但并非蔡侯钟,而应是吴王光钟。

最近,我们在中山大学古文字图书室看到一批蔡侯墓出土的青铜器铭文拓本,关于这批拓本的来历,据殷涤非先生所述,当是蔡侯墓出土器物

---

① 郭若愚:《从有关蔡侯的若干资料论寿县蔡侯墓蔡器的年代》,载《上海博物馆集刊》建馆三十周年特辑,1983年7月。
② 安徽省博物馆:《寿县蔡侯墓出土遗物》,科学出版社1956年2月版。
③ 安徽省博物馆:《寿县蔡侯墓出土遗物》,第10页。
④ 安徽省博物馆:《寿县蔡侯墓出土遗物》,第11页。

运到合肥进行整理、拼复期间，商承祚先生前往参观后带回来的。这批拓片上还留有浓浓的锈迹，可能是万育仁同志手拓的。① 与《寿县》所载相校，字迹互有显晦，可以互相参证。内有一枚完整的吴王光甬钟铭文拓本（即 29/7），铭文虽漫漶不清，但关键性的文字尚隐约可见。值得庆幸的是，由中大藏拓较清晰的字迹可以看出，《寿县》图版肆贰钲间铭文 15 字，正可与图版肆叁左栾之铭文相衔接（《寿县》图版肆叁误为甬钟背面，其实是正面，图版肆贰才是背面）。由此证明甬钟铭文与残钟碎片的铭文是一致的。此外，还有残钟拓片 53 纸，视《寿县》所载也多出数片。尤其是，有些残片在《寿县》图版中已分开为二号，而在中大图书室所藏的拓片上虽有裂痕，却尚未断离，如 95/12＋29，95/39＋46，95/23＋25 等，均同在一片，说明这些拓片可能比《寿县》图版所收的还要早。这些都为残钟铭文的进一步缀合提供了有力的依据。本文按照《寿县》所载甬钟之七及残钟的拓片和编码，参照中大图书室所藏的拓片（凡中大所藏拓片有而为《寿县》所失载者前加"补"字为记），根据可以系联的条件，将残钟铭文逐一编联，分为四组，略作考释和说明（编联情况详见附表）：

第一组

舍厥天之命入成不赓□春念岁吉日初庚吴王光（□□）穆曾辟金青吕尃皇台作寺吁龢钟壁鸣虡鐈其□□𝄂

以上钟铭 43 字，除末了"其"下二字残漶不明外，其余皆有二项以上的相同铭文可资参证。由 29/7 号甬钟的钲间铭文可与前左栾间的铭文相衔接，后右鼓间又有"姬"、"虞"、"命"等字样，可以判知钟铭读法当从钲部起读，经前左、前右而后左、后右。又此钟之钲部铭文三行，行五字；左右栾鼓间前后约 20 字，可以推测此钟全铭约在 85—90 字之间。其余各钟钲间与鼓间字数，当视钟体相关部位的大小而有所调剂和增减。

---

① 见殷涤非《蔡器综述——兼论下蔡地望》，载《古文字研究》第 19 辑，中华书局 1992 年 8 月版。

（一）舍（余）厰（严）天之命，入成（城）不賡

此铭见于29/7，补1，95/28，95/8，95/27，95/15号残片，分别位于六枚甬钟之钲部，皆反书。由此可以推知，残片原是一套铭文相同的编钟。首字郭先生定为"是"字，审视乃"舍"字。《说文》："余，从八舍省声。"金文和楚简往往于"余"字下益以口旁，与舍同字。钟铭此处舍当读为余。《尔雅·释诂》："余，我也。"在铭中为吴王自称，与配儿鉤鑃"舍择其吉金"及中山王𰻝鼎"今舍方壮"之舍字用法相同。严字作厰，与士父钟同。虢弔钟："严在上，翼在下"，"严在上"为金文恒语，意指上天之威。《诗·六月》："有严有翼"，传："严，威也。"本铭言"严天之命"，犹秦公簋之"严龔夤天命"。賡，《说文》作为续的或体，朱骏声认为字从庚賣省声。《尔雅·释诂》："賡，续也，"盖以今字释古字。"入城"，指吴王光伐楚攻破郢都，事见《左传·定公》三及四年与《史记·楚世家》。此二句乃吴王光称自己秉承天命之威，破楚入郢，所向无敌。这是吴军入郢这一历史事件的实物见证，意义重大。

（二）𰻞春念岁，吉日初庚

"春"上一字凡二见，其上体不知所从，下体从"彳"，然非寺字。据《春秋》所记，吴师破楚入郢时在冬季，而钟铭言"某春念岁"，或在翌年之春。"吉日初庚"语同吴王光鉴铭，郭沫若先生谓"初庚"为初吉之后，既生霸期中之第一个庚日，即五月九日左右。① 此二句说明吴王作器的时间。

（三）吴王光（□□）穆曾（赠）辟金，青吕尃皇，台（以）乍（作）寺吁穌钟

95/15号残片"吴王光"三字紧接"穆曾辟金"，中无空缺。29/7，95/12+29，95/35，95/32和95/33号残片均于"穆"字之上残存二字位置，笔画模糊，今以括号内空二格标示，"光"字写法亦与95/15者不同，可能是吴王光的异名，值得探究。"穆曾辟金"的"穆"字，本象悬

---

① 郭沫若：《由寿县蔡器论到蔡墓的年代》，载《考古学报》1956年第1期。

钟于柎，钟体发出和悦乐音的表意字①，引伸为和悦、和乐之意，《管子·君臣下》"穆君之色，从其欲阿而胜之，此人臣之大罪也。"尹知章注："穆，犹悦也。"《字汇补·禾部》："穆，悦也。""曾"读为赠。"辟"字数见，郭先生定为临字，然细审字从辛旁，此从施谢捷君释作"辟"②。铭中辟读为襞，本指衣裙之摺叠处，引伸之而有聚合之谊。《史记·扁鹊仓公列传》："夫悍药入中，则邪气辟矣。"司马贞索隐："辟，犹聚也。""辟金"意指聚合起来的青铜。"穆曾辟金"在钟铭中出现六次，其中五次见于残片，据此可以推测同铭编钟当在六枚以上，而出土甬钟不得少于十三枚。"青吕専皇"是指"辟会"的质料和颜色。"寺吁"为弔姬的私名，同见于吴王光鉴，为吴王光的次女。据史籍记载，吴王光此时尚在楚之郢都，所赠"辟金"，当如楚王酓忎鼎之所谓"战获兵铜"。铭文"穆曾辟金"是指吴王光高兴地把积聚起来的青铜送给了弔姬以铸钟，并镌此铭，显出踌躇满志的样子。可以看出，吴王光名义上是为遣嫁作器而实际上意在铭功。

（四）㞢（振）鸣虞焚（㷼），其□□▨

"㞢"从郭先生释"振"，"振鸣"意为振而鸣之，乃指钟声，与"金声玉振"义近。"虞"是"且"之繁体，楚简习见，在铭中为语辞。"且焚"之焚，95/17号残片作㷼。从龠与从音同意，与儋儿钟龢字作䣄同例。"振鸣且㷼"与《诗·鹿鸣》的"和乐且湛"句式相同，乃形容钟声之深沉宏亮。"其"下二残文郭先生定为"宴穆₌"，读为"其音穆穆"；然按之原拓，不足为据，只好存疑。

第二组

……柬₌和钟鸣阳条虞既孜虞紫维絓纱□莘英又庆（右宴）□辟春和□

---

① 参黄光武《释"穆"——兼谈昭穆的礼乐涵义》，载《中山大学学报》（社会科学版）2001年第1期。

② 施谢捷：《吴越文字汇编》，该书收吴王光残钟拓本45片，江苏教育出版社1998年8月版，释文见第527～529页。

"柬"上一字或字迹模糊，或适已残去，与上一组文字没有可靠的线索可以系联。"柬_和钟"与"鸣阳条虡"意义相属，两者虽然不具备明显的缀合条件，但是也不存在反证，姑将二铭相次。95/7，95/6+26三残片皆反书，似有异文。95/39与95/46二片，中大藏拓尚联缀一起，上有四行文字，但仅首行隐约可辨，其余三行因锈重字迹不清，无法属读，内容行款似乎有别。"辟春和"三字别无他例可资比证，由于与"英右宴"同在一片，故置于本组之末，以待证明。

（一）柬柬和钟，鸣阳（扬）条虡

"柬柬和钟"王孙遗者钟作"阑阑龢钟"。虡，《说文》："钟鼓之柎也"，今谓之钟鼓架座。《诗·有瞽》："设虡设业"，传："植者曰虡，横者曰栒，业大版也。"《汉书·地理志》："中䣊木条"，注"条，畅也"，可见"条"字古有畅义。畅与鬯古亦同字。是则本钟铭的"鸣扬条虡"与䣊钟之"既旆鬯虡"义亦相当。此二句是说钟声高扬，衬托着开畅之竖虡。

（二）既孜虘紫，维絣紗□，莘英又（有）庆

"虘"即且字。"既孜且紫"，与王孙遗者钟之"中翰（翰）且𣀟（扬）"，许子钟之"中翰（翰）且𣀟（扬）"结构相同。翰、翰皆翰之异写，中读为终。"终翰且𣀟"与《诗经》"终风且暴"（《终风》）、"终温且惠"（《燕燕》）、"终窭且贫"（《北门》）、"终善且有"（《甫田》）等结构亦同。按《诗经》之"终"当训为既，《伐木》"终和且平"《那》作"既和且平"可证。然则钟铭"既孜且紫"与《诗经》"既佶且闲"（《六月》）、"既微且尰"（《巧言》）、"既庭且硕"（《大田》）、"既明且哲"（《烝民》）、"既庶且多"（《卷阿》）等句法均同。这种"既某且某"式的递进结构，"且"字前后二文的意义必有关联。《说文》："孜，汲汲也"，《尚书·泰誓》："孜孜无怠"，经传多以"孳孳"为之。"紫"读为訾，《荀子·非十二子》："紫然"异本或作"訾然"。訾字古亦同孳。可见钟铭"既孜且紫"即"既孜且訾"，"孜且訾"意义相属，意谓勤勉不息，犹今之言孜孜不倦也。

"维"下一字作絣、絣或絣，此字或释为缚，但所从之䒑，与本铭"専皇"之䒑不类，而与侯马盟书"弁"字同形，当是絣字。"维絣"之下二

字或残或泐，其义未详。

"莘英又庆"，"英"字原铭从用，郭若愚先生疑是英的繁体，可从。"又庆"即"有庆"，乃周人恒语，如《易·丰》："来章有庆"，《书·吕刑》："咸中有庆"，《诗·楚茨》："孝孙有庆"等，"有庆"即"有善"之意。又95/23+95/25"有庆"作"右（有）宴"，下有"辟春和□"等语，亦皆祝善之辞。

第三组

鸣阳条虞□□虔青黄□紫维絣□𤖅焚

95/7"鸣阳条虞"之"虞"字残文与95/24残片开头的"虔"字残文乃一字所断开，故二片可以系联，施谢捷《吴越文字汇编》所收拓片尚未断离可证（见施书二三五页012·37A）；然"虔"字以下词句与上组颇异，且与补2、补3之残文基本一致，故另编为一组。本组与上一组可能是同一组的异文，亦可能此二组上下相次，姑编于此，以待证明。本组文字多与色彩有关，但残缺太甚，其详不得而知。

第四组

☒庆□而光沽=漾=往巳弔姬䝸敬命勿忘

本组是钟铭最末一段文字。95/30残片"庆"字字迹模糊，然尚可辨识。可惜上截均已残去，无法系联。结尾句式与吴王光鉴铭文类同。

（一）庆□而光，沽沽漾漾

"而"读为尔，汝也。《小尔雅·广诂》："而，汝也。""庆□而光"与《诗·南山有台》："保艾尔后"句式相同。沽乃湖之古字，见鄂君启节。《说文》："湖，大陂也。"朱骏声云："古言鸿隙大陂，言汪汪千顷大陂，皆谓大池也。"是则大池得名于大陂。漾本为水名，此借为羕，水长之貌。"湖湖羕羕"云云，意谓弔姬发扬吴国之光，犹如汪汪大陂，长长流水那样宽广，久长。

(二) 往巳弔姬，虔（虔）敬命勿忘

吴王光鉴末段云："往巳弔姬，虔敬乃后，孙=（子孙合文）勿忘。"此段文字学者间句读最为歧异。郭沫若先生读作"虔敬乃后孙，勿忘。"谓后孙指蔡声侯，并以此作为断定年代的依据。① 由于曾侯乙墓出现申息之申字作〓②，与蔡侯墓墓主用字相同，史载蔡昭侯之名为申，则蔡墓为蔡昭侯之墓已可论定；而郭氏以"后孙"为句也就失去根据了。陈梦家先生读为："往巳，弔姬虔敬，乃后孙勿忘。"③ 陈氏将"虔敬"与"乃后孙"断开，句中谓语失去了对象，弔姬所虔敬者不知何人。唐兰先生读作"虔敬乃后，孙孙勿忘。"④ 于省吾先生赞同唐的读法，但将末句的重文符号改为合文符号，读作"子孙勿忘"⑤，则弔姬所虔敬者乃蔡国之后君昭侯，文从字顺，极具卓见。钟铭虔字原从口作，"口"乃羡符。29/7 钟背铭文"虔"下有"敬"字，其他残片适残去，吴王光鉴"虔"下亦有"敬"字，此处当补足之。"虔敬命勿忘"当指弔姬虔敬吴王光之命而永世不忘也。

从"吴王光编钟铭文系联总表"来看，以上四组铭文，每组都有充分的内证作依据，说明组内文字是密不可分的，其内容也是确定可信的。然而，组与组之间的关系，除了首尾两组的位置相对确定之外，中间两组及其与首尾两组之关系如何，则尚有待于证明。针对这些情况，对于吴王光编钟铭文的处理，只能严格地、有条件地作局部的复原。拿这个"总表"来验证郭若愚先生的"复原图"，便可看到，"复原图"的内容序列大体上是正确的，铭文摹释除少数可商外，也基本上准确可靠。在这方面，我们尽可以放心地加以利用。不足之处在于，"复原图"过分追求全面完整地复原钟铭，以致将某些系联条件不足的词句也勉强拼合，表面看

---

① 郭沫若：《由寿县蔡器论到蔡墓的年代》，载《考古学报》1956 年第 1 期，又见于《文史论集》，人民出版社 1961 年版，第 302～303 页。
② 裘锡圭、李家浩：《曾侯乙墓钟磬铭文释文说明》，载《音乐研究》1981 年 1 期。
③ 陈梦家：《寿县蔡侯墓铜器》，载《考古学报》1956 年第 2 期。
④ 见唐兰：《五省出土重要文物展览序言》。
⑤ 于省吾：《寿县蔡侯墓铜器铭文考释》，载《古文字研究》第 1 辑，中华书局 1979 年 8 月版。

来似乎洋洋大观、完美无缺；实际上却掩盖了不少矛盾。如图中"其宴穆穆"接"柬□和钟"，"既孜虡青"接"鏒孜虡钔"，"维缚临春"接"莘英右庆"，以及"右庆"接"敬娿而光"等等，都是在内证单薄、根据不足和错综复杂的情况下勉强加以牵合的，显然不符合钟铭本来的面貌，这也是用此图者不能不知道的。这些情况，读者只要一览"系联总表"及有关释文，自然就可以明白了。

根据以上的材料和分析，现将本文所讨论的若干问题归纳如下：

一、吴王光残钟是一套甬钟。从残片拓本可以看到钟体上的钟乳与甬钟一致，且残片铭文又可与完整的甬钟铭文相衔接，则可判定残钟原是一套带有钟乳的编钟。旧以此甬钟为"蔡侯甬钟"，其实作器者是吴王光，应称为"吴王光甬钟"，必须予以更正。

二、《寿县》图版肆贰（《集成》223.1）原题为"甬钟 29.7 正面铭文"（3/4）的钲部铭文十五字，与图版肆叁（《集成》223.2）原题为"甬钟 29.7 背面铭文"（3/4）的左栾铭文可以衔接，即正面的"某春念岁吉日"紧接左栾部的"初庚吴王光"，由此证明图版肆叁才是钟体正面的左右栾鼓。此版铭文在中大藏拓中尚保存有铅笔写的"前左"和"前右"字样，分明是在"正面"而非"背面"，其原本应当是和正面钲部的铭文相衔接的。可能是铭文漫漶不清的缘故，制版时误将二者错置的。过去由于图版的误植，以致钟铭不可属读；现在二者既可衔接，其他残文也随之得以系联。这一发现对于钟铭的复原是至关重要的。

三、吴王光钟残片原是一套编钟。除《寿县》所载的一枚完整有铭的甬钟（编号 95.7）和 47 块残片的拓本以外，本文还据中大藏拓补充若干片残钟的拓片。整套编钟铭文估计达九十字以上。鉴于是器作于吴王光伐楚入郢的第二年，铭中"穆赠辟金"又与楚王酓忎鼎之"战获兵铜"雷同，可见这套编钟和铭文的制作动机，其实是吴王光借嫁女之名为自己鸣功的。

四、从完整的甬钟和大量的残片来看，这套编钟的铭文遍布于钟体的正面和背面，包括钲部、栾部和鼓部；有三行行五字、六字，四行行六、七字不等；字体或正书，或反书；行款或左读，或右读。从铭文中重复出现的文辞可以判断，这套有铭的甬编钟至少在七枚以上，大概与同墓出土的无铭甬钟数量相当。

五、由残文系联的结果可以看出，四组铭文的内部都有相当坚实的内证依据，而组与组之间的关系，则还缺少必要的证明。因此，本铭除首尾二组位置相对确定之外，中间两组文字如何衔接，还有待于更充分的证据，只好存以待考。

附记：本文于1990年11月在上海太仓召开的中国古文字研究会第八届年会上宣读。会后蒙袁荃猷《中国音乐文物大系·北京卷》，崔恒昇《安徽出土金文订补》及中国社会科学院考古研究所《殷周金文集成释文》采用。现据《寿县蔡侯墓出土遗物》、《殷周金文集成》和施谢捷《吴越文字汇编》三书所收拓本同中山大学藏拓相互比照，斟酌去取，由陈斯鹏同学择要选摹，并对本文相应作些修改和补充，益以新知，在此刊出，尚祈方家正之。

附录一：吴王光编钟铭文系联总表
附录二：吴王光编钟铭文拓本（陈斯鹏选摹）

附录一：吴王光编钟铭文系联总表

第一组

拓片号\缀合文	舍	厥	天	之	命	人	成	不	庚	争	春	念	岁	吉	日	初	庚	吴	王	光	□	穆	曾	辟	金	青	日	尊	皇	合	乍	寺	呼	鱻	钟	屖	虔	鐈	其
29/7	舍	厥	天	之	命	人	成	不	庚	争	春	念	岁	吉	日																								□
补1	舍	厥	天	之	命	人	成	不	庚		春	念	岁	吉	日																								
95/28	□	厥	天	之	命	人	成	不	庚		春	念																											
95/8	□		天	之	命	人					春	念																											
95/27			□	之	命	人	成	不																															
95/12+95/29																		吴	王		□	穆	曾	辟	金	青	日	尊	皇	合									
95/35																				光	□	穆	曾	辟	金	青	日	尊	皇	合									□
95/32																				光	□	穆	曾	辟	金		□	尊	皇	合									□
95/33																				光		穆	曾	辟	金	青	日	尊	皇	□									
95/15	□	厥	天	×	命	人	成	不	庚									吴	王	□	×	穆	曾	辟	金	青	日	尊	皇	合	乍	寺	呼						
95/14																	庚	□																					
95/34																																乍	寺	呼					
95/31																																乍	寺	呼	鱻	钟			
95/42																														合		乍	寺	呼	鱻	钟	屖	虔	鐈	其 □
95/17																																		□	鱻		屖	虔	鐈	□
95/40																																			鱻		□	□		
95/2																																						鐈	其 □

注：① "×"表示中间不存在空缺。

② 29/7，95/12+95/29，95/35，95/32，95/33 五残片于"光"字之后，"穆"字之前，均有二字模糊不清，95/15 则无之。

第二组

缀合文拓片号	☒	大?	☒	棘=	和	钟	鸣	阳	条	虡	既	孜	虡	紫	维	铃	芋	英	又/右	庆/宴	□	辟	春	和	☒
95/13	☒		□	棘=	和																□	辟	春	和	☒
95/4	☒	大?	□	棘=																					
95/10+95/11		娄?	□	棘=	和	钟	□																		
95/38						钟?	鸣																		
95/1							鸣	阳	条	虡	□														
95/6+95/26							鸣		条	虡	既	孜	虡	□											
95/20								□	条	虡	既	□		紫	□				又	□					
95/21											既	孜	虡	紫	维	铃									
95/39+95/46												□	虡	紫	维	铃		□	⋯⋯						
95/16												孜	虡	紫	维	铃	芋	英	又/右	庆/宴	☒	辟			
95/23+95/25																铃		□			□	辟	春	和	☒

第三组

缀合号 拓片号	鸣	阳	条	庚	□	黄	青	紫	绋	□	焚			
95/7 +95/24	☒				□	黄	青	紫	维	□	焚			
补2	☒				□	黄	青	紫	维	□	焚			
补3					□	☒ 黄	青	紫	维	□				
				□		☒ 黄		紫	☒					

第四组

缀合号 拓片号	庆	□	而	沽=	浂=	任	巳	甲	姬	啻	敬	命	勿	忘
29/7	☒	□	□	沽=	浂=	任	巳	甲	姬	啻	敬	命	勿	忘
95/30	☒	□	□	沽=	浂=	任	巳	甲	姬	啻	敬		勿	忘
95/37			□	沽=	浂=	任	巳	甲	姬	啻		命	勿	忘
95/36				沽=	浂=	任								
95/41 +95/19									姬	啻			勿	□

附注：除以上四组外，还有 95/9 "☒敬□夙□"，95/45 "□多□" 及 95/3 "☒校改□" 三片无法系联，其余残片均笔画不清，不能辨识。

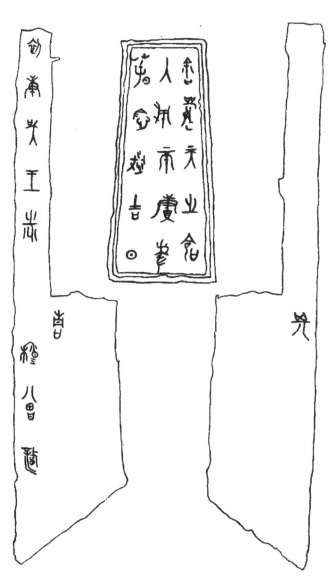

吴王光甬钟 29/7 正面铭文

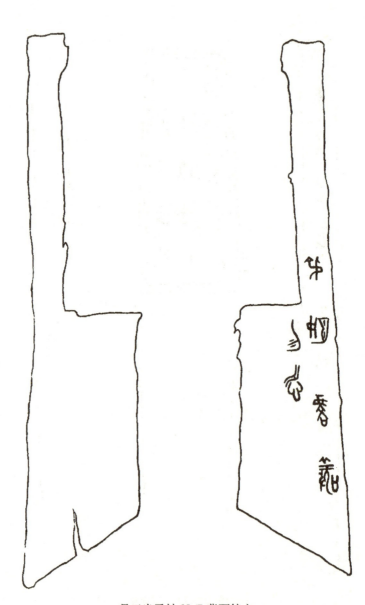

吴王光甬钟 29/7 背面铭文

残钟片95/15

残钟片95/28

残钟片95/27

残钟片95/14

残钟片95/8

残钟片95/12+95/29

残钟片95/33

残钟片95/35

残钟片95/32

残钟片95/34

残钟片95/40

残钟片95/31

残钟片95/17

残钟片95/2

残钟片95/42

残钟片95/13

残钟片95/4

残钟片95/10+95/11

残钟片95/38

残钟片95/1

残钟片95/6+95/26

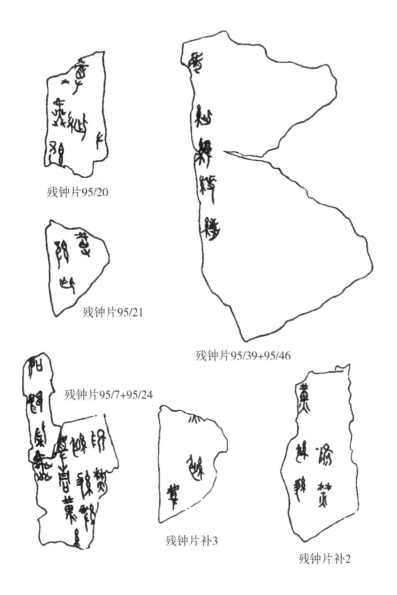

残钟片95/16

残钟片95/9

残钟片95/23+95/25

残钟片95/3

残钟片95/30

残钟片95/36

残钟片95/37

残钟片95/41+95/19

（原载《华学》第 5 辑，中山大学出版社，2001 年）

关于曾侯乙编钟铭文的释读问题

举世瞩目的曾侯乙编钟于1978年6月在湖北省随县擂鼓墩一座战国木椁墓出土。编钟计64枚，内钮钟19枚，甬钟45枚，另楚王镈钟一枚，共65枚，出土时分三层八组悬挂在曲尺形的钟架上。用铜量多达五吨。是历史上发现规模最大，保存最好，铭文最多，内容最丰富的巨型青铜乐器群。曾侯乙编钟不但七音俱全，而且有许多变化音和完备的十二律，音域宽达五个半八度。由于它的发现，好些中外学者都认为中国乃至世界的乐律史必须重新改写，在国际上产生了巨大的影响。

同出楚王镈钟钲部有铭文3行31字，与宋代在安陆发现的"曾侯钟"（其实也应称为楚王钟）完全相同。从铭文看，这件镈钟是楚惠王五十六年（前433年）为曾侯乙作的，则这套编钟的年代应属战国早期，距今已有2400多年了。

一、编钟铭文的分布和类别

曾侯乙编钟铭文已由湖北省博物馆整理发表（见《音乐研究》1981年第1期）。据不完全统计，包括钟体和附件上的刻文在内，总共有2800余字。钟体上的刻铭大多是错金，内容以记载曾国音律为主，大别可以分为三类：

（一）记事铭

这套编钟的记事铭特别简单，只有"曾侯乙乍寺（時）"五字，一律刻在正面钲部。寺或作時，古文字从口从言往往不别，故時字可以看作诗字的异写，去年在香港举行的国际古文字学研讨会上，美籍学者周策纵先生指出这个从口的時字应该就是诗字的异构。这是非常正确的。但他认为这个诗字指的是音乐，就不够全面了。因为"曾侯乙乍時"这样的铭文不仅在乐器上出现，而且也在礼器和兵器上出现，如果一律读作诗专指音乐，便很令人费解了。故铭文中的時可视为诗而应读作持。上举楚王镈钟铭文末了也有"永時用言"的辞句,编钟记事铭時字的用法,同楚王镈钟"永時用言"的時字很接近,均宜读持。记事铭中另一处作"曾侯乙乍毁"（中三8）,毁字作🖼,从鸟从殳,异体作㲃,义同推敲之推。曾侯乙"作持"与"作毁"同意,持表示持用,推即推敲,皆动词名化用作宾语,词性也相同。无论"曾侯乙作持"或"曾侯乙作毁",皆表示曾侯乙是这套编钟的主人。

（二）标音铭

标音铭一般都标在钟体正面的隧部和鼓部（包括左鼓和右鼓）,表示撞击标音铭所在的部位,便能够发出与音标相符的音阶。早在60年代初期,中国音乐工作者就已经发现商周时期的钟体可以发出两个乐音的现象。但一直未得到证实。曾侯乙编钟出土后,由于分别在隧部和鼓部都标记着不同的音阶名称,通过测音证明,每枚钟体可以发出两个不同的音阶,两个音阶之间还存在一定的音程关系（一般是大三度和小三度的关系）。随后,在河南淅川出土的编钟也分别在隧、鼓二处标记着不同的音阶名。马承源先生根据上海博物馆藏的各类青铜钟进行了一系列的试验,证明每枚钟体发出两个音阶是商周钟普遍存在的规律。于是,关于古代双音钟的观念便在理论和实践上确立起来了。在曾侯乙墓的64枚编钟中,计有标音铭128处,除重复不计者外,共有不同的音阶名23个,它们是:宫、宫反、宫角、宫曾；商、少商、商角、商曾；鏚、中鏚、下角、角反；徵、徵反、徵角、徵颠、徵曾、鄎鏚；羽、少羽、羽反、羽角、羽曾等。以上23个名目仅限于正面标音铭中所见,至于反面乐律铭中出现的音阶名,比正面标音铭的还要多得多。

（三）乐律铭

乐律铭大都见于钟体背面的钲部和左右鼓,少数见于隧部。其内容,主要是对正面标音铭作乐律上的说明,一般都有四组之多。大体包括如下两个方面:

一是列国律名的对比,即某一地区的某个律名相当于另一个地区的另一个律名。列国律名除曾国外,以楚国为最多,可见曾楚关系的密切。还有晋、齐和周的律名,晋齐都是当时的赫然大国；周虽衰微,形式上仍是宗主,它们与曾国存在乐律对比关系是十分自然的。此外还有一个小国,钟铭一般作🖾或🖾，所从之🖾为🖾字之省（见古玺文🖾字及韩国兵器🖾字所从），古东、田音近，故字可从东，亦可从田，复可从东、田复合之🖾。下体一从🖾，即之省（🖾作单股多股同意）；另一从🖾。将此二体合观，🖾及🖾乃会以手理丝之意，复合之则为🖾，孳乳便成🖾或🖾。由此可以推知钟铭此字与西周金文之🖾及蔡侯墓之🖾为一字之异体，字当从东或从田得声。陈字《说文》大徐本以为从𨸏从木申声，古文作🖾，是知东又可读为申。如此，则西周金文之🖾乃绅束之绅，蔡侯墓之🖾为蔡昭侯名申，而曾侯乙钟铭之🖾或🖾，则为申息之申（详裘锡圭、许青松两同志文）。申本是春秋时期的一个小国，楚文王时为楚所灭。钟铭中保留着曾、申乐律的对比，可见二国在历史上与曾国有过亲密的关系。

乐律铭中另一主要内容是诸律旋宫位置的对应关系。这类铭辞文字最多，内容最丰富，是我们研究曾国及列国乐律的主要依据。下面还要论及，此从略。

除上述钟体上的铭文以外，在编钟附件上也有不少刻铭，包括编钟的挂件和钟架上的文字，一般是刻在钟架上的框和挂钟用的钩、键上面。本来，钟架上的刻铭同所挂钟的乐律以及钩、键上的文字应该是一致的，就是说，三者原来是配套的，但出土时部分已经混乱了。其中一个主要的原因，就是由于楚王镈钟的羼入，使到编钟原来的序列发生了变化，最突出的例子，就是下层一组一号钟钟架刻铭作"姑洗之大羽"，但出土时所挂钟的铭文却是"姑洗之浊宫"，"浊宫"比"大羽"高一级音阶，说明由于楚王镈钟的羼入而把这枚"大羽钟"从钟架上排挤出去了，结果没有拿来殉葬。这个大羽钟可能是整套编钟中最大的一个，其所发之音，也应是本组编钟的最低音。

二、编钟铭文的音阶名及其体系

类似曾侯乙编钟的铭文过去也曾经发现过，可是由于铭辞孤单，无上下文义可寻，以致对它的涵义一直未得确解。例如上面提到宋代在安陆出土的"曾侯钟"，其一背面鼓部作一"穆"字，又于隧部花纹之上作一"🖾"字；花纹之下作一"🖾"字，旧释为穆商商。另一背面有"卜𩷒反"和"宫反"五字。薛尚功、王复斋等均推测为"该钟所中之音律"，惜"其义未晓"。近人唐兰、郭沫若、杨树达等先生虽续有新解，然皆未能中鹄。今以曾侯乙编钟铭文证之，所谓"穆商商"，疑是"穆音商"之误。据《金石索》，"商商"二字其实一作㪿，一作㪿，二字形虽近而有别，疑作㪿者非商字，或即音字之衍笔。"穆音"正好是曾国律名，"穆音商"者，即曾国穆音律之商音也。中层三组五号钟有铭作"穆音之商"与此正同。另一铭之"宫反"，于曾侯乙钟铭中每见之；至于"卜羿反"之"卜"字，据曾侯乙钟铭少字作少，颇疑"卜"乃少字之缺笔；其羿即羽字，也与曾侯乙钟铭同。"少羿反"即"少羽之反"，是羽在高音区的别名。编钟钟架（见中一6及中三4）及钟键（中一4、中一6、中三3及中三5）上常见有"少羿之反"，也与此同例。由"少羿反"与"宫反"皆高音名，推测其钟体大概与中层一组四号钟、中层二组四号钟相当（二钟标音铭皆作"少羿"、"宫反"，与此极近）。

在曾侯乙编钟铭文中，音阶名所占的比例相当大。据粗略统计，正面标音铭音阶名23个，背面乐律铭音阶名48个，钟架及附件刻文的音阶名27个，总计凡98个，除去重复者外，尚有不同阶名63个。由此六十多个音阶名与曾、楚等国的律名循环搭配，组成错综交织的乐律铭，使整套编钟的铭文呈现一片纷繁庞杂的现象。因此，要解读曾侯乙编钟铭文，首先必须了解这些音阶名的实质及其所构成的音阶体系。

编钟铭文既然是关于音律的记载，那么，钟体本身的音高，就必然是解读钟铭最重要的依据。由每枚钟体实测的音高，同该钟刻铭结合起来研究，是解读钟铭最主要的手段。测音结果，发现所有的甬钟都属于一个姑洗调（钮钟的调式比较复杂，姑置不论），以现代十二半音名标记，姑洗调的宫为C、商为D、角为E、徵为G、羽为A；变化音名中宫角为E（与角相同），商角为 $^\#F$，徵角为B，羽角为 $^\#C$；宫曾为 ^bA，商曾为 ^bB，徵曾为 ^bE，羽曾为F。现按标音铭的实际音高顺次排列，便可看到钟铭音阶名的音高序列及其所构成的阶名体系。

表一：钟铭阶名的音高及其体系

十二音名	传统五音	带「角」变化音	带「曾」变化音	一般别名	低音区别名	高音区别名
C	宫				浩宫 大宫	少宫 宫反 巽
#C		羽角	羽颤	变商		
D	商				浩商 大商	少商 商反
bE			徵曾	徵颤 下角		
E	（角）	宫角		宫颤 中镈	浩镈 珈镈	下角 下角反 毇
F			羽曾	羽颤 下角		
#F		商角		商颤 变徵		
G	徵			鄭镈	浩徵 珈徵	少徵 徵反 终
bA			宫曾	变羽		
A	羽				浩羽 大羽	少羽 羽反 鼓
bB			商曾			
B		徵角		徵颤 变宫		

先说一说表上十二个半音的由来。在中国乐律史上，有所谓五音和七音的名称。五音指宫、商、角、徵、羽，相当于现代唱名的 DO、RE、MI、SOL、LA。七音是在五音的基础上再加两个半音，叫变徵和变宫，相当于现代唱名的 FA、SI。合起来的七音便是：宫、商、角、变徵、徵、

羽、变宫；相当于现代唱名的 DO、RE、MI、FA、SOL、LA、SI。从 DO 到 SI 叫做一个八度，低音的 DO—SI（即 $\underset{.}{1}$—$\underset{.}{7}$）叫低八度；高音的 DO—SI（即 $\dot{1}$—$\dot{7}$）叫高八度。这样的八度实际上包含了七个音级，其中，宫、商、角、徵、羽是全音；变徵、变宫为半音。包含着全音和半音的音律称为非平均律。非平均律有一个显著的缺点，就是在演奏过程中不便于转换调式。所以，乐律家创造了一种半音体系的平均律，就是把宫、商、角、徵、羽五个全音各分为二，成为十个半音，再加上变徵、变宫两个半音，组成为一个半音的平均律。这样，无论以哪个音作为第一音（即宫音）来演奏，其余各音阶均可以此为起点顺次推移。这对于演奏不同调式的乐曲是十分重要的。值得我们自豪的是，通过测音显示，曾侯乙编钟的音阶体系，正是由这种相当成熟的十二个半音所组成的。

上表第一栏的十二音位，就是根据测音所得的实际音高归类填上的。从表中可以看到，曾国十二音系的音阶名，是由三个系统构成的。一是传统的五音，即宫、商、（角）、徵、羽；二是在宫、商、徵、羽的后面缀以"角"字，我们称之为带"角"的变化音名，分别表示宫、商、徵、羽上方大三度的音阶名；三是在宫、商、徵、羽的后面缀以"曾"字的，我们称之为带"曾"的变化音名，分别表示宫角、商角、徵角和羽角的上方大三度的音阶名。可以这么说，由传统的五音以及反映多层次三度关系的"角—曾"系列，构成了曾国音阶名的体系。

这里有几个问题需要特别加以说明：

（1）传统五音中的"角"阶名始终没有在标音铭中单独出现，但这并不意味着曾国音阶中没有"角"音的存在，而是因为在曾国音阶名体系中，"角"字另有别的用途。曾国阶名体系的设计者把"角"字从五音名中游离出来，让它充当别的角色，而代表角音位的 E 音，就分别由别的变化音名来承担。即相当于角阶名的 E 音位，用"宫角"和其他名称来代替。因此，我们在通读编钟乐律铭的时候，注意不要把跟在宫、商、徵、羽后面的角字当作五音中的"角"音来看待，而应把它看作一个附加成分，它附着在宫、商、徵、羽的后面，是用来表示比宫、商、徵、羽大三度的变化音名。

（2）曾国十二音名由宫、商、徵、羽及"四角"、"四曾"所组成，三者之间的关系究竟怎样？从表一可以清楚看到，带"角"的四音，是不包括角音在内的其他"四声"的上方大三度音；而带"曾"的四音，又是带"角"四音的上方三大度音；更加有趣的是，带"曾"的四音，又正好是宫、商、徵、羽"四声"的下方小三度音。总之，由"四声"、"四角"、"四曾"构成了曾国音阶名体系的特色，它们之间的关系，是一种复杂的、多层次的大小三度关系。

（3）曾国音阶名除上述十二音名外，还有众多的别名，大体上如表中所示，可以分为一般性别名、低音区别名和高音区别名三类。一般性别名是指不受八度位置影响的音名，如标音铭的宫角、商角、徵角、羽角，在乐律铭中往往称为宫颠、商颠、徵颠和羽颠，高低八度都一样。又如变宫、变商、变徵、变羽分别是比宫、商、徵、羽低半音的变化音名，"变"在这里是低半音即一律的意思，也没有高低八度的变化。但这些不受八度位置影响的音名几乎都是变化音名，由此可以得出一条规律，即曾国变化音名除个别的音（如"羽曾"在第五个八度出现一个叫"齹"的别名）外，绝大多数都没有八度位置的变化。这是很明显的一种现象。与此相反，传统五音的别名却普遍受到所在八度位置的制约，最明显的是，代表角音的 E 音位几乎每个八度都有不同的专名，如 E_2 为镯，E_3 为中镈，E_4 为宫角，E_5 为下角，E_6 为角反。角音之外，如果标音铭所在的八度位置低，那么，乐律铭便往往在宫、商、徵、羽之前置以浊、大、珈等修饰成分，表示其为低音区的别名，如浊宫、大羽、珈徵等。如果标音铭所在的八度位置高，其相应的乐律铭则或在宫、商、徵、羽之前加"少"字，或在其后缀以"反"字，如少羽、宫反等。下面是两组受到八度位置影响的典型例子：

宫 C2 ‖ 兽钟之浊镯，穆钟之浊商，姑洗之浊宫，浊新钟之徵。（下一1 隧）

宫 C5 ‖ 兽钟之下角，穆钟之商，姑洗之宫，浊新钟之终。（中一7 隧）

以上二钟以"‖"为界，左侧为标音铭，右侧为乐律铭。二钟的标音铭都是"宫"，一在 C_2（即处于第二个八度区的 C 音，下类推），属低音区，故其相应的乐律铭多在音名之前冠以"浊"字表低音，如浊镯、浊商、浊宫等；另一在 C_5，偏于高音区，故其乐律铭采用比前一组较高的音名，如下角为镯的高音名，终为徵的高音名。此二组乐律铭的律名全同，两相比照，其音名受到八度位置的影响是一目了然的。此外，还有专门为着高音而作的专名，如宫的高音称巽，角的高音称毁，徵的高音称终，羽的高音称鼓。甚至还有在高音的巽、毁、终、鼓之后复缀以"反"字的，则表示高音中的更高音。所有这些表示低音和高音的别名，一般都与生律法有关，如大与小为对，濇与珈当读为衍和加，含有扩大、增加的意思，意指在原纮的基础上扩大或增加纮的长度，故其所发之音较低。表高音的少和反（读为半）是指把原纮缩小或仅取其纮长之半，其所发之音自然较高。由阶名以大、小、珈、反（半）为高低音的修饰成分看来，古代以纮定律是无毋置疑的。

三、曾国十二律的构成与列国律名的对应

在曾侯乙编钟铭文中，我们可以通过旋宫法，由曾国的十二音位推知曾国的十二律名。什么叫旋宫？古乐书上说，旋宫就是"十二律旋相为宫"，它的涵义，同现代的"转调"差不多，是指一个调式中的各个音阶，在一定的条件下可以转换成为别一个调式的"宫"音。这个调式中的"宫"音，就是钟铭中习见的"某律之宫"。顺此推移，可以依次得出十二律的律名。旋宫的作用，主要是便于在演奏中自由地变换调式，以适应演奏多种调式的乐曲。下面，我们从 16 枚甬钟的标音铭和乐律铭中摘取有关部分，制成下表（表二），从中可以了解曾国十二律的构成与列国律名的对应关系。

表二：曾国十二律与列国律名的对应关系

十二音名	标音铭	乐律铭			出处
	音标	姑洗均十二音	十二律旋相为宫	相当于列国之律名	
C	宫	姑洗之宫	（宣钟之宫）	姑洗之在楚号为吕钟，宣钟之在晋号为六墤	下二5
#C	羽角	姑洗之羽角	浊重皇之宫		下二7、中一8
D	商	姑洗之商	妥宾之宫	妥宾之在楚号为墤皇，其在申为犀（夷）则	中三7

续上表

十二音名	标音铭		乐律铭			出处
	音标	姑洗均十二音	十二律旋相为宫	相当于列国之律名		
♭E	徵曾	姑洗之徵曾	浊文王之宫			中一3、中一7
E	宫角	姑洗之宫角	函音之宫	函音之在楚为文王		下二3
F	羽曾	姑洗之羽曾	浊新钟之宫			下二10
#F	商角	姑洗之商角	嬴孠之宫（无铎之宫）	嬴孠之在楚为新钟，其在齐为吕音		下二2
G	徵	姑洗之徵	浊兽钟之宫			下一9
♭A	宫曾	姑洗之宫曾	䢉音之宫（黄钟之宫）	䢉音之楚为兽钟，其在周为䢉钟		下二9
A	羽	姑洗之羽	浊穆钟之宫			下二8
♭B	商曾	姑洗之商曾	大族之宫 穆音之宫	大族之在周为刺音，其在晋为㜝钟；穆音之在楚为穆钟，其在周为刺音		中三2 下二2
B	徵角	姑洗之徵角	浊姑洗之宫			中一9

上表第一栏的十二个半音名分别是第二栏"标音铭"十二个音标的实际音高。第三、四、五栏所列均见于"乐律铭"，主要是对标音铭作乐律上的说明。最末一栏是注明有关铭文的出处。从表中可以看到曾国和列国乐律的一些情况：

（1）从二、三栏的对比中，可以清楚见到标音铭的十二个音标都属于姑洗律的调式，与甬钟测音结果完全相符。

（2）以"姑洗之宫"为基础，依十二音序列顺次旋宫，可以得到曾国十二律的律名及其宫声（表中括号内为其相应高低八度的律名），从而了解到曾国十二律吕是由姑洗（宣钟）、妥宾、函音、嬴孠（无铎）、䢉音（黄钟）和大族组成的六律，以及由浊姑洗、浊重皇、浊文王、浊新钟、浊兽钟和浊穆钟组成的六吕所构成的。其中，六律之名取自传统的周律，但仅取其名而不用其实（指其律高不同）；六吕之名则多取自楚律，其名实皆与楚律相同。足证楚国在音律上对曾国的影响最深。

（3）乐律铭的所谓"浊"律，本来是与"清"律相对的低音律名，但曾侯乙编钟中只见浊律，未见清律。或以不标浊者为清律。所以，曾律中的"浊"字包涵有低半音即一律的意思。从对应关系看，曾国的六个浊律有五个是借自楚国的。

（4）在列国律名对应关系中，可以看出楚律名有吕钟、重皇、文王、新钟、兽钟、穆钟六个名目。其中，除吕钟一名未见有相应的浊律外，其余五律皆有相应的浊律，并为曾律所借用。它如晋律名有六陎和槃钟，周律名有郦（应）钟和刺（厉）音，齐律名有吕音，申律名有遟（夷）则。它们与曾国律名的对应关系如下表：

表三：曾国与列国律名对照表

律名\国别 律高	曾律名	楚律名	周律名	晋律名	齐律名	申律名
C	姑洗（宣钟）	吕钟		六陎		
#C	浊重皇	浊重皇				
D	妥宾	重皇				遟则
bE	浊文王	浊文王				
E	函音	文王				
F	浊新钟	浊新钟				
#F	无铎（嬴孠）	新钟			吕音	
G	浊兽钟	浊兽钟				
bA	黄钟（郦音）	兽钟	郦钟			
A	浊穆钟	浊穆钟				
bB	大族（穆音）	穆钟	刺音	槃钟		
B	浊姑洗					

曾侯乙编钟的乐律铭是由曾国的十二律与十二音阶循环搭配而成的。一定的音位，可以用相应的律名和音名组合来表示，根据"十二律旋相为宫"的原理，正面标音铭标示的一个音，在反面乐律铭中，可以用多种不同组合来表示（理论上有十二种之多），列国不同的律名，只要其律高相同的，也可以互相代替。因此，弄清曾国十二律的构成及其与列国律

名的对应关系，是读懂弄通曾侯乙编钟乐律铭的基本条件之一，是必须细加体察的。

四、标音铭与乐律铭的内部联系

每枚钟体上所刻的铭文，是一组不可分割的整体，其内涵是彼此互相联系的。所以，在通读铭文时，一定要把标音铭同乐律铭结合起来考察，才能获得铭文的真谛。

正面标音铭是标示钟体隧、鼓二处发音的音名；背面乐律铭则是对正面标音铭作乐律上的说明。一般地说，乐律铭主要是指出标音铭的音标属于哪个律（即调式），以及这个音标的音位在诸律旋宫上的相对位置，如中层三组9号钟的隧部标音铭为"徵"，背面乐律铭为"姑洗之徵，穆钟之羽，新钟之羽颠，浊兽钟之宫"。其中，"姑洗之徵"是指标音铭之"徵"属姑洗律；"浊兽钟之宫"是说这个姑洗律的"徵"音（即G音位）在旋宫上等于浊兽钟律的"宫"音（同是G音位）；至于"穆钟之羽，新钟之羽颠"，则是说明标音铭之"徵"，在楚律穆钟和新钟中分别属于羽音和羽颠（都属于G音位）。这是乐律铭中最常见，也最具代表性的内容。此外，乐律铭中还有一项重要的内容，即曾国律名与列国律名的对比，不过这种对比需要一个前提，就是只有当曾国律名处于"宫"位的条件下，才能同异地律名加以比较，否则便会变成他律之宫，也就无从比较了。如中层三组7号钟隧部标音铭作"商"，乐律铭作"姑洗之商，妥宾之宫，妥宾之在楚号为重皇，其在申号为迟则"。这组乐律铭的意思是说，标音铭的"商"（即D音位）属姑洗律，姑洗律的"商"又相当于妥宾律的"宫"（都是D音位）；而处于宫音位置的妥宾律，则相当于楚律的重皇和申律的迟则（按妥宾、迟则和重皇的律高都是D）。以上二例说明，无论乐律铭的内容如何复杂多变，其音位和律高总是由标音铭的音高所决定的，它们之间既互相联系，又互相制约。

标音铭与乐律铭在内容上互相联系又互相制约的特点，还表现在每个钟体的两处标音铭与背面乐律铭的对应关系上。以中层二组5号钟为例，正面隧部标音铭作"宫"，实测音高为C；鼓部标音铭作"徵曾"，实测音高为^{b}E。背面乐律铭与正面标音铭两两相应，后者分别给前者以乐律上的说明。例如，与标音铭"宫"相应的乐律铭作"姑洗之宫，大族之商，黄钟之䇂，妥宾之商曾"。只要我们拿姑洗、大族、黄钟、妥宾诸律旋宫，便不难发现，姑洗律的宫音，大族律的商音，黄钟律的䇂即角音，妥宾律的商曾，其音位都是 C；与标音铭的宫音高为 C 者完全相同。可见乐律铭正是用同一音位的不同乐律名称来说明标音铭的实际音高的。同一道理，与标音铭"徵曾"相应的乐律铭作"姑洗之徵曾，为黄钟徵，为重皇变商，为迟则羽角"。也可由铭中的诸律旋宫推知，姑洗律的徵曾，同于黄钟律的徵音，它们与楚律重皇的变商，申律迟则的羽角也都一样，其音位同是 ^{b}E，与标音铭"徵曾"的音高 ^{b}E 完全相符。由同一钟体的双音标及其相应的乐律铭表明，正面标音铭的音高，决定了背面乐律铭的音位。标音铭的音高不同，乐律铭的音位也随之而改变；反之，不同的乐律铭，也反映着不同的音高，两者始终保持着相对的一致性。

标音铭与乐律铭的关系，除上述钟体本身的音高决定该钟乐律的音位之外，标音铭所在的八度位置不同，也与乐律铭所使用的音名密切相关。如果标音铭所在的八度位置高，那末，乐律铭中就会出现与高八度相应的高音区音名；反之，标音铭所在的八度位置低，乐律铭中就出现低音区的音名，彼此"息息相关"。由下面四组不同八度的"商"音与其相应的乐律铭比较，可以见其大略。

商 D_2 ‖ 妥宾之宫，大族之珈䇂，无铎之宫曾，黄钟之商角。（下一2、下二2）

商 D_4 ‖ 重皇之宫，姑洗之浊商，穆钟之角，新钟之宫曾，浊兽钟之徵。（下一10、中一11、中二12）

商 D_5 ‖ 姑洗之商，妥宾之宫。（中三4）

少商 D_6 ‖ 重皇之巽反，姑洗之少商（中一3、中二3）

上举四组钟铭是从八枚甬钟中录出的，"‖"号左方为标音铭及其所在的八度位置，右方是与之相应的乐律铭，两相对照，可以看到它们各自的特点以及二者的内部联系，概述如下：

（1）标音铭"商"及"少商"一律标在钟体正面隧部，测音表明，它们的音高都属于十二音系中的 D 音。处于第二至第五个八度（D_2—D_5）的标音铭为"商"，处于第六个八度（D_6）的标音铭为"少商"，可见在音阶名"商"之前置以"少"字，是表明其为高音区的音名。根据诸律旋宫所得，乐律铭中所有乐律的音位都是 D，与标音铭音高相符。随着标音铭八度位置的不同，乐律铭中的音名（加点者）也相应发生了变化。如 D_4 的"商"，相应的乐律铭作"姑洗之澅商"；D_5 的"商"，乐律铭作"姑洗之商"，D_6 的"少商"，乐律铭作"姑洗之少商"。"澅商"是商在低音区的别称，"少商"为商的高音区别名。可见乐律铭中使用不同的音名，是与标音铭的高低八度位置紧密联系在一起的。

（2）在上面四组乐律铭的音名中，变化音名的"宫曾"和"商角"均没有高低八度的变化；而传统五音则随八度位置的高低而有不同的别名。除上述"澅商"、"少商"之外，还有"珈䈂"与"角"，"巽反"与"宫"，都是标音铭不同八度的反映。在一般情况下，低音区用低音名，高音区用高音名，中音区用中性音名；但有时中音区也杂用低音名或高音名，高低音区也间用中性音名。不过，高音区绝不用低音名，低音区也绝不用高音名，却是泾渭分明的。

（3）在标音铭音高不变的情况下，乐律铭中凡律名相同者，其音名的实际音位也必相同。如"姑洗之澅商"、"姑洗之商"、"姑洗之少商"，三者律名同是"姑洗"，则"澅商"、"少商"的音位必同于"商"。反之，音名相同者，其律高也必一样，如乐律铭中"妥宾之宫"、"重皇之宫"，音阶名都同是"宫"，则妥宾的律高也必同于重皇，下层一组 1 号钟铭有"妥宾之在楚号为重皇"，可为佐证。

五、有关乐律铭的若干格式

乐律铭在说明诸律旋宫的相对位置时，采用了下面几种格式：
（1）基本式

姑洗之某音，为某律之某音……为某律之宫，为某律之某音。

这是一种完整的句式。式中几个同位语用动词"为"字并列起来，称为基本式。乐律铭通常以"姑洗之某音"表明标音铭的音标属于姑洗律；又以"某律之宫"说明标音铭相当于某律的宫音位置。此二项是乐律铭最基本的、不可缺少的内容，并由此二者规定了标音铭所在的音位。其余无论"某律之某音"如何繁复，绝不溢出这一范围，否则铭文本身可能有误,如中一4"浊新钟之壴"与旋宫不合,"壴"当是"殷"字之误,中二4作"浊新钟之殷"可证;又中二9"浊姑洗之终"与旋宫不合,当是"浊姑洗之宫"之误,可据同铭之中一9加以校正。在实际铭辞中,像上面这种完整的句式是比较少见的,较为常见的是下面两种省略式。

(2) 省略式

姑洗之某音,某律之某音,……某律之宫,某律之某音。(省"为"式)

姑洗某音,为某律某音,为某律宫……为某律某音。(省"之"式)

以上二式一为省"为"式,一为省"之"式。省"为"式是在词组与词组之间省去动词"为"字,成为并列的词组结构,是乐律铭最常见的句式之一。省"之"式是保留动词"为"字而省去连词"之"字,但不多见。在更多的情况下,却是上面两种省略式的交错使用。常常是最后一句才用动词"为"字,带有总括之意,前语则或用"之",或省"之"。一般是音名长者往往用"之",如"新钟之少羽颠"、"妥宾之徵颠下角";音名短者则往往省"之",如"迟则羽角"、"文王徵"、"桨钟徵"等。但总的来说,律名与音名之间用"之"者居多,省"之"只是少数而已。

(3) 对比式

某律之宫,某律之在某国(地)号为某律。(对比式)

这是异地律名对比的基本格式。一定要在"某律之宫",即曾律处于宫位的情况下进行对比的。如"姑洗之宫,姑洗之在楚号为吕钟"(中二5),"宣钟之宫,宣钟之在晋号为六墇"(中三1),"妥宾之宫,妥宾之在楚号为重皇"(下二4),"函音之宫,函音之在楚号为文王"(中三6)。有时或省去"号"字,如上引铭文在中层三组3号钟又称作"函音之宫,其在楚为文王"而意义不别。

(4) 叠比式

某律之宫，某律之在某国（地）号为某律，其在某国（地）为某律。（叠比式）

这是当比较的对象不限于一国一地时所采用的叠比式，如"姑洗之宫在楚号为吕钟，其坂为宣钟，宣钟之在晋号为六墠。"（下二5）"妥宾之宫，妥宾之在楚号为重皇，其在申号为迟则"（下二4），"郦音之宫，郦音之在楚为兽钟，其在周为郦钟"（中三3），"穆音之在楚为穆钟，其在周为剌音"（中二11），"大族之在周号为剌音，其在晋号为槃钟"（中三2）。在同一乐律铭中，用于对比的异地律名不论数量多少，其律高必定相同，而且必然与正面标音铭的音高一致，实际上，它们是在乐律对比中对标音铭作进一步的说明，其对比的对象和内容，仍然要受到标音铭的音高所制约的。

六、曾侯乙编钟铭文例释

（1）中层三组六号钟（铭见附图）

正面钲部：曾侯乙乍（作）䲹（持）
隧部：宫角（E4）
鼓部：𰀀（徵 G4）
背面钲部：割肆（姑洗）之宫角，𰀀（函）音之宫，𰀀音之才（在）楚号
隧部：为文王
右鼓：割肆之冬，大族（太簇）之鼓，羸𫘫（羸乱）之𰀀（变）商，郦（应）钟之角。
左鼓：𰀀音之𰀀曾，为重皇之𫘫（羽）颠下角，为槃钟𫘫。

这是一组比较有代表性的完整钟铭。正面钲部铭文作"曾侯乙乍䲹"，就是上面所说的记事铭。隧部音标作"宫角"，即传统五音中的角音，中层一组 10 号钟、中层二组 10 号钟、中层三组 3 号钟标音铭作"宫角"，而乐律铭一律作"姑洗之角"可证。此钟之"宫角"实测音高 E_4，即处于第四个八度的 E 音，与其他角音的音位相同。鼓部音标作"徵"，

实测音高为 G_4。从 E_4 到 G_4 即从宫角到徵是小三度音程。

背面钲部和隧部的乐律铭自成一组，是对标音铭"宫角"所作的说明。其中"姑洗之宫角"是说明标音铭的"宫角"属于姑洗律，"函音之宫"是说明标音铭"宫角"在旋宫关系上相当于函音律的"宫"音位置，并由此二者确定乐律铭的音位为 E，与标音铭"宫角"的音高为 E 正同。至于"函音之在楚号为文王"，则是曾楚二国律名的比照，意指曾律函音等于楚律文王，二者律高都是 E。由于它们都与标音铭的音高相同，故在一起比照和说明。

背面的左右二鼓自成另一组乐律铭，是对正面标音铭"徵"所作的说明。因为鼓部音的徵（G_4）属中音区，所以，其相应的乐律铭除出现"𡵂"这样的中性阶名外，还杂用高音名的"冬"与"㪟"。"冬"他处或作"终"，是徵在高音区的别名。故乐律铭"姑洗之冬"无异于"姑洗之徵"，其作用在于说明标音铭之"徵"属姑洗律，㪟是他处鼓益以口旁，为鼓之繁形，是羽在高音区的别名，所以，钟铭"大族之㪟"实同于"太簇之羽"。以旋宫求之，其音位为 G。其余如"嬴孠之变商"、"郦钟之徵角"、"函音之徵曾"、"重皇之羽颤下角（即羽曾）"、"𣏾钟之羽"等等，其音位也都是 G。与标音铭"徵"之音高为 G 正同。因此，背面左右二鼓的乐律铭实际上是对正面鼓部音的标音铭"徵"作乐律方面的说明。

（2）下层一组一号钟（局部，铭见附图）

正面隧部：宫（C_2）
背面钲部：兽钟之浊𰀁，穆钟之浊商。姑洗之浊宫，浊新钟之𢼸。

此钟标音铭作"宫"，实测音高为 C_2，是现存全部编钟中的最低音。背面钲部铭文只有传统音阶名，未见变化音名。其中𰀁是角的低音名，即徵字（见《说文》古文所从）。𰀁与宫、商皆前置"浊"字表示低音，其中，"姑洗之浊宫"是说标音铭之"宫"属姑洗律。"浊"表示低音，与隧部"宫"为编钟的最低音吻合。由旋宫可知，"兽钟之𰀁"、"穆钟之商"、"姑洗之宫"、"浊新钟之徵"，其音位都是 C，与标音铭之"宫"音高为 C 相符。

（3）中层一组四号钟（局部，铭见附图）

正面隧部：少羽（A_5）
背面钲部：重皇之终反，割肄之
隧部：壴，浊新钟之壴（毇）。

此钟正面隧部标音铭作"少羽"，实测音高为 A_5，属高音区，故背面乐律铭多出现高音名，如"重皇之终反"，终是徵的高音区别名，"终反"则是徵之高音的更高音。"姑洗之壴"的壴又作鼓，或益口旁为喜（与喜同形异字）及鼓，为羽的高音区异名。"姑洗之壴"说明标音铭之"少羽"属高音区的姑洗律。本钟铭既有"割肄之壴"又有"浊新钟之壴"，必有一误。经查证，"浊新钟之壴"与旋宫不合，据同铭之中层二组 4 号钟作"浊新钟之毇"，知此处作"壴"者乃"毇"字之误。毇为角即宫角的高音名，"浊新钟之毇"依旋宫所得，其音位为 A，正与标音铭"少羽"之音高为 A_5 相合。

（4）上层三组五号钟

正面隧部：宫曾（D_5）
　　鼓部：徵角（F_5）
背面钲部：妥宾之宫

这是上层十九枚钮钟中的一枚。从测音结果看来，上层钮钟的调式与中、下层甬钟的调式不尽相同。甬钟的调式为 C，属姑洗均，其标音铭之"宫曾"音高为 ^bA（见前表二），此则为 D，两者相差五度。又甬钟标音铭之"徵角"音高为 B（见表二），此则为 F，也相差五度。旋宫表明，宫曾为 D，徵角为 F 的调式为 $^\#F$，则此钟应属于无铎（射）均。钟铭"宫曾"即"无铎之宫曾"，"徵角"即"无铎之徵角"。背面钲部铭作"妥宾之宫"，是对正面隧部音"宫曾"所作的说明，意指"无铎之宫曾"等于"妥宾之宫"。这种乐律对应关系，在中、下层甬钟的乐律铭中也可以得到印证。如下层一组 2 号钟及下层二组 4 号钟背面都有这样一段刻铭："妥宾之宫……大族之珈齰，无铎之宫曾，黄钟之商角。"其中"妥宾之宫"相当于"无铎之宫曾"，就是本组铭文最好的说明。

上层钮钟除第一组六钟之外，第二、三组共十三枚钮钟均于背面钲部的显著部位标记"某律之宫"，而不见其他乐律铭。一般认为，上层钮钟特别标出"某律之宫"大概就是曾国乐律"旋相为宫"的标志。其主要作用,在于指示整套编钟按"某律之宫"进行旋宫转调。同时,当上层钮钟加入中、下层甬钟一起演奏时,乐师也可根据"某律之宫"的调式随时采取与甬钟同位的宫调系统进行演奏,使原属不同调式的钮钟和甬钟也可以协调和谐起来。

1984 年 5 月于康乐园

附记:本文之作,得到中山大学高等学术研究中心的赞助,特申谢忱。

参考资料

[1] 裘锡圭:《谈谈随县曾侯乙墓的文字资料》,《文物》1979 年第 7 期。

[2] 湖北省博物馆:《随县曾侯乙墓钟磬铭文释文》,《音乐研究》1981 年第 1 期。

[3] 裘锡圭、李家浩:《曾侯乙墓钟磬铭文释文说明》,《音乐研究》1981 年第 1 期。

[4] 黄翔鹏:《曾侯乙钟磬铭文乐学体系初探》,《音乐研究》1981 年第 1 期。

[5] 李纯一:《曾侯乙编钟铭文考索》,《音乐研究》1981 年第 1 期。

[6] 王湘:《曾侯乙编钟音律的探讨》,《音乐研究》1981 年第 1 期。

[7] 谭维四、冯光生:《关于曾侯乙墓编钟钮钟音乐性能的浅见》,《音乐研究》1981 年第 1 期。

[8] 笔谈《湖北随县曾侯乙墓出土文物展览》,《中国历史博物馆馆刊》1982 年第 2 期。

[9] 饶宗颐、曾宪通:《随县曾侯乙墓钟磬铭辞研究》香港中文大学出版社,1984 年。

(原载《古文字研究》第十四辑,中华书局,1986 年)

编校后按：

关于楚国乐律名"重皇"中的重字，出土文献有多种不同的写法，或释为"重"，或释为"坪"。本文从饶宗颐先生释作"重"。但从新近出土的楚简资料显示，当以释"坪"为是，楚律名之"重皇"应称作"坪皇"。本书收编时为保持原貌未予改动。特作说明。

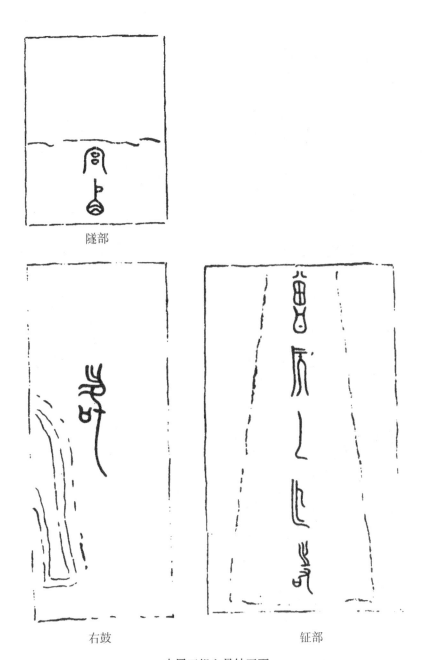

隧部

右鼓　　　　　　　　　钲部

中层三组六号钟正面

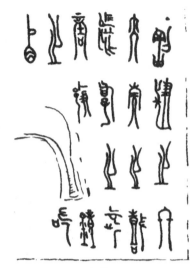

右鼓

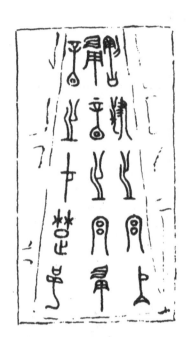

隧部

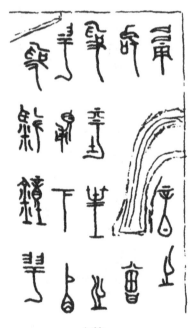

左鼓

中层三组六号钟反面

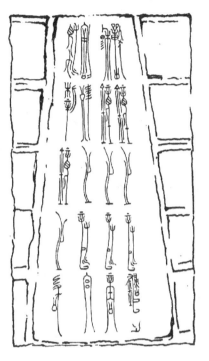

中层一组四号钟反面钲部　　　　下层一组一号钟反面钲部

中层一组四号钟反面隧部　　　中层一组四号钟正面隧部

（以上附图各组钟铭为陈小敏同学所摹）

宋代著录楚公逆钟铭文补释

宋代是我国金石学肇兴乃至全面繁荣和发展的时期，由于当时青铜器层出不穷，士大夫阶层中收藏、鉴赏、著录之风盛行起来。据张亚初《宋代所见商周金文著录表》①所载，宋代采集青铜器成书者十有一家，共著录589器。然流传至今，仅存厚趠方鼎一器而已。此鼎今藏上海博物馆，为李鸿章后人李荫轩先生捐赠，色泽灿烂，铭5行34字（含重文），是传世器中之精品。至于宋人著录的兮甲盘则另有传闻。据说海外现有二盘：一在日本书道博物馆，其铭见《小校经阁》所录；一在香港中文大学文物馆，近时已有学者将器形及铭文披露。然此二铭皆不可靠②。查兮甲盘最早见于宋人张抡所著《绍兴内府古器评》，题名为"周伯吉父匜盘"，元时曾为李顺甫所得，"家人折其足，用为饼炉"。经书法家鲜于枢验为古物，"乃以归之"③。直至清代流入直隶清河道库，为著名金石学家陈介祺所获，清代金石学家吴式芬《攈古录金文》及方濬益《缀遗斋彝器款识》均有著录，而形制照片则仅见于容庚先生《商周彝器通考》（附图839）一书。据照片，该盘腹下圈足已缺，与"家人折其足"之说相符。然此缺足之盘为陈介祺所藏后，不知何时流失，至今下落不明。

自本世纪以来，商周青铜器陆续有所发现，或出土于地下，或征集于民间，其中不乏可与宋人著录之器相互比照者，笔者将有另文校议。本文拟就新近发现之楚公逆编钟，对宋代著录之楚公逆钟予以补释。

楚公逆钟旧称"楚公钟"或"楚公逆镈"，最早见于赵明诚《金石录》和《古器物铭》、薛尚功《历代钟鼎彝器款识法帖》、王厚之《复斋钟鼎款识》以及王俅《啸堂集古录》等书。其中以王厚之《钟鼎款识》所收两件拓本最善，但也互有显晦，必须将各本互相参照。自赵明诚、薛

---

① 张亚初：《宋代所见商周金文著录表》，载《古文字研究》第12辑，中华书局1985年版。
② 王人聪、杜迺松：《香港中文大学文物馆藏"兮甲盘"及相关问题研究》，载《故宫博物院院刊》1992年第2期。
③ 参鲜于枢《困学斋杂录》；陆友仁《研北杂志》。

尚功等以来，曾有许多学者对钟铭进行过研究①，其中影响最大的是孙诒让考证楚公名逆为楚君熊鄂②，王国维据镈铭第二行首二字考订为夜雨楚公钟③，丁山则释此二字为吴雷，即楚先公吴回④，以及郭沫若对镈铭全文试加通读等⑤。近年来，随着楚文化热的兴起，对此钟倾注的热情又大大升温，有不少学者从不同角度进行探究，续有所得⑥。其中如李零对楚公逆钟出土时地的考订，黄锡全对钟铭全文新释，都饶有创获⑦。如关于楚公逆钟发现的时间和地点问题，赵明诚云："政和三年（1113 年）获于鄂州嘉鱼县以献。"石公弼云："政和三年武昌太平湖所进古钟。"据此，似钟之获得与进献均在政和三年。其实不然。早在此三年前（1110 年）去世的秦少游，生前就曾作有《吊镈钟文》一篇⑧，文中记述"嘉鱼县傍湖中"出钟之事，可见政和三年之前此钟已经出土，政和三年只能是古钟进献的时间。又据顾祖禹《读史方舆纪要》所载，"太平湖"在嘉鱼"县南三十里"，与武昌远不相及。宋代的武昌在今湖北鄂州市，与嘉鱼并不邻近，武昌当是出土后转输所至，传闻致误。这些新的认识对于了解此钟的出土背景是很有帮助的。不过，由于宋人留传下来的拓本和摹本残缺严重，讹误甚多，以致对各种说法难以作出判断，疑莫能明。

1993 年，在山西曲沃北赵晋国墓地 64 号墓（墓主为晋侯邦父）中出土了一组楚公逆编钟，大小共 8 件。纹饰奇特。铭文分别铸在钲部和左

---

① 孙稚雏：《金文著录简目》，中华书局 1986 年版，共收 16 种。
② 孙诒让：《古籀拾遗》，第 7～9 页。
③ 王国维：《观堂集林》，卷十八《夜雨楚公钟跋》。
④ 丁山：《楚公逆镈铭跋》，载《史学集刊》1944 年第 4 期。又《吴回考》，载齐鲁大学《国学季刊》1933 年 1 卷第 2 期。
⑤ 郭沫若：《两周金文辞大系·楚公逆镈》。
⑥ 刘彬徽：《楚国有铭铜器编年概述》，载《古文字研究》1984 年第 9 辑；张亚初：《论楚公豪钟和楚公逆镈的年代》，载《江汉考古》1984 年第 1 期；刘彬徽：《湖北出土两周金文的国别与年代考述》，载《古文字研究》1986 年第 13 辑；刘先枚：《〈湖北金石志〉周楚重器铭文拾考》，载《江汉考古》1991 年第 3 期；涂白奎：《楚公逆镈释读纠误》，载《考古与文物》1992 年第 2 期；曹锦炎：《楚公逆镈的复原与新释》，载《江汉考古》1992 年第 2 期。
⑦ 李零：《楚公逆镈》，载《江汉考古》1983 年第 2 期；又《楚国铜器铭文编年汇释》，载《古文字研究》1986 年第 13 辑；黄锡全：《楚公逆镈铭文新释》，载《武汉大学学报》1991 年第 4 期；又《湖北出土商周文字辑证》，武汉大学出版社 1992 年版。
⑧ 见秦观《淮海集》卷十四。

鼓，钲部5行55字，左鼓3行13字，总共68字①。鉴于宋代著录的楚公钟自宋徽宗时期出土以后，初为邵泽民所得，后被秦桧索取，以后下落不明，亦无图形传世，所以，这套编钟的发现，对于解读宋代楚公逆钟的铭文有着重要的参考价值。

最近，李学勤先生指出："宋代钟铭（指楚公逆钟——引者）全体为反书，共4行，约36字。从《钟鼎款识》本看，第二、三行之间中、下部，第三、四行之间下部，都有坼裂痕迹，若干处被误剔成'中'、'木'、'十'等形。过去释读者，总是把这些误剔当做文字或字的偏旁，引出种种误会。其实，看看这些误剔大多上下在一条直线上，就易于明白。"②李先生指出宋本上误剔的线条不能看作文字或字的偏旁，这一点非常重要。过去很多文章所释的"镈"、"格"、"柵"、"又"等，就是将误剔的线条当做字的笔画看待。除此之外，在释读宋本钟铭时，笔者认为，还要考虑三种因素：一是误剔的坼痕不但存在于行与行之间，而且存在于某些字的本身，最明显不过的就是甲申的"申"字，它如第一行的"隹"字，第三行的"公"字及"万年"二字，第四行"永宝"二字，都有明显的剔痕。既然这些确定无疑的字中有误剔的成分，就应该考虑到在未识的文字中也会存在误剔的线条不当作为字的笔画看待；二是为锈所掩的成分。据秦少游所描述，宋代出土此钟锈蚀严重，而上面提到的误剔，其前提也是由于锈掩的缘故。李先生改释"镈"为"锺"字，其根据除了西周的镈没有钲间出现以外，主要是"金"旁右侧为误剔的"中"而非"専"或"父"旁之残，左旁的"重"为锈所掩而仅存顶端曲笔的残痕，可见为锈所掩而影响对铭文的理解与释读是十分明显的。第三是翻版和重刻的因素。如上所述，宋代发现的楚公逆钟传下来的大都是摹本，有的行款失次，有的被裁成两截。号称善本的《复斋钟鼎款识》，原本已毁于大火，今本乃阮元据原本翻刻，故铭文有失真之处。对于某些关键字的辨认，就不能不考虑到有误笔、脱笔和衍笔诸因素在内，而不能过分拘泥于现在看到的形体，这是我们在利用新出土的楚公逆编钟资料时必须首

---

① 山西省考古研究所、北京大学考古学系：《天马—曲村遗址北赵晋侯墓地第四次发掘》，载《文物》1994年第8期；黄锡全：《山西晋侯墓地所出楚公逆编钟铭文初释》，载《考古》1995年第2期。

② 李学勤：《试论楚公逆编钟》，载《文物》1995年第2期。

先明确的。

其次，新出楚公逆编钟与宋代楚公逆钟不但是同人所作，而且很可能是同时所作之器。新出编钟铭文首行首句为"唯八月甲午"，与宋代楚公钟首行首句之"唯八月甲申"，铭文如出一辙。据黄锡全先生考证，在楚君熊鄂在位期间，八月内共有"甲午"、"甲申"两个日期的只有熊鄂七年的八月，而"甲午"上距"甲申"只有十天，可见二者制作的时间非常接近，可视作一人同时之作，因此，它们之间具有很强的同一性。这一点，在利用新出编钟铭文以考释宋代楚公钟的铭辞时是不能忽视的。

下面，我们将新出编钟与宋代楚公逆钟的相关部分加以比照，并略加疏释。

值得注意的是，编钟铭文首行首字的"唯"字从"口"作，且"口"旁非常接近第二行第一个字。这一点至关重要。因为过去总以为西周金文"隹"字少从口作，故将偏离"隹"旁之"口"归属二行首字之"大"，因而有将口与大释作"夜"或"吴"的读法。现在已知同人同时所作之器，"唯"字确从口旁，则此前有关"夜"、"吴"之释已显然不妥，而"夜雨"、"吴雷"之说也随之失去了依据。

新出编钟"楚公逆"之名凡三见，"楚"字皆书作❉。以此比照宋代钟首行之❉字，可知其下之"止"旁为锈所掩，仍当以释"楚"为是。且由此可以推知，第三行"公逆"上之❉形，亦当是❉字残存之迹。残文中间保存有圆圈形，尚隐约透露出原铭为❉的消息。所以，"楚公逆"之名在宋代钟中也出现过二次是可以肯定的。过去由于❉字得不到确解而误读为"屯"，以致将"公逆"二字断开。甚至有人怀疑❉非楚字而产生有关钟的国别问题，这种种误会，今天也可得到彻底的澄清。

宋代钟第二行末了二字，是钟铭症结之所在，过去或释为"枛（和）八荒"，后者又释作"八克"，皆不对。近时又有学者释作"殷枛（和）"及"豢"，均有未安。按此二字紧跟上文"厥名曰"而言，应是此钟之命名。去掉误剔的❉形，上一字当作❉，反之为❉，乃盂字之异构，疑本当作❉，与季良父盂之❉（《金文编》0792）相当，不过钟铭变盂铭之并列结构为上下结构，盂在此读为和，与龢古通。下一字石氏本作❉，王氏本作❉，疑即❉字之变，西周金文亩字作❉、❉、❉（皆禀字所从），殆象仓廪样的建筑物，中有户牖之形，后在其下加禾或米以足其义，或在其上加"林"以谐其声，用于钟铭，则每加金旁以从其类。钟铭常见有"作龢钟"和"作龢鎯钟"之恒语，如迟父钟、叙编钟等。紧接着第三行第一字作⿱，当是锺字所从"重"旁的残文。疑本当作⿱。此残去其上下部分。钟字从重得声，可能是西周楚器的特点，楚公逆编钟与楚公豪编钟均从重作⿱，是其证。然则宋代钟第二行的"锺"字残存"金"旁，第三行之"锺"字则残存"重"旁，正可互补。宋代钟之"盃（龢）夏锺"，同于楚公豪钟的"大䥽钟"，相当于新出编钟的"作龢齐鍚钟"。而传世的楚公逆钟和楚公豪钟均称为"䥽钟"或"夏钟"，即文献所称之"林钟"。所谓"林钟"，《淮南子·天文训》高诱注云："林，众也，聚也。"又《时则》篇注："谓百钟，林钟也。"马承源先生谓："'大鎯'，即大林，是钟名，大林钟或称林钟，林有众多之意，故林钟就是编钟。"① 准此，则宋代所出之楚公逆钟，也有可能是成套的编钟。

宋代钟第三行有"楚公逆其万年寿"之语，过去由于没有把误剔的"中"形与正文分开，故多于"万年"与"寿"字之间加一"又（有）"字，读为"万年有寿"。现在从新出编钟的钲部和左鼓可以清晰地看到，钟铭作"楚公逆其万年寿"，与宋代钟铭完全相同。由此也足以证明：李学勤先生关于误剔线条不能视作文字或字之偏旁的判断是慧眼独具的。

宋代钟铭的最后一行，是读通整篇铭辞的关键所在，过去由于没有相关资料可资比照，于"孙子其永宝"之前，或释作"□［保其］身"，或释作"［以］乐其身"。李学勤先生则十分谨慎，释作"□□亡□"。总之，依然是无法读通。笔者经过反复揣摩和推敲，提出一条新的思路。心想新出编钟与宋代钟既是同人同时所作，钟铭开头的用语又是如此雷同，则其钟铭的结尾，也必然有相同或相似的表现。上文提到，编钟末段"楚公逆其万年寿"两者用语完全相同，最末了新出编钟作"永宝"而宋代钟作"孙子其永宝"也基本一致。而处于两句之间的铭辞，估计也不会有太大的差别。如果这样的思路和判断基本不误，则宋代钟铭此处的用语应当和编钟铭的"用保厥大邦"相当。

现在让我们来仔细考察宋本的情况，根据王复斋所传之善本，第四行"孙"字之上只有四个字的位置。"孙"上一字作⿱，疑是"邦"字邑旁之误剔。据新出编钟铭，原本当作⿱，反书为⿱，因误剔而变形，然从"○"从"⿰"尚隐约可寻。其右旁之⿱则被锈所掩盖。再上一字作⿱，

---

① 马承源：《中国古代青铜双音钟》，载《考古学报》1981年第1期。

疑是 字之半。本当作 ，因中间有裂痕穿过而引起讹变。再上一字，依赵本上一笔略向上弯，作"帀"形，疑是" "之右半，因反书而在左旁，亦可能由于被锈掩后误剔所致。其右旁之" "靠边框处也为锈所掩或已锈蚀而毫无踪迹。末行最上一字各本皆湮灭无存。但如前面推测不误，则湮灭之处非"用"字莫属。总而言之，宋本第四行上段宜读为"〔用〕保其邦"，与新出编钟之"用保厥大邦"立意正同。

综上所述，宋代出土之楚公逆钟铭文可据新出楚公逆编钟予以补足，全铭计4行35字。释文如次：

唯八月甲申，楚公逆自乍（作）
大雷锺，厥名曰：盃（穌）夐（鐈）
锺。楚公逆其万年寿。
〔用〕保其邦，孙子其永宝。

（本文原载《徐中舒先生百年诞辰纪念文集》，巴蜀书社，1998年；又收入《曾宪通学术文集》，汕头大学出版社，2002年）

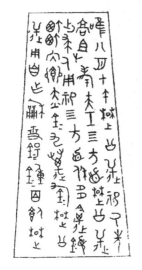　　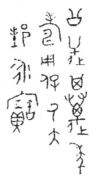

　　钲部　　　　　　　　　　　鼓部

图一　采自黄锡全《山西晋侯墓地所出楚公逆钟铭文初释》附图

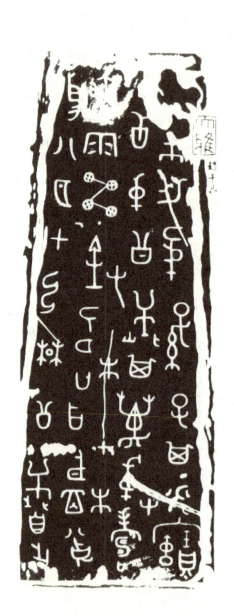

图二 《钟鼎款识》所收楚公逆钟铭文拓本之一

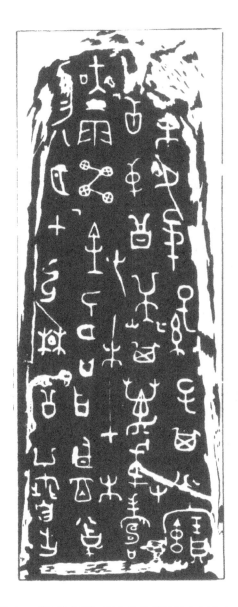

图三 《钟鼎款识》所收楚公逆钟铭文拓本之二

《周易·睽》卦卦辞及六三爻辞新诠

一

《周易》在古代被称为六经之首，是我国现存最古老和最完整的卜筮之书。由于它的内容非常丰富和艰深，而又带着玄虚、神秘的色彩，所以一直成为经学家和古文献研究者着力解读的一部著作。经过历代学者的努力，这部古籍的内涵和哲理已经得到很好的阐发，然而仍有一些释读上的问题未能得到合理的解释，这也反过来影响人们对这部经典的正确认识。建国以来，我国考古发现了大量有关古代卜筮的资料，对于了解古代卜筮这一社会文化现象很有帮助，特别是70年代以来陆续出土了大批的简帛文献，其中有的就是古代《周易》的写本，举其要者，如1973年湖南长沙马王堆三号汉墓出土的帛书《周易》；1977年安徽阜阳双古堆汉墓出土的《周易》残简，都是十分重要的资料。今年四月，笔者到台湾高雄出席"训诂学"学术研讨会，香港中文大学饶宗颐教授在会上作了题为《在开拓中的训诂学》[①]的专题报告，副题是："从楚简《易经》谈到新编《经典释文》的建议"，其中提及近年流失海外的战国荆门楚简《周易》，并发表了有关《睽卦》六三爻辞的一枚残简（见图），计十二文，在《周易》训诂上很有价值。因受饶先生大文的启示，本文拟以传世《周易》通行本为主，结合新出简帛资料，对《周易》睽卦及六三爻辞略加诠释，以就正于诸方家。

---

① 饶宗颐：《在开拓中的训诂学——从楚简〈易经〉谈到新编〈经典释文〉的建议》，载《第一届国际训诂学研讨会论文集》，台湾高雄中山大学，1997年4月。

摹本　　楚简图版

二

《睽》卦卦象为下兑上离。离为火，兑为泽。《彖传》云："火动而上，泽动而下。"卦象所示为上火下泽，两相乖离。

卦名曰《睽》，《说文·目部》："睽，目不相视也。"（大徐本视作听，此据陆德明《释文》引改）谓二目不能集中同视一物，引申之而有乖离之义。《玉篇·目部》："睽，乖也。"《序卦》云："家道穷必乖，故受之以睽，睽者乖也。"马王堆帛书本正作"乖"。《广雅·释诂》："乖，离也。"卦象与卦义两相呼应。

通行本《睽》卦在下经第三十八，居于《家人》之后，程传："家道穷则睽乖离散，理必然也，故《家人》之后，受之以睽。"帛书本《乖》卦在罗（离）宫第五卦，夺（兑）下罗（离）上，居第五十三位，两者卦序有所不同。

卦辞云："小事吉。"按筮书每以小事与大事为对，如秦简《日书》

有"大事有庆，小事果成。"（简763）"终日大事也，不终日小事也。"（简835）上文云《睽》之卦义为乖离，本为不吉，但《睽》之卦象、爻象存在吉之意义，故小事尚可为之①。《正义》云："睽者乖异之名，物情乖异，不可大事。"程传："睽者，睽乖离散之时，非吉道也。以卦才之象，虽处睽时，而小事吉也。"这里所谓"大事"、"小事"，《集解》引荀爽曰："大事谓五同任天下之政"，"小事者，臣事也。"《彖传》解卦辞云："说而丽乎明，柔进而上行，得中而应乎刚，是以'小事吉'。"按照荀爽的说法，卦辞所谓"小事"乃指臣仆之事。

三

通行本六三爻辞作："见舆曳，其牛掣，其人天且劓，无初，有终。"

此爻辞异文最多，异说亦多。通行本"牛掣"句，陆德明《释文》引郑玄注本作"挈"，云"牛角皆踊曰挈"。《说文》作"觢"，云"角一俯一仰。"子夏作"契"，传云："一角仰也。"荀爽作"觭"。按大徐本《说文》谓觭为"角一俛一仰"，实与觢字义同。

帛书本六三爻辞作："见车恝，其牛謢，其□□□，无初，有终。"

帛书本"车"通行本作"舆"，车舆同义。恝字《说文》所无，徐铉疑字从心契省声②。于豪亮以为恝假作折，"车恝"训作车折③。饶宗颐先生疑此二句本应作"见车謢，其牛恝"，写本"謢"与"恝"二字误倒置。其说至确！"见车謢"之謢即抴字，与通行本之"曳"通。"其牛恝"之"恝"，与上举郑注之"挈"，许书之"觢"，及子夏传之"契"皆从"㓞"声，例可通假。然以字义而言，当以"觢"字为正。《说文·角部》："觢，一角仰也，从角㓞声。《易》曰'其牛觢'。"许书引《易》盖言牛之角上下摆动，故以"觢"为正字，"挈"字易角为牛，乃觢之异体，荀爽之"觭"，则易声符之㓞为奇，亦觢字之异构，至于恝、契二字与义无涉，纯为借音而已。

然则"觢"字通行本何以作"掣"？按掣字古本作瘛。《尔雅·释

---

① 高亨：《〈周易〉大传今注》，齐鲁书社1979年版，第335～336页。
② 参大徐本《说文解字》卷七下"瘛"字注。
③ 于豪亮：《帛书〈周易〉》，载《文物》1984年第5期。

训》陆德明《释文》云"挚，本又作瘳。"《玉篇·手部》："瘳，牵也，挚、挚并同。"《一切经音义》十二："挚，又作瘳，挽也。"可见挚是瘳的后起俗字，挚与挈古体形似音同，故颇疑心挚字当初只是挈之讹体，其后分化出瘳而有区别，《说文·手部》："瘳，引纵也。"段玉裁注云："引纵者，谓宜远而引之使近，宜近而引之使远，皆为牵挚也。"又注"瘐"字云："瘐之言挚也。"可见瘐、瘳与挚皆音近而义属，则古本之"其牛觢"，今本作"其牛挚"也可迎刃而解了。

近时有学者撰文对睽卦六三爻辞的句读提出新的断法，以"曳"与"挚"从下读，断作"曳其牛"，"挚其人"，解作"抢走了那头牛，制服了那个人"①。这样断句似乎"文从字顺，符合《易经》的句法"。但将"曳"字解作"抢走"，"挚"字解作"制服"，似乎还缺乏训诂上的依据。今知"挚"字古作"瘳"，在爻辞中当作"觢"的借字，应解作"牛角一俯一仰"的意思，各个写本作"觢"或"挈"或"觭"均是此义的专用字。用这个专用字于人显然是不适当的，所以这个"挚"字当与上"牛"字连读而不得与下"人"字连读，这是不能不辨明的。

香港中文大学文物馆收藏之荆门楚简中，有一片与此爻辞有关，简文作：

……［丌］牛攽，丌人天虞𠂆，亡初，又终。九（见附图楚简照片影印件）

计十二文，适可补马王堆帛书本之缺佚，弥足珍贵。简文"丌"乃古基字，此借为其；"虞"字楚系文字习见，即且的繁构；"亡"读为无，"又"与有古通用。此简最值得注意者有"攽"及"𠂆"二字。

"攽"字从攴介声，饶宗颐先生以为是上述挈、觢、契等的借字。挈、觢、契皆从韧声，《说文·韧部》："韧，巧韧也，从刀丯声。"又《丯部》云："丯，艸蔡也，读若介。"饶先生指出："攽字以介为声，与韧之丯声读若介正同音，可借用。"

"𠂆"字饶宗颐先生疑是"夬"字，读为决鼻之决，与今本之劓同意。细察字形，上部似从攴，与楚简及字作𠂇甚近，下部疑是寸字的借

---

① 胡文辉：《〈易经〉睽六三爻辞的断句》，载《文献》1993年第2期。

笔，可释为尋即扱字。扱古属群纽缉部，与疑纽质部之劓字音近可通，如执为缉部字，而贽挚埶为质部字，声符则同。又拜手之礼古称为揖，又作擅，亦缉质二部相通之证。扱读为"劓"，与黥凿其额为"天"（见于《经典释文》）同为古代刑罚之专名。古代刑罚往往黥劓并施，睡虎地秦简《法律答问》："当黥城旦而以完城旦诬人，可（何）论？当黥劓（劓）。"黥为刺额，劓即割鼻。楚简"天虘扱"同于今本之"天且劓"（《说文》引《易》作"天且剿"则与秦简同），是指受过黥额和割鼻的刑徒。

简文"无初，有终"，各本皆同。意谓没有好的开头，却有好的结果。

综上所述，《睽》卦六三爻辞的意思是：看见一辆车被拖着；拉车的牛一角高，一角低，拉得很费劲；赶车的是个刺了额、割了鼻的奴隶。开头拉不动，后来终于拉走了。隐喻开头不顺利而结果尚好。

（原载《中国语言学报》第九期，商务印书馆，1999 年 5 月）

编校后按：

楚简《周易·睽》卦残文，据陈松长《香港中文大学文物馆藏简牍》的红外线照片作"𠅇"而隶定为"馘"，即"劓"之异构（见该书第 12 页，香港中文大学出版社，2001 年 5 月）。按，郭店楚简鼻字作𪖉（6.45），因知《周易》简文左旁当是"鼻"字省去"自"旁的省体，右旁则易"刀"为"又"，仍以"畀"为声（小篆下从"丌"乃"火"之讹），与今本及其他古本作"劓"者相通。本文过去根据残文所作的猜测之辞应当作废。

又据新近公布的《阜阳汉简〈周易〉释文》（见《道家文化研究》第十八辑，第 35 页，三联书店，2000 年），于《睽》卦六三爻辞云：

见车渫，其牛挈，其人天且劓，无初有（终）。

今按，阜阳汉简之"渫"，原简文作"渫"，乃渫的省体。《说文》："渫，除去也。"段玉裁注："《井》九三云：井渫不食。荀爽曰：渫去秽浊，清洁之意也。凡言泄漏者，即此义之引申，变其字为泄耳。"然则"渫"即渫字，省变为泄。《玉篇》泄又作洩，因知马王堆帛书的"詍"字与泄、洩乃音同字通。又阜阳简之"牛絜"，与郑注的"挈"，许书之"鞂"，子夏之"契"，以及马王堆帛书本之"恝"，皆从"㓞"得声，例可通假。今本之"掣"，古亦作"瘛"，并从"㓞"声。以此，益信选堂先生谓马王堆帛书本以"詍"与"恝"二字倒置之说，确不可易！

《周易·离》卦卦辞及九四爻辞新诠

一、《离》卦卦辞

《离》卦卦象为离下离上,称为重离。离为火,为日,为明,则本卦之卦象为重离即重明,谓人有重明之智慧。

卦名曰《离》,马王堆帛书本作"罗",离、罗古同音(皆来纽歌部字),例可通假。王家台秦简《归藏》作丽。① 《彖传》云:"离,丽也。"可见丽乃本字,离、罗为音近借字。《序卦》与《彖传》同。《尔雅》曰:"丽,附也。"王弼云:"丽犹着也"。由此可知《离》卦之义应是附着之意。

卦辞曰:"利贞。亨,畜牝牛吉。"贞犹占也,亨即享字,畜义为养。卦辞的大意是:筮遇此卦,将有利于所占问之事;如举行享祭,则宜先养牝牛以为祭牲,乃吉。阜阳汉简往往于卦辞或爻辞之后衔接卜辞,如《离》卦于卦辞后联接"居官及家不吉,罪人不解。"又初九:"履错然,敬之无咎。"后紧接"卜臣者立(莅)众,敬其下乃吉。"从句前每每加"卜"或"以卜"的字样来看,这类卜辞应类似《周易》经文的注解。②

《彖传》云:"离,丽也。日月丽乎天。百谷草木丽乎地(今本作土,此据王肃本及《说文》所引)。重明以丽乎正,乃化成天下,柔丽乎中正,故'亨',是以'畜牝牛吉也'。"

本卦二离相重,二与五俱是阴爻,且处于下上二卦之中,故本卦以柔为正,所谓"得中道"者也。卦辞云"畜牝牛"及九四爻辞所云"妇事",当与卦义有关。然九四乃阳爻而居阴位,九四为刚,同位爻为阴,

---

① 参饶宗颐《殷代易卦及有关占卜诸问题》,载《文史》第二十辑,中华书局1983年版,第2~4页;李家浩《王家台秦简〈易占〉为〈归藏〉考》,载《传统文化与现代化》1997年第1期,第46~52页。

② 韩自强:《阜阳汉简〈周易〉研究》,载《道家文化研究》第十八辑,三联书店2000年版,第63~132页。

刚柔并不相应。高亨指出："《象传》有时以位当与位不当之说释卦名、卦义或卦辞，《象传》常以位当、位不当之说释爻辞，皆以位当为吉利之象，以位不当为不吉利之象。"① 据此，九四爻辞以阳爻而居阴位属"位不当"，乃不吉之象。

二、九四爻辞

《离》卦九四爻辞同见于马王堆帛书本和阜阳汉简竹书本，与传世本异文互见：

> 通行本九四爻辞：突如，其来如，焚如，死如，弃如。
> 马王堆帛书本：出如，来如，纷如，死如，弃如。
> 阜阳汉简竹书本：其出如，其来如，纷如，弃……

参照诸本，可见爻辞包含五个短句，每句句末皆缀以"如"字。"如"为表情状的形容词或副词词尾，相当于然、貌等。前两句句首的"其"字各本或有或无，当从阜阳汉简竹书本，作"其出如，其来如。""其"乃拟议未决之辞，带有推测的语气。通行本的"突如"，帛书本和竹书本均作"出如"，"突"古音属定纽物部，"出"在昌纽物部，是纽近韵同的入声字。"出"古训生，与"突"京、郑本作㧟（即毓字之省）正可互证。通行本的"焚如"，帛书本和竹书本均作"纷如"，焚古音在并纽文部，纷为滂纽文部，声韵近同。按之文意，"纷如"较"焚如"为胜。据睡虎地秦简《封诊式·出子》篇，可知《离》卦九四爻辞当作："其出如，其来如，纷如，死如，弃如。"是讲妇人因伤孕而致流产的过程。

众所周知，秦简《封诊式》是有关官吏对案件进行调查、检验、审讯等程序的文书程序，《出子》篇是审理一桩因斗殴而致流产的案例。② 据"爰书"：某里士伍妻甲怀子六月，自昼与同里大女子丙斗。"甲到室（回家）即病腹痛，自宵子变出。今甲裹把子来谒自告，告丙。"官吏遂

---

① 高亨：《周易大传今注》，齐鲁书社1979年版，第38～39页。
② 秦简《封诊式·出子》篇，载《睡虎地秦墓竹简》，文物出版社1978年版，第274～276页；又《睡虎地秦墓竹简》精装本，文物出版社1990年版，第161～162页。

令令史及有经验的隶臣对当事者进行了一系列的诊讯。从所描述的情况来看，有数事值得注意：

（一）篇题《出子》。出子即生子。"出"字古有"生"义，《易·说卦传》："万物出乎震"，《集解》引虞翻曰："出，生也。"《管子·四时》："其德喜嬴，而发出节"，注"出，生也。言春德喜悦长嬴，为发生之节也。"《后汉书·窦融传》："孝景皇帝出自窦氏"，注："出，生也。《尔雅》：男子谓姊妹之子曰出。"后世言"某所生"为"某所出"之类，皆本此义。然秦简他处有《生子》篇和《人字》篇，皆言生子之事；此篇以内容按之，当非一般之生子，而是指非正常的生育，故整理小组径以"流产"释之。

（二）"自宵子变出"的"变出"。何谓变？王充《论衡·自纪》云："夫气无渐而卒至曰变"，然则"变出"是指没有经过逐渐发展的自然过程而突然出现的产育，也就是流产。《说文·女部》："姅，妇人污也。汉律曰：'见姅变不得侍祠。'"段玉裁注："谓月事及免身及伤孕皆是也。《广韵》曰，姅，伤孕也。伤孕者怀子伤也。按'见姅变'，如今俗忌入产妇房也。"另一程序令隶臣妾数字者某某诊甲，"某尝怀子而变"之"变"，当是上文"变出"之省，亦应指"无渐而卒至"之流产。

（三）"诊婴儿男女、生发及保之状"的"保"。这里是诊视胎儿的性别、头发生长及"保"的状况。"保"马王堆帛书《杂疗方》和《胎产书》均作"包"，读为胞，即胞衣，亦称胎衣或胎盘。《杂疗方》有"禹藏埋包图法"（按《杂疗方》有文无图，《胎产书》有"禹藏图"，可参考）一节，是古代方术托名于"禹"的一种迷信方法，即在妇女生育之后，将小儿的胞衣按一定的方位加以埋藏，以为这样就可使小儿健康长寿。

（四）又据丞乙"爰书"报告"甲所谒子"的情况，谓胎儿"如衃血状，大如手，不可知子。即置盎水中摇之，衃血子也。其头、身、臂、手指、股以下到足、足指类人，而不可知目、耳、鼻、男女。出水中又衃血状。"此报告说明流产的胎儿呈凝血状，样子模糊不清，要在清水中始能有所辨认。

现在，我们可以回过头来看看《离》卦的九四爻辞并对它作出相应的解释：

其出如——出，生也。"出如"犹"出然"，今本作"突如"，宋吕祖谦《古易音训》引晁氏曰："突，京、郑作㚆。"按此即毓字之省，义为生育，与帛书本、竹书本作"出如"正可互证。然爻辞此处之生育非自然之生育，而是"无渐而卒至"的流产，故《说文》以"忽出"解释《易》的𠫓字。《说文·𠫓部》："𠫓，不顺忽出也。从到（倒）子。《易》曰'突如其来如。'不孝子突出，不容于内也。𠫓即《易》突字也（此六字据小徐本补）。"可见许慎以𠫓为《易》的本字。𠫓或体作㚆，与京、郑本作㚆者同。𠫓若㚆与出音近义同，古代同源应无疑问。由于是指不期而至的流产，故句首用"其"来表示揣度和拟议的语气，相当于殆、大概的意思。此句大意是：大概要生育吧。

其来如——"来如"犹"来貌"，此句大意是：大概快生下来吧。

纷如——通行本作"焚如"。按焚、棼、纷古常通用，《左传·宣公十一年》"晋之灭潞也，获侨如之弟焚如"，《史记·鲁世家》作"乔如"弟"棼如"，乔、棼皆有高义①，在此《史记》用本字，《左传》用借字。又《左传·隐公四年》"以乱，犹治丝而棼之也。"段玉裁《说文解字注》于"棼"字下注云："按《左传》'治丝而棼之'，假借为纷乱字。"可见简帛文"纷如"乃用本字，于义为长。"纷如"犹"纷然"。纷训乱或杂乱，《广雅·释诂三》："纷，乱也。"《太元视》："鸾凤纷如"，注："纷如，有文章也。"《汉书·王莽传》："黑白纷然"，注："纷然，乱意也。"可见"纷如""纷然"都是形容文彩混然杂乱。联系秦简《出子》篇中流产胎儿呈"㐫血状"的情形来看，此句是指胎儿生下的状态，大意是：（胎儿）模糊不清、杂乱无章的模样。

死如——"死如"犹"死貌"。此句大意是：（胎儿）好像死去的样子。

弃如——弃字此处正用本义。按篆文从廾从𠦒从古文倒子；籀文从廾从𠦒从倒子；古文从廾从倒子；都会双手持𠦒（带柄的箕）将死婴捐弃之意，正是经文的本义。许慎以倒子为逆子即不孝子为人所弃，义甚纡曲。从出土材料看，甲骨文作双手持箕弃子之形，不见逆子踪迹。金文中散盘之弃同于籀文，中山王鼎及楚简之弃则同于古文，可见逆子之说乃属后起。此处"弃如"的大意是将死婴捐弃。还有一点值得注意的是，阜

---

① 见《尔雅·释诂》："乔，高也。"《说文·林部》："棼，复屋栋也。"段注："复屋，《考工记》谓之重屋。"

阳汉简竹书本于"纷如"之后省去"死如",直接连接"弃如"。这似乎从一个侧面说明,因为流产的胎儿一般都是死婴,故可直接弃之,"死如"云云也随之略去。

所谓倒子的㐬和古文倒子的㐬,其实都是毓即育的省文,皆与生育有关。① 然许慎以"逆子"、"不顺"和"不孝子"等封建意识曲为之解,自汉以来的旧注也以九四爻辞的前两句指不孝子被逐和重归,后三句是对不孝子的三种刑罚说之,以致《周易》九四爻辞的说解长期陷于"不孝子"的泥沼而不能自拔。

现在我们以秦简《封诊式·出子》篇为向导,根据新出简帛资料对《离》卦九四爻辞重新加以诠释,从中似乎可以看出,爻辞中的每句话都是一幅幅的图画,这不禁使人联想到《周易》筮辞的取象和图像的问题。

三、关于《周易》筮辞的取象和图像

《周易》筮辞计卦辞64条,爻辞384条,外加《乾》用九、《坤》用六各1条,共450条。根据高亨先生的研究,所有筮辞,不出乎记事、取象、说事、断占四类。② 所谓记事之辞,即记载古代故事以指示休咎。如《既济》九三云"高宗伐鬼方,三年克之。"《归妹》六五云"帝乙归妹,其君之袂不如其娣之袂良。"筮人可用古代故事之过程比附于占事者之前途而论定其休咎。所谓取象之辞,是指采用一种事物以为人事的象征而指示休咎。如《大过》九二云"枯杨生梯,老夫得其女妻。"九五云"枯杨生华,老妇得其士夫。"《井》九二云"井谷射鲋,瓮敝漏。"其所取之象,虽以客观现实为根据而非出于幻想,但筮人尽可以一推百,以小推大,以近推远,颇有附会之余地。所谓说事之辞,乃直说人之行事以指示休咎。其行事之是非成败,即为休咎的原因或现象,所以说事之辞本身即含有休咎的意义。如《乾》九三云"君子终日乾乾,夕惕若,厉无咎。"《师》九二云"师或舆尸,凶。"等等。至于断占之辞则与上述记事之辞、

---

① 曾宪通:《从"子"字族群论及字族的研究》,"第一届中国语言文字国际学术研讨会"论文,香港大学2002年3月。

② 高亨:《〈周易〉筮辞分类表》,载《〈周易〉古经今注》增订本第四篇,中华书局1984年8月版,第46~109页。

取象之辞和说事之辞密切相关，一般都有着内在的联系。即使有的仅有记事之辞或取象之辞或说事之辞而无断占之辞者，其休咎亦寓于故事或行事或取象之中，或取其事之结果，仍不失其为占事之用。高先生指出："余疑《周易》先有图像，后有文辞，若《山海经》、《天问》之比。"又说："凡取象之辞皆似原有图，即记事之辞亦或原有图，《山海经》、《天问》，其图有若干故事，皆其例。"今以出土文献证之。新出简帛中每见有图文相配的实例，尤以数术、方术类所见为多，如长沙楚帛书周边十二图像配以十二节边文，以月神所值之月为占；睡虎地秦简《日书·人字》篇在人体图像的相关部位上标注十二辰，下附占语，以出生之时辰为占；马王堆帛书《天文气象杂占》于各类星云图像之旁注以占语，以天文气象为占。他如《太乙出行图》、《胎产书》、《筑城图》、《园寝图》等，都是这类图文相配文献的孑遗。其后或仅存图像而删文辞，如《禹藏图》；或仅存文辞而删图像，如《杂疗方》。这些似可以作为《周易》曾经删图存文的佐证。

在《周易》筮辞中，有不少带有"如"字的句子，我们称之为"如"字句。这类"如"字大别有三种意思：一为"若似"之义。如《晋》九四云"晋如硕鼠"。晋读为戬，谓进兵侵伐敌国，出没无常，正似硕鼠之食稼也。二犹"焉"也，语尾助词。《晋》初六云"晋如摧如"，即"戬焉摧焉"，意谓侵伐敌国，摧折敌兵。三犹"然"也，即状事之词。《家人》上九云"有孚威如"，孚读为浮，罚也。"威如"犹"威然"，严貌。又《大有》六五云"厥孚交如威如"，犹言其罚皎然威然，乃执罚严明之谓也。第三种情况在筮辞中为数颇多，像《屯》六二云"屯如，邅如，乘马班如，匪寇婚媾。"上六云"乘马班如，泣血涟如。"《贲》九三云"贲如濡如"。六四云"贲如皤如，白马翰如，匪寇婚媾。"这类带"如"义为"然也"的筮辞，高先生都归入"取象之辞"，这是很正确的。但却把《离》卦九四爻辞的"突如，其来如，焚如，死如，弃如"归属"说事之辞"一类。这显然是受到旧注指"不孝子"的影响所造成的。现在我们根据出土的简帛资料，把《离》卦九四爻辞整合为"其出如，其来如，纷如，死如，弃如"，并重新加以诠释，使之同《屯》卦、《贲》卦、《家人》、《大有》等带有同类性质的"如"字筮辞同处一类，应当是符合《周易》筮辞的本意的。

"取象"筮辞具有两个明显的特点：一是通过具体的事物演绎出抽象

的道理。如《睽》六三云"见舆曳，其牛掣，其人天且劓。"意思是看见牛拉车拉得很吃力，驾车的是个受过黥和劓的刑徒。隐喻占事者处境艰难，前途多舛。但断占辞却是"无初有终。"表示虽然没有好的开头而结果尚好。① 《屯》六二云"屯如，邅如，乘马班如，匪寇婚媾。"意思是乘马而来的人成群结队，来回走动，四处盘旋。他们不是抢东西的强盗而是迎亲的队伍。表示情况没有异常的变化，一切顺利，占事者不必担忧。

二是所取象的人或事或物其初本是用图像来表示。如《贲》卦六二爻题，其初本绘一长者须发斑白，乃寿者之征。后再于图旁加文辞曰："贲其须"。又一图绘一长者不但须发斑白，而且色泽潮润。乃于图旁又加文辞曰："贲如濡如。"即九三爻辞所言。由于本图像绘的是一位寿而康的长者形象，意味着占问长久之事吉利，故加断占之辞曰："永贞吉"。《离》卦九四爻题亦复如此。其初本有一组图像：绘一产妇临产之际，胎儿欲出未出之时，待到胎儿产出之后，见到的是一团模糊不清的凝血，细看原来是个死婴，遂弃置之。这分明是一组妇女流产的图像，故于其旁加文辞云："其出如，其来如，纷如，死如，弃如。"妇女流产往往因伤孕而起，属不得已的突发事故，占问之休咎自在其中，故本爻未见断占之辞。如前所述，《离》卦九四属"阳爻而居阴位"，按照古代爻位的理论称为"不当位"，又称"失正"或"失位"。古人认为失位之爻象征事物发展不合规律或人处于不相宜的环境和地位。在《周易》中，失位之爻多不吉利。

附记：此文提要曾在第四届国际中国古文字学研讨会（香港中文大学，2003）上宣读过。

（原载《第四届国际中国古文字学研讨会讨论集》，香港中文大学，2003年10月；《古籍整理研究学刊》2004年第4期）

---

① 曾宪通：《〈周易·睽〉卦辞及六三爻辞新诠》，载《中国语言学报》第九期，商务印书馆1998年版，第301～305页。

《保训》篇"中"字别解

自清华大学入藏的战国竹简《保训》篇公布以来,在学术界引起了强烈的反响。其中尤以周文王给太子发的训辞中提到的两个上古史实特别引人瞩目:一个是讲舜"求中"和"得中",另一个是讲上甲微"假中于河"又"归中于河"。这四处"中"字如何解释?成为学者讨论的焦点。说者见仁见智,异彩纷呈,迄今比较有影响的有中道说、地中说、诉讼文书说、民众说、旂旗说、军队说及铭旂说等多种说法。[①] 笔者认为要解读此四处"中"字,必须满足如下几个条件:

(一)从通篇语境和四处"中"字结构来看,四个"中"字的涵义必须基本一致,即应该大致相同或相近;

(二)从上甲微"假中"又"归中"的逻辑关系来看,此处的"中"必须是具体的物象而非观念形态的范畴;

(三)从简文的"微志不忘,传贻子孙,至于成汤"来考察,这个"中"必须具有经典式的内涵及其相应的形态。

基于以上三个条件,笔者以许慎《说文解字》对"史"字的训释以及王国维的《释史》[②]为向导,证以地下出土的考古资料,对《保训》篇的"中"字试作索解,以就正于方家。

一、《保训》的"中",即《说文》"史,从又持中"之"中"

《说文·史部》:"史,记事者也。从又持中,中正也。"其字古文、篆文并作㕜,从中。然《保训》之"中"具作,象"中"上有游之形,与中形或异。按古史、吏(使)、事乃一字之分化,其字形皆含有"中"

---

① 梁涛:《清华简〈保训〉的"中"为中道说》注①,载《清华简研究》第一辑,中西书局2012年版,第107页。

② 见《王国维遗书·观堂集林卷第六》,第1~6页。

的成分。后世由于字形变化，彼此微有差异，然细心考察，仍有朕迹可寻。如事字毛公鼎作🖊，小子𰀄簋作🖊，师衰簋作🖊，皆从"中"上有游，"又"持之，亦"史"之繁文。战国文字的史、吏（使）、事三字间亦有从"中"带游的例子，如楚帛书作🖊，中山王鼎作🖊，包山楚简作🖊，上博藏战国竹书作🖊、🖊等，均可证明"史"字的形体结构仍是"从又持中"的变体。彼此虽存在差异，其实犹是一字也。《保训》中的"中"字亦可作如是观。

二、"从又持中"之"中"乃盛策之器

史字"从又持中"之"中"究系何物？前辈学者曾经做过探究。①吴大澂《说文古籀补》云："史象手持简形。"吴说与史官之职能契合，然中与简形殊不类。江永《周礼疑义举要》云："凡官府簿书谓之中，故诸官言治中、受中。小司寇断庶民狱讼之中，皆谓簿书，犹今之案卷也。此中字之本义。"王国维以为江氏以中为簿书"得之"。然簿书何以称"中"，亦"不能得其说"。故王国维转而求诸《周礼》。按《周礼·大史》："凡射事，饰中舍算，执其礼事。"此处"饰中"之"中"是盛算之器，"饰中"者，即把盛算之器洗刷干净。舍读为释，舍算即计数也。大意是说，凡有射事，大史须洗刷盛算之"中"，用于射时计算筹码，并执掌与射礼有关的事务。由此可见，王国维先生由大史职掌"饰中舍算"之事，推断史字"从又持中"之"中"乃"盛算之器"是很有说服力的。"盛算"之"算"指筹算，古与简为一物，古之简策同制，古籍算笶二字往往互作，因而亦可推知算策同物，故《周礼》称"中"为"盛算之器"实即"盛策之器"无疑。

至于"中"之形制，《礼记·投壶》孔疏云："中之形刻木为之，状如兕鹿而伏，背上立圆圈以盛算。"今按"中"状如鹿者则称为"鹿中"，《仪礼·乡射记》云："鹿中髤，前足跪，凿背容八算，释获者奉之先

---

① 关于《说文》："史，从又持中"的"中"究系何物？除王国维《释史》一文提及之外，还有马叙伦说中是笔，记事的会意；陈梦家谓中为田猎的网；劳榦谓中是一种"弓钻"，为钻灼甲骨之用。详李孝定《甲骨文字集释》第三册，"中央研究院"历史语言研究所1965年版，第953～970页。

首。"文中除鹿中外，还提到兕中、虎中等。王国维氏指出："周时中制皆作兽形，有首有足，凿背容八筭，亦与中形不类。"故王氏颇疑心"中作兽形者，乃周末弥文之制，起初当为中形，而于中之上横凿空以立筭，达于下横。其中间一直，乃所以持之，且可建于他器也。"王氏从中的字形出发，推测其形制当由一直二横所构成。1972年4月在山东临沂一号汉墓中，与竹简伴出有一件"不知名木器"，其形制与王氏所推测的中形器有关。1972年，山东省博物馆和临沂文物组联名发表的《临沂银雀山汉墓发掘简报》有如下一段报道：

  在竹简东侧，还发现一件不知名木器（M1：31），椭圆形面，中凿方孔，下装束腰木柄，侧覆在简上，长38，宽13，高11厘米。此件还是第一次发现，可能和竹简有关。①

银雀山一号汉墓出土竹简计有4942枚，是在边厢北端随葬漆木器和陶器的间隙中发现的。整简长27.6，宽0.5—0.9，厚0.1—0.2厘米。值得注意的是，这件不知名木器的形状，与王国维氏所推测的中形盛策之器有着惊人的相似之处，且侧覆在竹简之上，正可视作中为盛策之器的物证。

三、"中，正也。"是"中"所盛简策的内涵

《说文·史部》："史，记事者也。从又持中，中正也。"此处"中正也"三字应当如何点读？究竟是训释"史"，还是训释"中"？笔者认为，此三字紧接上文，是直接解释"从又持中"之"中"的内容，意谓"中"器所盛简策的内涵与"正"有关。正确的断句应当是："从又持中。中，正也。"

在古文字资料和传世文献中，"正"是个很早就出现的古字。"正"的常用义当读为政，盂鼎："于玟王正德也"，"正德"即"政德"；王孙钟："惠于政德"；王子午鼎："余不畏不差，惠于政德。"均作"政德"。《左传·昭公十五年》："以为大政"，《汉书·五行志》引"政"作

---

① 原载《文物》1974年第2期。

"正"。说明"正"、"政"二字音同义属，常常通用。《大戴礼记》："夫政以教百姓"，王聘珍解诂引《论语》曰："政者，正也。"《周礼·夏官·序官》："使帅其族而掌邦政"，郑玄注："政，正也。政所以正不正者也。"《论语·为政》："以政为德"，朱熹《集注》："政之为言正也，所以正人之不正者也。"传说舜在治理天下的时代，以身教与德教并重，与人民同甘共苦。读《保训》篇简文，知舜在"求中"和"得中"的过程中，特别提到"四不"和"三降（隆）"，这正是舜坚持身教与德教并重的具体表现。所谓"四不"，就是"不违"、"不逆"、"不易"、"不懈"。从《保训》篇简文可以了解到：舜"不违"百姓的愿望，广施泽惠；舜"不逆"阴阳之运转，应时润物，六谷丰登；舜"不易实变名"，社会秩序井然；舜凡事亲力亲为，小心谨慎，坚持"不懈"。至于"三降之德"，除李学勤先生谓"三降之德"指舜有德感动尧三次降从之外，还有多种说法，如以"三降之德"为《尚书·洪范》所载的"三德"，即正直，刚克，柔克（李均明）；或以为指《大戴礼记》的"三德"，即天德，地德，人德（林志鹏）；或以为即上博藏战国竹书的《三德》篇，指"天供时，地供材，民供力。"或读"降"为"愉"，将"三德"解为"三乐之德"，指百姓乐于春、夏、秋三时之务（廖名春）。或读"降"为"陟"，谓舜历经九年三次考核，才登上帝位（周凤五）。① 如此等等，不一而足。笔者同意读"降"为"隆"，意指舜在政德建设方面的三大建树，其详不得而知。由于舜的"四不"、"三降（隆）"体现了舜的"为政之道"，得到帝尧的赏识，并最终把帝位禅让给舜。所以《墨子·尚贤》说："故古者尧举舜于服泽之阳，授之政，天下平。"与上述简文强调"政德"正好是一脉相承的。

有关上甲微"假中于河"又"追（归）中于河"的故事，杨树达先生首先揭示甲骨文中上甲与河伯的族属关系，从而使郭璞注《山海经·大荒东经》所引《竹书纪年》的有关记载更加信而有征。②《竹书纪年》云："殷王子亥宾于有易而淫焉，有易之君绵臣杀而放之，是故殷主甲微假师于河伯以伐有易，遂杀其绵臣也。"这里的"殷主甲微假师于河伯以

---

① 曹峰：《〈保训〉的"中"即"公平公正"之理念说综论——兼论"三降之德"》，载《清华简研究（第一辑）》，中西书局2012年版，第118页。

② 沈建华：《殷周时期的河宗》，载《出土文献》第一辑，中西书局2010年版，第92页。

伐有易"，与《保训》篇"昔微假中于河，以复有易。有易复畀罪，微无害。乃追（归）中于河。"几乎如出一辙。问题是《保训》的"假中"如何与《纪年》的"假师"挂上钩？上述有的学者将"中"解释为"师"、为"众"，正是从这一思路出发的。现在我们把"中"解释为"盛策之器"，器乃有形可持之实物，这样，《保训》篇"假中于河"又"归中于河"的逻辑关系就顺理成章了。进而，本文释"正"为"器中简策的内容"，然则"假中"和"假师"的问题也可迎刃而解。按"正"字甲骨文作 、 等形，从止从口（城的初文），会征伐城邑之意，金文的口或填实，或简化。故"征伐"当是"正"字的本义，卜辞中每见有关于"正某方"的记载，即征伐某方的意思。既然《保训》简"假中"的内容与征伐有关，与《纪年》所载"殷主甲微假师于河伯"的"假师"其实是同一回事，这也就是上甲微向河伯"乞师"的明证，两者正可互相印证。

四、关于"器"与"道"的问题

《易·系辞（上）》有两句名言："形而上者谓之道，形而下者谓之器。"一般而言，不具备形体的抽象原理和概念称为"形而上"的"道"，具备形体的具体物象则称为"形而下"的"器"，两者是互为表里且相辅相成的。那么，《保训》篇的"中"究竟是"道"还是"器"呢？综观学术界已有的各种解释，既有以"道"释之，亦有以"器"释之，但两者往往不能兼容，故仍缺乏充分的说服力。本文既据王国维氏的《释史》以释《保训》篇的"中"为"盛策之器"，又据《说文》对"史"字的训释，把"中"器所盛简策的内涵释为"正"之道，也就是说，本文的核心内容，是以"中"之器，载"正"之道。继而以"政德"之"正"来解释虞舜之"求中"和"得中"，以"征伐"之"正"来解释上甲微之"假中于河"又"归中于河"，体现了"器以载道"的原则，与通篇语境是相当吻合的。

以上将"正之道"析为一"政"一"征"，分别代表一文一武，关系到一国的内政和外交，乃文王治国的方略，故在遗训中对太子发谆谆箴诫，具有经典的意义。古称史官为"作册"，谅必周文王临终授太子发遗训之时，史官作册就在现场"持中""记事"，准备将之传遗后世。《墨子》一书曾反复强调"书之竹帛"具有将前辈意志传给后代的功能，如说："又恐后世子孙不能知也，故书之竹帛，传遗后世子孙。"[①] 上述记载舜的"政德"和上甲微"征伐"有易的相关内容，正是以简策的形式存在于"中"器之中，则《保训》中关于"微志弗忘，传贻子孙，至于成汤"也就完全在乎情理之中了。

综上所述，笔者根据王国维先生关于"从又持中"的论述，对《保训》篇与"中"字相关的文字加以梳理和索解，基本上能够满足本文开头提出的三个条件，算是在众说纷纭中添一新解，聊备一说而已，姑以《别解》名之。

---

① 见《墨子》卷八。

包山卜筮简考释

一、释"卒岁"

包山卜筮简屡见"尽卒岁"一语（见简197、199、201），卒字作🀆，《包山楚简》编者疑为卒字异体，考释云："卒岁即尽岁，指一年。"（见该书考释344）按"卒岁即尽岁"与"尽卒岁"义嫌重复。🀆与三体石经狄之古文作🀆者相同，王国维《魏正始石经残石考》疑是𢓜字之讹而假作狄。古狄易同声，故《说文》遂古文作遏，《史记·殷本纪》简狄旧本作简易，《汉书·古今人表》作简遏，《山海经》、《竹书》之有易，《楚辞·天问》作有狄。然则卒岁即易岁，取寒暑易节之义，意指次年。简文"自𦎫𡱂月以商𦎫𡱂之月"，商字作🀆，旧释为庚，然简文干支之庚作🀆，上部明显不同，此字亦见于鄂君启节，朱德熙、李家浩释为帝，与商同字，读为适，训为往（见《鄂君启节考释》，中国古文字研究会成立十周年学术研讨会论文，1988）望山残简44有"以适集岁之𦎫［𡱂］"，字正作适，训为至。简文"自𦎫𡱂之月以商𦎫𡱂之月"，语意欠明，以下文有"尽卒岁"推之，"商"下当夺去"䊸岁之"三字，宜作"自𦎫𡱂之月以商䊸岁之𦎫𡱂之月"，意谓自今年的𦎫𡱂之月以至次年的𦎫𡱂之月，他简习见"自𦎫𡱂之月以商集岁之𦎫𡱂之月"，其下亦有"尽集岁"，可资佐证。

二、释"以其古敚之"

"以其古敚之"在包山卜筮简中出现频率最高，达十九次之多。此语究竟表示什么意思，有必要加以考察。

先看"以其古敚之"在筮辞中的地位和作用。综观卜筮简的所有筮辞，其结构大体上可以分为序辞、命辞、前占辞、后占辞和验辞五个部分。验辞仅见于前几组简文。所以，就大多数筮辞而言，实际上只包涵前面四个部分而已。就在前占辞与后占辞之间，几乎毫无例外地出现"以其古敓之"这个短语，并由它带出一系列的祭祷和攻解之类的活动。由此可见，"以其古敓之"及其相关活动，是在由前占辞过渡到后占辞中起着关键性作用的。

再看看前占辞与后占辞的关系。前占辞是贞人根据卜筮或卦象所示对求贞者卲鸵贞问事项所作的初步判断，主要指出两个方面，即从长远来看虽有吉祥之兆，可是近期却存在种种的忧患与灾祸。于是，简文中随之而来的便出现了"以其古敓之"及其相关的内容；而经过"敓之"之后的后占辞，一般都能达到"占之曰吉"的预期效果。由此看来，"以其古敓之"及其相关活动在筮辞中是起着解除忧患和灾祸的作用的。

既然"以其古敓之"在筮辞中起着逢凶化吉的作用，则其所含的意义也就可以得到说明。"古"在此当读为故，《周礼·占人》："以八卦占筮之八故。"郑玄注谓"八故"为"八事"。孙诒让《周礼正义》云："故、事义同。《公羊·昭十一年传》云：'习乎邾娄之故'，何注云：'故，事也。'"简文"以其故"之故，乃指卲鸵志事迟得及自身忧患之事。望山简有"以其古，以册告"，即以墓主悊固生病之事，册告神明。因此，"以其故"可视为"以其故，以册告"之省略。"敓之"之敓为夺之古文，在此读为挩。《说文》："挩，解挩也。"段玉裁注："今人多用脱，古则用挩，是则古今字之异也，今脱行而挩废矣。"望山残简："又（有）见祱，以其古敓之"，"不见禀，毋以其古敓之"。二者意思正相反。祱读为祟，神祸也；禀据楚帛书乃福字，祐也。二句意谓，若有神祸出现，则以其事告诸先君神祇以求解脱；若不见神之祐助，则不必以其事告诸先君神祇。凡以其事告诸先君神祇以求解脱者，其所引出的一系列活动，便是求得解脱的具体办法。

从简文分析，贞人为贞问者解脱忧患或灾祸主要靠两种手段：一是向祖宗神明举行祭祷，以求其赐福去灾；二是向作祟的鬼神举行攻解之祭，以求解祟。二者互相配合使用，相辅而相成。

三、释琧、遳、䇞

卜筮简中不含卜筮成分而属于纯粹的祭祷活动者非常罕见，仅四例而已。绝大部分的祭祷活动都伴随着"以其古敓之"而进行的，大体上可以分为罷祷、赣祷与赛祷三大类。祭祷对象有祖宗神与非祖宗神两大系列。其中，属于祖宗神灵的有楚先系、荆王系和邵氏系，而对邵系始祖的邵王及邵沱的亲父母、亲祖父及曾祖、高祖等，概用"特"牲。特简文多写作戠或直，如戠犺、戠猎和戠牛，戠牛又作直牛，或写作犆、牲合文。《礼记·王制》："天子犆牲"，郑注云："犆，犹一（牲）也。"其它神灵则有宫地主、埜地主、后土（或作厂土）、社、司命、灾、二天子、僕山、大水、高丘、下丘及行等。行又作祡，乃道路之神，祭以白犬酉飲，还有将白犬閟（悬）于大门的仪式。秦简《日书》有一处提到祭大常行的场面："行行祠：行祠，东行南［行］，祠道左；西［行］北行，祠道右。其謫曰大常行，合三土皇，耐为四席，席叕（餟）其后，亦席三叕（餟），其祝曰：'毋（无）王事，唯福是司，勉飲食，多投福。'"（见《日书》乙种简145、146）。由此可以联想到，上述各种祭祷活动当有相应的仪式和场面，并由贞人主持和祷祝。所谓某某贞人之祝，殆指如祭大常行一类的祝辞。如：

　　郦会舉石被裳之祭：罷祷于邵王戠牛，饋之；罷祷于文坪夜（夜）君、郚公子春、司马子音、蔡公子豪各戠犺，酉飲；夫人戠猎，酉飲。（简203）
　　陈乙舉盬吉之祭：䇢祭，篙之高丘、下丘各一全犺。（简241）
　　观绷舉盬吉之祝：赣祷袄一膚，厂土、司命各一䍧；赣祷大水一膚，二天子各一䍧，僕山一羝。（简243）

以上三舉字乃舉字之省。《广雅·释诂》："舉，举也"，《释名·释车》同。《说文》："举，对举也。"错本一曰舉也。可见舉、举同字。徐邈读举为居御切，称引也（见《集韵·上声御韵》）。简文三舉字正称引之义。上文例（1）为邵氏始祖邵王及邵沱直系近亲举行罷祷，原见于简200，为贞人石被裳所祷祝，此处由郦会所称引，故称曰"舉"云云。例（2）、（3）均见于简237，原是贞人盬吉为自然神举行的赣祷与䇢祭，此处分别为陈乙（䇢祭）和观绷（赣祷）所称引，故亦称为"舉"。

　　罷祷、赣祷都是向祖宗神明求福去祸，凡因得福消灾而回报神明者则称为赛祷，简文对于这类回报性质的赛祷则一律称"遷"而不称舉。遷即迻之繁构，与简文逩或作逞同例。《说文》："迻，迁徙也。"今通作移，引申之而有移用之义。例如：

　　五生逅郦会之祝：赛祷东陵连嚣猳豖、酉䣊；蒿之。（简210、211）
　　盬吉逅郦会之祝：赛祷宫、厌土一羚。（简214）
　　盬吉逅石被裳之祝：赛祷卲王戠牛；赛祷文坪夜君、邵公子春、司马子音、蔡公子豪各戠豢；赛祷新母戠豭。（简214、215）

例（1）、（2）原为郦会所祝，见于简202，本为獗祷即塈祷，因塈祷得福而分别为五生、盬吉移用以报神，故称"逅郦会之祝"以赛祷。例（3）石被裳之祝见于简200，本为罷祷，因罷祷获福，盬吉移用以报祖宗神，故称"逅石被裳之祝，赛祷……"《说文·新附》："赛，报也。"《汉书·郊祀志》作塞。郑珍《说文新附考》云："自汉以前，例作塞。祀神字从贝，于义为远，盖出六朝俗字。"今以楚简证之，皆从贝作赛，足见新附所收，远有来自；郑氏之说反不足据。

　　从简213、214可知，贞人盬吉在逅用郦会、石被裳之祝以举行赛祷之前，先"逅古䇅"对若干神祇举行赛祷，概用備（佩）玉而不用牲。又简201—204记贞人郦会举行了一系列的塈祷、罷祷和袷祭之后，于简末云："凡此䇅也，既尽逅。"二䇅字《包山楚简》皆隶定作䇅，读如遍。按编者所定近是。此字从竹从帀采声，依形声字声符在右之例，可隶写作䇅。《说文》："徧，帀也。"䇅与徧音近义通。然读为徧于上例虽勉强可通，于下例则与尽字义有重复，字既从竹，宜读为篇。《说文》："篇，书也。"段注云："书，箸也，箸于简牍者也，也谓之篇。"《文选·游天台山赋》："故常绝于常篇。"注："常，典也。"书于简牍谓之册，篇、典皆从册作。简文䇅读为篇，当指载于简牍之礼书之类。"逅故篇"谓移用故书所载有关报祭的礼仪，故下文所言尽为赛祷之事。"凡此䇅也，既尽逅"，"此篇"与"故篇"为对，故篇谓以往简牍所载，"此篇"则言本组简册所载，包括上文之獗祷与罷祷。"既盡逅"，谓悉数逅录。此句书于简末，字体特大，字距较宽，与本简文字明显不同，当属于事后的补记。句前且有"至九月喜雀立（爵位）"之验辞。《周礼·春官·占人》："凡卜筮，既事，则系幣，以比其命。岁终，则计其占之中否。"简文"既尽逅"可能与"系幣"之事有关，犹言已将占中之事尽数移录，以供日后验证之用。

四、释"攻解"

卜筮简中屡见"攻解"二字，亦见于望山残简，句读难明。今试为之疏释。简文如次：

思攻解于人愚。（简198）
由攻解于不殆。（简217）
由攻解于岁。（简238）
由攻解于罤禡，虞叙于宫室。（简211）
由攻解于禂与兵死。（简241）
由攻解于水上与像人。（简246）
由攻解于日月与不殆。（简248）

此外，望山简还有"由攻□于宫室"、"思攻解于下之人不壮死"，皆在"攻解"之前冠以"由"或"思"字，"攻解"之后缀以各种神祇之名。

今按"由"为句首发语词，已见于周原甲骨文，楚简简文多写作由，间或作思，与简文禹或作愚、死或作恶、训或作㤅、尚或作㦒属同类现象。思为语词，可用于句末表示语已，用于句中表示语助，用于句首则表示语发（详王引之《经传释词》卷八）。简238"由左尹𧘔為遠尸，由攻解于岁"，二"由"字相继出现于句首，其为句首发语词更为明显，简250"命攻解于渐木立"，句首易"由"为"命"，说明"由"在句中结构比较松散，亦可反证"由"的词性确为语词。

"攻"是古代祭名，属于"六祈"之一。《周礼·春官·大祝》："掌六祈以同鬼神示（祇）：一曰类、二曰造、三曰禬、四曰禜、五曰攻、六曰说。"郑司农云："类、造、禬、禜、攻、说，皆祭名也。"郑玄谓："攻说，则以辞责之。攻如鸣鼓然。董仲舒救日食，祝曰：'炤炤大明，瀸瀸无光，奈何以阴侵阳，以卑侵尊'，是之谓说也，类、造、禬、禜皆有牲，攻、说用币而已。"按六祈之官，为内外常祭之外专司祈祷告祭之事，郑玄以日食鸣鼓及董仲舒救日食祝辞以说"攻说"之义，足证二者皆为责让之辞。

从文例考察，"攻"字之下或作解，或作叙，或作说；用字虽异，义则雷同。简文云："由攻解于不辜"，又云："由攻叙于宫室"（简229），解与叙相对为文。《广韵·卦韵》："解，除也。"叙在此亦读为除。可见解、叙二字在句中用法相同。简文又云："由攻解于累禩，虞（且）叙于宫室。"解、叙在句中文既相应，义亦相属，与前例可以互证。秦简《日书》甲种《除》篇有："害日利以除凶厉，兑不羊（祥）"，击日"利以兑明组"。兑与除也相对为文。"兑明组"即包山简之"解于累禩"。累禩在此为神名。望山残简有"于父㕣与新（亲）父，与不辜，与累禩，与南方又敓。"亦作累禩，且与父㕣、亲父、不辜、南方等先君神明并列。累禩皆从示作，殆指主盟诅之神灵。秦简"兑明组"、"兑不祥"，二兑字当读为说。《淮南子·泰族训》："雩兑而请雨"，宋本许注云："兑，说也。"是其证。说，《国语·鲁语下》注："犹除也。"简文"由攻祝，归繡（佩）取（緅）、冠緟于南方"，攻下之祝亦当读作说。可见楚简之祝，秦简之兑，《鲁语》之说，皆有除义。字书于解、叙、说三字亦往往互相训释，《广雅·释诂三》：兑、解，说也；《释名·释言语》：说，述也；《字汇》：叙，述也；《庄子·说剑》释文：说，解也。由此观之，解、叙、说三字义近字通，可以互作，简文"攻解"或作"攻叙"或作"攻说"，用字虽异，义则相同，皆指以攻祭之礼责让作祟神灵，以求解脱。

如何对待作祟的神灵？下面这段简文颇有启发。

又（有）祟（祟）见（现）于绝无后者与渐木立（位）。以其古敓之。暨祷于绝无后者各肥豬，馈之。命攻解于渐木立；虞（且）遷（徙）其尸而桓之。尚吉。

这段文字见于现存贞人为邵𫐓所举行的最后一次卜筮。当时邵𫐓已病重垂危，但求不死。这段文字的大意是：绝无后者与暂木位作祟。贞人观义以邵𫐓病重之事告诸先君神明以求解脱。办法是：对于绝无后者用肥豬举行暨祷祓除之；对于暂木位则举行攻祭责让之，并迁出其原来的地方而别树他处。此处"绝无后者"他简或称为"兄弟无后者卲良、卲轹"（简227），是指未成年或无子嗣而死的兄弟辈。由于这些亡灵没有后人奉祀，容易作祟，解祟的办法便用肥豬举行暨祷。"暂木位"大概是指一些临时用木制牌位安置的神灵。对于这类亡灵作祟,则采用攻解的办法责让之,甚至把这些临时安置的牌位迁到别的地方去,以示惩罚。以上简文说明,当时的巫者对于作祟的神灵是分别采用软硬两手的。从这个意义上说,楚简的"攻解"无异于《周礼》的"攻说",即《春官·大祝》六祈中的五六二祈,孙诒让《周礼正义》云:"《周礼·大祝》六祈,五曰攻、六曰说,盖亦鸣鼓而攻之,复以辞责其神,故有二名。"由此观之,《周礼》救日食兼有禜、攻、说三祈;《庶氏》除毒蛊"以攻说祮之";《翦氏》除蠹物"以攻禜攻之";则各使用二祈。从包山楚简所见,当时对付人禹、太岁、日月、宫室、䄍禧、像人、兵死、不辜以及暂木位等等神灵作祟的办法,也是兼用攻、说二祈来解祟的。

五、释从"兑"诸字

卜筮简中从"兑"之字甚多,由于形音俱近,往往混用不别,或字同而义异,或字异而义同,当随文读之,方能畅达无碍。从用字的角度考察,大别有如下几种情况:

(1) 以其古敓之

此为卜筮简中常见之恒语。敓即夺之古文,当读为挩,今通作脱,义为解脱,已详前文。敓字或写作禜,作"以其古禜之"(简207、210、240),禜可视为敓字增益示旁,为敓之繁形,仍当读为挩即脱字。望山简此语亦习见之,多与包山简作敓者同,仅一简作"以其古祱之",又一简作"又(有)敓,以其古祱之",与同一辞例之他简相较,知前面之"敓"与后面之"祱"显然是书写时前后互误所致。天星观楚简此语用例与望山简雷同,即多作"敓"字,间也有写作"祱"者,亦当随文读之。

(2) 又禜无禜

"又禜"(简218)之禜,《包山楚简》考释429谓"读如祟",可从。《汉书·江充传》:"祟在巫蛊",注:"谓祸咎之征也。"简文云:"又(有)禜,从见琥。"(简218)"又(有)禜见。"(简223)"又(有)禜见于绝无后者与渐木立"(简249)。"有禜"与"有禜见"云云,犹言有祸咎之征象出现。

卜筮简于命辞中又常见"尚毋祟"一语,《说文》:"祟,神祸也。""尚毋祟"是希望神祸不要降临。"无祟"之"祟"尚未降临,不能确指，意义比较抽象；"有祟见"是说有祸咎之征象出现，需要加以祓除，意义比较实在和具体，因而二者用字也有所区别。

"又祟"天星观楚简作"又祝"或"又敓"，如云：

又祝，以其古祝之。
又祝，祝之。

疑"祝之"即"以其古祝之"的省略。望山简此句用字与天星观简大致相同。例如：

又祝，以其古敓之。
又见祝，宜祷……
又敓，北方又敓。
南方又敓与害，害见。

"又祝"旧读为有祝，今以包山简例之，仍当读为"有祟"。"有见祝"即包山简之"有祟见"，"南方又敓"即"南方有祟"，与包山简"由攻祝……于南方"可以互证。

与"又（有）祟"相对者为"无祟"，如云："誓吉占之，吉，无咎无祟。"（简234、235）此句言贞人誓吉占得吉卦，没有灾难，也没有祸咎。所以下文并没有出现"以其古敓之"。天星观楚简有"盘畬占之，长吉宜室，無咎無祝。"按"無祝"也宜读作"無祟"，与包山简同。

（3）遝詒会之祝

《说文》："祝，祭主赞词也，从示从人口会意；一曰从兑不省，兑为口为巫。"楚简祝字作𥛜若𥛜，从示从兑不省。朱骏声谓"祝所以悦神也"，故从兑。楚帛书祝融字作𥛜，与侯马盟书同，字从廿从人会意，廿即口字。包山简祝融二见之，祝字一作𥛜（简237），一作𥛜（简217），同于楚帛书。可见祝融之祝作祝。孙希旦《月令集解》释祝融云："祝，续也；融，明之盛也。祝融者，言火德之继续而光明也。"《白虎通》云："号谓之祝融何？祝者属也。"可见祝融之祝于义为续若属，简文于祝融字从人口会意作祝，赞词之祝则从兑悦神作祝，二者区分甚明。简文屡言"遝石被裳之祝"（简214）、"遝郦会之祝"（简210、214）、

"弄归鮴之祝"（望山简）、"弄石被裳之祟"（简203）、"弄豓吉之祟"（简241、243）、"弄邦莕之敓"（简223），当以祝字为正，敓、祟皆为借字。而所谓"某某之祝"者，乃贞人祭祷之祝辞也，如秦简《日书》路祭之大常行祝辞，马祭之马褨祝辞，以及董仲舒之救日祝辞等。

(4) 由攻祝，归繡取冠繡于南方

简文"攻"下祝字当读为说，已如上述。《周礼·春官·大祝》六祈，五曰攻，六曰说。攻谓如救日食之鸣鼓，说谓陈论事实而责之。《秋官·庶氏》郑玄注云："攻说，祈名，祈其神，求去之也。"简文攻祝即攻说，谓以攻说之礼祈南方神祇，求去不祥，并归（馈）以繡（佩）取（緅）与冠繡。与赞词之祝字同而义有别。

六、释"肪窔""肪又牘"

卜筮简中有同一天内分别由五位贞人为卲㐰举行十次卜筮的记录（详简226—248）。前五次卜筮的问辞是"出人寺（侍）王，躬身尚毋又（有）咎"，贞人占之，均云：少有忧于自身与宫室。且由誓吉所占，竟是"无咎无祟"。故其下文破例不必"以其古敓之"。后五次的问辞则不涉及"出入侍王"之事，而是反复强调"既心疾，以止燹，不甘食，舊（久）不瘳。"足见卲㐰在同天内病情骤起变化，以致贞人不得不筮之又筮。简文"心疾"即"心痛"，《韩非子·十过》："（共王）令人召司马子反，司马子反辞以心疾。"这段文字，《淮南子·人间训》作"使人召司马子反，司马子反辞以心痛"，是其证。简文"止燹"即上气，《周礼·疾医》："冬时有嗽，上气疾。"注："上气，逆喘也。"《素问·五脏生成论》云："欬欶上气，厥在胸中。"又《生气通天论》云："上逆而欬，发为痿厥。"是说由心脏疾患会引起气逆闭而昏厥，可见"上气"的预后是相当严重的。"不甘食"即所谓食不甘味。《战国策·楚策一》：楚威王曰："寡人卧不安席，食不甘味，心摇摇如悬旌，而无所终薄。"简文"舊不瘳"之舊读为久，舊、久古音同可通，柩字古文作匶可资佐证。瘳字周凤五以为瘥字，《说文》："瘥，瘉也，从疒差声。"或作差。《方言三》："差、间，愈也。""舊不瘳"犹言疾病久久不见好转（参周凤五《包山楚简考释》，中国古文字研究会第九届年会论文，1992年）。总之，从留夏之月己卯之日起所举行的十次卜筮及其命辞来看，左尹卲㐰的病情已经恶化，故求贞者期望疾病速愈，免除灾祸。可是占辞却反复出现"疾難瘥"，"疾变，有瘇"，"疠递瘥"，"疾变，肪窔"以及"肪有瘇"等语，其中"肪窔"及"肪有瘇"则是病情恶化的具体表现，故略为之申说。

按"肪窔"、"肪有瘇"二肪字皆为疠之讹体，简文疒旁作𠂇或𠂆，爿旁作𠂇或𠂆，形体十分接近，故常写混，如疾（简207、218、239、245）或作㹜（简236）；瘥（简240、243、245、247）或作𤵸（简236、243）；疠（简243）或作肪（简207、218、247、250）。疠字，周凤五以为病之异体，属丙、方声旁通用之例，故简250之"瘨肪"亦即瘨病（参上引周文）。窔字从穴交声，《说文》："窔，窅窔，深也。"又"窅，冥也。"《广韵·啸韵》："窔，隐暗处。"隐暗处即深幽之处，药力不可及，即所谓病入膏肓。

瘇字简文作𤷾（简240），望山简有残文𤷾，当与此同字。包山简或作𤷾（简247），从爿償声，字书所无。償又见于简52、55、64、174，均用为人名，其义不明。此字益以爿旁，依简文爿、疒形近易混之例，此字既言疾病，当是疒旁之写讹。爿古床字，病者之所倚，声符皆兼有表义，当是个从广从人（或省去）从贝从皆、皆亦声的字。《说文》："皆，危高也，读若臬。"瘇字从广皆亦声，引伸之而有病情危重、危殆之意。简文屡言左尹卲𦾰"下心而疾"、"疠心疾"、"既腹心疾"，可见卲𦾰生前患有严重的心脏病。又屡言"上气"、"少气"，《素问·九候论》云"少气不足息者危"，即呼吸困难。瘇字从广皆亦声，有危重、危急、危殆之意，与简文"疾变，有瘇"、"病有瘇"正合。

七、释𦱷𦱷

卜筮简屡见𦱷𦱷二字，《包山楚简》隶定作遽膚，考释云："遽，读为兼，《说文》：'兼，并也。'《广雅·释诂四》：'兼，同也。'"（见该书考释369、428）周凤五于前者改隶为遽字，读为急；于后者考定为瘥字（见上引周文一、四节）。使相关简文略可通读。本节试在周文的基础上做点补充，就正于周先生和各位方家。

关于第一个字，周文认为并不从兼，并指出："简文上半所从似艸，下半又似从竹，缺乏禾穗饱满下垂的基本特征。"因据《汗简》遽之古文作𦱷而改隶写为遽，读为急。然细审原简，此字在简文中出现不下十次，其声符约有一半以上分书作※、※,左右二体并不相连,因颇疑此字是"速"字的讹体。战国文字变单为复、变断为联的现象十分普遍,此亦讹变之一例。究其过程,当先是朿字简化为※,犹玺文中之作占、陶文朿之作冬;继而※上下离析成朵;再变复为※,连写作※;复稍装饰并益以辵旁,便成为简文的⿺辶※字。望山简此字作⿺辶※,上下并未断离,似从并列的朱字。朱、朿古音为侯屋对转,古可通假。然则此字无论从朿从朱得声,皆为速字无疑。⿺辶※之为速,不但"尚速瘥"、"疾速瘥"、"志事速得,皆速赛之"等简文变得明白如话,其他相关简文亦均可畅达无碍。

关于瘥字,周文从"尚⿺辶※瘥"一语揣测此字很可能是形容疾病痊愈的用语,并从字之结构从疒从又虘声,以声韵推求,认为就是瘥字。这是很正确的。下面略作补充:

从形体结构分析,瘥当是疽字的繁构。《说文》疽古文作遭,虘籀文作遭,可见虘乃赘符。昰亦且之繁化,如虢季子组毁组作綖,中山王礜鼎、壶之祖均作禔,皆其例。而"且"之作虘,更是楚系文字所习见,如《尔雅·释天》"六月为且",长沙楚帛书作虘;组绣之组,仰天湖楚简作繨或繨;连词之且,包山简作虘。《汗简·且部》引王庶子碑且正作虘。准此,可知瘥即疽之繁形,其作瘥者,乃疒旁之写讹,宜视为讹体,并非同字异构。

从声韵考察,疽瘥二字并为从母,但疽在鱼部、瘥属歌部。上古鱼歌非常接近,二者通转之例甚多,如吾与我、汝与尔、迂与逶、蘆与萝、驢与骡、胡与何、无与靡、吐与唾(并见王力《同源字典》)等等,因知疽瘥亦属鱼歌通转之例。

包山楚简有瘥而无瘥字,天星观楚简有瘥似无瘥字,二者适可互补。天星观简瘥字作瘥,与包山简瘥字结构相同,只是声符虘易为差。《方言三》:"差、间,愈也。南楚病愈者谓之间。"是差、间均为南楚语,并均见于楚简。天星观简之瘥,望山、包山简书作瘥。这种现象,或许正是鱼歌二部在楚方言中混用不别的反映。

附记:本文所引包山楚简释文,凡与《包山楚简》一书不同者,多采自中国古文字研究会第九届学术研讨会上通人之释,特申谢忱。

(原载《第二届国际中国古文字学术研讨会论文集》,香港中文大学,1993年10月)

试论银雀山汉墓竹书《孙子兵法》

1972年4月间，山东临沂银雀山一号墓出土了大批古代兵书，我国现存最早的两部军事名著《孙子兵法》和《孙膑兵法》也被同时发现①。这不但使失传一千多年的《孙膑兵法》重新问世；同时，由于有了二千多年前的古本竹书可资参校，对《孙子兵法》历来存在的悬案和争论，也有可能解决。本文试就几个有关问题谈谈个人的认识。

一、竹书《孙子兵法》的概貌

竹书发现时，编绳早已腐朽，竹简散乱失次，部分还和淤泥相胶结。残断情况严重，要恢复竹书《孙子兵法》的原貌已不可能。经过文物保护工作者精心的冲洗修复，竹简整理小组依据书体、文义、编组痕迹和残简断口等关系，进行拼复系联，终于整理出属于《孙子兵法》十三篇的整简和残简近300枚，计2600多字，接近宋本《孙子》全文的二分之一②；另外，还发现与《孙子兵法》有关的佚文5篇，计1300多字。现这两部分已编为上下两编出版③，我们从中可以看到距今二千多年的竹书《孙子兵法》的概貌。

古本竹书与通行本宋本《孙子》有何异同呢？只要把两者加以对照，就不难发现，竹书《孙子兵法》与宋本《孙子》内容基本相符，但也存在明显的差异，表现在：

（1）竹书行文简约。如宋本《虚实》篇："能因敌变化而取胜者谓之神"，竹书作"能与敌化之谓神"；宋本《九地》篇："此谓巧能成事者也"，竹书作"此谓巧事"；宋本同上篇："施无法之赏，悬无政之令"，竹书上下句首无"施"、"悬"二字；宋本《用间》篇："必取于人知敌

---

① 山东省博物馆、临沂文物组：《临沂银雀山汉墓发掘简报》，载《文物》1974年第2期。
② 据孙诒让统计，宋本《孙子》共5913字（见《札迻》卷十）。
③ 银雀山汉墓竹简整理小组编：《孙子兵法》，文物出版社1976年版。

之情者"，竹书作"必取于人知者"。

（2）竹书多用借字、古字。借字如胃（谓）、皮（彼）、立（位）、冬（终）；轻（经）、视（示）、适（敌）、请（情）；绩（策）、拳（倦）、贼（测）、葆（宝）等，约七八十个。古字如执（势）、毆（驱）、县（悬）、恿（勇）等。宋本则一般都改用本字、今字。

（3）竹书不避皇帝名讳。竹书《实虚》篇："兵无成势，无恒形"，"五行无恒胜"，《九地》篇："衛然者恒山之〔蛇也〕"①，"恒"宋本作"常"，当是汉人避文帝刘恒名讳所改。竹书《九地》篇："四彻者衢地也"，"彻"十一家本作"达"，武经本作"通"，亦是汉人避武帝刘彻名讳所改。竹书《军争》篇："〔鼓金〕旌旗者所以壹人之耳目也，民澶已抟……"，"民"宋本作"人"，当是唐人避太宗李世民名讳所改。

（4）竹书用字有较宋本优胜处。如宋本《形》篇："胜者之战民也"，竹书句首有"称"字。称者，权衡、较量也。结合上下文意，似竹书更符合孙子军事思想。宋本《虚实》篇："行千里而不劳者，行无人之地也"，"劳"字竹书作"畏"，联系下句来看，"畏"更切合实际。宋本《行军》篇："战隆无登"，"隆"字竹书作"降"，隆从降声，二字古可通用，但细审文义，作"降"更为合理。宋本同上篇："汲而先饮"，竹书与《通典》、《御览》引文同作"汲役先饮"。据《公羊·宣公十二年传》："汲水浆者曰役。"可见，作"汲役先饮"者文义见长。宋本《九地》篇："非霸王之兵也"，"霸王"竹书作"王霸"，考之古籍，作"王霸"更合乎古代用语习惯。宋本《用间》篇："三军之事，莫亲于间"，竹书作"三军之亲，莫亲于间"，文意更加连贯。

从竹书《孙子兵法》，还可以看到古代书籍的具体形制。竹书是造纸术尚未发明或已发明而未广泛应用之前，我国流行的早期书籍形态。它用竹签作书写材料。单一的竹签叫简，把简编联起来的叫册或篇。竹书《孙子兵法》简长27厘米，宽0.5至0.9厘米，厚0.1至0.2厘米。简与简之间用三道编绳编联，上下留天头地脚。虽编绳多已腐蚀，然仍留有明显的痕迹，可以看出这批简是先编后写的。写时用毛笔蘸墨在简上单行直书，每简三十余字，也有超过四十字的。通常把一组首尾完整的文字写完，就是一篇完整的竹书。

---

① 方括号内表示原简已残而据宋本或上下文义可以补出的字。下仿此。

单篇竹书，首简为篇首，简背写篇名；末简为篇末，一般记有全篇字数。收藏时从末简卷起，由里到外。正文向内，利于保存；篇题向外，便于寻找。阅览时打开篇卷，可以左右舒卷，这就是后世线装书称篇、称卷所由来。竹书出土时，竹简上置两枚"半两钱"和一枚"三铢钱"，可能是穿在竹简绳头上以便捆缚，像后世函套上的骨别子一样。

竹书字体属早期隶书，较规整，但各篇书体和行款不尽一致，非一人一时所书。《九变》、《火攻》篇书体更特殊，分明出自不同书手的手笔。又《形》篇文字多重复，原是两个抄本。就已出现的文字而言，两个抄本完全一致，当时抄书之谨慎和严格可见一斑。

同竹书一起出土的，还有一些系在书囊外面的抄列竹书篇题的木牍。书囊后来发展为帙或函，木牍则相当于后世书籍的目录。估计竹书各篇篇次就是照这个目录排列的。可惜《孙子兵法》篇题木牍已经残碎。从残存的六片碎片拼成的残牍上，还可以隐约看出《孙子兵法》的部分篇名。从篇名排列行次分析，可以进一步判断木牍原有十三个篇题，分上下两部分。上部六篇，下部七篇。部下记字数总计。尽管木牍的篇名、篇次与今本稍有出入，但拿它与简本内容互相参证，则可推知十三篇的《孙子兵法》原是足本。由此可以断言，早在西汉前期，它就是一部独立的、完整的兵书。

二、竹书《孙子兵法》的抄写年代

竹书既出土于银雀山一号汉墓，则墓葬年代就成为判断竹书抄写年代的重要依据。

前面谈到，墓中出有"三铢钱"和"半两钱"。据《汉书》记载：武帝建元元年行三铢钱，五年罢三铢钱行半两钱，元狩五年罢半两钱行五铢钱。后历宣、元、成、哀、平五世，均未改变[①]。由于墓葬没有发现"五铢钱"，便可推断墓葬当在汉武帝建元元年（前140年）至元狩五年（前118年）之间。这是竹书抄写年代的下限。

至于上限，目前尚无确切凭证。从避讳看，在同墓出土竹书里，邦（高帝名）、盈（惠帝名）、恒（文帝名）、彻（武帝名）诸字常见；雉

---

① 见《汉书》：《武帝纪》、《食货志》。

（吕后名）、启（景帝名）二字偶有出现。虽汉初避讳不严，但与同时期的其他资料相比，竹书不避讳的现象当非偶然。从文字看，属竹书《孙子兵法》一类早期隶书，结构与湖北云梦睡虎地秦简接近，笔法体势却介于马王堆帛书《老子》甲、乙本之间，即篆书意味不及甲本浓，用笔体势也不及乙本平直方正。这样，《孙子兵法》一类早期隶书可能比《老子》乙本还要早。但《老子》乙本都改甲本中的"邦"字为"国"字，抄写者避刘邦名讳是显而易见的。如果说，《老子》乙本是在刘邦称帝后抄写的①，那么，竹书《孙子兵法》比《老子》乙本更带篆意的早期隶书，又不避刘邦等名讳，就可能是刘邦称帝前抄写的了。另外，同墓出土竹书中还有一种风格特殊的斜体字（如即将出版的竹书《六韬》），它比《孙子兵法》一类的书体，更带浓厚的篆书意味，其抄写年代或许还要早些。它们和《孙子兵法》一样，都应是墓主生前珍藏的旧抄本，其年代上限，可能在汉初或至秦末。顺便指出，墓中出有大量兵书和其他随葬器物，唯独没有发现兵器，似乎可以说明墓主生前并非武职官员，可能只是一位古代兵法的爱好者，或者是一位熟知兵法的兵家。他生前注意搜集和保存这么丰富的兵书，死后把它作为殉葬品，也是合乎情理的。

此外，今本《孙子·用间》篇上说："昔殷之兴也，伊挚在夏，周之兴也，吕牙在殷"，竹书《孙子兵法》于此段文字后增"燕之兴也，苏秦在齐"等语。苏秦时代远在孙武之后，则竹书溢出的这些话大概是战国末期齐人作为"用间"的典型事例而掺入本文的。临沂古属齐地，似乎可以认为竹书《孙子兵法》是流行于齐地的一个抄本。它与今本《孙子》略有出入，但却与《通典》、《北堂书钞》、《长短经》、《太平御览》等保存下来的《孙子》引文往往相合，或隋唐之际尚可见到这个抄本，亦有可能。

三、竹书《孙子兵法》解决若干有争议的问题

（1）关于作者问题

《孙子兵法》是春秋末期吴国孙武所作，自汉至唐均无异议。北宋梅

---

① 高亨、池曦明：《试谈马王堆汉墓的帛书〈老子〉》，载《文物》1974年第11期。

尧臣首先发疑，以为《孙子兵法》乃"战国相倾之说"①。南宋叶适更以孙武事迹不见《左传》，极力贬斥孙子书为春秋战国初山林处士所假托②。此后聚讼纷纭，至近代尤甚。由于《史记》记载有两个孙子而传世只有一部《孙子兵法》，故学者中有主张《孙子兵法》的作者是孙武的，有认定孙膑的，有以为奠基于孙武而成书于孙膑的，还有认为现行十三篇是由魏武帝曹操删削而成的。清·姚际恒《古今伪书考》写道："孙武者，其有耶？其无耶？其有之而不必如史迁之所云耶？其书自为耶？抑其后之徒为之耶？皆不得而知也。"可见《孙子兵法》的作者问题仍然悬而未决。

最早记载《孙子兵法》的是《史记》，该书《孙子吴起列传》上说："孙子武者，齐人也。以兵法见于吴王阖庐。阖庐曰：'子之十三篇，吾尽观之矣。'""阖庐知孙子能用兵，卒以为将。西破强楚，入郢，北威齐晋，名显诸侯。"又说："孙武既死，后百余岁有孙膑。膑生于阿、鄄之间，膑亦武之后世子孙也。""（田）忌进孙子于威王，威王问兵法，遂以为师……""孙膑以此名显天下，世传其兵法。"这些引文说明孙武和孙膑确有其人，他们各有兵法传世，而兵法十三篇的作者是孙武。班固《汉书·艺文志》兵权谋家下也载有《吴孙子》和《齐孙子》二书。其后后者失传，《隋书·经籍志》遂不见著录。由于历史上有两个孙子而只传下一部兵法，且传下的《孙子兵法》篇数与《汉书》所记《吴孙子》不合，这就引起后代学者对《孙子兵法》作者的争论。

现在，银雀山汉墓竹书中果然出现两个孙子：一个与吴王阖庐论晋国六卿兵制得失（《孙子兵法》佚文《吴问》）并以兵法试诸妇人（《孙子兵法》佚文《见吴王》）的，是孙武；一个与齐威王、田忌论兵（见《孙膑兵法》中《见威王》、《威王问》、《陈忌问垒》诸篇），并于桂陵之役擒获庞涓（《孙膑兵法·擒庞涓》）的，是孙膑。两人相隔一百多年，都有兵法传世。出土的《孙子兵法》和《孙膑兵法》是两部兵书，各有具体内容和时代特色，是《吴孙子》和《齐孙子》的前身当不成问题。尤其是《孙子兵法》佚文《见吴王》篇中两处提到"十三篇"，更是《史记》所说孙武以兵法十三篇进见吴王阖庐的确证。由于竹书的抄写比

---

① 见梅尧臣《孙子注》中欧阳修《后序》。
② 见叶适《习学纪言》中《读孙子》。

司马迁写《史记》的年代早得多①，这就更加有力地证明：《史记》关于孙子的记述是可靠的；《汉书·艺文志》关于《吴孙子》和《齐孙子》的著录也是有根据的。《孙子兵法》的作者是春秋末吴国的孙武也就可以确定了。这样，因《孙膑兵法》失传而产生的这宗疑案，终究由于《孙子兵法》与《孙膑兵法》的同时被发现而顺利解决了。

（2）关于篇卷问题

《孙子兵法》的篇卷数目，历代著录虽有异同，而汉魏间的记载差异尤大：《史记》称《孙子兵法》十三篇；《汉书·艺文志》著录《吴孙子》八十二篇，图九卷；《魏志·武帝纪》注引孙盛《异同杂录》谓曹操注《孙子兵法》十三篇。真是大起大落，相去悬殊。

这里有两个问题值得注意：一、按书籍传布的一般情况，时代在后的篇数应少于前，《汉书》在《史记》后一百多年，为什么著录篇数反多出几倍？二、曹操比班固又晚六十多年，所注《孙子兵法》十三篇篇数已少于前，但为何竟与《史记》所称篇数相合？

对于这些问题，历代学者间有过种种解释：

唐·杜牧认为，曹注十三篇是曹操删削十余万言的兵书而重编的。他在《孙子注·自序》中说："武所著书，凡十数万言，曹魏武削其繁剩，笔其精切，凡十三篇，成为一编。"南宋·叶适却怀疑《汉书·艺文志》八十二篇只是章节顺序之类而非兵书篇数。他在《习学纪言》中说："司马迁称孙子十三篇，两言之，而班固艺文志乃言吴孙子兵法八十二篇。又吴起四十八篇，而今吴起六篇而已。又中庸一篇，而志称四十九篇。岂昔所谓篇者，特章次之比，非今之粹书也。"清·孙星衍则在《刻书序》中说："宋雕本《孙子》三卷，魏武帝注，见《汉书·艺文志》者，《孙子》篇卷不止此。然《史记》已称十三篇，则此为完书。篇多者反由汉人辑录。"孙氏以为曹注十三篇与《史记》所称十三篇相同，都是《孙子兵法》的足本，《汉书》多出的六十九篇乃汉人所辑录。

竹书《孙子兵法》的出土，证明孙星衍的判断是正确的。如前所述，早在《史记》以前，《兵法》十三篇已经是一部独立的、完整的军事著

---

① 据王国维《太史公行年考》，考定司马迁《报任安书》写于汉武帝太始四年（前93年）冬十一月。此时《史记》一百三十篇才基本完成。竹书《孙子兵法》抄写年代的下限（前118年）比此还要早些。

作。十三篇以外的其他篇章，尽管有的写作年代很早①，但仍属后人的辑录，与十三篇本文有着严格的区别。孝武时期的司马迁大概有鉴于此，才单独举称《兵法》十三篇为孙武所作，而把后人辑录的其他篇章排除在十三篇之外。可见当时两者的界限是十分明确的。到了成、哀时期，刘向据步兵校尉任宏所校兵书，"条其篇目，撮其旨要，录而奏之。"《太平御览》卷二百七十六引刘向《新序》说："孙武、乐毅之徒，皆前世之贤将也，久远深奥，其事难知。"可见，刘向已经感到孙子其人其事深奥难知，因而对其书其目，对十三篇与其他篇章的界限，也就没有司马迁当时那样清楚。向死后，子刘歆继承父业，"总群书而奏其七略"。《七略》今虽不传，但从后人辑录的佚文可以看到，刘氏父子校订群书的程序，一般都经过广集众本，订正讹误，比勘异同，删除重复，定著篇数，条列篇目，最后才杀青缮写的。其中，"广集众本，删除重复"，是他们的基本方法。其所定著的篇数和条列的篇目，就是用这个基本方法所得的结果。就是说，向、歆父子集中当时能搜罗到的官私藏本，去同存异，把不重复的依次编录，定著为若干篇。这样一来，固然可以把不同来源的同一类书兼收并蓄，但也就失之芜杂，定著的篇数和条列的篇目也必空前膨胀。班固《汉书·艺文志》既据《七略》成文，则《吴孙子》篇数激增至八十二篇的原因恐怕就在这里。

东汉末年，作为卓越的军事家的曹操，十分推崇《孙子兵法》②，并做了许多有意义的工作。一方面，他亲自为《孙子兵法》作注。他说：孙武"为吴王阖庐作兵法一十三篇……审计重举，明画深图，不可相诬。而但世人未之深亮训说，况文烦富，行于世者，失其旨要，故撰为略解焉"③。另一方面。又据十三篇的《孙子兵法》对八十二篇的《吴孙子》做一番甄别、清理工作，把后人辑录的六十九篇加以剔除，另为《续孙

---

① 竹书《孙子兵法》佚文《吴问》篇，据吴树平先生考定，是在智氏亡到赵韩魏三家自立为侯（前453年至前403年）这五十年内撰写的，距离孙武在吴主要活动于吴王阖庐当政之时（前514年至前496年）相去不远。见《从银雀山汉墓竹简〈吴问〉看孙武的法家思想》，载《文物》1975年第4期。

② 曹操："吾观兵书战策多矣，孙武所著深矣。"（见《孙子兵法·序》）

③ 曹操：《孙子兵法·序》。

子兵法》二卷①。曹操的这些工作，是《孙子兵法》得以长期流传下来的重要因素之一。

曹操另辑的《续孙子兵法》二卷，似隋唐时尚可见到。张守节《史记正义》引梁·阮孝绪《七录》云：《孙子兵法》三卷。并按：十三篇为上卷，又有中、下二卷。或中下二卷即曹辑的《续孙子兵法》二卷，亦即十三篇以外的六十九篇。此外，散见于隋唐志及诸书征引的还有数种：如《孙子八阵图》（郑玄注《周礼》所引）、《孙子牝牡八变阵图》、《孙子战斗六甲兵法》（见《隋志》）、《孙子三十二垒经》（见《通典》）、《孙子兵法杂占》（见《隋志》及《太平御览》）等，可能就是《续孙子兵法》的遗文。

过去有人怀疑杜牧关于曹操删削兵法之说的可靠性②。试把汉初竹书与曹注本相比较，即可发现二者的一致性，可以证明曹操删削的不是十三篇的《孙子兵法》，而是八十二篇的《吴孙子》。杜牧说"武书十数万言"，显然指八十二篇而言。兵法从十三篇到八十二篇，有个增益的过程，这是刘氏父子鉴别未精所致；从八十二篇到十三篇，也有个删削的过程，这就要归功于曹操了。总之，十三篇是《孙子兵法》的定数，它早就是一部完整的、独立的兵书，二千五百年来未尝失佚过③。《吴孙子》八十二篇中也包含十三篇；另外六十九篇才是后人辑录的，与十三篇本文有严格的区别。曹操删削兵法，若指其摘取八十二篇之文重新编定为十三篇则误，若指其剔除十三篇以外的六十九篇，则是合乎实际的。

(3) 关于《九变》篇问题

《九变》篇篇名也是历代注家争论的问题。那是由于篇首所举十事与篇名数目不侔引起的。《九变》篇开头一段是："孙子曰：凡用兵之法，将受命于君，合军聚众。圮地无舍，衢地交合，绝地无留，围地则谋，死地则战。涂有所不由，军有所不击，城有所不攻，地有所不争，君命有所不受。故将通于九变之利者，知用兵矣。将不通于九变之利者，虽知地

---

① 姚振宗《三国艺文志》载：魏武帝《续孙子兵法》二卷。并按："此疑取《孙子》十三篇外之文以为是编。"

② 见《四库全书提要》，章学诚《校雠通义》，顾实《汉书艺文志讲疏》等。

③ 据《史记·伍子胥列传》，吴王阖庐三年（前512年）孙武谏阻吴王入郢。则孙武当在此前入吴。《孙子吴起列传》，吴王阖庐初见孙武时说："子之十三篇，吾尽观之矣。"则十三篇又当作于孙武入吴之前，距今差不多二千五百年了。

形，不能得地之利矣。治兵不知九变之术，虽知五利，不能得人之用矣。"

宋·何延锡说："孙子以九变名篇，解者十有余家，皆不条其九变之目者何也？盖自圮地无舍而下，至君命有所不受，其数十矣，使人不得不惑。"名《九变》而举十事，就成为争论的焦点。对此，从曹操起就存在两种解释。曹操说："变其正，得其所用者九也。""九"是泛指多数。正如王晳所说："九者，数之极也"。但为何《九地》篇中又刚好列举了有利于用兵克敌的九种地事名目？《九变》篇开头如此整齐地排举十事，岂与篇名完全无关？所以，泛指多数的说法还不能令人满意。曹操又在"虽知五利"句下注解说："谓下五事也。九变，一曰五变。"意思是说，自"涂有所不由"至"君命有所不受"五事为五利，也叫五变。这是他提出的另一解释。唐·李筌、宋·梅尧臣皆主此说。但正如宋·郑友贤所指摘的，"李筌以涂有所不由而下五利兼之为十变，误也。复指下文为五利，何尝有五利之义也。"所以，五变五利说也有令人费解之处。

于是，又有"九变"即"九地之变"的说法，张预、郑友贤、何延锡等皆持此论。理由是篇首所举十事中，前五事都属地事，下文"将不通于九变之利者，虽知地形，不能得地利矣"，所言九变也与地形、地利有关，故知九变乃指九地之变。但既为九地之变，为何"九变"而只言"五事"？张预以为"举其大略"，郑友贤怪其"阙而失次"，而何氏自己更怀疑说："十事之中，君命有所不受且非地事，昭然不类矣。"

因此又有一说，称十事中的前九事为"九变"，而单独断开，末句"君命有所不受"，另作解释。如贾林说："变之则九，数之则十，故君命不在常变例也。"此说与竹书《孙子兵法》佚文《四变》篇所言基本相符。这篇佚文在解释"涂有所不由"以下四句后接着说："君命有所不行者，君命有反此四变者，则弗行也。"据此，知"涂有所不由"以下四事为"四变"，则"九变"当指"圮地无舍"至"地有所不争"九事而言，就一目了然。张预注引"或曰"说："自圮地无舍至地有所不争为九变，谓此九事皆不从中覆，但临时制宜，故统之以君命有所不受。"这至少同上述佚文作者的解释是一致的。至于明人刘寅、赵本学因怀疑《九变》篇篇名而乱改原文①，则是一种轻率的态度，是不可取的。

---

① 见刘寅《孙子直解》，赵本学《孙子注》。

四、竹书《孙子兵法》可作为订正今本的参考

竹书的重要价值还在于可据以订正今本。概括起来，有下列三个方面：

（1）订正篇名篇次

竹书篇名见于《孙子兵法》篇题残牍的有：《势》、《行军》、《军争》、《实虚》、《地形》、《九地》、《用间》、《火攻》八篇；见于竹书篇首简背的有：《作战》、《形》、《势》、《实虚》、《九地》、《火攻》、《用间》七篇。两者互为补充，可见到的竹书篇名有十。十三篇中，尚有《计》、《谋攻》、《九变》三篇篇名未见，但有残简发现，肯定各自是十三篇中的一篇。用竹书订正今本篇名篇次有四点可资参考。

其一，竹书《实虚》篇今本作《虚实》，按十三篇排列次序总是先讲物质基础后讲主观指导作用，先讲常法后讲变法来分析，以"实虚"名篇，当更切合孙子军事思想①。

其二，已发现的十篇篇名，除《实虚》篇外，都与宋本《十一家注孙子》相同，而与《武经七书》本《孙子》小异。竹书之《形》篇、《势》篇，武经本分别作《军形》、《兵势》。此大概是后人据曹注所增益。牍题解《形》篇曰："军之形也。"题解《势》篇曰："用兵任势也。"《军形》、《兵势》之名或即由此而来。

其三，据《孙子兵法》篇题残牍，十三篇原分两部分：木牍第一排和第二排前二行记前六篇篇名及总字数，属上部；第二排后三行及第三排记后七篇篇名及总字数，属下部。证以《隋书·经籍志》，兵部载有：魏武帝注《孙子兵法》二卷；张子尚注《孙子兵经》二卷；吴·沈友撰《孙子兵法》二卷。据《三国志·吴志·孙权传》裴松之注所引《吴录》，知沈友生于汉灵帝熹平五年（176年），卒于汉献帝建安九年（204年），其书或成于曹注之前。又支伟成《孙子兵法史证》谓张子尚为曹魏时人。要之，沈友、曹操、张子尚均为汉末三国时人，是最早为《孙子兵法》作注的三家。他们都析《孙子兵法》十三篇为二卷，绝非巧合。此外，《隋书·经籍志》载：梁有孟氏解诂《孙子兵法》二卷；《通志·

---

① 詹立波：《略谈临沂汉墓竹简〈孙子兵法〉》，载《文物》1974年第12期。

兵略》载：萧吉注《孙子兵法》二卷；《新唐书》有：唐·李筌注《孙子兵法》二卷。孟、萧、李是六朝隋唐间人，他们与前三家一样都把《孙子兵法》析为上下卷，亦必有所本。它们同《孙子兵法》篇题木牍分十三篇为上下两部分正好一致，可以互相印证。可见今本《孙子》析十三篇为三卷或十三卷者，都是后起的分法。

其四，竹书十三篇据木牍排列次序，与今本出入较大。如竹书《实虚》在《军争》之后，属下部；今本《虚实》却在《军争》之前。竹书《行军》篇在《军争》之前，属上部；今本《行军》则在《军争》、《九变》之后。又竹书《火攻》在《用间》之后，置于书末；今本《用间》在书末，而置《火攻》于《用间》之前。虽竹书篇次因木牍残缺而不能完全确定，但仅就《用间》、《火攻》先后而论，亦可见其优劣。曹操曰："战者必用间谍以知敌之情实也。"大凡火攻之前总须派间谍侦察敌情而后行事，似可说明竹书篇次较今本为优。

（2）校正文字讹误

宋本《孙子》的误字，前人已有所披露。孙星衍依《通典》、《太平御览》引文整理《孙子》，改正了不少误字①。现据竹书与宋本校雠，证明孙氏改正的误字，不少是可信的。如宋本《势》篇："兵之所加，如以碫投卵者，虚实是也。"孙氏谓碫为碬之误字，竹书果作"碬"，碬碫字通。十一家本《虚实》篇："故佚能劳之，饱能饑之"，孙氏以饑为饥字之误，竹书果作"饥"。按饑为饑荒之饑，而饥才是饥饿之饥，作饥者是。又宋本同上篇："出其所不趋，趋其所不意"，竹书作"出其所必〔趋也〕"，其下无"趋其所不意"句。孙氏据曹注改"不趋"为"必趋"，亦与竹书合。宋本同上篇："水之形避高而趋下，兵之形避实而击虚。"孙氏据《通典》、《御览》引文改"水之形"为"水之行"，竹书亦作"行"。又下句"水因地而制流"之"流"，竹书作"行"，据文义亦当以"行"为是。宋本《行军》篇："其所居易者，利也。"孙氏据《通典》、《御览》改为"其所居者易利也"，并云："杜佑、贾林诸家，皆以此承上文言之，不别为一事，则'者'字应在'易'字上，后人以上下文比例之，臆改在下耳。"竹书"者"字果在"易"字之上，与孙说正合。又宋本同上篇："粟马肉食，军无悬瓿，不返其舍者，穷寇也。"瓿

---

① 见孙星衍校本《孙子十家注》。

字竹书作垂。疑瓴乃甄字之形误。甄为汲水器，垂甄字通。孙氏据《通典》谓缶为垂字之误，其说可信。宋本同上篇："卒已亲附而罚不行"，《群书治要》、《通典》引文"亲附"作"附亲"，《长短经·禁令》引作"专亲"。竹书作"挎亲"，专挎字通，与《长短经》所引相合。又宋本上句"卒未亲附"的"亲附"，亦当是"挎亲"之误。宋本《九地》篇之"圮地"，《长短经·地形》引作"汜地"，《御览》引《九变》篇之"圮地"亦作"汜地"，疑宋本之"圮"乃"汜"字之误，汜、泛字通，故竹书作"泛地"。宋本《用间》篇："非微妙不能得间之实"，"实"字竹书作"葆"，知宋本作"实"者，乃"宝"字之形讹，葆宝字通也。

竹书还可据以校正传本的衍字衍句。属注文误入正文而衍的，如宋本《计》篇："故经之以五事"，竹书无"事"字。宋本《作战》篇："力屈财殚中原内虚于家"，竹书无"财殚"二字。宋本《九地》篇："当其同舟而济，遇风，其相救也如左右手。"竹书无"遇风"二字。以上盖因注中有"五事"、"财殚"、"遇风"之言而误入正文。属涉上下文而衍的，如宋本《虚实》篇："故备前则后寡，备后则前寡，备左则右寡，备右则左寡。"竹书只作"备前〔者后寡，备左〕者右寡"二句。宋本多出二句十字，疑系涉下文有以前、后、左、右分别为句而误衍的。宋本《军争》篇："故夜战多火鼓，昼战多旌旗，所以变人耳目也。"竹书此段文字次序不同，亦无"所以变人耳目"之句，疑涉上文"所以一人之耳目"句而误衍。属于因讹字而致衍的，如宋本《火攻》篇："行火必有因，烟火必素具"，竹书作"〔行〕火有因；因必素具"。古隶火必二字形近易混，疑上句因火、必形近误衍一"必"字，下句亦因火、必形近而误衍一"火"字，二句讹作"行火必有因，因火必素具"，后抄写者又改下"因"字为"烟"（武经本正作烟）以应之，"煙"为"烟"之异体，遂成今句。此外，宋本《计》篇："而不畏危"的"畏"字，《虚实》篇："亦奚益于胜败哉"的"败"字，"故兵无常势，水无常形"的"水"字，《军争》篇："则蹶上将军"的"军"字，《行军》篇："奔走而阵兵车者"的"车"，竹书皆无之，且据文义亦不当有，疑是后人臆增之文。十一家本《九地》篇："而发其机，焚舟破釜，若驱群羊"，竹书与武经本皆无"焚舟破釜"句，则可证其为衍句。至于宋本《谋攻》篇："攻城之法，为不得已"的"为不得已"，《形》篇："善守者藏于九地之下，善攻者动于九天之上"的"善攻者"，竹书皆无，但却直接涉及孙子的军事思想,似是后人有意的改动,这有待于进一步研究。

(3) 乙正简策错乱

错字误句只要寻绎文义,移易个别字句,便可贯通。若因简策错乱,有误至数十字的,则文义难通,须用心参校,文义才能通畅。四部丛书刊影印明嘉靖谈恺刻本《孙子集注》,是过去通行的传本,但其《行军》篇与宋本相校,整段文字不合者甚多。如:

① "旌旗动者乱也"至"兵非贵多,惟无武进"一段96字,宋本在"军扰者将不重也"之后,"足以并力料敌,取人而已"之前;而谈刻本则置于"必依水草而背众树"之后,"奔走而阵兵者期也"之前。

② "奔走而阵兵车者期也"至"军扰者将不重也"一段54字,宋本在"无约而请和者谋也"之后,"旌旗动者乱也"之前;而谈刻本则置于"兵非贵多,惟无武进"之后,"鸟起者伏也"之前。

③ "鸟起者伏也"至"无约而请者谋也"一段75字,宋本在"众草所障者疑也"之后,"奔走而阵兵者期也"之前;而谈刻本则置于"军扰者将不重也"之后,"凡地有绝涧"之前。

④ "凡地有绝涧"至"众草多障者疑也"一段99字,宋本在"欲涉者待其定也"之后,"鸟起者伏也"之前;而谈刻本则置于"无约而请和者谋也"之后,"此处斥泽之军也"之前。

⑤ "此处斥泽之军也"至"欲涉者待其定也"一段98字,宋本在"必依水草而背众树"之后,"凡地有绝涧"之前;而谈刻本则置于"众草多障者疑也"之后,"足以并力料敌,取人而已"之前。

这些不合之处,可据竹书简本订正。竹书《行军》篇简文发现296字,接近宋本的一半。但从已见的文字看来,竹书多与宋本相合,说明宋本次序符合《孙子兵法》原书。因此,可据宋本参照竹书以正谈刻本之误。下面四简更能说明竹书与宋本的一致性。

① 無百疾,陵丘堤□處其陽,而右倍(背)之,此兵之利,地之助也。上雨水,水流至,止涉侍(待)其定。[凡地有]

② 天井、天窖、天離、天郄、天郤,必亟去之,勿[近也。吾]遠之,敵近之。吾……

③ 軍者也。□庳(卑)而備益者,進也。辭強而[進]敺(驅)者,退也。輕車先出居厠(側)者,[陣也。無約而]

④請和者，謀也。奔走陳兵者，期也。半進者，誘也。杖而立者，饑也。汲役先飲……

以上简①末句与简②首句，简③末句与简④首句，各自相连为文。"凡地有天井、天窖、天离、天韶、天郄"紧接在"上雨水，水流至，止涉待其定"之后；"无约而请和者谋也"紧接在"轻车先出居其侧者阵也"之后。句法、序次与宋本完全一致，证明竹书简本与宋本相合而与明谈刻本不符。据竹书可以断言，按照宋本的文字顺序乙正明谈刻本的错简，是符合《孙子兵法》原来的简次的。

《孙子兵法》是我国古代军事学术宝库中放发异彩的军事典籍，它总结我国春秋战国之交战争频繁年代的战争经验和战略战术，发现了不少用于作战指导的军事规律，具有朴素唯物论和原始辩证法，在中外军事学术史上占有相当重要的地位。书中一些军事格言，至今仍然脍炙人口。毛主席就曾称赞"孙子的规律，'知己知彼，百战不殆'，仍是科学的真理"①。银雀山汉墓竹书《孙子兵法》的出土，对我们研究孙子的军事规律，批判地继承我国古代军事学术遗产，是很有意义的。

（原载《中山大学学报》1978 年第 5 期）

---

① 《毛泽东选集》二卷，第 480 页。

居延汉简研究二题

一、"刑德七舍"疏证

80年代初，笔者曾将秦简《日书》中的"日夕消长表"归纳为七式，发现它们与《淮南子·天文训》的"阴阳刑德七舍"有关①。1990年《居延新简》出版，在破城子的不同探方中又发现两枚与"刑德七舍"有关的残简。见于43号探方的简文有残缺，释文作"□术巷门庭堂□堂庭门巷术野"；见于65号探方的简文字距较疏，释文作："德堂庭门巷术野术巷门庭堂内中"②。根据文例，笔者将前一简的第一个缺文补出为"野"字，中间的缺文补出为"内中"二字。并草成《居延新简"刑德七舍"疏证》（提要）一文，于1991年7月提交在兰州举行的"中国简牍学国际学术研讨会"上讨论，引起了与会者极大的兴趣。裘锡圭同志指出这一发现很有意思，同时，他根据另一简以"德"字开头的格式，颇怀疑第一枚残简的简首除补出的"野"字外，还可能有"刑"字之残文。事关此一重要材料的准确性，因向大会提出核对原简的请求，很快就得到甘肃省文物考古研究所的同意，在何双全同志的陪同下，我和裘锡圭、朱国炤同志获准到研究所仔细察看了原简，发现该简在简首的残缺部分，确有"刑"字的残迹，证明裘锡圭同志的推测完全正确。其后，刘乐贤同志在写作博士学位论文时，又发现《居延新简》甲渠第四燧探方二出土的一枚残简上有"德所在……堂"的字样，也应属刑德七舍的内容③。至此，就居延汉简所见，已有三枚木简与刑德七舍有关。现一并揭示如下：

---

① 饶宗颐、曾宪通：《云梦秦简日书研究》，香港中文大学出版社1982年版，第81～95页。
② 见《居延新简》，文物出版社1990年版，第112、422页。
③ 刘乐贤：《睡虎地秦简日书研究》，台北文津出版社1994年版，第108～109页。

(1) 刑 野 术巷门庭堂 内中 堂庭门巷术野 （E. P. T43∶185）

(2) 德 内中 堂庭门巷术野术巷门庭堂内中 （E. P. T65∶48）

(3) ☑德所在□□堂□☑ （E. P. S4. T2∶80）

以上三简出自不同的坑位，从字体行款判断，当出于不同的书手。值得注意的是，与（1）号简相配的原本应有另一枚以"德"字开头的简；与（2）号简相配的原本也当有另一字距较疏以"刑"字开头的简；但都佚去。而幸存的两简正好互补，合成双璧，这完全是一种巧合。第（3）简"德所在"且下有"堂"字，则是对"德"在七舍中运行轨迹的说解。此外，银雀山简有"无故而庭术巷皆高其西方而下□……"者①，当亦属于此类。以上数简虽残缺不全，但从中可以看到汉代关于"刑德七舍"观念流行的情况，且可与相关文献互相印证，是十分难能可贵的。

《淮南子·天文训》云："阴阳刑德有七舍。何谓七舍？室、堂、庭、门、巷、术、野。十一月，德居室三十日，先日至十五日，后日至十五日，而徙所居，各三十日。德在室则刑在野，德在堂则刑在术，德在庭则刑在巷，阴阳相得则刑德合门。八月、二月，阴阳气均，日夜分平，故曰刑德合门。德南则生，刑南则杀，故曰：二月会而万物生，八月会而草木死。"

将《淮南子》的刑德七舍与居延汉简加以比照，便不难发现，除《淮南子》的"室"居延简作"内中"外，其余悉同。《太平经》卷四十四有"刑德"篇，其中称室为"内室"或"室中"，居延简作"内中"者盖其异名。由上引《天文训》这段文字，可知居延简之刑德，乃属阴阳之刑德，七舍则是阴阳刑德一岁运转之七个处所。德自内而渐外，刑自外而渐内，二者相对而行。《天文训》又云："北斗之神有雌雄，十一月始建于子，月徙一辰，雄左行，雌右行，五月合午谋刑，十一月合子谋德。"《淮南子》以刑德为雌雄二神，德合子左行，依次为室堂庭门巷术野，故自内而渐外；刑合午右行，依次为野术巷门庭堂室，故自外而渐内，以十二辰配十二月，十一月建子谋德与五月合午谋刑各两极，其余十

---

① 银雀山汉简残文是："……是胃（谓）通德必川谷无故而庭术巷皆高其西方而下口……"见吴九龙《银雀山汉简释文》0597简（阴·一二），1985年版。

二月同十月（丑亥）；正月同九月（寅戌）；二月同八月（卯酉）；三月同七月（辰申）；四月同六月（巳未），共有七式，配以七舍，依次而行。表示如次：

```
                        德
室              十一月（子）
堂    十月（亥）              十二月（丑）
庭    九月（戌）              正月（寅）
门    八月（酉）              二月（卯）
巷    七月（申）              三月（辰）
术    六月（未）              四月（巳）
野              五月（午）
                        刑
```

根据清·钱塘《天文训补注》，《淮南子》所谓的七舍，是指日月刑德阴阳之所居，自子至午有七辰，故谓七舍。"室为子，堂为丑亥，庭为寅戌，门为卯酉，巷为辰申，术为巳未，野为午，此七舍，以门为中，在门内者为庭堂室，在门外者为巷术野。"至于何以冬至为德？夏至为刑？《天文训》的解释是："日冬至则斗北中绳，阴气极，阳气萌，故曰冬至为德；日夏至则斗南中绳，阳气极，阴气萌，故曰夏至为刑。"这就把刑德的概念同斗柄的运转及阴阳二气的消长直接联系起来，使刑德具有"月气"的属性。

与"七舍"相类的还有"七衡"，见于《周髀算经》的"七衡图"，是用图解方式来表明廿四节气与刑德之间的关系的。七衡图以北极为中心，从里到外共有七圈，每圈一衡，谓之"七衡"。第一衡即最内衡为夏至日道，第二衡为小满、大暑日道，第三衡为谷雨、处暑日道，第四衡即中衡，相当于春秋分日道，第五衡为雨水、霜降日道，第六衡为大寒、小雪日道，第七衡即最外行，为夏至日道。衡与衡之间称为"间"，共得六间。七衡相当于十二个月的中气，六间则相当于十二个月的节气，其运转周期也存在七式，与上述阴阳刑德七舍之月气大致相同。详下《周髀算经》七衡图。

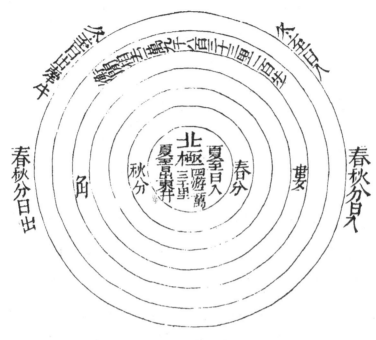

《周髀算经》七衡图

根据陈遵妫《中国天文学史》对《周髀算经》的研究，七衡图内衡"春分"、"秋分"四字和外衡"春秋分日出"、"春秋分日入"十字，都应写在第四圈的旁边，因为这十四字都是对第四衡"春秋分日道"所作的说明（见《中国天文学史》第一册第131页）。七衡图是古代周髀家运用勾股法观测天地，通过圆规式平面图来说明一年节气的变化，它同《淮南子》的阴阳刑德七舍一样，都反映太阳在一年内的运行规律，犹以二至二分最为明显。例如：

七衡中的外衡为冬至日道，相当于七舍的室；七衡中的中衡为春秋分日道，相当于七舍的门；七衡中的内衡为夏至日道，相当于七舍中的野。馀类推。

我们再将秦简《日书》的"日夕消长表"，按照"二至二分"的排列方式，正好排成七式，且可与《淮南子》及居延汉简的七舍和《周髀算经》的七衡相搭配，从中可以看到它们之间有着密切的关系。

七式	秦简日夕消长表			《周髀》七衡	《淮南子》《居延简》七舍
(1) 式	十一月（子）	日五夕十一		外衡	刑　　德 野　　室（内中）
(2) 式	十月（亥）	日六夕十	十二月（丑）	第六衡	术　　堂
(3) 式	九月（戌）	日七夕九	正月（寅）	第五衡	巷　　庭
(4) 式	八月（酉）	日八夕八	二月（卯）	中衡	门　　门
(5) 式	七月（申）	日九夕七	三月（辰）	第三衡	庭　　巷
(6) 式	六月（未）	日十夕六	四月（巳）	第二衡	堂　　术
(7) 式	五月（午）	日十一夕五		内衡	室（内中）野

　　上表秦简"日夕消长表"见于《日书》，它表明一年十二个月中昼夜长短的变化，共七式，正可与《周髀算经》的七衡和《淮南子》及居延汉简的刑德七舍互相抉发和证明。从表中可以看到：(1) 式为冬至日道，日五夕十一，昼最短而夜最长，相当于七衡中的外衡和七舍中的室（《淮南子》）或内中（居延汉简）。所谓阴气极、阳气萌，故为德；(4) 式为春秋分日道，日八夕八，日夜分平，相当于七衡中的中衡和七舍中的门，所谓阴阳相得，则刑德合门；(7) 式为夏至日道，日十一夕五，昼最长而夜最短，相当于七衡中的内衡和七舍中的野，所谓阳气极，阴气萌，故为刑。由此看来，阴阳刑德是通过日夕消长的自然规律的周期性来体现的。十一月斗建子，故德在室（内中）刑在野，十二月斗建丑，故德在堂刑在术，正月斗建寅，故德在庭刑在巷，二月斗建卯，故刑德合门。由此推之，三月德在巷则刑在庭，四月德在术则刑在堂，五月德在野则刑在室（内中）；而六月如四月，七月如三月，八月如二月，九月如正月，十月如十二月，一年而刑德周矣。

　　刑与德的观念，很早就植根于中国古代社会政治和宗教文化之中，并且与天命观有着密切的关系，随着天道自然观和阴阳五行说的流行，天命思想对人类的影响越来越大，举凡日月之运行、星辰之周转、四时之循环、阴阳之交替、五德之代兴，无处不是自然神力的表现，由它主宰社会人事和国家政治的命运。在这一背景下，刑和德便变成表示与自然规律周期性同时存在的吉凶。这就是阴阳刑德逐步数术化乃至应用于占卜的由来。

《淮南子》将刑德分为一岁之刑德与二十岁之刑德二类，居延汉简的刑德即属于一岁之刑德。它是以刑德所在七舍表示一岁之内各个月份阴阳二气此消彼长的过程，带有"月气"的色彩，从残存简文"德所在"及"堂"看来，已有相当明显的数术倾向，其性质当与萧吉的《五行大义》所归纳之刑德月气占相类。月气占以各月阴阳二气的消长变化占候月事宜忌与吉凶。流行于东汉中晚期的《太平经》中载有"案书明刑德法"一章①，即在刑德七舍的基础上稍事缛繁。《刑德法》云："夫刑德者，天地阴阳神治之明效，为万物人民之法度。"书中分"用德"与"用刑"两大类十二项，以刑德所在月份与七舍、卦爻相配，其用于占卜的目更为明显。通过居延汉简、临沂银雀山汉简为数有限的残文，结合《淮南子》、《太平经》等相关记载，我们可以从中了解到汉代刑德月气占的粗略概貌。

二、契斋所藏居延汉简考述

先师商锡永先生（号契斋）生前珍藏"居延汉简"一函，函套为蓝布面白绸里，先生于白绸上手书"居延汉木简"五字，下注"元寿为西汉哀帝年号"，楷体端庄秀雅，同隶草兼备之汉简墨迹相映成趣。函内木简五枚，释文依次如下：

（1）客子漁陽郡路縣安平里張安上 馬二匹 軺車二乘 （甲附40）

（2）長安有利里宋賞年廿四長七尺二寸黑色　已　（甲附37）

（3）元壽二年三月甲子朔丁丑，中部侯史薛君伯☐
竟十一月錢畢，捐不得忠藏責君伯錢，君伯即☐（甲附41）

（4）明府哀憐全命，未忍行重法，叩頭死＝罪＝。前府丞送府☐比　（甲附38）

（5）永光元年六月丙申朔，甲渠鄣侯喜敢言之。府移太守府，都吏書曰：昭縣䚡得御所失亡　（甲附36正面）
　士吏彊、令史宣　（甲附36背面）

---

① 王明：《太平经合校》，中华书局1960年版，第105～106页。

以上（1）、（2）为关传名籍，（3）为文书，（4）是信札，（5）为应书。

关传简是吏民出入关津个人身份的凭证，除书写持证人的籍贯姓名之外，一般还要写明持证人的年龄、身高、肤色以及随同出入关津的物品等。简（1）长23.3厘米，相当于汉制一尺。简文"客子"是主人的随从。汉代官吏出入关津多带随从，此简为随从者身份之凭证。上书随从者的名籍。渔阳郡，秦始置，汉承其制，其地在今北京市东、天津市北及长城以南一带，故城在渔水之阳，故名。路县为渔阳郡属县。简文"马二匹"与"轺车二乘"用小字双行夹书。"轺车"即"小车"。《国语·齐语》："服牛轺马"，韦昭注："轺，马车也。"简（1）是说随从者张安上有二架与主人合用的小马车，随同出关入关。

简（2）长23.8厘米。持证人名为宋赏，来自长安。简文"宋"字末三笔写作"小"，为"赏"字起笔所借用。简末处书一"卩"字，在汉简中极为常见，过去以为是签押符号，其实"卩"就是"已"字的特殊写法，早在长沙仰天湖战国楚简的"遣策"中就已出现，当时写作 、或、，可见"已"是从"巳"分化而来。只要把后一种写法的末笔引长作"卩"，就同汉简的"卩"字无别，汉简把已写成卩，显然是在汉代"长笔"的影响和支配下形成的（参陆锡兴《释卩》，刊《考古》1987年12期）。"已"字书于简末，表明有关的核验手续已经完结。

简（3）简面较宽，并书两行。这种形制的简或称为"两行"。残存15.6厘米。据文意，当是记载一桩与中部候史薛君伯债钱有关的债务文书。债务人忠藏向债权人薛君伯借到债钱若干，原定十一月底还清，薛君伯派收债人捐前往收取，仍未兑现。由于简文下半残去，其详不得而知。事在西汉哀帝（刘欣）元寿二年，当公元前1年。

简（4）下端稍残：存22.6厘米。简文"明府"他处或称为"明官"。如居延新简云："明官哀怜全命，未忍加重诛，杀身靡骨不足以报塞厚恩，叩头死罪。"（《居延新简》E.P.T52.165）句式与此大同。"明府"是汉人对太守的敬称，见《汉书·韩延寿传》。韩延寿出门因骑吏后至而令定其罪名，门卒谓延寿曰："今旦明府早驾，久驻未出，骑吏父来至府门，不敢入。骑吏闻之，趋走出谒，适会明府登车。以敬父而见罚，得毋亏大化乎？"延寿举手舆中曰："微子，太守不自知过。"《后汉书·孙宝传》："明府位尊德重，不宜自轻。"李善注："郡守所居曰府。明府者，尊高之称。前书韩延寿为东郡太守，门卒谓之明府，亦其义也。"

"叩头死罪死罪"是下级对上级感恩自责之恒语。简文"明府俛怜全命，未忍行重法"云云，是对太守怜恤轻判表示感戴。此件属感恩恕罪之信札。

简（5）长22.8厘米，两面书写。正面为甲渠鄣侯任喜回应都尉府与太守府行文的应书，一般以"敢言之"为格式。"永光元年"当公元前43年，"永光"乃汉元帝刘奭的年号。"府移太守府"，是指居延都尉府发文下行至张掖太守府。"都吏"为太守府属吏。"觻得"本为匈奴地名，汉武帝太初元年（前104年）置为县，属张掖郡治。本简"昭县觻得"及《汉书·霍去病传》"扬武乎觻得"即其地。简背则是士吏和令史的签署，二者皆甲渠鄣侯官属吏，职掌文书。

1956年中国科学院考古研究所编辑《居延汉简甲编》时，锡永师曾提供所藏汉简照片，由编者辑入该书附录（自甲附36A·B—甲附41），其中甲附39与本函汉简无涉，不知是从何处阑入的。五枚木简的编次也与函内排列序次不合，当据此函予以更正。据《甲编》"后记"所述，上揭契斋藏简得自裘善元处，原是1930年西北科学考察团在黑城附近所得两汉木简的一部分，因被盗窃出来而流失四方。此函幸归先生妥善收藏，虽历经半个多世纪，而字迹却清晰如新，实在是值得庆幸的。

（原载《简帛研究》第二辑，法律出版社，1996年9月）

敦煌本古文《尚书》"三郊三逋"辨正
——兼论遂、述二字之关系

敦煌写本古文《尚书》残卷（法藏伯希和编号为2549、3871）是《尚书·费誓》篇的残文，始"亡敢寇攘，踰垣墙"，终至篇末，为六朝写本。《费誓》经文中两见"鲁人三郊三逋"句，今本逋并作遂，卷子本注语中亦作遂。今本《尚书》之遂古文本何以作逋？王重民先生曾反复作过探究。

1937年8月28日王重民先生云："《说文·辵部》䢛，古文遂。段玉裁谓逋字不得其所从，疑是从艸木㒸字之㒸。俞樾《儿苫录》以为㐁即黄字，从部䅻重文作䅻，古遗遂通用，未知其然否？然逋为遂之古文，今仅见于此卷，盖即许君所本也。"

1943年7月17日又云："《费誓》'三郊三逋'今本逋并作遂。余曾引俞樾通用之说，然疑犹未决也。今按《汗简》卷一辵部《尚书》䢛，郭氏释为遂，郑珍笺云：'古作䢛，薛本同。'然则䢛又作䢛，楷变为逋也。洪颐煊《读书丛录》卷十二云：'穴部䢛遂，出孙强《集字》，《说文》遂古文作䢛，䢛即䢛之省，与速字异。'洪氏之说，尤为明白。《汗简·穴部》遂之从䢛，正是辵部之䢛，䢛非迟速字，逋非逋亡字，皆遂字也。然遂何以从㐁，余仍不得其解！"①

从王重民先生不断探索的过程中，我们不难看到，在过去出土古文字资料不多，对传抄古文的研究还不够深入的情况下，想要解释这些错综复杂的文字现象，谈何容易?! 即以《说文》遂之古文何以作䢛而论，除上述段玉裁氏疑是"从艸木㒸字之㒸"外②，朱骏声氏亦致疑云："古文形似隶书之逋"，并析其为"从辵用，未详"③。即使王国维氏已经指出《说文》古文之䢛乃石经古文䢛字之讹，但他也不得不承认"然䢛亦不知

---
① 王重民：《敦煌古籍叙录》，中华书局1979年版，第21~22页。
② 段玉裁：《说文解字注》"遂"字条。
③ 朱骏声：《说文通训定声》"遂"字条。

所从"①。可见仍是悬案。

下面，我们拟就遂、述二字的出土资料结合传抄古文的演变，揭示二者的关系，以期对古文《尚书》"费誓"篇中"三郊三遂"的遂字作出合理的解释。

《说文·辵部》"遂，亡也，从辵㒸声。䢦，古文遂。"遂在先秦典籍中十分常见，可是在出土文献中却出现甚迟。《甲骨文编》和《甲骨文字典》均有逐无遂；《金文编》遂下所收均是述字；《古文字类编》所录二遂字皆当入逐字，其中侯马盟书一文作㇀乃隊即墜（地）字之写讹；《古玺文编》录一印文作㇀，上作"小"非"八"，与汉代武威简、西狭颂、孟考琚碑文写法相同，时代较晚；《汉语古文字字形表》录一印文作㇀亦较晚出。馀如《古陶文字徵》、《先秦货币文编》以及包山楚简和睡虎地秦简等，均未见遂字。要之，在出土的先秦文字中，目前尚未发现《说文》所载从辵㒸声的遂字，而传世典籍中的遂字，出土文献中通常假述字为之。

考述字形体之构成，大致可分为三类：

（甲）从朮作，如：

㇀ 鱼鼎匕　㇀ 古玺0333　㇀ 信阳楚简　㇀ 望山楚简

以上四字所从之朮与甲骨文朮字一脉相承。唐兰先生在《殷虚文字记》中指出："右朮字商承祚释祐，误。按《说文》术字正作朮。金文盂鼎：'我聞殷述令'之述从朮（旧释为遂非是。述令借为墜命）。鱼鼎匕述字从朮，均可证。"② 又说："术字本作朮，从又，又者手形，其本义未详，然要非秫之省也。"按从辵从朮之㇀，当是小篆述字之所本。唐先生据甲骨文指出术为本字是非常正确的，作秫者乃添加形符的累增字，许氏以术为秫之省可谓本末倒置。述之籀文作䢦者乃述之繁构。睡虎地秦简《日书》"直述"字作㇀，马王堆帛书《老子》甲本作㇀，乙本前作㇀，武威汉简作㇀，一直沿用至今。

---

① 王国维：《魏三体石经残石考》，载《王国维遗书》第九册，上海古籍出版社1983年版，第29页。

② 唐兰：《殷虚文字记》"释术秫"，中华书局1981年版，第43页。

（乙）从 ❋ 作，如：

❋ 盂鼎　❋ 小臣遹簋　❋ 遹盂　❋ 史述鼎

以上诸体皆见于古金文。盂鼎"我闻殷述令"与魏三体石经《尚书·君奭》"乃其述命"同，述字所从之 ❋，舒连景氏以为"像手中细粒下坠形，当即坠落之本字"①。李裕民氏则以为"不像稷一类的农作物"而释为"采之省形"②。今按述字所从之 ❋ 乃从又，又即手。此字于手形四周布满颗状物，朱芳圃先生以为"象稷黏手之形"，堪称卓识。朱氏指出："《说文·禾部》'秫，稷之黏者，从禾，术象形。术，秫或省。'考术为初形，秫为后起字，金文作 ❋，像稷之黏手者。"③ 朱氏此说，廓清了金文 ❋ 字非遂乃述之疑惑，并为正确解释遂之古文奠定了基础。古人造字，或以形象物，或以物状性，此形以颗粒黏手为其特征，则秫为稷之黏者的特性自明。楚帛书乙篇有残文作 ❋ 者，亦具备"又"形周围布颗粒状的特征，似可视为述字的变体。帛文云"祭祀则述"，述读为遂，文义畅达无碍。史述鼎铭所从之术形体略有变化，接近米形。介于乙类与丙类之间，是二者之间的一种过渡形态。

（丙）从 ❋ 作，如：

❋ 中山王䶜壶　❋ 诅楚文

上揭二形所从之 ❋ 及 ❋ 虽尚存"又"及颗粒之形，但与乙类比较已发生不少变化。诅楚文云："述取吾边城"，中山王䶜壶云："述定君臣之位（位）"，二述字此处均读为遂。传世之品与新出之器其字形、用法如此密合，谓先出之器为后人伪托，其谁信之？《古玺文编》迷字下录有 ❋、❋ 二文，吴振武同志因其与他处 ❋ 字不类，疑其并非迷字而建议改入附录④，

---

① 舒连景：《说文古文疏证》，商务印书馆1937年版，第12页。
② 李裕民：《侯马盟书疑难字考》，载《古文字研究》第五辑，中华书局1981年版，第294页。
③ 朱芳圃：《殷周文字释丛》卷下释"述"，中华书局1962年版，第131页。
④ 吴振武：《〈古玺文编〉校订》，吉林大学博士学位论文1985年，第39页。

今以中山王礐壶铭文🔲字证之，此二印文均应释为述字。《古玺文编》将述误释为迷，与《汗简》将述字误作迷字如出一辙。

值得指出的是，丙类述字见于中山王壶铭、诅楚文及诸玺文，当是流行于战国时期的通行体，与来源于当时东方六国的传抄古文有着血脉相通的关系，即所谓"一家之眷属"。试看下列诸例：

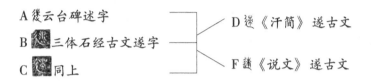

以上五体，除 A 形见于夏竦《古文四声韵》所录云台碑、释文作"述"外，其余皆借为"遂"字。B、C 二形均见于魏三体石经古文。其中 B 形见于《尚书·君奭》"乃其述命"，隶书作"乃其隊命"（今本隊作坠），古文作🔲，与诅楚文十分雷同。C 形见于《春秋》僖公三十一年"公子述如晋"，句中用为副词之遂，与中山王礐壶铭文及诅楚文述字用法相同。此处古文作🔲，比《君奭》篇述字下体多一短横。然此体即成为《汗简》🔲字和《说文》🔲字讹变之滥觞。其声符递嬗之迹大体经过：

🔲 → 🔲 → 🔲

即上体两点下移，与下体短横上移，于中间汇合而成《汗简》的🔲字，几与《说文》迹之籀文无别。另一演变的轨迹是：

🔲 → 🔲 → 🔲 → 🔲

即除上体两点下移外，下体再添一短横，进而衍化成四点，便成为《说文》古文的🔲字。🔲和🔲经过隶变，表现在各种古写本中还有许多变体，如《汗简》古文之🔲，敦煌石窟出土本、丰宫崎本、内野本均作迪，内野本又作速，同于《说文》迹之籀文。《说文》古文之🔲，观智院本作迪、九条本、岩崎本、云窗丛刻本皆作遹①。郑珍《汗简笺正》论及速、遹二体时指出："古作遳，薛本同。亦有讹作速、作迷者，此形又讹作迹之籀文。"这就是王重民先生所谓"速非迟速字，遹非遹亡字"的真相和由来。

从上述的情况看来，遂字从辵豕声，述字从辵术声，二者形体迥别，其发展线索也可谓泾渭分明，可是为什么在古代文献中却常常纠缠不清呢？这是由于这两个字的读音和意义十分接近的缘故，换句话说，作为遂、述这两个符号所记录的词是音义近似的同源词，所以才会出现如此纷繁的现象。

从音来说，豕与术古音同属入声物部，声纽上古同为齿音，故凡从豕从术得声的字，例相通假：《礼记·学记》："术有序"，郑注："术当为遂，声之误也。"《左传·文公十二年》："秦伯使术来聘"，《穀梁传》同，《公羊传》术作遂，《汉书·五行志》引作遂。《史记·鲁周公世家》"东门遂杀適立庶"，《索隐》："遂《系本》作述，邹诞本作秫。"《史记·封禅书》："诸布、诸严、诸述之属"，《索隐》："述，《汉书·郊祀志》作遂。"《墨子·备城门》："为冲术"，上文"冲术"作"冲隊"。又《老子》九章："功遂身退"，马王堆汉墓帛书本和郭店竹书本遂都作述，皆其例。

遂与术不但音同，而且意义十分接近，典籍常相通用。《广雅·释诂》"术，道也"，《释宫》："遂，道也"，可见遂术同训。又《仓颉篇》"邑中道曰术"。《吕氏春秋·孟春纪》"审端径术"，注："端正其径路"。《汉书·武五子传》"横术何广广兮，固知国中之无人。"臣瓒曰："术，道路也。"《刑法志》"园囿术路"，如淳曰："术，大道也。"术或作遂。《墨子·号令》："当遂材木不能尽内，既烧之，无令客得而用之。"孙诒让《閒诂》引毕沅云："遂同术"。《史记·苏秦张仪列传》："越王勾践战敝卒三千人，禽于干遂。"《索隐》："干为江旁之地，遂者道也。"又述与术亦音同义属，每每互作。《说文》训述为循，意谓循道而行，引申之义也。《诗·日月》"报我不述"，《释文》："述，本亦作术"。"不术"即"不述"，言不循礼道之谓也。《礼记·祭义》："结诸心，形诸色，而术省之。"郑注："术当为述，声之误也。"《祭义》此句言孝子思亲之志，既

---

① 参黄锡全《汗简注释》，武汉大学出版社1990年版，第109页。

结之于心，又形之于色；"术省之"者，言遍循孝道而省视之，反复不忘也。

邑中之道为术，宫中之道为遂，引申之，郊外之道亦谓之遂。《周礼·遂人》："五县为遂"，郑注："邻、里、酂、鄙、县、遂，犹郊内比、闾、族、党、州、乡也。"《尚书·费誓》"鲁人三郊三遂"，言鲁侯率郊内三乡与郊外三遂之兵力（另一郊一遂为留守），往伐徐夷，在鲁之东郊费地盟誓。孔《传》曰："总诸国之兵而但称鲁人者道近也。"又云："郊遂多积刍茭供军牛马。"孔颖达《疏》云："三郊三遂"谓鲁人三军。诸侯大国三军当出自三乡，乡为正而遂为副，乡在郊内而遂在郊外。此言"三郊三遂"者，三郊谓三乡也。盖言三乡之民分在四郊之内，三遂之民分在四郊之外。明东郊令留守不令峙桢干刍茭也。此处遂字之义又由郊外之道引申而为军旅、田役、贡赋之编制矣。

综上所述，遂与述（术）是一组形相因、义相属、声相谐的同源字。在传世典籍中它们彼此互相通用，在出土先秦文献中则往往以述代遂，而以传抄古文尤为突出，《说文》遂之古文借述字为之，就是这一现象的反映。今本《尚书》"三郊三遂"，古文《尚书》作"三郊三逋"，逋即述字古文之写讹。通过以上对"述"字形音义的全面考察，可知由述字古文省变而为速、为涑，繁变而为遄、为逋。其与迟速之速、逋亡之逋，来源有别，音义各殊。它们之间的关系是形同而字异，充其量，只不过是在某种特定条件下"昙花一现"的异代同形而已。这是不可不辨的。

（原载《于省吾教授百年诞辰纪念文集》，吉林大学出版社，1996年）

汉字起源的探索

汉字起源不仅是汉语文字学的一个重要课题,也是中国文明史,乃至世界文化史上的一个重要课题。本世纪以来,在中外学者间曾一度流行过汉字西来的说法,他们认为中国文字包括甲骨文在内,时代比巴比伦的楔形文字要晚,某些符号又存在彼此类似之处,而甲骨文本身既然是一种相当成熟的文字体系,却找不到它的前身阶段,因而认为中国文字不是在中国本土上生长出来的,而是从近东两河流域成熟了的文明传播过来的①。中国文字西来说者企图用最简单的办法来解决中国文字起源这个复杂的问题。

另一方面,主张中国文字从本土生长起来的虽大有人在,但苦于历史资料的匮缺,特别是缺乏正确的理论和途径去获取令人信服的可靠证据,以致这个问题长期以来仍然得不到合理的解释。新中国成立后,广大社会科学工作者在历史唯物辩证法的指导下,从各个领域进行了有益的探索,有不少重要的发现。这些新的发现不仅只是补充过去已有的知识,有的甚至完全改变原来的看法,促使人们去重新考虑问题,形成新的认识。现在,对汉字起源问题作出系统的描述和科学的结论虽然为期尚早,但有关汉字起源的奥秘正在日益明显地被揭示出来。

综观多年来对汉字起源问题的探讨,大体上可以分为四个方面。

一、文献学的探索

古文献上有关汉字起源的记载尽管零星且不成系统,时代也较晚出,但它仍是探索者最早涉足的一个领域。古籍中较有代表性的是下面三种传说。

---

① 主张汉字西来的学者有法国的波提埃(M. G. Pauthier)和卢内尔曼,美国的格尔勒和詹森,苏联的瓦西里耶夫等;中国学者有认为汉字中的十二辰和数目字受到西方影响的,如郭沫若、陆懋德等。

1. "上古结绳而治"

"上古结绳而治"见于《周易》的《系辞传》，有关记载还散见于《史记·三皇本纪》、《庄子》、《老子》和《说文叙》。其中《周易·系辞传》只提到"上古"，没有说明具体的时间，《庄子·胠箧篇》提到十二氏，从容成氏一直到伏羲氏和神农氏，可概括为伏羲神农以前民皆结绳而治。伏羲、神农都是传说中的人物，相当于原始社会末期的氏族首领。当时结绳的方法，今已不知其详。从文献上看，以《周易正义》引郑康成说为最早。郑注："事大大结其绳，事小小结其绳"，仅十二字而已。李鼎祚《周易集解》引《九家易》说："古者无文字，其有约誓之事，事大大其绳，事小小其绳，结之多少，随物众寡，各执以相考，亦足以治矣。"这些习俗，在后世的少数民族地区还一直流传着，如苗族、独龙族、藏族等。但结绳只是没有文字的民族作为帮助记忆的工具，它本身还不是文字，甲骨文里有些符号比较特别，如ᄇ、ᄈ、ᄉ，还有比这复杂得多的符号（见《甲》2418、《甲》2307），类似秘鲁的结绳架，有人认为可能与结绳有关。① 金文里有几个十的倍数的数目字，如十作∣，廿作ᄂ，卅作ᄃ，卌作ᅟᅠ（战国骰文），则可能是古代结绳的孑遗。② 但卜辞只作竖笔。由此观之，中国古代有结绳记事的习俗是大体可信的，却未必定是文字。印第安人有用绳穿各色珠来记本部族的先老史的。

2. "后世圣人易之以书契"

《周易·系辞传》于"结绳而治"后接着说，"后世圣人易之以书契。"这里的书契一般都以为指文字。但继结绳而起的书契是否即是文字，值得怀疑。考"书契"二字，其初当指书与契二事而言。许慎《说文叙》云："书者，如也。"段注："谓如其事物之状也。聿部：书者著也，谓昭明其事。此云如也，谓每一字皆如其状。"许书训"著"的书当指"著作"的书；训"如"的书乃"书写"之书，犹今之言"依样画葫芦"，实与绘画无别；甲骨文未见"书"字（《说文》"书"是个从聿者声的后起形声字），但有个聿字，作ᄀ或ᄂ，王国维疑是古"画"字，谓

---

① 以上诸例，陈炜湛同志认为可能跟古代结绳习俗有关。
② 徐中舒：《结绳遗俗考》，载《说文月刊》1944年第4卷，第185页。

"❌象错画之形"。① 金文下或从周，郭沫若谓"当是以规画圆之意"，② 并以为古规字。③ 丁山据《说文》肄字训习，谓"妻即肄之初文，字正像人执笔习画之形，所以又读如画，金文画字多从此"④。以上三家对妻字是后来的哪个字虽然看法不尽相同，但他们对此字与绘画密切相关却毫无异议。书与画自古同源，依样画葫芦（如也）的"书"，与像人执笔习画的"妻"，形既相近，义亦相属，古为一字或有可能。书契之契，字当作栔，《说文》："栔，刻也。"戴侗《六书故》谓丰为栔的初文，盖以丰像所刻之齿形，后复加刀及木以足义。一字古文作弍，吴承仕《说文疏证》云："弋者物之株橛，初民记数以刀刻识于株橛之旁，视一之数与弋之事若同体而不分，故连二事而合作一文。"⑤ 是则古文之作弍、弍、弍者亦古人刻数之遗制。由此推测，结绳之后的书契当指绘画与契刻二事。从结绳记事到真正文字的创造，中间必然经过一个相当长的过渡阶段。在这个时期里，人们以绘画和契刻作为记事的主要手段。绘画和契刻已经比结绳大为进步了，但还不是真正的文字。随着记录语言的需要，绘画的图形和契刻的记号不断转化为书面符号。这时书和契才具有文字的性质，书、契二字才合起来指称文字。现在我们看到的许多古文字形体，就是直接、间接从绘画和契刻脱胎、演化而成的。

3. "仓颉作书"

古籍有关仓颉作书的记载颇多，但多出战国秦汉时人的著作，如《荀子·解蔽篇》、《吕氏春秋·君守篇》、《韩非子·五蠹篇》、《世本·作篇》、李斯《仓颉篇》、《淮南子·修务训》、许慎《说文解字》等。

秦代以前，关于仓颉作书的说法大都比较平实。《韩非子》举自环为"私"、背私为"公"二字，以明仓颉作书固知"公私之相背"，《吕氏春秋》与李斯也未加任何夸饰，《荀子》更以为仓颉只不过是众多"好书者"中惟一能够流传下来的一人而已。到了汉代，有关仓颉的传说便越来越多，愈传愈离奇，如王充在《论衡》里说什么"仓颉四目"（《骨相篇》），《淮南子》说仓颉"产而能书"（《修务训》）、作书时"天雨粟，

---

① 王国维：《戬寿堂所藏殷墟文字考释》，1917年，第24页。
② 郭沫若：《甲骨文字研究·释寇》，1931年，第2页。
③ 郭沫若：《甲骨文研究》"后记"，1931年。
④ 丁山：《殷商氏族方国志》，第78～80页。
⑤ 吴承仕：《说文疏证》，载《制言》半月刊第18期，第1～2页。

鬼夜号"（《本经训》），简直是感天地而动鬼神了。王充还说"仓颉以丙日死"（《讥日篇》）、《皇览冢墓记》竟有仓颉的葬所云云，皆不足信。仓颉其人，一般都以为是黄帝的史官，黄帝时代据文献记载大约在公元前二千五六百年，距今约四千五百年左右。

至于仓颉如何作书，也有种种的说法。《鹖冠子》说"仓颉作书，法从甲子"，《易纬乾凿度》说"起于八卦"，《法苑珠林》云"取法于净天"，《竹书纪年》和《水经注》则说是仿效"河图洛书"而作。按甲子、八卦，以至河图洛书，都是属于数术一类的学问，就其思想发生的程序而言，是断不可能在文字发明以前出现的。许慎说"黄帝之史仓颉，见鸟兽蹄远之迹，知分理之可相别异也，初造书契"。又说"其初作书，盖依类象形，故谓之文，其后形声相益，即谓之字"。仓颉从鸟兽蹄远之迹得到启示而造出象形之文是完全可能的。

大抵上古时候，许多新事物都是集体创造的。创造者究竟是谁，事实上并不大清楚，也没法子流传下来。到了战国，由于封建生产关系的确立，私名也随之而逐渐出现，青铜器上的"物勒工名"，成为战国题铭的风尚。在这一背景下，人们对前代留传下来的物质产品和精神产品，都要安上个创造者的名号，反映在《世本·作篇》中，便有许许多多的发明家。《世本》今已不传，不少仍保留在《说文》的注释中，如伯益作井，奚仲造车，昆吾制陶，共鼓货狄刳木为舟、剡木为楫等。仓颉作书的传说，应与奚仲造车、昆吾制陶等属同类性质。剔去其伪饰的成分，并不是完全无稽的。最早提到仓颉的《荀子》说："好书者众矣，而仓颉独传者一也。"是比较客观的。历史上如果真有仓颉其人，其时代应在原始社会解体，出现了阶级和国家的时期，他大概是一位巫史之类的职官。其所以独传者，大概是在创制文字制度方面有过某种贡献的缘故。

二、民俗学的探索

从民俗方面探讨汉字的起源，是出于这样的一种考虑：与其从只鳞片爪的古文献中了解先民创造文字的意识和活动，不如直接从现在还没有文字（或文字尚不发达）的民族那里去考察他们的意识和活动对文字的产生究竟起了什么样的作用。汪宁生《从原始记事到文字发明》①一文是从事这项研究的有代表性的成果。

汪文从我国少数民族中搜集到大量关于实物记事、符号记事和图画记事的材料,把这些材料同文字的创造发明联系起来加以考察,结果,不但证实我国古籍中关于结绳、绘画、契刻的记载并非子虚,并且补充了许多有关的细节,增强人们对这些记事手法的感性认识。更加重要的是,汪文发现大量的实物记事中已经孕育着造字的基本原则,从而揭示了实物记事在文字发生史上的重要意义。

实物记事中属于表形法的,如景颇族刻一枪形木片代表真枪;用小条红绸代表整匹的红绸;很多民族在计数时用动物的头或尾代表猎物的整体等。这些整体表形法和以部分代表全体的表形法在汉字造字法中都有所反映,例如画一把立戈形代表真戈,说不定它的前身就有过刻一戈形的木片来表示的。甲骨文中画一个牛头或羊头分别代表牛或羊,就是以局部代表整体的象形(从汉到现代牲畜计量仍论"头",可能出自此源)。又如取字,《说文》:"捕取也,从又从耳。周礼'获者取左耳',司马法曰'载献聝',聝者耳也。"古兵法规定以左耳代表战获物,与少数民族以兽的头或尾代表猎获物用意相同。"取"的造字本义正是从此取象的。

实物记事中属于表义法的,如古代南诏送唐朝棉花表示"柔服",送朱砂表示"丹心",都是以实物表义的先例。现代各少数民族普遍用槟榔、草烟表示"友好";景颇族以占卜用的蒲射树叶表示"神机妙算",用开并蒂花的拔业树叶表示"永在一起";有的少数民族在诉讼中用箭表示"理直",用金表示"坚定"。这些都是以物品的质地、色泽、形状、属性来表意的。还可将几件表意的实物同时使用,以表达较为复杂的意思,如用鸡毛和火炭相结合表示"火急",则有类于汉字造字法中的会意。

最有趣的是实物记事中的表音法。上面提到南诏送唐王朝的礼品中,还有一种"当归",就是借用表音法来表示"应当归附"的意思。景颇族中流行的"树叶信",更广泛运用谐音法来表情达意,青年男女凭着数十片树叶的信,可以表达缠绵细腻的感情。其基本方法是借用树叶的名称来表示同音的语词,例如"德滥"树的"滥"与"玩耍"同音,就用德滥

---

① 汪宁生:《从原始记事到文字发明》,载《考古学报》1981年第1期。

树叶来表示"一起玩"的意思。"豆门"树与"打扮"同音,就用豆门树叶来表示"打扮"的意思。植物的"浪诺"和一种毒蛇同名,就用浪诺叶表示"恶毒"的意思,"额芒"树与"老"同音,就用额芒叶来表示"白头到老"的意思。他们按照谐音的办法赋予树叶和其他物件以某种比较固定的意义,通信时按说话的先后,把树叶等物依次排列起来,收信人按着顺序"读"信,就可以了解对方的意思了。这种借用同音实物来表达语词的办法,类似于汉字的假借造字法。我们相信,历史上实物表音法对于假借造字法肯定会有所启迪的。

从以上表形、表义、表音三方面来看,汉字造字的基本原则早在先民使用实物记事的过程中已经初露端倪了。汉字造字法应来源于各种原始的记事方法,包括实物记事、图画记事和符号记事在内。不过,实物记事不可能留下任何图形和记号作为文字的前身,它只在方法上对造字法产生积极的影响;图画记事的图形和符号记事的记号则发展为大量的象形指事字和会意字,构成了原始汉字的基础。这是我们从民俗学的探讨中所得到的启示。

三、考古学的探索

民俗学方面所提供的材料虽然比古文献较为丰富,但在时代上毕竟相隔太远,它的作用,就像通过解剖一只现代的猴子去了解古猿一样,虽然很有参考价值,却受到很多条件的限制。所以,历史和考古工作者从寻找古人群的遗物方面去探求汉字的起源。目前从考古学上探讨汉字的起源主要有三种材料。

(1) 刻划记号

刻划记号主要发现于黄河上游,以西安半坡和临潼姜寨为中心,远及青海乐都的柳湾和甘肃的马厂,都是发现这些刻划记号的地区,而以半坡和姜寨最为典型。是距今六七千年的新石器时代晚期的遗存。在二百多件标本中,可以归纳出不重复的刻符五六十个。对于这些刻符的性质,目前主要有三种不同的意见:第一种意见认为这些刻符只是陶工随意的刻划,当时人们并未赋予一定的含意,今天也无从解释,根本不是文字。[①] 第二

---

① 汪宁生:《从原始记事到文字发明》,载《考古学报》1981年第1期。

种意见认为这些刻符已经是文字,有的还可以在后来的甲骨文和金文中找到,大体可以释读。① 第三种意见是上面两种意见的折衷,认为这些刻符既非随意,也不同于后来的文字,但它们同文字的关系非常密切,是一种具有文字性质的符号。② 目前以持第三种意见的人较多,但也有不少同志倾向于第一种意见。

(2) 象形符号

发现于黄河下游的象形符号,可以山东大汶口文化为代表。距今约四千五百年左右。在属于大汶口文化晚期的莒县陵阳河遗址的陶器上发现了四个象形符号:第一例作 ,像钺形;第二例作 ,像斤(斧)形,第三例作 ,是个上日下火的炅字,第四例作 ,有的学者释为"炅山"二字。最后一例曾经在大汶口文化的不同遗址中重复出现,第三例还见于大汶口文化的大玉琮③和良渚文化的玉璧上④,可见传播较广。有学者认为,这些象形符号与古汉字中的象形字形体非常接近,已经不是非文字的图形,而应属于原始文字的范畴。⑤

(3) 图形族徽

第三种考古材料是殷周青铜器上的图形族徽。过去沈兼士先生称之为文字画。他认为这些摹写事物图像的文字画是"《说文》中象形、指事字的祖先",但还不是"有声之文字"。⑥ 后来郭沫若提出了"族徽说",认为"此等图形文字,乃古代国族之名号,盖所谓'图腾'之孑遗或转变"。⑦ 近时有学者指出,早期铜器上这类图画性很强的符号,不是标志氏族的特定图像,而是记录氏名的文字。主张从文字学的观点出发,用研究文字的方法来释读这些族氏文字。⑧ 不少同志将族氏文字与同时期的甲

---

① 于省吾:《关于古文字研究的若干问题》,载《文物》1973年第2期;陈炜湛:《汉字起源试论》,载《中山大学学报》(社科版) 1981年第1期。
② 郭沫若:《中国文字之辩证的发展》,载《考古学报》1972年第3期。
③ 石志廉:《最大最古的 纹碧玉琮》,载《中国文物报》1981年第57期。
④ 李学勤:《古文字学初阶》,中华书局1985年版,第20~21页。
⑤ 裘锡圭:《汉字形成问题的初步探索》,载《中国语文》1978年第3期。又见《古代文史研究新探》,江苏古籍出版社1992年版,第257页。或以为是远古日月崇拜之符号,详饶宗颐《大汶口"明神"记号与后代礼制》,载《中国文化》第2期。
⑥ 沈兼士:《从古器款识上推寻六书以前的文字画》,载《叚砚斋杂文》,1947年。
⑦ 郭沫若:《殷周青铜器铭文研究·殷彝中图形文字之一解》,1931年。
⑧ 林沄:《对早期青铜器铭文的几点看法》,载《古文字研究》第五辑,中华书局1981年版。

骨文和金文相比证，使好些旧所不识的图形族徽获得了新解①，证明这些族氏文字是可以释读的。

以上三种考古资料分别代表着三个不同的时期。

考古学家还认为，文字是人类进入文明时代的重要标志，探讨文字的起源，不能仅仅局限于文字符号的本身，因为文字萌芽时代即使有文字记载，也不一定能够保存下来，所以必须联系中国文明起源的若干要素进行综合考察，依靠考古学所提供的实物来作证，才能得到正确的结论。② 三十多年来，考古工作者从出土甲骨文的殷墟文化向上追溯，基本上排出一个关于中国文明起源发展的考古系列，即殷墟文化—郑州二里岗文化—偃师二里头文化。这三种文化之间有着直接或间接的前后承传关系，具备都市（城垣或宫殿）和青铜冶铸两大特点。至于文字，除殷墟出土了大量甲骨文和青铜器铭文之外，郑州二里岗也发现有字的骨片，证明当时已有文字制度，偃师二里头文化发现了不少陶器刻划符号，形体很像殷墟的甲骨文字。二里头文化的晚期相当于历史传说中的夏代，但从同一文化出土类似甲骨文的符号来看，三十年代的唐兰先生根据文献记载和出土资料列举七条理由论证夏朝是有历史记载的时代，③ 应当是可信的。从以上考古的层次判断，铜器铭文中的图形族徽属于殷墟文化期，是保存在成体系文字中的族氏文字；大汶口文化的象形符号时代在二里头文化之前，当是处于文字萌芽时期的原始文字；属于仰韶文化的西安半坡和姜寨的刻划记号时代更早，则有可能是前文字阶段的助忆符号。

四、语言学的探索

文字是记录语言的书面符号。从语言学的角度探讨汉字的起源，相对来说工作还做得不多，好些问题还研究得不够充分。例如造字法与表词的关系是个有待解决的问题，书面符号记录有声语言的过程也值得加以探究。从汉字和汉语的关系来看，汉字记录汉语主要是通过各种造字手段来

---

① 于省吾：《释蛊》，载《考古》1979年第4期；张亚初、刘雨：《商周族氏铭文考释举例》，载《古文字研究》第七辑，中华书局1982年版。
② 参夏鼐《中国文明的起源》，文物出版社1985年版，第81～82页。
③ 唐兰：《古文字学导论》，1935年版，第28页下。

记录语词的。造字的过程也是表词的过程，大体上经历了三次大的飞跃。

第一是从间接表词到直接表词。间接表词以各种原始记事为基本特征，包括实物记事、图画记事和符号记事等。原始记事本身虽然不能产生直接表词的文字符号，但在长期记事的过程中，已经多少同语词发生不固定的、若即若离的联系。而原始记事的发达形式，不但可以起到间接表词的作用，而且为直接表词的文字符号的产生准备了必要的条件。表现在：①在长期的实物记事中，以某种实物表示某种意义，从最初只帮助个人的记忆，进而为当事者双方所理解，最后为部分乃至全体社会成员所公认，实际上已起到约定俗成的作用；②部分记事实物已有表形、表义和表音的倾向，从中孕育着造字法的胚胎；③经过长时间图画记事和符号记事经验的积累，人们已初步具有用线条描绘客观实物的能力。因此，原始记事中经过约定俗成的记事实物越丰富，绘画和契刻的技术越高明，由原始记事向文字符号过渡的条件便越成熟。只要把图画记事的图形和符号记事的记号同语言联系起来，让书面符号同语词全部或局部挂上钩而有固定的读音，便可以实现从原始记事到文字符号的飞跃，间接表词也就转化为直接表词了。

问题是符号怎样同语词挂钩？最自然而又便捷的办法是，用象形、表意的手法，把通常用于表意的实物描绘下来，成为书面符号，用符号来代表某一实物（义）及其名称（音），使之具有固定的音义。由于这类记事实物已长期在社会上广泛流传，在人群中植根，具有约定俗成的社会属性，人们一见到这个图像（或简化为符号）就能自然而然地联系该实物而叫出它的名称来。于是，这个符号所代表的意义和读音就同语言里的词挂上了钩。符号的音义同词的音义相重合，符号就起了直接表词的作用，这是书面符号记录语言的第一次飞跃。

第二是从象形表词到以音表词。文字是在口语已经相当发达、词汇也比较丰富的条件下产生的。以象形表意手法创造的少量原始文字同口语的词汇相比，最多只能记录词汇总体中的基本词，口语中还有大量的词没法造出相应的符号来。人们凭着这有限的原始文字，必须掺合其他非文字的手段，才能进行有限度的交际活动。为了适应交际和交流思想的需要，必须采用更有效的表词法来记录语言，而最自然和便捷的办法，就是使现有符号摆脱意义的束缚，作为一个纯粹的声符来使用，以记录无法象形表意的同音词。这就是造字法中本无其字的假借法。

假借法借用现成的书面符号来表音以记录新词,是表词史上的一大突破。此例一开,一些无形可象的抽象性语词便可以借用同音字来顶替,尤其是表示语法关系的各类虚词,更可凭着同音的关系随时借用。由于纯粹的声符为表词大开了方便之门,语言里的各种语言成分都很快有相应的符号来记录,用完整的句子表述较为复杂的思想遂成为可能。这就是汉字记录汉语的又一次飞跃。

第三是形兼声的表词法。以音表词固然可济象形表词之技穷,但以音表词也不尽符合上古汉语的实际。由于上古词汇的单音节特点,以音表词的结果不可避免地出现了大量的同音字。一个符号过多地被借用来记录别的语词,兼职过多,反过来倒妨碍了表词的作用,甚至影响了交际。因而不得不采用附加形旁的办法来分化同音字,于是乎形兼声的表词法便应运而生。

形声表词法大大地加强了符号表词的功能,它不但迅速地改造和更替了旧有的符号,而且大量地增加了新的符号,汉字表词的矛盾遂得到合理的解决,而方块汉字也终于走上形声发展的道路。

造字法表词的第一次飞跃大概发生在公元前二千五六百年或稍前的时间,相当于大汶口文化的晚期,约与黄帝之史官仓颉同时。相传仓颉根据鸟兽的足迹造象形之文,正可与大汶口的象形符号相印证。第二次飞跃可能发生在孔孟所称述的尧舜时代,可惜还没有地下的材料可资佐证。第三次飞跃应是成体系文字制度建立和发展的时期,相当于历史传说中的禹、启及其后。夏代文字是甲骨文的前身,在偃师二里头文化层出土类似甲骨文的陶文符号,看来并非偶然,但仍有待于地下材料的证明。

五、几点初步的认识

以上四个方面的探讨,既互相证明,又互为补充,从中可以得到几点初步的认识。

一、在汉字产生以前,汉族的祖先经历过长时间用实物记事的时期。民俗学的材料不但印证了古籍关于结绳、书契的记载,更补充了文献记载所未逮。在长期的原始记事中,实物记事已孕育着造字法的基本法则,图画记事的图形和符号记事的记号则是后来文字的前身,这些都对文字制度的发明产生积极的影响。汉字起源于原始记事是毋庸置疑的。

二、从考古发现的古老文字资料来看，汉字大体上来源于两个系统：一是刻划系统，一是图画系统。刻划系统是结绳、契刻的演进，为数虽然不多，汉字中某些纯指事字的初文可能与此有关；图画系统是原始绘画向语言符号方面的发展，大汶口的象形符号已具备原始汉字的性质，甲骨文和金文中保存着大量图画性很强的族氏文字，可能就是这个系统的孑遗。与绘画和契刻一脉相承的象形符号和刻划记号，则是象形字和指事字的先驱。由象形字和指事字构成了独体汉字的初文，成千成万的汉字，就是由独体的初文进一步组合、演化而成的。

三、从现有的材料看，汉字体系大概形成于奴隶制国家建立的时期，相当于历史传说的夏代。国家为了进行管理工作，需要比较有条理的档案文书，加上商业的发展，产生了对文字体系的客观需求；同时，也只有出现了体力劳动和脑力劳动的分工，才有一批脱离生产的巫史之类的专业人员从事文字的搜集、整理和规范、统一的工作。这样，文字体系的产生才有可能。

四、根据考古学上的证据，早在新石器时代的文化层中已具有一些带中国特色的文化因素，中国文明就是在这些因素的基础上形成并发展成为独特风格的。解放后在东起山东、西播青海、南及广东、北达河北的广阔范围内，发现了大量从仰韶文化到商代的陶文，构成从简单到复杂的发展序列。这些陶文与其他大量古文字材料一样，都具有中国文字自身的特点和个性。这便有力地说明，作为中国文明重要标志的汉字，是在中国的土地上土生土长的。

（原载《中国语言学报》第 4 期，1991 年 10 月）

楚帛书神话系统试说

1942年秋，在湖南长沙子弹库的一座楚墓中，出土了好几种书于缣帛上的古代文本，其中保存较为完好的是一幅构图奇特、上书蝇头小字近千文的楚帛书。由于这幅帛书的内容十分奥秘，故自出土以来，学者们从不间断地对它进行探索和研究。目前，虽然某些细节尚待进一步理清，但人们终于可以透过那古奥的文辞了解楚帛书的大致内容了。帛书的文字包括甲、乙、丙三篇：甲篇（8行）位于帛书的中间，主要描述四时和历法形成的过程，称为"四时"篇；乙篇（13行）文字正好与甲篇顺序颠倒，讲的是天象变化与地上灾异的关系，宣扬"天象是则"的思想，故称为"天象"篇；丙篇文字随周边十二个月神循环往返，周而复始。帛文于每个月名之下，说明当月的行事宜忌，称为"月忌"篇。三篇分别反映天上、社会和人间，前后联成一个有机的整体，体现"天人感应"的思想。其主宰者则是乙篇所反复强调的"帝"和"神"。甲篇和丙篇则涉及多位古史传说中的神话人物，包括甲篇的雹戏、女娲、四神、炎帝、祝融、帝俊、共攻（工）和夸步（父）；丙篇的少昊和句龙；而以甲篇的雹戏和女娲以及他们所生的四子作为整个神话世界的主体。下面，试就帛书的有关文辞，结合伏羲、女娲等传说资料，加以梳理和研究，以揭示帛书所见的神话体系，并就正于各位方家。

一、楚帛书的雹戏、女娲与四子

现将帛书《四时》篇中与雹戏、女娲以及他们所生四子的有关文句摘录如下（为方便印刷，释文摘取其成句者采用宽式标记）：

曰古［天］熊雹戏，出自□䨠，处于䜴□，厥□鱼鱼，梦梦墨墨，亡章弼弼，风雨是於。

乃娶且徙□子之子曰女娲。

是生子四……四神相戈，乃步以为岁，是惟四时。长曰青榦，二曰朱四亶［檀］，三曰罵黃难［燃］，四曰浣墨榦。

雹 戲

雹字从金祥恒先生释（见《楚缯书"雹戲"解》）。雹戲即今本《周易·系辞》的包牺。陆德明《经典释文·周易系辞》下第八云："包，本作庖，孟、京作伏；牺字又作羲，孟、京作戲。"《说文》："贾侍中说此牺非古字"，张揖《字诂》："羲古字，戲今字。"从帛书作"戲"字观之，知贾说是而张非。后来一般通用"伏羲"的写法。

"□熊"乃包牺之号。传包牺之号有"黄熊"（《帝王世纪》）及"有熊"（《易纬·乾凿度》）二说，然上字皆与帛文残画不类。疑残文是"天"字，或古有"天熊包牺"之称。下文有包牺所出之氏及所处之地，可惜关键之字适残泐，无从得知。帛书言包牺降生之时，天地尚未成形，梦梦墨墨，一片混沌，与《淮南子·俶真训》谓"至伏羲氏，其道昧昧芒芒"正相吻合。

考包牺故事，最早见于《周易·系辞》下：

古者包牺氏之王天下也，仰则观象于天，俯则观法于地。观鸟兽之文与地之宜，近取诸身，远取诸物。于是始作八卦，以通神明之德，以类万物之情。作结绳而为网罟，以佃以渔。盖取诸"离"。

后出诸书则诸多演绎，踵事增华，如云：

伏牺燧人子也，因风而生，故风姓。（《古三坟》）
雷泽中有雷神，龙身而人头，鼓其腹。（《山海经·海内东经》）郭璞注引《河图》云：大迹在雷泽，华胥履之而生伏牺。（《诗含神雾》同）
仇夷山四绝孤立，太昊之治，伏牺生处。（《御览》七八引《遁甲开山图》）
伏牺人头蛇身，以十月四日人定时生。（《御览》七八引《帝王谱》）
庖牺氏、女娲氏、神农氏、夏后氏，蛇身人面，牛首虎鼻，此非人之道而有大圣之德。（《列子·黄帝篇》）

伏牺氏有龙马负图之瑞，故以农纪官。(《通鉴外纪》)

包牺氏始受木德。(《汉书·郊祀志》)

伏牺氏以木德王天下。(《御览》七八引《春秋内事》)

天地开辟，五纬各在其方，至伏牺乃合，故以为元。(同上)

太昊帝庖牺氏风姓也，蛇身，首有圣德，都陈，作瑟三十六位。燧人氏没，庖戏氏代之，维尽而生，首德于木，为百王先。帝出于震，未有所因，故位在东方，主春，象日之明，是称太昊。制妇娶之礼。取牺牲以充庖厨，故号曰庖牺。(《御览》七八引《帝王世纪》)

以上所引，包牺之名虽颇多歧异，然皆名异实同；身世事迹所记亦复有异同。这些都是古史传说本身的性质所决定的，是普遍存在的现象。至于蛇身人面，牛首虎鼻云云，则纯属神话。

女 娲

"女娲"的"娲"帛文本从王从曰出声，从"出"得声的字古与"娲"音极近，例可通假，故读为女娲（此从何琳仪释）。《四时》篇的女娲有如下几点值得注意：

一是女娲之上有"某子之子"的字样，说明女娲所从出，虽因"某"字残去，不明所出，但它至少说明女娲与包牺所出不同，由此可见，《路史·后纪》卷二引《风俗通》所谓"女娲，伏希之妹"的说法是另有所本的。

二是"乃娶"的"娶"字，它表明女娲是包牺正式"娶"来的媳妇，他们二人不是兄妹关系，而是夫妻关系。传说包牺"制妇娶之礼"于此可以得到印证。

三是"娶"下的"且徙"二字，它意味着女娲与包牺结为夫妇之后，有过迁徙活动，这同人类早期的生活环境是密切相关的。

四是女娲与包牺结为夫妇之后还生下四个儿子，并且各有自己的名字，这是过去的记载所没有的。从帛书可以看到，"四子"在包牺、女娲的创世活动中发挥了重要的作用。

五是"女娲"之名最早见于屈原《楚辞·天问》篇，楚帛书与《楚辞》关于女娲的记载，当属同源，它反映有关包牺、女娲的神话传说，在楚国有很深厚的土壤。

相传女娲是创造人类的女神,她用黄色泥土揉成了人类(见《风俗通义》),并且在天崩地塌洪水泛滥的时候,炼成了五色石块修补苍天,《淮南子·览冥训》有一则关于女娲补天的故事:

> 往古之时,四极废,九州裂。天不兼覆,地不周载。火爁炎而不灭,水浩洋而不息……于是女娲炼五色石以补苍天,断鳌足以立四极,杀黑龙以济冀州,积芦灰以止淫水。苍天补,四极正,淫水涸,冀州平。……考其功烈,上际九天,下契黄垆,名声被后世,光晖重万物。

《淮南子》女娲补天故事中有"四极废"、"定四极"、"四极正";楚帛书有"奠三天"、"奠四极"。补天故事中有"九州裂"、"冀州平";楚帛书有"九州不平"、"山陵备崄"。补天故事中有"上际九天,下契黄垆";楚帛书有"非九天则大崄,毋敢冒天灵。"文意和语气都极其相似。

四 子

楚帛书的四子即四时之神,故亦称为"四时"或"四神"。他们的名字分别叫青𦓝、朱㮯檀、翏黄燓、𣵀墨𦓝。(四木之名据饶宗颐先生释)在帛书里,他们协助包牺和女娲,开天辟地,化育万物:祛除凶厉,斩杀猛兽的是他们;跋涉山陵,疏通山谷的也是他们;为山川四海命名,调和燥气、沧气,采青木、赤木、黄木、白木、墨木即五木之精的还是他们;规测天盖,在天地之间上下腾传,以及奠三天、奠四极的更是他们。

从《四时》篇以上的内容可以看出,由包牺、女娲及由他们所生的四神,组成一个神通广大的创世家族。他们从迷蒙一片、晦明难分的浑沌世界中,定立天道,补天修地,化育万物,建立年岁,形成春、夏、秋、冬,轮流转换。宇宙和人间,开始正常地运行。

二、《武梁祠画像》的启示

现在,让我们从现存最早刊刻包牺、女娲故事的汉《武梁祠画像》中,考察它与楚帛书的神话故事之间存在着怎样的关系。

《武梁祠画像》有两处图像与包牺、女娲及其所生的四子有关。一处在第二石第二层：此层上有山形横列，第一段画二人，右为包牺，冠上方下圆，左手平举，右手执矩。下身鳞尾环绕向左。左为女娲，面残泐。身同包牺，尾亦环绕与右相交。中间一小儿，向右，手曳二人之袖，两足卷起。左有隶书榜题一行十六字云："伏戏仓精，初造王业，画卦结绳，以理海内。"另一处在左石室第四石第三层：一男人执矩向右，一妇人执十（似规）形器向左，身皆如蛇，其尾相交向上。中间二小儿有翼，尾亦相交，两手相向搏。又左右二人皆蛇尾有翼，及有云鸟拥之。一榜无字。疑是包牺、女娲及其所生之四子。（见附图）只要我们将《武梁祠画像》中的伏戏、女娲和四子的图像，同《四时》篇的雹戏、女娲及其所生四子的内容加以比照，便不难发现，它们所描述的是同样的题材，而且，从中可以得到不少启示：

附图：伏羲女娲与四子

其一，包牺、女娲人身龙尾相互交合的画像，是战国秦汉以来普遍流行的神话作品，其同样画像应见于战国时期的楚国。汉王逸注《楚辞·天问》云：屈原"见楚有先王之庙及公卿祠堂，图画有山川神灵，琦玮僪佹，及古贤圣怪物行事"。因而向天发问，作《天问》篇，其词有云："登立为帝，孰尚导之？女娲有体，孰制匠之？"王注："言伏羲始作八卦，修行道德，万民登以为帝，谁开道而尊尚之也？"又注云："传言女娲人首蛇身，一日七十化，其体如此，谁所制匠而图之乎？"宋洪兴祖尝献疑曰："'登立为帝'，逸以为伏羲，未知何据？"瞿中溶释之曰："楚国先王庙及公卿祠堂壁画必有伏羲及女娲，故逸云然。"并举王延寿《鲁灵光殿赋》有"伏羲鳞身，女娲蛇躯"以证之。（见《画像考》一·七）又马邦林《汉碑录文》谓"往在兰山，见古墓中两石柱刻羲皇、娲皇、农皇及尧、舜像，伏羲、女娲亦鳞身，两形交尾；又予家西寨里，伏羲陵前石刻画像亦两形并列，人首，一男一女，龙身交尾。予意古之画羲、娲者皆类此。"（《汉碑录文》一·四三）可见，人首龙身交尾的伏羲、女娲画像由来已久，他们是无法分开的连体，故屈原举其一即可赅其二。瞿氏以女娲前句之"登位为帝"属之于包牺是很有见地的，也是符合屈诗和逸注的本意的。

其二，从伏羲手执矩尺，女娲手执规形器的图像来看，他们应是共造天地的创世之神。在古人的心目中，天圆而地方，而规仪和矩尺则分别是图画圆形和方形的工具，故用伏羲、女娲手执规矩来隐喻他们是营造天地的主神是非常巧妙的。伏羲、女娲创世主的传说来源于古老的苗族。据人类学者的实地调查，苗族传说中认为苗族人全出于伏羲和女娲。他们本为兄妹（或姐弟），遭遇洪水，人烟断绝，仅存此二人。他们配为夫妇，绵延人类（参芮逸夫《苗族洪水故事与伏羲、女娲的传说》）。按照苗人的说法，伏羲和女娲就是人类最早的祖先。苗族传说中的男女始祖与汉族古书记载中的始祖居然同名，这不会是偶然的巧合。汉族古书中最早提到伏羲与开辟天地有关的是《庄子·大宗师》，篇中把豨韦氏和伏羲氏排在众圣人的最前面，用"絜天地，袭母气"六个字来形容开辟天地时的情境。由于女娲一名女希，故有学者怀疑开头的豨韦氏也许和女娲有关（参徐旭生《古史的传说时代》页239）。苗人说他们最初出于伏羲和女娲，《淮南子·览冥训》的说法同他们很相似，《周易·系辞》虽然没有谈及女娲，但包牺是最古的帝，同苗族传说的意思也可以说是相近的。在这方面，有一历史现象值得注意，就是在战国中叶楚国的势力深入湖南以后，苗族的传说逐渐输入华夏。首先受它影响的是庄子一派的人，庄周既然是南方人，且他游心远古，苗族的传说正好投合他的嗜好。《楚辞·天问》篇的作者屈原是南方人，在他的作品里本来就吸收了不少苗文化的有益成分，对于先王庙和公卿祠堂里这种反映邃古神话的壁画，更是他远搜近讨的对象。屈原看到壁画上那伏戏、女娲的画像而不禁向天发问是很自然的。发现于子弹库的长沙楚帛书，正是在这样的历史和文化背景下产生的。楚帛书中的伏羲作"雹牺"，女娲作"女瑱"，"瑱"从"出"声，与苗族传说中男子叫bu-i，女子叫ku-eh，古音十分接近。伏羲、女娲的传说在楚国的流行情况，据古籍所见，战国早期还不见踪影，当是战国中期以后的事，这同楚帛书的年代是相吻合的。现在看来，楚帛书吸收苗族的传说是有所选择并加以改造的，它把苗族传说中的伏羲、女娲是兄妹结为夫妇的关系，改为由不同所出而结成的夫妻关系，显然是受到汉族传统思想的影响的。

其三，图像中，伏羲、女娲上下共有四个儿子，即他们所生的四子。古书有帝尧命四子掌管四季的记载。《尚书·尧典》："乃命羲和"。传云："重黎之后，羲氏、和氏世掌天地四时之官。"又引马云："羲氏掌天官，和氏掌地官，四子掌四时。"下文分别叙述四子之职，即春分神羲仲宅旸谷，以正仲春；夏至神羲叔宅南交，以正仲夏；秋分神和仲宅昧谷，以正仲秋；冬至神和叔宅幽都，以正仲冬。四神分别住在东、南、西、北很远的地方，分管着春分、夏至、秋分和冬至。所以，所谓四子，实际上是分管四季的分至之神。帛书四神分别以四色之木命名，即春分神青榦，夏至神朱槐檀，秋分神鼂黄難，冬至神𣵀墨榦，分别以青、朱、鼂（白）、墨，配东方的旸谷，南方的南交，西方的昧谷和北方的幽都，正好与四方配色一一对应。帛书云："四神相戈，步以为岁。"楚文字戈与弋常相混，弋读为代。意思是说：四神分掌春、夏、秋、冬，递相交替，推步四时以成岁。这可以作为四神即分至之神的最好注脚。至于四神因何以木为名，是否与伏羲"首德于木，为百王先"有关？帛书以四色命四木之名，是否与帛书四隅绘有施色之木有关？凡此种种，尚须进一步研究。

三、带楚系神话色彩的南方诸神

在楚帛书的神话世界中，除上述雹戏、女娲和四神之外，还有炎帝、祝融、帝俊、共工、夸父、少昊和句龙。其相关文辞有如下四组：

第一组

> 炎帝乃命祝融，以四神降。奠三天，□思敩，奠四极。

《史记·五帝本纪》以黄帝代炎帝而兴；《潜夫论·五德志》以炎帝神农氏代伏羲氏而起。战国以后讲"月令"的书，如《吕氏春秋·十二纪》、《礼记·月令篇》、《淮南子·天文训》等，皆以炎帝、祝融作为南方、夏季的帝和神，如《吕氏春秋·夏三纪》云："其日丙丁，其帝炎帝，其神祝融。"高诱注："丙丁，火日也。黄帝少典之子，姓姜氏，以火德王天下，是为炎帝，号曰神农。死托祀于南方，为火德之帝。"炎帝是战国以后按照五行观念以五色配五方的南方之神，亦就是后来流行的赤帝。银雀山汉简《孙子兵法》佚文有《黄帝伐四帝》篇，中有"赤帝"，"赤帝"乃"炎帝"之讹，古文字炎、赤二字形近易混。帛书将炎帝、祝融与四神联系起来，四神为伏羲之子，这使炎帝继伏羲而起之说更有说服力。《楚辞·远游》："指炎神而直驰兮，吾将往乎南疑。"屈原心仪炎帝而随之南驰九疑，亦说明炎帝确是南方之神。在帛书里，祝融似亦炎帝之佐，帛文说他受命于炎帝，遣四神把三天的轨道和四极的天柱固定下来。

第二组

帝俊乃为日月之行

帝俊是传说中一位十分煊赫的至上神，根据《山海经》的记载，他还是太阳和月亮的父亲。因为他有两个妻子，一个叫羲和，一个叫常羲。"有羲和之国，有女子名曰羲和，方浴日于甘渊。羲和者，帝俊之妻，生十日。"（《大荒南经》）"有人反臂，名曰天虞，有女子方浴月。帝俊妻常羲，生月十有二，此始浴之。"（《大荒西经》）可见日和月都跟帝俊密切相关。但从"十日"和"十二月"的数字来看，似乎不是指日月天体本身，而是指记日记月的历法。"十日"为旬中之日，"十二月"为岁中之月。《楚辞·天问》："夜光何德，死则天育"，是说月死竟能复生。若依次"生月十有二"，就是一年。帛书上文，从言"未有日月"到言"日月允生"，都是指记日记月的历法从无到有的过程。因为如果没有记日记月的历法，日和月之间的关系就无法确定，日月就不能正常运转。反之，如果有了记日和记月的历法，日月的运转便井然有序，故帛文云"帝俊乃为日月之行"。

第三组

共攻（工）、夸步（父），十日四时，□□神则闰。

文献中的共工，一为官名（见《尚书·尧典》）；一为神名。《淮南子·地形训》："共工，景风之所生也。"高诱注："共工，天神也，人面蛇身。"帛书之共工当属后者。

"夸步"，刘信芳读为"跨步"，谓推步历法。他指出：《山海经·大荒北经》所记"夸父追日景"之神话应源于"夸步"，追日影者，以晷仪跟踪观测日影也。刘氏所说极是。但以夸父追日影源于"夸步"，不如将"夸步"直接读为夸父。考"步"为鱼部（一说为铎部）并母字，与鱼部并母字的"父"字声纽相同，韵部亦同（或为阴入对转），例可通假。很可能夸父之名即来源于夸步。若将帛文读为"夸父"，则追日影之事不言而自明。如此，帛书群神谱中又多了一位"夸父"的成员。据《山海经·大荒北经》记载，共工、夸父均为祝融之裔脉，帛书将二者并提，亦在情理之中。

"十日"，古代有"十日并出"和"后羿射日"的传说（见《淮南子·本经训》），这是为了解决传说中的"十日"与现实中只有"一个太阳"的矛盾而产生的。古代还有"九日居下枝，一日居上枝"和"一日方至，一日方出"的传说（《海外东经》及《大荒东经》），《楚辞·招魂》则云"十日代出"，其意思都是指十日轮流在天上出现。这传说在马王堆帛画中得到了形象的体现。十日轮流出现一次，在历法上就是一旬，是记日法的诞生。所以，饶宗颐先生谓"此处十日以指自甲至癸十干较合"是很正确的。然则《大荒西经》的常羲"生月十有二"，亦有可能是指自子至亥"十二支"的诞生。

"闰"是处理回归年与具体历法存在余分的一种办法，与历法的精确性密切相关。帛文"□□神则闰"似乎说明当时已掌握了历法置闰的办法。总之，这条帛文中的"十日"、"四时"与"闰"，都与历法有关。

第四组

  曰余：不可作大事。少杲（昊）其□，句龙其□。取（娶）女为邦笑。

此组帛文见于帛书丙篇边文。少杲、句龙，从曹锦炎释（见《楚帛书〈月令〉篇考释》），二"其"字下均有缺文，曹氏拟补为"少昊其帝，句龙其神"。《尔雅·释天》四月为余，知此组帛文应属于四月。《左传》成公二十九年"国之大事，在祀与戎。"此谓夏历四月，不可从事兵戈戎伐及大型祭祀活动。少昊，金天氏。在"余"月中，少昊应属于西方、秋季之帝，然其神为蓐收，不是句龙，此条当另有来历。句龙即后土，又叫社神，为共工之子，《汉书·郊祀志》："自共工氏霸九州，其子曰句龙，能平水土，死为社祀。"帛文下半的大意是，由于少昊和句龙的缘故，四月娶女为国人熟知之大忌，若犯忌则难免为国人所讥。

综上所述，在楚帛书所涉及的十三位神秘人物中，有半数来自苗蛮土著的传说，是楚人势力到达两湖之后吸取本土文化的结果；另半数来自炎帝的后裔；他们都属于南方之神。炎帝后裔祝融八姓的一支，经过悠长的历史阶段，南下到湖北江汉一带，成为后来的楚国。在这个迁移流徙的过程中，产生了许多互有血缘关系的氏族和富有神话色彩的传说。见诸《山海经》的，如《海内经》云："炎帝生炎居，炎居生节并，节并生戏器，戏器生祝融，祝融降处于江水，生共工，共工生术器，术器首方颠。是复土壤，以处江水。共工生后土，后土生噎鸣。噎鸣生岁十有二。"其中两度提及祝融、术器处于"江水"，颇值得注意。又《大荒北经》云："有人珥两黄蛇，把两黄蛇，名曰夸父。后土生信，信生夸父。夸父不量力，欲追日景，逮之于禺谷。将饮河而不足也，将走大泽，未至，死于此。"这就是著名的"夸父追日"的故事。据《山海经》的炎帝世系，与帛书有关诸神的世次为：

炎帝—祝融—共工—后土（句龙）—夸父

蒙文通先生早就指出，"炎帝"、"祝融"、"共工"属于江汉民族。今按之楚帛书中的神话传说，结合《山海经》的记载，可谓真知灼见。至于帝俊和少昊二神，虽然找不到他们与楚族有任何直接的关系，但从楚帛书所见，他们属于楚系神话世界中的人物，当是没有问题的。

参考文献

[1] 容庚. 汉武梁祠画像[M]. 北京：哈佛燕京学社石印本，1936.

[2] 芮逸夫. 苗族洪水故事与伏羲、女娲的传说[A]. 人类学集刊（第1卷第1期）[C]. 历史语言研究所，1938.

[3] 徐旭生. 中国古史的传说时代[M]. 北京：科学出版社，1960.1.

［4］严一萍. 楚缯书新考［A］. 中国文字（第26册）［C］. 1967.12.

［5］金祥恒. 楚缯书"雹戏"解［A］. 中国文字（第28册）［C］. 1968.6.

［6］李学勤. 谈祝融八姓［J］. 江汉考古，1980（2）.

［7］何琳仪. 长沙帛书通释［J］. 江汉考古，1986（1-2）.

［8］饶宗颐. 楚帛书新证［A］. 楚地出土文献三种研究［C］. 北京：中华书局，1993.8.

［9］刘信芳. 楚帛书解诂［A］. 中国文字（新21期）［C］. 1996.12.

（收入《曾宪通学术文集》第201～214页，汕头大学出版社，2002年7月；原载《新古典主义》第33～44页，台湾学生书局，2001年9月）

楚月名初探
——兼谈昭固墓竹简的年代问题

1965年冬，湖北江陵望山一座战国楚墓中出土了一批罕见的竹简①。竹简的内容，是墓主人昭固生前一段时间里有关疾病、祷祝、占卜等生活杂事的札记②。从目前拼联的简文看出，这批竹简的记时方法比较特殊，它除以干支记日之外，还以特殊事件记年，用代月名记月。已发现的代月名有"刭层之月"、"貣月"（或作"莫月"）和"献马之月"三种。由于这类代月名在文献中无可稽考，所以一直还不能确知它们各自指代的是哪一个月份。

1975年冬，从距离江陵不太远的湖北云梦睡虎地的一座秦墓中，发现了大批秦简③，简文中保存着极有价值的"秦楚月名对照表"。现试就"秦楚月名对照表"提供的线索，对战国时期的楚代月名作一初步探讨。

一、秦楚用历的异同及其相互关系

"秦楚月名对照表"见于秦简《日书》甲种《岁》篇，原由四简组成④，分上、中、下三栏书于简之下半段，表中秦楚月名对照如下：

秦楚月名对照表

十月楚冬夕	十一月楚屈夕	十二月楚援夕
正月楚刑夷	二月楚夏㞢	三月楚纺月
四月楚七月	五月楚八月	六月楚九月
七月楚十月	八月楚爨月	九月楚献马

---

① 见《文物》1966年第5期。
② 参见《江陵昭固墓若干问题的探讨》，载《中山大学学报（哲学社会科学版）》1977年第2期。
③ 见《文物》1976年第6期。
④ 见竹简原编号乙六四、乙二六、乙一六七、乙一六八等四简。

上表每栏之前者为秦历，后者为楚历，两相对照，我们可以看到秦楚用历的大致情况及其相互关系。

（一）秦以建亥之十月为岁首，九月为岁终，属颛顼历。但从“对照表”上看，秦用颛顼历只改岁首而未改月次及四季搭配，所以秦历既不称夏历十月为正月，亦不改夏历正月为四月，因而秦历的月次与春夏秋冬搭配亦与夏历相同。

（二）楚在战国时已用夏历，即以建寅之夏正为岁首。但“对照表”上楚历以“冬夕”为一月，当秦历十月，是楚历亦与秦历一样以十月为岁首，因知“对照表”上的楚历已将夏历的月次改从颛顼历。

（三）秦历建亥而楚历建寅，两者月次相差原为三个月。但由于秦用颛顼历而未改夏历月次，楚用夏历又将月次改从颛顼历，所以“对照表”上两者月次相差仍为三个月。从“对照表”上我们还看到，楚从用夏历改为用颛顼历，只要将夏历的四月、五月、六月、七月分别改为七月、八月、九月、十月就行了，并不需要更动夏历与楚月名之间原来的搭配关系。可见秦用颛顼历统一六国历法时，是考虑到各国原来用历的实际情况的。

（四）云梦秦时属南郡，原为楚之故地。据《史记·秦本纪》记载，秦于昭王二十九年（前278年）始置南郡。此表出土于云梦，说明秦时云梦一带仍沿用楚历，故此才有必要将两种用历加以对照。

（五）综上所述，我们认为“秦楚月名对照表”上的楚历，可能是楚地入秦之后统一于颛顼历所行的秦时楚历，它与楚国本身所使用的夏历既有联系，又有区别，即其代月名部分保留着与夏历原先的搭配关系，而整个月次又改从颛顼历。似乎可以这样说，秦时楚历是以夏历为体，颛顼历为用的。形式上行的是颛顼历，内容上却与夏历有着不可分割的关系，这就为我们提供了十分可贵的线索，使我们在讨论战国楚月名时，既可着眼于楚国本身所使用的夏历，又可透过夏历与楚月名之间的关系，进一步弄清与楚月名有关的诸种问题。

二、楚简的“罶层”、“夏月”、“献马”各自指代何月？

根据“秦楚月名对照表”，我们认为楚简“罶层”即秦简“刑夷”。

㓝从刑声，㓝邢古通。屎字虽不见于字书，但"对照表"上的"刑夷"，秦简《日书》它处又写作"刑尸"（见秦简乙一四九号），或"刑屎"（乙反一四八号）。又表上"夏屎"，它处亦写作"夏尸"（乙反一四八号）或"夏夷"（乙二六号），鄂君启节则作"夏屎"。可证古夷、尸、屎、屎皆音近相通。因此，㓝屎之为刑夷亦可无疑问。

"秦楚月名对照表"上"刑夷"当秦历正月，已知秦历正月乃沿用夏正，战国时楚用夏历，故楚简"㓝屎之月"在楚历当为正月，入秦后改属四月。

《左传·庄公四年》："春，王三月，楚武王荆尸授师孑焉，以伐随。"这是记载楚武王于周历三月兴师伐随之事。又《左传·宣公十二年》："春，楚子围郑，旬有七日……楚子退师，郑人修城，复进围之，三月，克之。"旧注以为"三月"非季春，乃九十日也。下文随武子称此次行动为"事时"，理由是"荆尸而举，商农工贾，不败其业"。按上二事均指楚师出征之时间而言，庄公四年言"春三月"，宣公十二年仅言"春"，不知始于何月。刘文淇《春秋左氏传旧注疏证》云"经传皆言春围郑（经：十有二年春，楚子围郑。传同）不知围以何月为始。围经旬有五日，为之退师，闻其修城，进围三月，方始克之，则从初至于克，凡经一百二十许日，盖以三月始围，至六月乃克也。此疏明旧注'围九十日'之义"①。据此，则宣公十二年"荆尸而举"乃指"三月始围"，与庄公四年"荆尸授师"一样，其时皆在周历三月。疑《左传》之"荆尸"，与楚简之"㓝屎"，秦简之"刑夷"乃音近相通，都是指代楚历正月的月名。周历建子，比夏历早两个月，"王三月"正是夏历正月，与"秦楚月名对照表"所示历数合。杜预《春秋左氏传集解》释"荆尸"为"荆，楚也，尸、陈也，楚武王始更为此法，遂以为名。"此或即"荆尸"为楚历正月之代月名之由来。如此说不误，则"㓝屎"之名可上溯至楚武王五十一年（前689年），而楚代月名的历史亦可追溯至春秋前期了。

那么"䢼月"呢？

我们从䢼字的音义推求，发现䢼、爨二字音近义属，在古代互相通假是不成问题的。

先说字义，简文爨是会意字，上部像以两手捧置炊具于灶上，下部推

---

① 刘文淇：《春秋左氏传旧注疏证》，科学出版社1959年版，第679页。

火入灶口，义为燃火烧物，故以火为义符。小篆作爨，于灶口增两手推薪纳火之形，隶作爨。㷕是从炅允声的形声字，形旁炅亦从火取义，可证㷕、爨二字的含义均与燃火有关。

再说字音，爨，《万象名义》且乱反，《广韵》七乱切，反切上字古同声纽，下字古在元韵。㷕字不见于字书，无法知道它的确切音读。根据形声字"同声符者必同类"的一般规律，㷕字的音读可以在"从允得声"这一类字中求得。我们发现，㷕字从允得声，夋字亦从允得声，以夋字为声符的酸、俊、朘、畯等字保留着㷕字的古读，它们和爨字声则同类，韵则同部①，是音近义属的通假字。这是从㷕、爨两个字音义上的关系可以得出的起码结论。

另外，进一步来说，我们还怀疑㷕、焌、爨三字在古代本来就是同一个词。从形体来说，㷕、焌十分接近，两者都从火从允，只是火旁一在下方，一在左方。从字音来说，㷕从允得声，焌从夋得声，允夋古本一字，畯字金文作畍可证。从字义来说，《说文》释焌："然火也，从火夋声。周礼曰：'遂籥其焌，焌火在前，以焞焯龟。'"焌焞字通，同见于《集韵》恨韵，音祖寸切，又徂闷切。注云："然火以灼龟。"据此，知《说文》释焌之所谓"然火"，乃旨在"灼龟"。又爨字在音义上与焌字亦极接近。《集韵》桓韵"七丸切"的小韵中，收有爨字，注："炊也。周礼，以火爨鼎水也。"同一小韵又有鋑字，与爨字完全同音。鋑、焌均从允得声，可证爨字与焌、㷕读音均甚接近。《周礼·春官·龟人》有"上春衅龟"，注云："衅者，杀牲以血涂之也。"并引《月令·孟冬》云："衅祀龟策相互矣。"疑衅乃爨字因形近而误，衅龟云者，实为爨龟。《左传正义》曰："今人谓瓦裂龟裂者皆为'爨'（宣公十二年），可证。其实爨龟就是爨龟，也就是焌龟，即㷕龟以卜。望山一号楚墓之竹简，于"㷕月"内多次出现"黄靁占"语，其中唯一能够拼复之一整简，简文亦云："辛未之日埜斋，以亓古［敀］之，簪它。占之曰吉，烟以黄靁习之，同

---

① 爨，《万象名义》且乱反，《广韵》七乱切。酸，《万象名义》苏官反，《唐韵》素官切。俊，《万象名义》且泉反，《广韵》此缘切，《集韵》逡缘切。朘，《广韵》子泉切，《集韵》《韵会》并遵全切。诸韵书之反切上字古纽同类，下字古韵同部。它如畯（酸字古文从畯声）、沇（《唐韵》、《广韵》并以转切）、逡等字或同声纽，或同韵部，又可作为从允得声的㷕字亦当与爨字声韵近同之佐证。（编按：楚简㷕字可直接释作焌，参《楚文字释丛·"说㷕月"》，《中山大学学报》1996年3期。）

敓。圣王、邵王既赛祷。己未之日赛祷王孙桌。"黄霝，龟名。简文记以黄霝灼兆，正可与灼龟以卜相印证。春秋战国时，爨龟以卜乃是一般常行的礼俗，各诸侯国举行这一仪式在时序上不尽相同，在楚国似以行爨龟之月为爨月，或作夋月，楚简的夋月也就是秦简的爨月。据"秦楚月名对照表"，爨月在夏历八月，故楚简"夋月"在楚历亦当为八月，入秦后改属十一月。

至于楚简"献马"，则与秦简"献马"毫无二致，它们指代楚历的同一个月自不待言。据"对照表"献马为秦历年终之月，当夏历九月。故楚简"献马之月"在楚历当为九月，入秦后改属十二月。

以上便是我们透过"秦楚月名对照表"探讨楚月名所获得的初步认识。

三、"夏㞑之月"非四月辨

鄂君启节铭文开头云："大司马邵剔败晋帀（师）于襄陵之戡（岁），頯（夏）㞑之月，乙亥之日，王凥（居）于菝郢之游宫。"郭沫若先生根据屈原《离骚》"摄提贞于孟陬"用了《尔雅》月名，而以为与之同时之节文月名，也当同于《尔雅》月名，于是把"夏㞑之月"理解为夏季的"㞑之月"，并怀疑《尔雅》"余"字本当作"㞑"，因后人不识而误写为"余"，从而推定"㞑之月"当为四月①。现据"秦楚月名对照表"，知"夏㞑"乃楚历之代月名而非《尔雅》月名，它所指代的该是楚历的二月而不是四月。

为什么说"余"字不是"㞑"字的讹变，"夏㞑"也不是《尔雅》的月名呢？为了说明这个问题，考察一下长沙出土的战国楚帛书是必要的。

战国楚帛书中心为正文，分左右两段，顺序颠倒，各自为篇。四周绘以十二种神兽图像，图像旁注月名及职司，下附释语。《释名·释天》："四时，四方各一时。"毕沅注："乡饮酒义曰，东方者春，南方者夏，西方者秋，北方者冬，故曰四方各一时。"今按帛书之右方为春，下方为

---

① 郭沫若：《关于〈鄂君启节〉的研究》，载《文物参考资料》1958年第4期，又《文史论集》第335～336页。

夏，左方为秋，上方为冬，正以四方各表一时。十二种图像随帛书之边缘循回，表示四时循环往复，周而复始。旁注月名，与《尔雅·释天》之月名基本一致。释语的内容，大致是规定某月某事可行，某事禁忌。这些情况说明帛书与楚之用历大有关系。这里顺便指出，过去研究帛书的人，往往只注意帛书周围图像分司四时的一面，而忽视十二图像旁注月名与《尔雅·释天》一致的事实。因而在时序排列上，一般以"秉司春"作主季神列为十二图像之首，反把"取于下"、"女□武"作从属神附于"荼司冬"之下。这样一来，本来循回颠倒的帛文便无从确定其首尾与先后，且四时与月次的搭配亦混乱不清。毫无疑问，帛书图像月名与《尔雅·释天》并不是偶然的巧合，帛书放置的方位亦不是随意的，它是以当时人们对天文历法的认识作依据的①。因此，我们认为必须按照《尔雅·释天》的月名和序列来确定帛书的月次和四时搭配，并据以确定帛书的内容格局及其相互关系。另外，屈原《离骚》既称正月为"孟陬"，推想当时亦必有"仲如"、"季寎"、"孟余"等等诸如此类的说法，即将一季中的三个月分别冠以孟仲季而细加划分。从帛书"秉司春"、"虞司夏"、"玄司秋"、"荼司冬"看来，秉、虞、玄、荼皆为季月，而职司四时，则四时似又可称为"四季"，此或即后世"四季"之名的滥觞。现将帛书十二图像之旁注及释语，与《尔雅·释天》十二月名作一比较，列表如下：

楚帛书与《尔雅·释天》月名对照表

《尔雅·释天》月名	帛书图像旁注	帛书图像释语
正月为陬	取于下	曰取：乙则至，不可以又（有）殺，壬子、丙子凶，作□北征率又（有）咎，武□□其敲。
二月为如	女□武	曰女：可以出师篓邑，不可以家（嫁）女取臣妾，不火得不成。
三月为寎	秉司春	曰秉：不可以□□，妻畜生分女□□……
四月为余	余取女	曰余：不可以作大事，少昊其□，句龙其□，取（娶）女为邦笑。

---

① 参看李学勤《补论战国题铭的一些问题》，载《文物》1960年第7期。

续上表

《尔雅·释天》月名	帛书图像旁注	帛书图像释语
五月为皋	欪出睹	曰欪：鸢率□得以豦不见，月在□□，不可以享祀凶，取□□为臣妾。
六月为且	虘司夏	曰虘：不可以出师，水（？）师不复，其□其复，至于其下□不可以享。
七月为相	仓莫得	曰仓：不可以川□，大不训于邦，又枭内于上下。
八月为壮	臧□□	曰臧：不可以筑室，不可以□师腜不复，其邦又（有）大乱，取女凶。
九月为玄	玄司秋	曰玄：可以筑室，可□□□徙乃咎……
十月为阳	昜□义	曰昜：不□毁事，可以折敌故不义于四……
十一月为辜	姑分长	曰姑：利侵伐，可以攻城，可以聚众，会诸侯，型首事，㱿（戮）不义。
十二月为涂	荼司冬	曰荼：不可以□□□㱿，不可以攻□□……

从上表可以看出，《尔雅·释天》和楚帛书的十二月名用字虽多不同，而异文之音读在上古则皆有相通之处，可见它们都是古代的同音假借字。值得注意的是，《尔雅·释天》"四月为余"的"余"字，楚帛书的写法与《尔雅》完全相同，敦煌唐写本《月令》"余"字亦如此作①，可证其远自战国中期起，至《尔雅》成书之时，下及唐代写本乃至今天之传本，"余"字并非"𡊨"字的讹变。余、𡊨音义各殊，其作为月名用字也各有不同的来历，两者不可混为一谈。

四、楚月名种种

为什么楚帛书和楚辞《离骚》都使用与《尔雅》相同的月名，而差不多与屈原同时的鄂君启节和昭固墓楚简所使用的月名却与《尔雅》不

---

① Jao Tsung-yi: Some Aspects of the Calendar. Astrology, and Religious Concepts of the Ch'u people as Revealed in the Ch'u Silk Manuscript.

合？这种现象，说明当时流行于楚国的月名不可能是单独的一种，从现有的材料看来，大抵有如下三种：

第一种是以序数称说月份的，见于楚帛书正文的有一月、二月、三月、四月、五月；见于"秦楚月名对照表"楚历的有七月、八月、九月、十月；见于望山二号墓楚简遣策的有八月。这类月名起源最早，流行最广，历史也最长，直到现在仍在沿用。

第二种是"始陬终涂"的十二月名。见于楚帛书、《离骚》赋及《尔雅·释天》。东晋郭璞给《尔雅》作注时，就认为十二月名之"事义皆所未详通者，故阙而不论"。清郝懿行《尔雅义疏》尝详为训释，其中不少穿凿附会之说，此姑不论。这里要指出的是，从帛书的图像、月名及释语，联系到《易》的卦象、卦名和卦辞，推测楚帛书大概亦是古代术数家用来卜筮占时以预测人事吉凶的巫术品，所以帛书释语对月名的解释才带有如此浓厚的术数家用语的色彩。即以屈原《离骚》自述生日"摄提贞于孟陬兮，惟庚寅吾以降"而论，他说自己生于太岁在寅的摄提格之年，孟陬之月，庚寅之日，得阴阳之正中，所以时日最吉云云，亦不乏术数家用语的气味。再说，帛书图像以十二种神兽配十二月名，与后世术数家以十二种动物配十二地支的所谓"十二生肖"① 立意正同。后世的十二生肖或即由此发展演化而来，亦有可能。从帛书之四时方位与月次排列，可知其以建寅之取（陬）月为岁首，与夏历相合。所以，我们不妨把《尔雅·释天》"始陬终涂"的十二月名看成是夏历十二个月的别名，这十二个月名的流行范围与使用夏历的地区大致相当，楚用夏历，故楚帛书及楚辞《离骚》也采用夏历的月名。

第三种就是代月名，最早见于《左传》庄公四年及宣公十二年，又见于鄂君启节和昭固墓楚简以及秦简《日书》等。"秦楚月名对照表"中有刑夷、夏尿、纺月、爨月、献马、冬夕、屈夕、援夕八个名目。不过这些名目的具体含义如何，目前尚不十分清楚。春秋战国间列国使用代月名颇为流行，齐国就有咸月（齐国差䤾）、敔月（陈猷釜）和禩月（子禾子

---

① 王充《论衡·物势》：子为鼠、丑为牛、寅为虎、卯为兔、辰为龙、巳为蛇、午为马、未为羊、申为猴、酉为鸡、戌为犬、亥为猪。古代术数以十二兽配十二地支（亦称十二辰），以其人之生年定其所属，叫"十二生肖"，亦叫"十二相属"。

釜）等月名，郭沫若先生谓“咸、𠭯、褸等均月之异名，唯不知孰为孰月”[①]。今天我们得以判明楚代月名之“孰为孰月”，就不能不归功于秦简《日书》所提供的线索了。

五、昭固墓楚简干支之验证

下面，我们试就昭固墓竹简的记时程序加以整理条贯，以便进一步验证上面推断的代月名是否正确，请看下列诸简：

（一）刍𨚵王于䢵郢之岁，𦕍层之月，癸未之日……
（二）☐𨚵王于䢵〔郢之岁，𦕍〕层之月，癸亥之日……
（三）☐刍𨚵王〔于〕䢵郢之岁，蒖月癸丑……
（四）𠂤月丙辰之日……
（五）𠂤月丁巳之日……
（六）☐于䢵郢之岁，献马之月，乙酉之日……
（七）献马之月，乙酉之日……

以上（一）、（二）、（三）、（六）四简中，代月名与“䢵郢之岁”同时出现在同一段简上，证明“𦕍层之月”、“𠂤月”、“献马之月”是同一年里的三个月，它们中间并没有跨越年度的月份。从（一）至（七）简中，记日干支与代月名同时出现在同一段简上，说明这些记日干支确定无疑地属于当月内的固有日期。我们试将这些干支作为相对定点以验证当月内的干支序列，如果这些记日干支均能分别在相应的月份内入列，则可证明所排的干支序列是基本正确的，否则便不正确。

现在，我们先以“𦕍层之月”作为验证的起点，顺次推定“𠂤月”和“献马之月”的月内干支。

如何确定“𦕍层之月”的月内干支呢？

首先必须确定𦕍层之月的干支序列。从（一）（二）两简已知𦕍层之月的固有日期有癸未与癸亥两天，自癸未至癸亥为四十天，时间超出一个月，当然不可能是𦕍层之月的月内干支序列，自癸亥至癸未为二十天，虽

① 见《两周金文辞大系考释》第202页。

不足一月天数，当是刏尿之月月内干支的一部分。因此，可确定癸亥至癸未为刏尿之月的月内干支序列。

其次为确定刏尿之月的朔晦。如果孤立地就刏尿一个月来安排朔晦，则有多种不同的排列方案，例如以癸未为月晦，逆推至癸亥为月初九，甲寅为月朔。但按这样排定下来的干支序列推算，夐月及献马之月的月内固有日期无一得以入列。由此证明这一排列方案实际上并不存在。经过反复试排，不断调整，最后排定以癸亥为刏尿之月月朔，癸未为月二十一，壬辰为月晦，则竹简缀以月份的记日干支，均可在相应的月份内入列，由此反证刏尿之月的干支序列是基本可靠的。

刏尿之月（正月）干支表

									癸亥
甲子	乙丑	丙寅	丁卯	戊辰	己巳	庚午	辛未	壬申	癸酉
甲戌	乙亥	丙子	丁丑	戊寅	己卯	庚辰	辛巳	壬午	癸未
甲申	乙酉	丙戌	丁亥	戊子	己丑	庚寅	辛卯	壬辰	

我们再以刏尿之月的干支序列为基点，顺次推移，除去二月至七月（按大小月相间计算）共一百七十七天，可得各月份起讫干支（即月朔、月晦）如下：

二月至七月干支简表

月 份	起止干支	月内天数	合计天数
二 月	自癸巳至辛酉	二十九天	合计一七七天
三 月	自壬戌至辛卯	三十天	
四 月	自壬辰至庚申	二十九天	
五 月	自辛酉至庚寅	三十天	
六 月	自辛卯至己未	二十九天	
七 月	自庚申至乙丑	三十天	

至此，我们可以进而推定夐月及献马之月的月内干支如下：

夐月（八月）干支表

						庚寅	辛卯	壬辰	癸巳
甲午	乙未	丙申	丁酉	戊戌	己亥	庚子	辛丑	壬寅	癸卯
甲辰	乙巳	丙午	丁未	戊申	己酉	庚戌	辛亥	壬子	**癸丑**
甲寅	乙卯	**丙辰**	丁巳	戊午					

献马之月（九月）干支表

					己未	庚申	辛酉	壬戌	癸亥
甲子	乙丑	丙寅	丁卯	戊辰	己巳	庚午	辛未	壬申	癸酉
甲戌	乙亥	丙子	丁丑	戊寅	己卯	庚辰	辛巳	壬午	癸未
甲申	**乙酉**	丙戌	丁亥	戊子					

这样编排的结果，習㞡之月、夐月和献马之月的月内固有日期（表中用粗黑字表示者）皆可全部入列，如合符节，由此反证癸亥为習㞡月朔当大体不误。即使与实际会有出入，但相去必不太远①。至于简文中多数干支错见于某些月份，则须参照其他条件方能确定其归属。所以，上列"習㞡之月干支表"、"夐月干支表"及"献马之月干支表"还可作为恢复望山昭固墓竹简编次的参考。通过初步验证，我们更加坚信楚简与秦简《日书》的楚代月名是一致的。"習㞡之月"之为"刑夷"、"献马之月"之即"献马"，固无可移易，而"夐月"之即"爨月"，也同样是可信的了。

六、关于昭固墓楚简的年代

现在，我们再根据竹简本身的记时资料，进一步考察昭固墓楚简的具体年代。

如前所述，这批竹简用干支记日，代月名记月，以特殊事件记年。简文屡言"……䣄王于㤅郢之岁"，正是这批竹简实际年代最可靠的标记。

---

① "夐月干支表"月内固有日期丙辰、丁巳之次为戊午晦，说明当月朔尚可向前移动一天。以此复验整个干支序列，则壬戌为習㞡之月朔，原竹简缀以记日干支之固有日期亦可在相应月份内全数入列，由此证明習㞡之月朔唯有壬戌、癸亥两天可供选择，其余日期均不可能。

"刍聑王于戋郢之岁",竹简上段恰已断离,其完整意思无从得知。以鄂君启节开头"大司马邵阳败晋师于襄陵之岁"为例,"于戋郢"之前当有一主动宾语结构的短句充当主要成分。因此简文"刍"可能是人名,在句中作主语;"聑"即"闻"字,此处读为"问",作谓语;"王"作宾语。"戋郢"之"戋"读为哉,义同初、始。史载楚文王"始都郢","戋郢"或指楚文王始都之郢城。度其文意,大概是说一个名叫某刍的人在郢城与楚王举行过某种具有特殊意义的聘问活动,故记事者才郑重其事地用以为记年。

上面我们根据竹简的记时资料,逐步推演出各个月份的月内干支序列(即表三至表六)。现将每月之朔日干支顺次编排,可得"刍聑王于戋郢之岁"的历朔如次表:

楚简"刍聑王于戋郢之岁"历朔表

月次	正	二	三	四	五	六	七	八	九	十	十一	十二
代月名	刑夷	夏夷	纺月					爨月	献马	冬夕	屈夕	援夕
月朔	癸亥	癸巳	壬戌	壬辰	辛酉	辛卯	庚申	庚寅	己未	己丑	己未	戊子

根据《秦楚月名对照表》,楚简"聑王于戋郢之岁"历朔可换写为秦历,得当年秦历历朔如下表:

秦历历朔表

月次	十	十一	十二	正	二	三	四	五	六	七	八	九
月朔	乙未	甲子	癸巳	癸亥	癸巳	壬戌	壬辰	辛酉	辛卯	庚申	庚寅	己未

这一年还可以用周历表示。周历建子,比夏历早两个月,则"聑王于戋郢之岁"在周历之历朔当如下表:

周历历朔表

月次	正	二	三	四	五	六	七	八	九	十	十一	十二
月朔	甲子	癸巳	癸亥	癸巳	壬戌	壬辰	辛酉	辛卯	庚申	庚寅	己未	己丑

据清人汪曰祯《历代长术辑要》所列"朔闰表",战国时期自周元王元年至周赧王五十九年(前475—前256年)二百二十年间,周历正月朔

为甲子，即与上列"周历历朔表"相同者，计有如下五个年份。

战国时期周历正月朔为"甲子"之年份

岁次	周历月朔	闰月	周纪年	秦纪年	楚纪年	纪元
乙亥	正月甲子朔	闰十二月	贞定王三年	厉共公十年	惠王二十三年	前四四六年
丙午	正月甲子朔		考王六年	躁公八年	惠王五十四年	前四三五年
壬申	正月甲子朔	闰十二月	威烈王十七年	简公六年	简王二十三年	前四○九年
乙巳	正月甲子朔	闰三月	慎靓王元年	惠文王后元九年	怀王十三年	前三一六年
丙子	正月甲子朔		赧王三十年	昭襄王二十二年	顷襄王三十四年	前二八五年

由于这批竹简在记载墓主昭固祭祀先祖时，多次出现柬大王、圣王、悼王的名号，据朱德熙、裘锡圭两位先生的考证，简文中柬大王、圣王、悼王即《史记·楚世家》的简王、声王及悼王。所以，尽管上表中岁次乙亥、丙午、壬申三年的历朔与竹简相合，但都在简王及其以前，当然不是这批竹简的年代。乙巳年年代虽在悼王之后，却是闰年，且闰在三月，故四月以后之历数亦与竹简不合。唯有"丙子年"之月朔既与竹简完全合辙，年代亦后于简王、声王和悼王。因此，我们有理由认为"丙子年"就是楚简"……䚈王于栽郢之岁"的具体年代。现将二者列表对照如下：

"丙子年"与"䚈王于栽郢之岁"历朔对照表

丙子年				……㝬䚈王于栽郢之岁		
秦昭王二十二年		周赧王三十年		楚顷襄王十四年		
月次	月朔	月次	月朔	月次	月名	月朔
秦十（建亥）	乙未					
十一	甲子	周正（建子）	甲子			

续上表

丙子年				…昌䣈王于戚郢之岁		
秦昭王二十二年		周赧王三十年		楚顷襄王十四年		
十二		二	癸巳			
正	癸亥	三		楚正（建寅）	型层	癸亥
二		四		二	夏层	癸巳
三	壬戌	五	壬戌	三	纺月	壬戌
四		六		四		壬辰
五		七	辛酉	五		辛酉
六	辛卯	八		六		辛卯
七		九	庚申	七		庚申
八	庚寅	十		八	夐月	庚寅
九		十一	己未	九	献马	己未
		十二		十	冬夕	己丑
				十一	屈夕	己未
				十二	援夕	戊子
见汪曰桢《长术辑要》卷三				据昭固墓楚简推定		

按汪曰桢《历代长术辑要》卷三第七页（四部备要本）"丙子年"为周赧王三十年，当秦昭襄王二十二年，查《史记·六国年表》，是年为楚顷襄王十四年。因此，可以进一步推定昭固墓楚简的具体年代，即"昌䣈王于戚郢之岁"为楚顷襄王十四年，也就是公元前二百八十五年。这便是我们从竹简历朔本身得出的初步结论。

一九七七年九月初稿，一九七九年九月修改
附记：本文蒙湖北省博物馆提供有关竹简资料，谨志谢忱。
（原载《中山大学学报》1980年第1期）

唐《月令》中十二月名（饶宗颐教授据法藏敦煌卷P. 四〇二四与P. 四〇四二缀合）

战国楚地简帛文字书法浅析

一、楚地简帛文字概述

在造纸术发明之前，人类长期用竹木简牍和缣帛作为书写的材料。《墨子·明鬼》篇说："书之竹帛，传遗后世子孙。"指的就是这种写在简帛上的文字。可见竹简和帛书在我国有着悠久的历史。20世纪40年代在湖南长沙发现了楚帛书；50年代以来先后在湖南、湖北和河南等地发现了大批楚简，其时代大多属于战国中晚期之交，书写年代大概比《墨子》稍晚。

1942年在长沙东郊子弹库楚墓中被盗掘出来的楚帛书，除一件基本完整之外，其余皆为残片。据残片上的朱书、墨书和朱栏、墨栏以及字体的大小判断，该墓原有的帛书起码有五件以上。[①] 其中，基本完整的楚帛书（现藏美国华盛顿赛克勒美术馆），据早期临写本所见仅459字，还不足帛书原文的一半。后来用滤色镜拍摄的全色照片，比肉眼察看实物还多认出214字。60年代用红外线拍摄的照片又比全色照片可多认出242字。目前我们见到的楚帛书红外线照片，除缣帛本身受到严重破坏（断裂或磨损过甚）者外，帛书上原有的笔划墨迹都可以清晰地显示出来。估计帛书原文在950字左右。[②]

埋藏地下二千多年的楚帛书，其宽度略大于纵长，上书蝇头小字，四隅及外围绘有青、赤、白、黑的四木和十二彩色图像，是一幅图文并茂的古代墨书真迹。整幅帛面由三部分文字和二组图像所构成，中间两部分文字顺序颠倒，各自为篇；外围文字与十二图像相配，分列四方，随帛书边缘循回旋转。经学者研究，已确知帛书四周的十二图像象征十二个月的月

---

① 李零：《楚帛书的再认识》，载《中国文化》第10期，1994年。
② 饶宗颐、曾宪通：《楚帛书》，香港：中华书局1985年版。又见《楚地出土文献三种研究》，北京：中华书局1993年版。

神，神像下注神名和职司，兼记该月的行事宜忌。帛书的边文与中心的正文应是一个整体。边文用于占验时日的休咎，属于帛书的实用部分；中心相互颠倒的正文旨在说明四时的形成与天象的变化。一主四时之常度故作正书（八行）；一主天象的变异故作倒书。一正一倒，常变异趣。正文是边文占验时日休咎的依据，其中涉及楚先人的传说和富有南方色彩的神话，应属于楚人天文杂占的内容，其思想则与战国"阴阳家者流"为近。

从长沙楚帛书出土十年后的1952年起，长沙市郊区连续发现了三批战国楚简。因为这是自晋太康二年（281年）汲冢发现竹书以来的重要发现，所以备受考古学界的重视。半个世纪以来，先后在湖南的长沙、常德、慈利，湖北的江陵、随县、荆门，河南的信阳、新蔡等地，发现二十多批楚国的竹简，简数将近一万号（约有半数为残简），总计达十万字以上。就其内容而言，大体上可以分成四大类。

一是遣策。遣策就是随葬器物的清单，一般以墓主生前喜爱之物或亲朋赠赙为主，入葬时用竹简登记造策，如五里牌简记器物名称且记放置处所，信阳简将器物归类登记，如记"集糈之器"、"乐人之器"、"其木器"等，还有说明某组器物用途的，如包山简的"相遞之器所以行"，随县曾侯墓竹简记载大量用于葬仪的车马及其配件等。遣策所记器物往往可与出土物相核对，从中可以了解当时的名物制度。殉葬品及其放置方式往往与礼俗有关，它从一个侧面折射出当时的等级制度和社会习俗。

二是档案文书。例如常德夕阳坡出土载有楚王岁禄书的简文，包山楚简中有署为《集书》、《集书言》、《受期》、《疋狱》等的法律文书，九店楚简有《日书》等。九店日书是目前发现的最早选择时日吉凶的数术著作，其中有不少内容与睡虎地秦简日书相同，证明秦简日书的部分内容是属于楚人的。①

三是卜筮祷祠的记录。内容多是卜问墓主人出入侍王、爵位晋升，以及疾病祭祷等。前后共发现四批，即望山简墓主悼固，天星观简墓主潘胜，包山简墓主昭𣄢和新蔡简墓主平夜君成等。

四是先秦文献典籍。以前楚简中真正属于竹书的并不多见。50年代信阳长台关简发现《墨子》佚文，可惜残碎过甚；80年代发现的慈利楚简可能与吴越古史有关，但至今尚未发表。90年代以来，在湖北荆门才

---

① 湖北省文物考古研究所、北京大学中文系编：《九店楚简》，中华书局2000年版，第2页。

有大批竹书发现,其中郭店楚简有16种古籍,上海博物馆购藏楚简多达90余种古籍,两处所出古书在百种以上,是20世纪最重要的考古发现,其中除少数有传本行世外,绝大多数是失传了二千多年的先秦文献和典籍,弥足珍贵。

以上四类简文中的前三类都是流行于楚地的日常应用通行体,除了写手个人的风格之外,大体上有端庄与草率两大流别。端庄者用笔圆转内敛,篆意较浓;草率者笔带波挑,时露隶态。两者相兼而混成一体者,则以包山简所见尤甚。至于郭店竹书的字体则比较复杂。根据周凤五先生的研究,在16种古写本中,大抵可以分为四类:第一类为楚国简牍的标准字体,《老子》及《太一生水》等9篇属之;第二类为出自齐鲁儒家经典,但已被楚国所"驯化",而带有鸟虫书的笔势,为两汉以下所见"古文"之所本,《性自命出》及《成之闻之》等四篇属之;第三类与服虔所见的"古文篆书"相吻合,应当比较接近战国时齐鲁儒家经典的原始面貌,《语丛》一、二、三属之;第四类保留齐国文字的特征较多,可能为当时楚国学者新近自齐鲁传抄的儒家经典,《唐虞之道》与《忠信之道》属之。① 可见,楚国简帛文字的书体与简帛的内容性质密切相关。大抵属于日常应用的文体,多用当地流行的通行书体书写;属于当时传抄的古书,则往往与古书的来源和转写的先后有关。周凤五先生揭示了楚地所传的儒家经典具有齐鲁书体的特征是值得我们重视的。

二、战国楚地简帛文字的特点

从以上所见的简帛文献来看,所有的文字都是用毛笔蘸墨手写在简帛上的。它们在一定程度上反映了战国中晚期之间流行于现今湖南、湖北和河南一带的楚文字的基本概貌及其实际使用的情况,从语言文字学的角度考察,有如下几个特点。

(一) 俗体字大量涌现

俗体字中,有一部分是减省了笔画或偏旁部件的,有些是借用简单的

---

① 周凤五:《楚简文字的书法史意义》,台湾"中研院"第三届国际汉学会议论文,2000年7月。

字来代替的，甚至还有另造新字的。如🐴（马，仰4）、🐘（为，帛丙），只保留最具特征的马鬃和象鼻部分，其躯体则用"⟚"来代替。🦴（鼎，贞，五1）鼎足部分战国时讹变为"火"，上从"卜"者本是贞字，简文此处借贞为鼎，与金文同。ᔓ（也，五）此字不见于《说文》而同于秦刻石，简文借也为匜。🪄（筴，仰8.35）此乃策的新造字。《老子》第二十七章："善数者无筹策"，马王堆帛书甲本《老子》作："善数者不以梼筴"，乙本作"善数者不用梼筴"，可见筴、筴都是策字。中山王方壶"𦩻（载）之妿（簡）筴"，"使其老筴赏仲父"，二"筴"字当同于"筴"。片为半木，从木从斤之析字，与从片从斤之所用意正同，可见筴即筴字。作筴者乃筴字之省。仰天湖简"一筴楷"（仰35），"筴"亦当是筴字之省。它们都是策字的异体，不过其造字方法是会意而非形声。这类新造的俗体虽然不多，但都有规律可寻。

俗体字中增加羡画羡符的现象最为常见。羡画一般是在长横之上（或下）益以短横。羡画在上者，如，丕（不，帛丙）、杯（杯，五10）、正（正，帛丙）、征（征，帛甲）、天（天，帛甲）、而（而，帛甲）、丙（丙，帛丙）、可（可，帛丙）、师（师，帛丙）、百（百，帛乙）、侯（侯，帛丙）、长（长，五13）、中（中，五15）、其（其，帛乙）、下（下，帛乙）、雨（雨，帛乙）、电（电，帛乙）、雷（雷，帛乙）、帝（帝，帛乙）、童（童，帛乙）、福（福，帛乙）、酒（酒，帛乙）、庄（庄，帛乙）、职（职，帛乙）、䨴（䨴，帛甲）、霾（霾，帛甲）、处（处，帛甲）、奠（奠，帛甲）、平（平，帛甲）、复（复，帛甲）、章（章，帛甲）、动（动，帛甲）、龙（龙，帛丙）、沈（沈，帛甲）、霝（霝，帛甲）、旁（旁，帛甲）、弼（弼，帛甲）、娄（娄，缕字所从，仰34）、辰（辰，帛乙）、反（反，成之闻之12）、取（取，语一72）、疾（疾，成之闻之12）、两（两，信2.02）等。羡画在下者，如至（至，帛甲）、室（室，帛丙）、铚（铚，仰18）、组（组，仰19）、并（并，包153）、立（立，缁衣3）、上（上，老甲3）、堂（堂，性自命出19）、亚（亚，性自命出48）等。也有羡画旁出者，如凡（凡，帛乙）、风（风，帛甲）、春（春，帛乙）、昏（昏，六德30）、荅（荅，穷达以时13）、退（退，鲁穆公2）、庐（庐，语三71）等。还有上下俱加羡画的，如亚（亚，包145反）是。

增益的羡符主要有口、日、爪、宀和肰等几个。增口旁的如青（青，帛甲)、✿(青，精字所从，帛甲)、✿(单，帛甲)、✿(纪，帛乙)、✿(娄，帛乙)、✿(簎，帛乙)、✿(丙，帛丙)等。凡增益的"日"旁于字中无义者，可能是羡符"口"的繁饰，如柜字既作✿(仰35)，同简又写作✿。"金"字作偏旁用时已增画作✿(㬎字所从，仰15)，在"鑑"字中复增日作✿，与金文鄦(鄦子簠)又作鄦(蔡大师鼎)同例。增"爪"旁的有✿(家，帛丙)字，简文中用为嫁；望山楚简家字写法与仰天湖简同，还有室字也从爪作"✿"；近出包山楚简和郭店楚简卒字也写作"✿"，当属同类现象。增"宀"的如✿(中，六德12)、✿(目，五行45)、✿(酒，语四7)等，有趣的是，家字增羡符爪之后还可以再增"宀"作✿(五行29)。增辵者如✿(汤，帛乙)读为荡。辵为羡符于金文中常见，如斩作𨑏，稻作𨙵，中山王器铭文的也作𨑖，古作𨑒。这种情况一直延续到秦代，如睡虎地秦简《公车司马猎律》遂作𨓚等。至于帛书中✿(春)、✿(夏)、✿(秋)、✿(冬)、✿(辰)、✿(晨)诸字皆从日作，则不能以羡符观之；这些字之所以从日，大概是表示它们与天象有关，可视为时间词的专字。

俗体字中还有一些异体(含繁简体)并存的现象。如✿(骨，仰6)又作✿(仰3)，组又作✿，蘆又作✿，✿又作✿等。仰天湖简4之"绘纯绘✿"同见于简21，而简41则作"铩纯绘✿"，上绘字写作铩。绘为从糸金声，声符在右，在简文中用为锦字；锦字声符则在左。绘字写作铩虽然仅此一见，但声符在右改为在左，可能与锦字声符在左的结构有关。检《说文》绘是紟的籀文，训"衣系也"。然则简文以绘为锦乃属假借，以铩为锦则是更换形旁的异体关系。其他同文异体的字还有：四字作✿(帛甲)、✿(帛甲)、✿(五4)、✿(性自命出9)、✿(唐虞之道26)；五字作✿(帛乙)、✿(仰25)；共字作✿(帛甲)、✿(仰32)；黄字作✿(帛甲)、✿(仰20)；青字作✿(帛甲)、✿(精字所从，帛甲)、✿(语三44)、✿(静字所从，老甲5)；步字作✿(帛甲)、✿(帛甲)；成字作✿(帛丙)、✿(城字所从，帛丙)；簎字作✿，又作✿(并帛乙)，又作✿(语一10)；疑字作✿(缁衣4)、✿(语二49)；目字作✿(五行47)、✿(唐虞之道26)、✿(五行45)等。"虍"作为偏旁在楚帛书中均作✿形，而仰天湖简分别写作✿、✿、✿、✿、✿、✿等形，颇见歧异。在时代、地域相同的情况下，出现上述种种不同的写法，特别是同一书手笔下写出种种结体互异的字，这种现象除了说明书手刻意求异的心态之外，当时社会上存在着大量的异体字，当是无可争辩的事实。

(二) 地域性特征非常明显

上面提到的许多简帛文字，都带有某些地区性的特征。尤其是简帛中一些特殊的写法和用法，其地区性特色更加明显，见诸楚帛书的还有：❍（岁）、❍（得）、❍（事）、❍（皆）、❍（筑）、❍（在）、❍（既）、❍（仓）、❍（言）、❍（无）、❍（测）、❍（襄）、❍（兄）、❍（见）、❍（义）、❍（厝）、❍（襦）、❍（废）、❍（备）、❍（动）、❍（处）、❍（陵）、❍（未）、❍（地）、❍（者）、❍（汤）、❍（失）、❍（李）、❍（禹）、❍（融）等。见诸楚简的有：❍（箬）、❍（衣）、❍（组）、❍（金）、❍（笋）、❍（僞）、❍（赢）、❍（血）、❍（盎）、❍（韦）、❍（蔡）、❍（中）、❍（手）等。这些结构特殊的书体，一见即可知其为楚地文字。同样，帛文"綎紬"用为"盈缩"，"德匿"用作"侧匿"；简文"䋣"之用为"裡"，"鉿"之用作锦，也都是楚地所特有的。下面再举三组字例加以说明。

1. ❍、❍、❍

上三例均见于楚帛书。彼此形体极为相似，但却是三个不同的字。第一例为身字，是在人形腹部加一指事性符号，指示其处为中身之身。或以为即《诗·大明》"大任有身（怀孕）"之身，字象妇人怀子之形。信阳楚简和古玺文"身"字皆如此作。帛文"土身亡翼"是指一种李（理）星的形状。

第二例是允字，据《说文》，允字从儿㠯声。古文人、儿同字，人与身作为偏旁用时也每相通，如信字中山王方壶作❍，易人为身，郭店简多见之，可以为证。帛文"日月允生"，"允"在此为假设之词，意谓"日月如生"。

第三例是个带足形的允字，也就是夋字。人形带足的现象在古文字中习见，如夏、憂、夋等皆是。金文允字作❍（不其簋）、❍（中山王壶），讹足形为女旁。帛文此字人下仍保留足形，就是夋字的前身。可见允、夋本来是同一字，由于字形的差异，《说文》遂分而为二；但二字确是同源。帛文"帝夋乃为日月之行"，帝夋即文献中的帝俊。据《山海经·大荒南经》的记载，帝俊之妻羲和生十日，帝俊之妻常羲生月十有二。这里的日月可能与十干、十二支的记日记月法有关。可见帝俊确与日月大有关系。

2. 㕡、㦰、䍿、㖈

上四例分别见于楚帛书和包山简。过去由于左侧的鸟形没有辨认出来，以致有关帛文一直未得确释。曾侯乙墓编钟铭文馱字作㕡（裘锡圭、李家浩释），包山楚简鸡字作䭿，所从鸟旁与帛文如出一辙。

第一例为鸟头下从木，即枭字。《说文·木部》："枭，不孝鸟也。日至捕枭磔之。从鸟头在木上。"楚人忌枭，以为不祥，故于日至之日捕枭磔之。此与楚俗有关。帛文云"不训于邦"，故"有枭内（纳）于上下"。意谓邦有不训（顺），故用枭为祭，纳于上下神祇。包山楚简食品中有"枭二笲"，与庶鸡、熬鸡同列。枭既可用于食，亦可用于祭。《汉书·郊祀志》有"祀上帝，用一枭"。当是楚俗的孑遗。

第二例是个从鸟从戈的鸢字，戈弋古文常讹混，隶书或写作鸢，是一种善于击杀的鸷鸟。帛文"鸢衞（帅）"云云，意指善于击杀之统帅。

第三例是个从鸟从異的字，当是翼字的异体。帛文"土身亡䍿"，大概是指一种有光无芒的李星。

第四例是鸣字。包山《疋狱》简95号云，邵无戠之州人某控告郂之㖈鼧邑人某某杀人。㖈字右旁似鸟形，从鸟从口乃鸣字；鼧字从鼠瓜声，楚简偏旁每以鼠代豸或犬，故鼧当是狐字。鸣狐为楚之邑名，地望待考。包山简194"集胆（厨）鸣夜"之鸣字作㖈，乃此字之反书，简文在此用作人名。

3. 长㠯、长𦡺与相遲

包山《受期》简有"长㠯公"和"长遲正"之称。按㠯乃遲字之省，长遲在此用为地名，即今湖南长沙之古称，包山简 2.78 䢈字从邑，更是地名的专字。

长沙五里牌简有多处"在长㠯"的记录，见于简13、14和18之下半段，与他简下半段作"在医賊"者同例。"在医賊"与"在长㠯"都是记载该简上半段所记随葬器物在椁室中的处所。"医賊"即《庄子》的"胠箧"，本指箱箧之两旁，在此当指考古工作者所习惯所称的"边厢"，是则五里牌简之"长㠯"决非地名，而应指一与边厢相当的处所。包山简 259—264 是一组记载随葬器物的遣策。第一简简首有"相遲之器所以行"的标记，是标明用于出行的器物放置在椁室中的具体位置。根据包山二号墓墓主头东足西的葬式，可知位于椁室之南北者应即考古学上的"边厢"，而位于椁室之东西者则分别为"头厢"和"尾厢"（或称"脚厢"）。又据《包山楚简》"出土器物登记表"，简259－264放置于棺椁之西室，正是考古学所称之尾厢。据此，包山简文所谓的"相遥"应同于五里牌简文的"长屒"，在此皆当读为"厢稍"，与考古学上之"尾厢"或"脚厢"正相吻合。楚简用字的这种细微差异，可能与楚地内部的方音或书写习惯有关。

楚简的遥字，楚帛书作逯（九店楚简同），保留形符"尾"而省去声符"少"，用作徙字；然徙字睡虎地秦简作徙，《孙膑兵法》作徙，只保留声符"少"而省去"尾"。二者实皆遥字之分化。由此证明李家浩同志认为篆文的"徙"字本当从"少"得声是非常正确的①。

（三）许多字形与"古文"一脉相承

一般认为，汉代《说文》中的古文，魏正始《三字石经》中的古文，以及北宋郭忠恕《汗简》和夏竦《古文四声韵》所收的古文，都是从战国时期东方六国的文字辗转传钞下来的。从《汗简》的书名还可以看出，郭氏认为这些古文主要来源于古代的竹简文字。现在，我们将楚地出土的简帛文字与《说文》古文一系的材料相比较，便可发现二者相同相通之处甚多，证明它们的确有着非常密切的关系。例如：

正	《说文》古文	正	楚帛书乙	正
共	《说文》古文	共	楚帛书甲	共
牺	《说文》古文	牺	楚帛书乙	牺
退	《说文》古文	退	楚帛书乙	退
西	《说文》古文	卤	楚帛书乙	卤
恒	《说文》古文	亙	楚帛书乙	亙
高	《说文》古文	亯	楚帛书丙	亯
州	《说文》古文	州	楚帛书甲	州
侯	《说文》古文	厌	楚帛书丙	厌
长	《说文》古文	兵	楚帛书丙	兵

---

① 见《九店楚简》第70页注[四八]。

其	《说文》古文		楚帛书丙	
衙	《说文》古文		楚帛书丙	
气	《汗简》		楚帛书甲	
色	《说文》古文		语丛一110	
绝	《说文》古文		老子乙4	
道	《汗简》		老子甲6	
达	《古文四声韵》		老子甲8	
目	《古文四声韵》		唐虞之道26	
淫	《古文四声韵》		尊德义16	
昆	《汗简》		六德29	
手	《说文》古文		五行45	
咸	《三体石经》古文		六德48	

　　从以上各例可以看出，古文一系的形体与简帛文字有着惊人的雷同。有的字，虽然二者不完全吻合，也可以借助古文一系的材料使不认识的简帛文字获得确解。例如，根据《说文》古文巨字作匚，而释简文的粔（仰35）为柜，释楇（同上简）为椐；据《说文》尧字古文作䘏，而释帛书乙之䘏为尧字之省；据《说文》娄字古文作㚢，可释帛书乙之㚢为娄，释仰天湖简之㚢为缕而读为屦；据《说文》𠃊字古文作囗，可释帛书乙之𠃊为𠃊，即渊；二者只有封口与开口之别。据《说文》仓字古文作仝，可释帛书丙之仝为仓，"二"在字中为饰笔；据《说文》禹古文作䘏，可释帛书乙之䘏为禹，可与秦简害字作䘏或䘏互证；据《说文》杀之古文第一体作𣏌，可释帛书丙之𣏌为杀，古文"介"乃声符；据《说文》牙古文作㠯，可释㡀（仰9）为𠂇，即梳字。据《说文》雹字古文作雹，可释帛书甲之雹为从䨛省，包省声，即雹字的异构。帛文"雹虙"即"庖戏"，也就是伏牺。据《说文》墉字古文作䘏，可释帛书甲之䘏为从墉从蟲省声，与融字同，故䘏即融字。帛文"炎帝乃命祝融"，与历史传说以祝融为炎帝之佐完全吻合。

　　另一方面，我们还可以利用地下出土的简帛文字来校正传钞古文，说明古文材料的真实情况，纠正古文在传钞过程中的讹误等。如《说文》断字古文作𥃻，帛书甲剷字作𥃻，可见𥃻即𥃻之变，古文乃借剷为断。《说文》筑字古文作䇹，毒字古文作䘏。而帛书丙筑字作䇹，可见古文所从之䯏、畐乃含之形讹。古文借筑为毒。《说文》得字古文作𢔶，从见从又，帛书得字作𢔶，从手持贝，可证古文误贝为见，则古文可据帛书而正。帛书乱字作𤔔，与《说文》䜌之古文形近。据古文，可证帛书吕吕为88之讹；据帛书，可知古文借乱为䜌。帛书丙型字作𡎐，字从土从荆，荆又从井得声。《说文》荆之古文作𠛬，误井为开；篆文荆作荆，刑作刑，则又误井为开矣。帛书乙恒字作亙，《说文》古文同帛书。二字皆从夕作。金文恒字作亙（舀鼎），则从月作。古夕、月同字，许慎以"如月之恒"说之，知帛文、古文所从乃月字。然篆文作亙，误月为舟。桓之古文也作亙，则涉篆文而讹，金文亘正从月作亙。帛书乙僃字作𤰈，中山王壶作𤰈，子僃璋戟作𤰈。葡本象矢箙之形，壶、戟二文右上尚存古谊，下部变为女形并施八为饰，由此可以判明《说文》僃古文作𤰈讹变的轨迹。帛文风字作𠙹，从虫凡声，为小篆所本。但风字何以从虫？《说文》古文又何以从日作𠙹？过去一直不明其理据。近将帛文之𠙹与古文之𠙹，同南宫中鼎之𠙹合观，始悟𠙹、𠙹乃由𠙹所分化。𠙹虽不见于古文字，然由𠙹简化为𠙹乃情理中事。汉夏承碑作𠙹，孟孝琚碑作𠙹，均为𠙹之变体，并可作为𠙹字曾经流行的旁证。将南宫中鼎文与甲骨文𠙹（粹831）字加以比照，知𠙹实为凤尾花纹益以"凡"为声符，为凤字之省体。声符"凡"之下，古文取其尾饰𠙹之〇而为𠙹字，帛文取其尾饰𠙹之个而为𠙹字，若合符节。由此可见，风字自甲骨文时代直至楷书，皆借凤字为之，本与虫、日无涉，许慎以"风动虫生，故虫八日而化"曲为之解，是不足为据的。

三、楚国简帛文字的书写风格

20世纪30年代，胡小石先生作《齐楚古金表》，开始对齐楚金文书法流派的研究。他说："齐楚两者同出于殷，用笔皆纤劲而多长，其结体多取纵势。所异者，齐书宽博，其季也，笔善平直而流为庄严；楚书流丽，其季也，笔多冤曲而流为奇诡。"其后在《古文变迁论》中又说："古文有方笔圆笔，齐楚皆属圆笔。齐楚大体温厚圆转，或取纵势，或取横势。齐楚二派，各极其变。"① 胡氏指出楚系书体的用笔、结体和流变，大体可信，但仅限于铜器铭文而已。40年代以来，楚地陆续出土了大批文物，其中以手书墨迹的简帛文字最为大宗，已引起广大学者的重视；但对简帛文字书法的研究，相对来说，著作还不太多。80年代初马国权先生作《战国楚竹简文字略说》②，就长沙、信阳、望山三地出土楚简文字详加论列。马先生说，信阳简字均修长，笔画匀细工整；望山简一略呈长形，一略带扁平，结构均基本匀称；长沙简字形平扁，笔道宽厚，用笔均较草率。他还指出，竹简文字与楚帛书的结构风格均相吻合。80年代中，饶宗颐先生作《楚帛书之书法艺术》③。饶先生从放大十二倍的楚帛书照片中潜心领悟照片真迹的用笔体势，并在摹写中仔细体察、琢磨，故能对帛书的用笔书法提出独到的见解。根据他的研究，帛书字体介于篆隶之间，形体扁平，用笔圆中带方，书写特点是横写先作纵势，收笔略带垂钩，纵写故作欹斜，整个结体以不平不直取态，故能挺劲秀峻，精妙绝伦。去年，周凤五先生发表《楚简文字的书法史意义》④，强调毛笔的特性对于文字与书法的应用及其所呈现的风格具有关键的作用，并以包山楚简与郭店楚简为例，说明它们在书法史上的意义。上文已论及，此不赘。

综观战国时期楚系文字的书写风格，大抵中期及其以前，笔画匀称而形体修长，结体圆转流丽，富于变化而不失整齐美观，手写体与铸刻文字差异不大。曾侯乙墓的竹简文字与编钟铭文比较接近；信阳竹简文字与鄫篙编钟铭文的格调也基本一致。中期以后，简帛的手写体逐渐占主导地位，并直接影响了铜器铭刻，俗体字大量流行起来。由于手写文字草率急就的特性导致用笔和结体产生了明显的变化。至晚期文字体势渐趋简略，字形扁平，甚至出现波磔挑法，成为后世隶书的滥觞。就楚地出土简帛所见，这一时期文字的书写风格确具特色，值得注意者有如下几点。

---

① 见《说文古文考》油印本附录，中国社会科学院历史研究所重印，1979年。又《胡小石论文集·古文变迁论》，上海古籍出版社1982年版。
② 马国权：《战国楚竹简文字略说》，《古文字研究》第三辑，中华书局1980年版，第153～159页。
③ 见《楚地出土文献三种研究》，中华书局1993年版，第341～342页。
④ 周凤五：《楚简文字的书法史意义》，台湾"中研院"第三届国际汉学会议论文，2000年7月。

（一）起笔重而收笔轻，笔道富有弹性

简帛文字同其他古文字比较，最明显的不同是没有以往甲骨文和金文的"刀笔味"，而代之以头粗尾细或丰中锐末的笔道。这是由当时使用毛笔的特性所使然的。目前已发现的战国毛笔都是长锋细腰的形制，"这样的形制，要书写成环弧较多的古文字，写起来笔画便自然富有弹性，形成起处稍尖、中间偏前较粗、收笔处特尖的线条效果"①。这种线条的夸张形式，汉人称之为"蝌蚪书"；后人更仿效蝌蚪之名而故作蝌蚪之形，极尽夸张之能事，但它源于先秦的简帛文字当是可信的。

（二）用笔方圆兼备，灵活多变

简帛文字用笔圆中有方，纵横兼具，十分灵活。横写先作纵势，收笔略呈垂钩。如三字作〓，佳字作[字]，方字作[字]，戈字作[字]，尧字作[字]，福字作[字]。这种用笔在汉代篆书中仍有保留，如开母庙石阙一作一，袁敞碑二作二，少室石阙三作三，王安碑五作[字]，皆承袭楚风。对称斜笔也往往取内引带钩之势，如而字作[字]，禹字作[字]，燥字作[字]，家字作[字]，衣字作[字]，兔字作[字]等，笔法婉转多变，达到出神入化的地步。

（三）结体不平不直，内圆外方

帛书结体通篇扁平。楚简文字结体则或扁或长，其扁者不及半厘米（如[字]字），其长者达二厘米以上（如[字]字），错落有致。帛书横势多于纵势，纵横交错，故作敧斜，构成不平不直的体态，如[字]、[字]、[字]、[字]等，尽管整个结体以环弧线条为主，却显得内圆而外方，令人有奇诡之感。

（四）波势挑法已见端倪

楚地战国简帛文已孕育着波势挑法的雏形，如帛书乙字作[字]，仰天湖简纯字作[字]，末笔有明显的波势。帛书于字作[字]，乃字作[字]，月字作[字]，明字作[字]，下一笔即为挑法。尤其是仰天湖简某些纵笔往往带有

---

① 参黄锡全《楚系文字略论》，载《华夏考古》1990 年第 3 期。又载《古文字论丛》，台湾：艺文印书馆 1999 年版。

上提的挑钩，如🗆、🗆、🗆、🗆等，包山楚简、九店楚简等也有比较突出的例子，如🗆、🗆、🗆、🗆等，这些已开后世挑钩的先河。郭沫若先生说：楚帛书文字"体式简略，形体扁平，接近于后来的隶书"①。饶宗颐先生认为："帛书结体在篆隶之间，形体为古文，而行笔则为隶势。"② 裘锡圭先生在论述隶书的形成时指出："如果秦没有统一全中国，六国文字的俗体（以楚帛书和齐陶文为例——引者注）迟早也是会演变成类似隶书的新字体的。"③

（五）长文宏篇讲究行款布局

如前所述，楚帛书是迄今所见最早一幅图文并茂的墨书真迹。其行款布局十分讲究，设计别出心裁，构图耐人寻味。正中二篇文字分别为八行和十三行，互为颠倒；虽然没有马王堆帛书的朱丝栏，却行列整齐，字与字之间的间隔十分匀称，堪称绝妙。两篇各自分为三节，每节分别以□号隔开。周边十二节文字随月神图像循回旋转，每节之末也以□号为标志。合文则二字占一格书写。通篇设计别具匠心，为战国晚期长篇题铭有代表性的形制，具有极高的艺术价值。当代书画家倘能见之，定会叹为观止也。

附记： 多年前，湖南省博物馆周世荣先生与西泠印社有编辑出版《湖南出土文物与书法艺术》一书之议，约笔者撰写《湖南楚帛书与楚简文字书法浅析》一文。后因故未果，此稿置箧中久矣。今欣逢"百年来简帛发现与研究暨长沙吴简国际学术研讨会"在长沙召开，因检出旧稿，将范围稍加拓展，略事更张，益以新知，由斯鹏学棣补书各类古体，并改从今题，幸方家指正焉。

---

① 郭沫若：《古代文字之辩证的发展》，载《考古学报》1972 年第 3 期。
② 《楚地出土文献三种研究》，中华书局 1993 年版，第 341～342 页。
③ 裘锡圭：《文字学概要》，商务印书馆 1988 年版，第 69 页。

秦汉时制刍议

所谓"时制",是指把一昼夜划分为若干个时段之制。时制的建立和演进,与人类社会生活和生产活动密切相关,是文明史上值得研究的课题。本文根据秦汉简牍的记时材料,联系有关文献记载,探讨秦汉时期将一昼夜划分为十二时段、十六时段和十八时段的几种时制及其相关问题。

一、睡虎地秦简的"十二时段"

关于十二时制的起源,有人根据《史记·历书》:"自昔在古,历建作于孟春,……时鸡三号,卒(平)明"及《诗经》"女曰鸡鸣,士曰昧旦"等内容有与后世十二时称中的"鸡鸣"、"平明"、"昧旦"相同,便以为十二时制在殷周时代就已确立了。这是缺乏根据的。

另一种意见则认为很迟。顾炎武据《南齐书·天文志》始有"子时、丑时……亥时",《北齐书·南阳王传》有"景时、午时,景时丙时也"便断言"古无一日分十二时","自汉以下,历法渐密,于是以一日为十二时"。他认为十二时制到汉以后才出现,则未免失之太迟。

从文献材料考察,把一昼夜分成十二个时段,给予统一的名称,并分别用十二辰来表示的,是到了晋·杜预注《左传》才正式确立的。但杜预的十二时与东汉王充《论衡·诇日篇》所说的"一日之中,分为十二时,平旦寅,日出卯也"中的平旦、日出完全一样,故可据杜注补足王充的十二时为:

夜半子　鸡鸣丑　平旦寅　日出卯　食时辰　禺中巳
正中午　日昳未　餔时申　日入酉　昏时戌　人定亥

因此,一般认为十二时制在王莽,特别是东汉之后已经正式确立并统一应用是不成问题的。

1975年湖北云梦睡虎地秦墓出土有竹简《日书》二种,其中乙种简

1051 有关于十二时制的简文，此简首尾皆残，可据同出它简加以补充：

　　[鸡鸣丑]　[清旦]　寅　日出卯　食时辰　莫（暮）食巳　日中午　暴未　下市申　舂日酉　牛羊入戌　黄昏亥　人[定子]

简首据《编年记》"甲午鸡鸣，喜产"（简045）可补足"鸡鸣丑"，"寅"上据日书乙种简1128补足为"清旦寅"；简末"人"下则为"定子"二字无疑。

这条简文非常重要，它比《论衡》所载整整提早了一个朝代，它是迄今所见关于十二时制最早的记载，也是以子、丑、寅、卯等十二辰表示十二时的最早记录，从这条简文里，我们看到了十二时制在秦代流行的一些有关情况。

首先是把一昼夜的时间划分为十二等分。我们从《史记》、《汉书》、《淮南子》以及居延汉简中看到的许多有关记时的时称，可以根据它们早晚的顺序排出一个序列来，但这些名称之间是不是等分，却没有把握。因为根据一般的记事，很容易出现详于日而略于夜的现象，勉强加以等分，就会出现差错。如《淮南子》分一昼夜为十五时名而没有常见的夜半、鸡鸣等时称，那是因为它根据的是日出、日入而不及夜；又如《史记》所见十四个时称，按其先后排列只有昏、暮食、夜半、鸡鸣四项属夜，殊不相称；《汉书》也同样只有昏、夜过半、鸡鸣三项属夜，甚不均衡。睡虎地1051简简文以"鸡鸣丑"为一日之始，将一昼夜平分为十二等分。其中"日中"和"人定（即后来的夜半）是平分日夜之中，自鸡鸣至日中为六时，自日昳至人定也是六时，用漏刻长度计各得五十刻，用今天时钟计则各为十二时，比较接近实际。

其次是给十二等分以一定的名称，即所谓"时称"。这条简文的十二个名目，如鸡鸣、平旦、日出、食时、莫食、日中、黄昏、人定八目都极普通和常见。还有一些异称，如"下市"，它简或作"莫（暮）市"（796反）。"黄昏"它简或作"莫（暮）夕"（1128）。"暴"它简或作"日则"（1128），是指日正中后西侧之时，文献一般作昃或昳。于豪亮认为是"日失"二字的讹化，甚确。放马滩日书即写作"日失"（简乙79），睡虎地日书它简或作"市日"（797反）或作"昳时"（864）。《淮南子·天文训》十五时名中有高舂和下舂，又称"小舂"，简文"舂日"与此极近。

只有"牛羊入"一名是秦简所特有的。这些异称说明当时的时名尚未十分固定与统一，可能各地民间都有一些专名，反映出各个地区的特色。

第三，也是更重要的，是用十二地支来表示十二时。这不仅是个方便称引的代号问题，而是反映了十二时的产生具有深刻的意义。因为十二地支是用来表示方位的，那么，以十二支来表示十二时，就把时空的观念有机地结合起来了。这样一来，十二辰中的每一辰都表示一定的时间和方位，如子北午南、卯东酉西等。从内容与形式看，我们颇怀疑十二时制也同十六时制一样，都是古代堪舆家的杰作。

二、放马滩秦简的"十六时段"

1986年3月，甘肃天水放马滩出土了一批秦简日书，墓葬的年代比睡虎地略早。这批日书在"生子"和"入月吉凶"二章中采用了十六时的记时制，根据何双全先生所录，其次第是：

平旦　[晨]　日出　夙食　日中　日西中　日西下　日未入
日入　昏　暮食　夜暮　夜未中　夜中　夜过中　鸡鸣

它简尚有"中鸣"（乙77）、"后鸣（乙78）"、"东中"、"日失"（乙79）及"安（晏）食"（甲43）等异称，但不见十二时制。

我们认为，放马滩秦简中的这个十六时制，与保存在睡虎地和放马滩两批简中的"日夕消长表"有着密不可分的联系，两者可以互相抉发和证明。请看秦简十二个月的"日夕（夜）消长表"（放马滩"夕"作"夜"）：

表1　日夕消长表

正月	日七夕（夜）九	七月	日九夕（夜）七
二月	日八夕（夜）八	八月	日八夕（夜）八
三月	日九夕（夜）七	九月	日七夕（夜）九
四月	日十夕（夜）六	十月	日六夕（夜）十
五月	日十一夕（夜）五	十一月	日五夕（夜）十一
六月	日十夕（夜）六	十二月	日六夕（夜）十

此表值得注意的地方有：

（1）在十二个月中，日数递减则夕（夜）数递增，反之亦然。两者此消彼长，互成比例；

（2）除五月与十一月日数与夕（夜）数趋向两极以表示二至（夏至与冬至）之外，其余正月同九月，二月同八月，三月同七月，四月同六月，十月同十二月，构成一幅循环往复、周而复始的天象运行图；

（3）每月无论日夕（夜）如何消长变化，日和夕（夜）二数之和始终保持十六。这个"十六"之数就是一昼夜所经历的时间单位，与放马滩秦简中分一昼夜为十六时段正好互为表里，可以互相印证。

此外，我们还疑心秦简日书中一昼夜所经历的十六个单位，与《淮南子·天文篇》的"日行九州七舍历十六所"、王充《论衡》的"日行十六道"都是同一背景下的产物，其理论与十六时段的产生和确立可能很有关系。王充《论衡·说日篇》云：

> 儒者或曰：日月有九道，故曰日行有远近，昼夜有长短也。夫复五月之时，昼十一分夜五分，六月昼十分夜六分，从六月往至十一月，月减一分。此则日行月从一分道也，岁日行天十六道，岂徒九道？

按此说，一年十二个月中昼夜长短变化的比率，正与秦简日书的"日夕消长表"全同。但《说日篇》的"日行天十六道"究竟何指？《淮南子·天文篇》在记述太阳行程时说："天圆地方，道在中央，日为德，月为刑"。又说："日出于旸谷，浴于咸池，拂于扶桑，是谓晨明；登于扶桑，爰始将行，是谓朏明；至于曲阿，是谓旦明；至于曾泉，是谓蚤食；至于桑野，是谓晏食；至于衡阳，是谓隅中；至于昆吾，是谓正中；至于鸟次，是谓小还（据《太平御览》引，还乃迁之误）；至于悲谷，是谓餔时；至于女纪，是谓大还（迁）；至于渊虞，是谓高舂；至于连石，是谓下舂；至于悲泉，爰止其女，爰息其马，是谓县车；至于虞渊，是谓黄昏；至于蒙谷，是谓定昏。日入于虞渊之汜，曙于蒙谷之浦，行九州七舍，有五亿万九千三百九里，禹以为朝昼昏夜。"高诱注："自阳谷至虞渊，凡十六所，为九州七舍也。"可见《论衡》的十六道应与《淮南子》的十六所相当。为了便于比较，现将《淮南子》的十六所与放马滩秦简日书的十六时段列表对照如下：

表2

十六所	蒙谷	旸谷	咸池	扶桑	曲阿	曾泉	桑野	衡阳	昆吾	鸟次	悲谷	女纪	渊虞	连石	悲泉	虞渊
十五时	定昏		晨明	朏明	旦明	蚤食	晏食	隅中	正中	小迁	铺时	大迁	高舂	小舂	县车	黄昏
十六时	夜未中	夜中	夜过中	鸡鸣	平旦	[晨]	日出	夙食	日中	日西中	日西下	日未入	日入	昏	暮食	夜暮

由于《淮南子》的宇宙观是天圆地方，故上表首行"日行天十六道"，在地上则为九州七舍十六所，即由蒙谷至于虞渊；又由于《淮南子》以日出、日入为一天的始止而不及夜，故次行十五时称于定昏之后及晨明之前如夜半、鸡鸣等属于夜间者，均不在叙述之列。正是这个缘故，次行的十五时称与第三行的十六时称无法一一互相配对，说明二者有所不同。第三行若以日出、日入作为昼夜的分界线，则昼与夜的比率为七与九之比，相当于"日夕消长表"中的正月或九月。

清·钱塘《淮南天文训补注》作"日行十六道合堪舆之图"（见附图），根据《周髀算经》，对于十六时制中四时日之出入，言之甚明，其日与夕之比率与秦简日书"日夕消长表"所示完全相同。如夏至，日出寅中，入戌中，即日出于十六所之扶桑，入于悲泉。自扶桑至连石十一所为昼，自悲泉至咸池五所为夜，与秦简"日夕消长表"中的五月"日十一夕五"正同，表示昼极长而夜极短，是为夏至。又如冬至，日出辰中，入申中，即日出于十六所之桑野，入于女纪，桑野至悲谷五所为昼，女纪至曾泉十一所为夜，与"日夕消长表"中的十一月"日五夕十一"相同，表示昼极短而夜极长，是为冬至。春分秋分皆日出卯而入酉，即出于曲阿而入于虞渊，昼夜各得八所，与"日夕消长表"中二月、八月"日八夕八"者相同。以上即所谓二至"日夜长短极"，二分"日夜平分"也。其余各月依次类推，皆可在堪舆图上找到日出、日入的相应位置，与"日夕消长表"也完全吻合。由此看来，日行十六所可能是古代堪舆家观测日出、日入建立起来的一种理论，而十六时制则是基于这种理论之上的一种比较实用的时刻制，两者既有所区别，又是互相联系的。

三、居延汉简记时的时制问题

居延汉简（含居延新简）中的记时资料非常丰富，特别是有关传递文书的简牍，即所谓"行书"简，有相对的时间记录和比较详细的时分制度，弥足珍贵。但从目前所见的四五百例中，还没有发现像秦简那样反映等分时制的系列资料，而且名目繁多，其记时制度仍是一个值得探讨的问题。陈梦家先生《汉简缀述》根据居延汉简所见时分，按其时间先后排定为 18 个时段。现在我们以《居延新简》新出材料加以补充和订正，仍按其排定次第编列，但略去其简号；新简的时名同于旧简者，其简号也皆略去，凡新补充的时名则下注其所见简号；必要时加注说明。

夜半	夜半	
	夜半时	新 E. P. T52:52 疏 606
	日夜中	新 E. P. T52:370A
	中夜	新 E. P. T68:37
夜大半	夜大半	
	夜大半三分	
	夜大半五分	

	夜过半时（陈表隶于"夜半"）	
	夜半尽时	
鸡鸣	鸡前鸣	新 E. P. C:24
	鸡前鸣七分	新 E. P. T52:52
	鸡前鸣时	
	鸡鸣五分	
	鸡鸣时	
	鸡中鸣	
	鸡后鸣	
	鸡后鸣五分	
	鸡后鸣九分	新 E. P. T51:6
晨时	晨	
	晨时	
	大晨一分尽时	
平旦	旦	
	正旦	
	平旦	
	平旦一分	
	平旦五分	
	日平旦七分	
	平旦时	
日出	日出	
	日出三分	新 E. P. T51:14
	日出五分	
	日出七分	
	日出一干（竿）时	新 E. P. T58:17
	日出二干（竿）时	
	日出时	
	旦日出	居35.20A
蚤食	蚤食	
	蚤食一分	
	蚤食五分	

	蚤食时	
	日蚤食	新 E. P. T65:356
	日蚤食时	
	蚤食尽	
	旦食	新 E. P. T65:70A
	旦蚤	新 E. P. T19:167
	旦日蚤	新 E. P. W19:130A
食时	食	
	食时	
	食时五分	新 E. P. T51:14 新 E. P. T51:273
	日食	新 E. P. T52:379
	日食一分	新 E. P. T49:28
	日食时	
	日食时二分	
	食坐	
	食坐五分	新 E. P. F22:324
	食坐时	居502:1A 新 E. P. T48:147 二见
	日食坐五分	
东中	禺中	新 E. P. T51:6
	寓中	新 E. P. T49:27
	寓中五分	居270.2（陈表漏"寓"字，错系于"日中"下）
	日东中六分	
	日东中时	
日中	日中	
	日中四分时	新 E. P. T51:504
	日中时	
	日中时分	
	中昼	
西中	西中二分（陈表"西"前有日字，乃同字之误）	
	日西中时	
	日过中时	

	日失（昳）中时		
	日失（昳）		
餔时	餔时		
	日餔时		
	餔食	居265.2A	居478.2
	餔坐		
下餔	下餔		
	下餔二分		
	下餔四分		
	下餔五分		
	下餔七分		
	下餔八分		
	下餔九分	新 E. P. T49:37	
	下餔时		
	日下餔	疏651	罗18
	日下餔时		
日入	日入		
	日入三分		
	日入时		
	日且入时	新 E. P. T59:2	新 E. P. T68:95
		新 E. P. F16:11	新 E. P. T40:188
昏时	昏		
	昏时		
	昏时四分时		
	昏时五分时	新 E. P. T52:405	
	日昏时	居506.19	
	夜昏五分	新 E. P. T65:315	
	夜昏时		
	夜昏后	新 E. P. F22:527	
	黄昏时		
	莫（暮）昏时	疏572	
	莫（暮）		

夜食	夜食	
	夜食五分	新 E. P. T7:34
	夜食七分	
	夜食时	
	［夜］食莫（暮）时	
	莫（暮）食	新 E. P. T51:660A
	莫（暮）食尽	新 E. P. T52:596
	莫（暮）俱食	新 E. P. T59:65
	参铺时	
人定	人定	居 104.44
	人定二分	
	人定七分	新 E. P. T52:83
	人定时	
	夜人定时	
夜少半	夜少半	
	夜少半四分	
	莫（暮）夜未半	

陈表18项中收时称异名80个，本表增补至117个。虽然新补充了30多个名目，但仍未发现有溢出陈表18项以外者。当然，在陈氏所归纳的18个时段中，还有一些可以进一步细分或加以归并的，但从材料的总体来看，应该说是大体可信的。

18项中，"平旦"至"日入"属于昼，故时名每冠以"日"字，如日平旦、日出、日蚤食、日东中、日中、日西中、日铺时、日下铺时、日入等。"昏时"之后属于夜，故时名每冠以夜、莫（暮）、昏等字。"昏时"是日入之后的黄昏时分，所以时名杂用黄、昏、莫、夜以为修饰。个别还有称"日昏时"（居506.19）的，大概是"日入"之后尚有余辉的缘故。

绝大部分时名之后都缀以"时"字以为时称的标志，如晨时、昏时、食时、鸡鸣时、平旦时、铺时、夜半时、夜过半时等，只有"夜少半"未见"时"字后缀，还有于"分"下再缀以"时"字的，如"日中四分时"、"昏时四分时"、"大晨一分尽时"等。

时名之下缀以若干"分"，说明每个时段可以再细分为若干分已成为一种定制，在邮程记录中尤为习见。例如平旦一分、西中二分、日出三分、日中四分、食时五分、日东中六分、夜食七分、下餔八分等，只有"夜半"、"餔时"二项未见记分。至于每一时究竟有多少分？陈梦家先生根据过去最高只出现过七分、八分，曾推测"一时至少八分，很可能即是十分"。现在《居延新简》已发现有"一时十分""鸡后鸣九分"（新 E. P. T51:6）和"下餔九分"（新 R. P. T49:37）则一时十分"之说可以论定。

时名有系以"坐"字（旧作尘）者，如餔坐、食坐、日食坐等。陈梦家先生据居延简 506.6"日食坐"在"东中"前，以为"食坐"或即"食时"，故"餔时"亦作"餔坐"，并怀疑"坐"乃"时"字之异写。然而，居延简 502.1A 及居延新简 E. P. T48:147 三见"食坐时"，"坐"与"时"并见，可知"坐"必非"时"之异写，"坐"的具体涵义如何？需要另作解释。考时名"坐"字均作为与"餔"、"食"有关的后缀成分，《说文》训"坐"为止，餔坐、食坐或指餔、食即将终止之时，与"尽"字意义相当。

居延新简四见"日且入"的时称，其中有关烽燧举火品制的规定云："日且入时，见匈奴在塞外，各举部烽……。"（E. P. F16:11）检《汉书·卫青霍去病传》，记卫、霍于汉武帝元狩四年（前119）与匈奴大战于塞外之定襄，"会日且入，而大风起，沙砾击面，两军不相见"。师古曰："日且入，言日欲没也。"二者可以互证。

从现有的材料看，夜半时三分为夜少半、夜半和夜大半，同鸡鸣时三分为鸡前鸣、鸡中鸣与鸡后鸣应属同类现象。陈表于前者取分而后者不分，标准殊不一致。若两者皆三分，则为二十时段，若两者皆不分，则为十六时段，并不以十八时段为限。鉴于汉简中未见"夜半时若干分"和"鸡中鸣若干分"，且"夜少半"与"鸡后鸣"均不缀以"时"字，我认为"不分"的可能性更大些。这样，汉简的时制有可能与秦简一样，皆为十六时段，即：夜半（分少、半、大）、鸡鸣（分前、中、后）、晨、平旦、日出、蚤食、食时、东中、日中、西中、餔时、下餔、日入、昏时、夜食、人定。这样的时段和时称比较合理，也与《淮南子》、《论衡》所载时名更加接近，它们之间的递嬗和分合也一目了然。现将三者时名列于表3：

表3

《淮南》十六时	定昏		晨时	肫明	旦明	蚤食	晏食	隅中	正中	小迁	餔时	大迁	高舂	下舂	县车	黄昏
汉简十六时	夜半（少、半、大）	鸡鸣（前、中、后）	晨	平旦	日出	蚤食	食时	东中	日中	西中	餔时	下餔	日入	昏时	夜食	人定
《论衡》十二时	夜半子	鸡鸣丑	平旦寅	日出卯		食时辰		禺中巳	正中午	日昳未	餔时申		日入酉	黄昏戌		人定亥

如前所述，《淮南子》因以日出日入为基准而不及夜，所以其十六时段与汉简的十六时段除夜间差别较大外，日间自"日出"至"日入"各个时段二者基本相同。从总体考察，汉简记时仍应属十六时段的范畴，新简中发现三条"刑德七舍"的材料，也是居延汉简应用十六时制的有力佐证。在汉简十六时段中，如把"晨"并入"平旦"、"蚤食"并入"食时"；"下餔"并入"餔时"，"夜食"并入"黄昏"，便与《论衡》的十二时段完全吻合，可见二者的关系是非常密切的。

由上表反观放马滩秦简的十六时段，于"日出"至"日中"之间仅"夙食"一个时段，而于"日中"至"日入"之间却有"日西中"、"日西下"和"日未入"三个时段，显得很不相称，必须据它简有关材料作适当调整（如于"夙食"之后增入"东中"等）。这些都有待于天水放马滩秦简材料的全面公布和整理之后才有可能。总之，秦汉间确实存在十二时段与十六时段，它们彼此之间有着密切的关系。至于是否存在十八时段乃至二十时段的问题，则有待于进一步研究和证明。

附记：本文曾在中国简牍学国际学术研讨会（1991年7月于兰州）上宣读。

参考文献

[1] 谢桂华、李均明、朱国炤. 居延汉简释文合校[M]. 北京，文物出版社，1987.

[2] 林梅村、李均明. 疏勒河流域出土汉简[M]. 北京，文物出版

社，1984.

[3] 甘肃文物考古所等. 居延新简[M]. 北京，文物出版社，1990.

[4] 陈梦家. 汉简缀述——汉简年历表叙[M]. 北京，中华书局，1980.

[5] 睡虎地秦墓竹简整理小组. 睡虎地秦墓竹简[M]. 北京，文物出版社，1990.

[6] 于豪亮. 秦简日书记时记月诸问题[J]. 云梦秦简研究，中华书局，1981.

[7] 李均明. 汉简所见一日十八时、一时十分记时制[J]. 文史第二十二辑，北京，中华书局，1984.

[8] 何双全. 天水放马滩秦简日书综述[J]. 文物，1979（2）.

[9] 清·钱塘. 淮南天文训补注[M]. 北京，商务印书馆，1931.

（原载《中山大学学报》1992年第4期）

容庚先生与中国青铜器学

商周是中国青铜文化繁荣发达的时期。迄今为止,已发现的有铭青铜器已在万件以上,没有铭文的青铜器更加难计其数。这些青铜器不但数量繁多,而且有的还具有很高的史料价值,它是我国青铜时代的伟大创造,也是人类文明十分珍贵的文化遗产。中国金石之学盛行于宋清两代,宋人研究青铜器的著作今存者8种,佚者12种,计20种。清人研究青铜器的著作计有24种,大抵皆以刊布彝器图像和摹拓铜器铭文为主要模式。20世纪随着考古学的兴起,青铜器研究也有长足的进步。20世纪70年代是中国考古学空前繁荣的黄金时代,然而,在这以前的中国青铜器研究领域内,已相继出现了一系列具有重大影响的标志性著作,即20世纪20年代的《金文编》、20—30年代的各种图录、30年代的《两周金文辞大系》、40年代的《商周彝器通考》和50年代的《殷周青铜器通论》等。正是这些丰碑式的著作开启了中国青铜器及其铭文研究的新时代。值得指出的是,这些著作都同一个名字联系在一起,他就是学术界景仰的容庚先生。

一、首部专集金文字形的《金文编》

容庚先生原名肇庚,字希伯,又作希白,号颂斋。广东东莞人。先生出身于晚清书香世家,其高祖、曾祖分别是道光年间的贡生、举人,祖父鹤龄系同治恩科进士,外祖父邓蓉镜官至翰林,父亲作恭为光绪丁酉科拔贡。世代虽习科举之业,然不喜为官,皆以传习文史为己任。先生自幼饱读经书,聪颖过人,但先人早逝,直接给他以亲炙的是四舅邓尔雅和从叔容祖椿。邓尔雅是广东有名的书法篆刻家,容祖椿工于绘画。先生从小就受到长辈学术与艺术的熏陶,这对他一生的治学影响极大。1913年,当先生还在中学念书的时候,就已经对金石文字产生了浓厚的兴趣。他在研读吴大澂的《说文古籀补》和桂馥的《缪篆分韵》时,即萌发补辑之意。1917年中学毕业,不复升学,与弟妹策划共同集篆籀之见存者为《商周秦汉文字》丛书,《金文编》稿本便是其中之一种。

1922年，先生与三弟肇祖北上求学，路过天津，挟《金文编》稿本谒见了著名的考古学家罗振玉，深得罗的赏识。罗谓《金文编》正是他自己"欲做而未成者"，再三叮嘱"务竟其成"①，并把容庚先生推荐给北京大学的马衡教授，容先生遂进入北京大学研究所国学门为研究生。1925年《金文编》书成，罗振玉、王国维、马衡、沈兼士、邓尔雅诸前辈为之校订并序。初版由罗氏贻安堂印行。王国维"序"云："癸亥冬日，东莞容君希白出所著《金文编》相示，其书祖述中丞而补正中丞书处甚多，是能用中丞之法而光大之者。"②"中丞"即吴大澂，吴氏编纂古文字书的方法超越前人，其《说文古籀补》收字尽据拓本，分别部居悉依《说文》，疑似不可识者则别为附录待问，此三者成为后来丁佛言《说文古籀补补》、强运开《说文古籀三补》等编纂古文字书的不二法门。吴书的这些优点，《金文编》都充分地加以吸收。但吴书以《说文》为科律，一准许氏旧例，以出土古文字等同于古籀以补《说文》，实则把古文字作为《说文》的附庸而已。在这一点上，容庚先生作了很大的改进，《金文编》率先收集铜器铭文中的单字，是第一部专集金文字形的专书，而把《说文》部首仅仅作为编排金文字形的序列；凡金文字形与《说文》小篆有异者，则以金文纠正小篆之讹误，《说文》所无之字则附于同部之末。其次，《金文编》纠正吴书收字驳杂的弊病，吴书除收录金文外，还杂有古陶文、古玺文和古币文等字体，排列次序难以体现时代的先后；且字体划一，只能按拓本对临，字形难免产生变化；《金文编》则专收金文，字形大小完全按照拓本或照片按原样临摹，故能体现异体字之间的细微差别，确保字形的精准。同一字的字形则按照时代的早晚排列，从中可以窥见金文字形发展的轨迹。第三，吴书对古器中的象形字，如牺形、兕形、鸡形、立戈形、立旂形、子执刀形、子荷贝形之类，概不采入。《金文编》不但采录大量的图形文字，且能区别对待，对象形字中少数可识者入正编，将其中不可识之象形字为附录上，不可识之形声字则为附录下，一目了然，成为《金文编》的一大特色。此外有关金文字形的孳乳、通假和训释，也较吴书翔实精当；至于所采集之金文资料更是吴书所无法比拟的。1939年《金文编》再版，正编收字1804文，附录1165文，重

---

① 据容庚先生自述。
② 王国维为《金文编》所作"序"，容庚：《金文编》（四版），中华书局1985年版，第8页。

文16671文；较初版增加六成。1959年三版《金文编》正编1894文，附录1165文，重文18028文。1985年四版《金文编》正编2420文，附录1352文，重文24260文。60年间，《金文编》经过三次大的增订，每次都有大比例的增长。编末初版和再版仅有"检字表"，三版起增加了"书目表"和"器目表"，甚便检索。总之，《金文编》是继《说文古籀补》之后在材料、体例和编纂方法上有新突破的第一部专收金文的大型字书，由于它比吴书更加详备和矜审，深得学术界的推崇，"是一部具有广泛影响的权威性工具书，对研究两周青铜器铭文很有裨益"①，至今仍是古文字学者案头必备的著作。

二、辨伪、收藏和编制"图录"

《金文编》初版出版的当年10月10日，北平故宫博物院成立。次年容庚先生应邀参加故宫内府藏器的陈列工作，同年12月被内务部函聘为古物陈列所古物鉴定委员会委员，参与故宫数千青铜器的鉴定工作。由于故宫内府藏器真伪混杂，几乎每件铜器都需经过激烈的争论方能定其真伪。容庚先生为了向前辈学习辨伪的经验，常常故意把真器说是假的，把假器说是真的，引起大家的辩论，从中归纳出鉴别真伪的规律。由于当时时局多变，鉴定工作常常被迫停顿，全赖先生独力支撑，并着手做编制图录的工作。

先生一向以搜集和编纂原始材料为第一要务，而图录则是研究古铜器和金文的原始材料，故先生充分利用当时在古物陈列所的有利条件，于1929年从沈阳故宫移交的798件藏器中，选取其中有文字或形状异、花纹美者共92器，编成《宝蕴楼彝器图录》二册。1934年又从热河行宫所藏851器中精选100器成《武英殿彝器图录》二册，先生"自序"云："前代著书，重文字而忽视花纹，欲考图饰则恒有无所取材之叹，故抚拓花纹与文字并列，为著录者开其端。"② 1940年又将颐和园所藏彝器选取20器编为《西清彝器拾遗》一册。从以上3种5册"图录"中，世人始

---

① 姚孝遂：《金文编校补·序》，董莲池：《金文编校补》，东北师范大学出版社1995年版，第4页。

② 容庚：《武英殿彝器图录》二册"自序"，哈佛燕京学社影印本1934年版，第3页。

得一睹清宫内府藏器的真面目。而《武英殿彝器图录》更以摹拓花纹与铭文并重,开著录铜器花纹之先河。

容庚先生有关青铜器学的造诣,除来源于他对宋清两代金石学的精湛研究和在古物陈列所对数千彝器的鉴定经验之外,还得益于自家对青铜彝器的收藏。在上世纪二三十年代的旧中国,军阀构祸,国无宁岁,陕西、洛阳一带,百姓为生活所迫,或掘墟墓,取所藏以救死。政府既无法禁止,博物馆亦无力购藏。而异邦之有力者,挟其多金,争相掠夺。于是古器外流,遂如水之就壑。责是之故,先生以一介书生,竭尽所能,以"抱残守缺"为己任。每见瑰异之品,辄设法购求。资力不及,或舍旧以谋新,或仿效赵明诚夫妇"留信宿,计无所出而还之"。可见当日收藏工作之艰辛。在先生收藏的青铜器中,有三件器物值得一记。一是易兒鼎。1928年4月,先生陪友人游古玩肆,于琉璃厂式古斋得易兒鼎,是为先生收藏之始。易兒鼎乃乾隆敕修之《西清古鉴》所著录,鼎腹刻有"易兒"二字,乃战国时器,属于清廷内府所藏而流出者,至为罕见。二是栾书缶。1942年,先生于估人倪玉书处获见新出栾书缶,爱不释手,遂斥巨资购取。此缶盖内有错金铭文2行8字,作"正月季春元月己丑"。器腹与颈部有错金铭文5行40字:"正月季春元月己丑,余畜孙书也择其吉金,以作铸缶,以祭我皇祖。虘以祈眉寿。栾书之孙,万世是宝。"器形最早见于容庚先生的名著《商周彝器通考》,铭文因是错金,不便捶拓,故先把铭文钩摹在端石上,请名家镌刻后再拓成墨本,著录于于省吾的《商周金文录遗》。关于作器者究系何人?目前有三种说法:先生认为是晋人栾书,即见于《左传·成公二年》"将下军"的栾书,执政凡14年。几成定说。近期由于楚地出土文物激增,鉴于此缶的器形和文字与楚地出土文物十分雷同,故有人认为此缶当是栾书的后人"书也"在楚地所造的①。第三种说法认为铭文的"畜孙"意为"孝孙","也"是虚词,作器者不是晋臣栾书,而是楚国的蛮氏②。总之,有晋人、楚人及晋人之后裔在楚所作三种说法。这件国宝级的文物解放后先生即捐给国家,现藏

---

① 参见瓯燕《栾书缶质疑》和王冠英《栾书缶应称名为栾盈缶》,俱载《文物》1990年第12期。

② 李学勤:《䜌书缶释疑》,载《中国社会科学院历史研究所学刊》第二集,商务印书馆2004年版,第3~5页。

于北京国家博物馆。第三件是陈侯午敦。先生于 1946 年夏携眷南归，家藏彝器书画也随之由北而南。在转运的过程中，彝器之撞破者十之三，书画之霉斑者十之二。加之岭南青铜器资料十分匮缺，甚至连欲求一拓墨之人亦不可得，因而先生的兴趣便逐渐转移到书画法帖上来。回粤 3 年，仅得一陈侯午敦而已。按传世陈侯午敦有二，合此敦则为三：其一原藏热河故宫，由容先生编入《武英殿彝器图录》（第 79 页）。器作半圆形，以两环上作兽首在旁为耳，三蹲兽为足。器口内没有内缘，可能无盖。铭 8 行 36 字："唯十又四年，陈侯午以群诸侯献金，作皇妣孝大妃祭器錗敦，以登以尝，保有齐邦，永世毋忘。"其二原为吴式芬氏所藏，商承祚先生《十二家吉金图录》（居一二）著录，器作球体状，盖器各以三环为足，器以两环为耳。盖无铭，器铭 8 行 36 字，与上器铭文悉同。其三即先生新得之敦，其形制与《十二家》著录者相同而失盖。铭在器内，8 行 38 字："唯十年，陈侯午朝群邦诸侯于齐，诸侯享以吉金，用作平寿造器敦，以登以尝，保有齐邦，永世毋忘。"陈侯午即田和代齐的第二代齐桓公午。容先生新得之器作于齐桓公十年，与前二器作于十四年早铸 4 年。陈侯午所作三敦色泽相同，殆为乾隆年间同坑所出，此第三器不知何故流入岭南，为先生所获。

从 1928 年先生收藏易兒鼎起到 1949 年在岭南获"十年陈侯午敦"止，中历 20 馀载，前后共收藏商周彝器近 200 件。1933 年 7 月，先生将自己收藏的彝器 39 件编成《颂斋吉金图录》一册。1937 年 12 月又将自藏彝器 134 件印成《颂斋吉金续录》二册。这些彝器都是先生直接从估人和友人手中购得的。此外，1935 年先生还从 7 种日文书籍中选取流失海外的商周彝器 158 件，编为《海外吉金图录》三册。1936 年又从上海大收藏家刘体智的《善斋吉金录》中选取照片 175 器，附以铭文，并加考释，编为《善斋彝器图录》三册。先生精于考古和鉴别，不但从传世品中剔除出许多伪器，还从大批"疑"、"伪"的器物中，挽救了不少有价值的文物资料，使它们恢复了历史的本来面貌。先生编制的"图录"皆附简明的"考释"，除征引各家之说外，还详细陈述自己的研究心得。但先生总是很自谦，常说自己编制图录意在呈材，他在《善斋彝器图录》的"自序"中说："余之著书也，以器物为主，精印流布，读者将自得焉，则余之考释为筌蹄也。"① 新中国成立后，容庚先生收藏的绝大多数彝器，除上述"十年陈侯午敦"归华南师范学院外，其余皆由当年的朱光市长推介，捐赠与广州博物馆收藏。

容庚先生收藏和研究青铜器的目的非常明确，就是要为中国人争气！"九一八"事变后不久，先生完成《秦汉金文录》一书，他在《自序》中写道："此书之成，继之而作《续金文编》，乃吾志也。然吾之生正当甲午中日之战，黄海海军相遇之前，先子赋诗云：'时局正需才，生男亦壮哉；高轩一再过，都为试啼来。'今者岛夷肆虐，再入国门，余不能执干戈，卫社稷，有负祖若父之期许，'国耻未雪，何由成名？'诵李白《独漉篇》，不知涕之何从也。'雄剑挂壁，时时龙鸣，'余宁将挟毛锥以终老耶？"在20世纪30年代的旧中国，国家长期积弱，内忧外患，备受列强的欺凌。某些日本学者也口出狂言，声称要研究中国青铜器必须到日本来。滨田耕作在《泉屋清赏·总说》中用瞧不起的口气说，中国学者研究青铜器只不过"依自来的传说，比图录，信款识，依习惯而定其时代"。先生在上述《海外吉金图录》中，根据7种日文书籍所载的青铜器，指出滨田耕作"将多数之周器属之于汉"；又把清末学者早已识出的"戍"字误认为"岁"字，因反讥道："窃疑彼于吾国人著作尚未多窥，其识乃在'比图录，信款识'之下。"先生以学术研究为武器，在青铜器和铭文研究上"为中国人争了口气！"②

三、容庚与郭沫若的《两周金文辞大系》

容庚先生大力协助郭沫若完成《两周金文辞大系》，曾经是学术界广为流传的佳话。1927年大革命失败后，郭沫若为了逃避反动派的迫害，东渡日本，从事一种新的"革命的努力"（周恩来语），即以马列主义指导中国古代社会的研究。当他发现自己据以研究的传世典籍的可靠性值得怀疑之后，便把注意力转移到地下出土的古文字资料上来，认为舍甲骨文和青铜器铭文无由洞悉中国古代社会的真相。他在极度险恶的环境中，把当时"无处发泄的精力"都倾注到甲骨文和古金文的探讨上面。但他只

---

① 容庚：《善斋彝器图录》"自序"，哈佛燕京学社影印本1936年版，第1页。
② 参见陈初生《学者容庚》，《容庚法书集》，中华书局2007年版，第277页。

身在外，且僻居乡间，又无可与商讨之人，备感孤寂。当他从王国维为商承祚先生作的《殷墟文字类编·序》中得知容庚先生的名字，又在《燕京学报》上了解到容先生的通讯地址之后，便给素不相识的容庚先生写了第一封信，信中说："曩读王静安先生《殷墟文字编·序》，得知足下之名。近复披览大作《金文编》，用力之勤，究学之审，成果之卓荦，实深钦佩。"信末署名"未知友郭沫若"，时间在1929年8月27日[①]。信中还就《金文编》中两个学术问题向容先生请教。容先生出于对这位身在异域而致力于祖国古文字研究的"未知友"的敬意，随即回了他一封信，并把他急需的绅簠和秦公簋的铭文拓本寄送。随后又把当时珍如拱璧的《殷虚书契前编》远道见假，而且一借就是一整年，令郭氏大为感动。此后便不断书信来往，商讨学术，互通声气，彼此结成亲密的文字之交。从1929年至1935年，郭沫若在日本致容庚先生的论学手札共有56通，就是这两位古文字学大师学术情谊的见证。

郭沫若尝说过日本是他的第二故乡。他在日本一共度过20个年头，前10年从事新文学的创作，后10年从事新史学的研究。新史学研究的主要成果集中在"鼎堂古文字学十书"，其中尤以《两周金文辞大系》在金文学研究上的建树最为突出。此书作于1931年年初，最初拟名为《两周金文辞通纂》，郭氏在致容庚先生的信中屡见有关此书进展情况的报告，如云："今撰《两周金文辞通纂》一书，已略有眉目。"（1931年2月16日）再云："《金文辞通纂》大体已就，分上下二编：上编录西周文，以列王为顺；下编录东周文，以列国为顺。上编仿《尚书》，在求历史系统；下编仿周《诗》，在求文化范围。辞加标点，字加解释，末附以杂纂及殷文——全书之大体如是。上编颇难，亦颇有创获处，惟所见有限，待兄援手之处甚多。"（1931年3月20日）又云："弟近忙于《两周金文辞大系》（原注：《通纂》改名）之誊录，《论庄子》一文尚无暇整理。《大系》近已录成，本拟先寄兄一阅，惟出版处催稿甚急，只得待出书后再请教。"（1931年9月9日）又云："拙著《通纂》改名《大系》，已付印，大约于年内可望出版，书出后自当呈政。"（1931年9月27日）[②]

从以上信札看来，郭氏《两周金文辞大系》当成书于1931年1月至

---

① 曾宪通编注：《郭沫若书简——致容庚》，广东人民出版社1981年版，第5～7页。
② 曾宪通编注：《郭沫若书简——致容庚》，广东人民出版社1981年版，第91～115页。

9月之间。1932年1月由日本文求堂书店以十六开本印行，封面与扉页均有作者手书的书名，副题为"周代金文辞之历史系统与地方分类"。前有"序"文与"题解"，后附"索引"。全书总276页，插图13种，计17图，注云："此书插图多得自燕京大学教授容庚先生之惠借。"可见容庚先生对《两周金文辞大系》初版的出版，实有促成的作用。其实，当此书脱稿时，郭氏本拟通过容庚先生在国内出版。1931年4月19日尝致函容先生云："弟有友人新由此间缧绁中出，患盲肠炎，须入院行手术，药石之费，苦无着落。曩岁兄曾言孟真有印弟《甲骨文释》（引者注——即《甲骨文字研究》）意，今欲将近著《两周金文辞通纂》相浼，署名用鼎堂，愿能预支版税日币四、五百圆，望兄便为提及。该著大体已就，仅余索引表未成。如前方能同意，弟当即走东京制成之也。拜托拜托。"①郭氏在信中表示，为了解决出狱病友的药石费用，愿将近著《两周金文辞大系》用鼎堂笔名由前中央研究院出版，并请为预支版税日币四、五百元。容先生古道热肠，接信后立即应郭氏之请预支版税数百元，以解燃眉之急。后出版事被搁置，《大系》遂转由东京文求堂印行。《大系》出版3年之后，郭氏又先后编成《两周金文辞大系图录》和《两周金文辞大系考释》两书，《图录》是相关器物的图像、花纹和铭拓；《考释》则是对《大系》初版的增订，分别于1935年3月和8月由日本文求堂据手迹影印出版。至此，《大系》初版遂告作废。1937年抗日战争爆发，郭沫若毅然只身回国救亡。1956年郭沫若将以上二书请容庚先生代为校订，容先生提了不少意见，凡采纳者郭沫若都在书内加以说明，成《两周金文辞大系图录考释》一函8册，于1958年由科学出版社出版。可见容庚先生对于《两周金文辞大系》自始至终都有促成的作用。郭氏此书首先发明"标准器系联法"，即先从铭文入手，以若干有年代可考的铜器为标准器，再串联本身无年代可考的铜器，然后对各期铜器的铭文和形制、花纹等进行综合考察，为青铜器的断代研究奠定了基础；而西周铜器铭文以列王为序，东周铜器铭文以列国为序，更为青铜器铭文的分期和分域研究开了先例，对青铜器及其铭文的研究具有深远的影响。顺便指出，1958年当《两周金文辞大系》在国内印行的时候，郭老即从其稿费中提取500元汇交容庚先生，作为归还20多年前先生为其预支《大系》的版税，以

---

① 曾宪通编注：《郭沫若书简——致容庚》，广东人民出版社1981年版，第96～97页。

践前约。两位老朋友彼此信守承诺，可见一斑。

四、《商周彝器通考》的出版与重订

（一）《商周彝器通考》的前期工作

容庚先生在《金文编》出版后的第二年，即1926年3月9日"接聘为燕京大学襄教授"，12月6日"内务部函聘为古物陈列所古物鉴定委员会委员"（俱见《颂斋自订年谱》）。在古物鉴定的过程中，首先遇到的是古铜器的名称问题。先生鉴于自宋以来对铜器的定名相当混乱，为助治斯学者，遂于1927年3月作《殷周礼乐器考略》一文，在《燕京学报》第1期发表。先生在叙述作此文的动机时说："余观诸家所图之尊，有似觚者，有似觯者，有似壶者，有似罍者，异器而同名。所图之鼎，有方者，有圆者，有有盖者，有附耳者，同名而异状。而自载之名，同一鼎也，有名鼎者，有名鬲者，有名齍者，有名釫者，有名䥽者，有名石沱者，同器而异名。窃欲理而董之，厘定其名称，以为治斯学者之助。"此文分殷周礼器与乐器两大类而逐一加以考定。共分32类。礼器计有：鼎、鬲、甗、簋、簠、盨、盧、盂、盦、豆、盘、匜、鉴、壶、罍、罐、盉、卣、爵、觚、觯、角、斝、觥、勺、匕、禁、尊、彝，共29种。乐器有钟、句鑃、铎，共3种。每类器物下都详细记述其形制、名称以及铭文所在的部位，最后附以图片。其中簋类补充钱坫《十六长乐堂古器款识》及黄绍基《翠墨园语·说毁》之说，确定铜器铭文中的"毁"就是"簋"，此后即成为定论。要之，此文是先生系统研究青铜器的第一篇重要著作，其分类法为其后撰写《商周彝器通考》打下了基础。

从1927年3月作《殷周礼乐器考略》到1933年5月拟编《商周彝器通考》，前后6年，可看作是编纂《商周彝器通考》的酝酿期，先生在此期间做了如下几项工作：

1. 编集金石书录。先生早年在北京大学研究所和燕京大学教书时期，就已广泛搜集金石书籍资料，每月以薪酬之半购书，所见所藏金石书籍约千种，摘录序跋、凡例及各家评语，得百余万言，意欲每书为作提要，略述其体例版本得失。后因教务日忙，才将编撰金石提要的工作交给其妹容媛。容媛先辑目录，先生亲自为之校订、撰"序"，成《金石书录目》一书，于1930年出版。后又撰《宋代金石书考目》及《宋代金石佚书目》二种，发表于《考古社刊》第4期（1936年）。

2. 改编金文著录表。先生初治金文即得益于王国维的《宋代金文著录表》和《国朝金文著录表》二书。然《宋代金文著录表》于书名下不注卷页，不便查检，其他也有不尽善处，故先生略变其原书体例，重新加以改编：①原书依书名为先后，改为依字数为先后；②订正宋人器名之误，如改敦、彝之为簋，簋之为盨，匜之为觥等；③原书各器不列朝代及字数，也不注卷页，悉为补入；④原书于金文之存、佚、伪不分，改以存者为主，佚者及伪者附录于后。全书分器物为23类，521器，附录127器，共648器。书中引宋人及近人著作共18种，查阅称便。

3. 厘清西清铜器的存佚和真伪。1925年先生参加故宫博物院彝器陈列工作，发现内府旧藏率多赝品。1927年任古物陈列所鉴定委员，每月参与鉴定会议，有机会接触原器原物，手自摩挲，辨伪经验日进。因作《西清金文真伪存佚表》一文，取《西清古鉴》、《宁寿鉴古》、《西清续鉴甲编》和《西清续鉴乙编》四书（俗称"乾隆四鉴，下简称"四鉴"）中有文字之器1290，除镜鉴114，得1176器，分"真、疑、伪"3类，表列出之。其中"四鉴"所定之时代及器名有误者，皆为厘正。有内府藏器或摹本流出民间，其见于各家著录而铭辞相同可知为同器者，亦备注之。先生凭其《金文编》的文字功底和鉴定委员亲自接触数千铜器的阅历，对于"四鉴"铜器的"真伪颇有了然于心"。其鉴定文字真伪之法约有六端：①凡仿宋代著录之器者皆伪；②改易宋代著录之器铭者亦伪；③移宋代著录之器铭于他器者伪；④文语不合于古器铭辞体例者伪；⑤器形与古不类者伪；⑥仅作普通铭辞者，亦多伪。诸表先列"四鉴"器数及有铭器数，然后以字数多寡及"真、疑、伪"为先后，分别就鼎、鬲、甗、簠、簋、盨、盂、豆、铺、盘、匜、鉴、壶、罍、瓽、盉、鉨、卣、爵、觚、觯、角、斝、觥、瓶、尊、彝、钟、铎、洗、杂器等，逐器加以甄审，计真者657器，疑者190器，伪者329器，可见乾隆以前铜器作伪的一斑。这是西清藏器据著录而作的一次大清理，对于故宫所藏彝器的辨伪是大有裨益的。

4. 评介宋人研究古铜器著作。金石之学肇兴于宋，先生作《宋代吉金书籍述评》介绍宋人有关古铜器的著作计20种，但存者少而佚者多。该文先列书之存者8种，计有：吕大临《考古图》、《考古图释文》，赵九成《续考古图》，徽宗敕编《博古图录》，薛尚功《历代钟鼎彝器款识法帖》，王俅《啸堂集古录》，王厚之《钟鼎款识》，张抡《绍兴内府古器评》。每书详细记载各种版本、作者、体例以及书之得失等。后附书之佚者12种，计有僧湛诠《周秦古器铭碑》，杨元明《皇祐三馆古器图》，刘敞《先秦古器图》，胡俛《古器图》，李公麟《考古图》，黄伯思《博古图说》，赵明诚《古器物铭碑》，晏溥《晏氏鼎彝谱》、《绍兴稽古录》，王楚《钟鼎篆韵》，薛尚功《广钟鼎篆韵》。以上书虽不存，但先生据他书所载详加考辨，对治斯学者颇有助益。此外还有仅存书目，无可稽考者12种；虽非专著，颇有论述，足供参证者2种。最后论述如何整理宋代著录的铜器，提出4项：甲、宋代古器著录表，乙、宋代金文校释，丙、宋代金文编，丁、宋代考古丛谈。除首项先生在王国维《宋代金文著录表》的基础上加以改编之外，其余3项，先生也提出具体意见，以待来者。

（二）《商周彝器通考》的主要内容

容庚先生经过6年的前期准备工作，编撰《商周彝器通考》可谓水到渠成。据《颂斋自订年谱》，关于《商周彝器通考》的成书过程有如下的记载：

1933年5月拟编《商周彝器通考》；
1938年6月起编纂《商周彝器通考》；
1940年3月《商周彝器通考》初稿毕，修正后于11月付印；
1941年3月《商周彝器通考》印成。

综观青铜器研究的历史，自宋以后，大多着眼于青铜器个体的研究，所著书籍，或只录图铭，或仅释文字，或间加考释，或阐发一端，均无以观其会通，缺乏一部能够统观全局，汇通各种资料，如实反映我国青铜时代伟大创造的综合性著作。先生前虽有《殷周礼乐器考略》一文发凡起例，但嫌过于简略，故自1933年起，以八年之力，昕夕耕耘，寝馈其中。他据所见彝器结合文献记载分别为铜器命名、定名和正名的基础上，将57种古铜器分为食器、酒器、水器（含杂器）和乐器4大类，逐一加以介绍，并作全面的审视和考索，终于完成了《商周彝器通考》这一巨著。此书首次突破宋清以来金石学的模式，从器物的形制、花纹和铭文的流变作综合的研究，把辨伪、断代、释文、考证提高到前所未有的水平。全书分上下二册，上册"文字"部分又分为上下两编。上编"通论"是关于青铜器的基本理论和基础知识，包括下列15章：

一、起源——说明彝器制作的缘起；

二、发现——叙述自汉以来各重要的发现，分别说明发掘的时间、地点及出土的器物数量等；

三、类别——分食器、酒器、水器及杂器、乐器四类；

四、时代——先叙各家关于考订时代的方法，后依郭沫若的方法分为四期，即商时期、西周前期、西周后期、春秋战国期；

五、铭文——阐明商周至春秋战国各个时代铭文的演变；

六、花纹——取所见花纹，于其特征加以诠释，并附图例二二七图；

七、铸法——参证古籍，说明殷代的范铸；

八、价值——记述各代关于古器的价值；

九、去锈——说明各种去锈的方法；

十、拓墨——说明拓墨的技术；

十一、仿造——记述宋明两代仿造之多；

十二、辨伪——把作伪之器分为三期，辨别伪器甚详尽；

十三、销毁——列举古器遭受六次大量的烧毁；

十四、收藏——记载自宋至今各藏家对于青铜器的收藏；

十五、著录——评介自宋以来关于青铜器重要书籍五十七部。①

下编"各论"分类系器，即分为"食器"、"酒器"、"水器与杂器"以及"乐器"4章，每章先定器用之宜，制作之由，进而结合铭文所在的位置及器形之大小，对共名、别名等器物名称作详细的分析和系统的阐发。文内插图200多幅。下册"图录"部分附图1009幅，除一幅为拓本外，全是原器的照片，不仅有器形，还有器上的花纹，其中有一些器今已不知去向，可见《通考》所附的器形图是非常珍贵的。全书搜罗宏富，抉择有方，考证矜审，图文并茂，洋洋乎30多万言。于省吾先生为此书

---

① 参见容庚、张维持《殷周青铜器通论》，科学出版社1958年版，第151页。

作"序"指出，本书"分章辑述，究极原委，甄录载籍，参以己见，探邃赜，理纷拏，辨群言之得失，成斯学之钤键，洵为空前之钜作、稽古之宝典矣。"① 这一宝典是容庚先生充分吸收宋清两代金石学的成果并益以近代考古学的成就而集大成者，是对中国青铜器作系统理论阐发和科学分类的划时代著作，它的出版，是中国青铜器研究由旧式金石学迈入现代青铜器学的里程碑。

（三）《商周彝器通考》的重订与流产

新中国建立后，随着基本建设的开展，考古事业也蓬勃发展起来，全国各地陆续发现了不少青铜器资料。1954年6月，容庚先生致函中国科学院郭沫若院长，建议增订《金文编》和《商周彝器通考》二书。第三版《金文编》蒙郭院长介绍由考古出版社出版；《商周彝器通考》由于资料不足，便被搁置下来。1959年6月，容庚先生在学校的支持下，带助手和四位在学的副博士研究生北上考古实习，同时也为改编《商周彝器通考》收集资料，笔者有幸作为容庚先生的助手随行。容先生一行先后到杭州、上海、苏州、南京、泰安、大汶口、济南、北京、郑州、洛阳、西安、武汉、长沙等地参观考察，在各大博物馆看到大批传世和出土文物，尤其在上海博物馆和北京故宫抄录了大量的青铜器卡片。在京期间的7月16日，郭沫若院长在百忙中还拨冗接见容先生和随行人员，当我们向郭老请教关于重订《商周彝器通考》的意见时，他非常谦逊地说，自己从抗战以后就不搞青铜器研究了，但他强调今天研究青铜器要充分利用考古的新材料和新成果，接着他介绍近年在安阳小屯新发现的一座殷墓，他边说边写，把整个墓葬的形制、骸骨以及随葬品的种类和位置都绘画出来，并分析其意义。其超人的记忆力令人惊叹！最后，他要求我们研究古铜器不要局限于器物本身，而要联系整个历史，不然就会陷入繁琐的考证。这次会见虽然时隔数十年，至今仍留下深刻的印象。由于这次收集到的资料大多数是文字记录的卡片，缺乏照片和拓本，重订《通考》的工作实际上难以进行。

1962年春，经国务院文化部发函，介绍容庚先生为重订《商周彝器

---

① 于省吾为《商周彝器通考》所作之"序"。容庚：《商周彝器通考》全二册，哈佛燕京学社影印本1941年版，第3页。

通考》再次北上搜集古铜器资料。4月6日,《羊城晚报》以"容庚教授北上考古——为改编《商周彝器通考》作准备,为期五个月"的显著标题发布消息说:"我国著名的金文和青铜器专家、中山大学容庚教授于本月1日率领科学小组北上,到我国各地进行为期五个月的考古工作,为改编《商周彝器通考》这一巨著作好准备。"这次科学考察小组由容庚先生率助手张维持、马国权和曾宪通一行4人,先后到过19个城市的博物馆、文物队和考古遗址,看到许多新出土的各色文物,其中不少是经过科学发掘的青铜器,有比较明确的年代、地望和国别,是十分珍贵的学术资料。通过调查和采访,共收集和记录到3000多件古铜器的资料和部分照片、拓本等,有关单位表示将会陆续提供制版用的照片和铭拓。在考察过程中,容先生对着各种实物详为说解,循循善诱,还不时回答各种问题,使同行者深受教益。此次到处都安排较高规格的接待,容先生为了节约国家开支,都谢绝了。如上海文化局安排住锦江饭店,先生不住主楼而和助手同住西楼四人的大房间;在北京,文化部安排住新侨饭店,而先生却坚持要住故宫西角楼招待所。招待所的设备很简陋,没有服务员,床铺被褥是租来的。在北京逗留将近1个月,为国家节约了一大笔开支。这次出行全程乘火车,凡不超过24小时的,容先生同大家一起坐硬席而不坐软席。这次行程数万里,历时3个多月,只用了旅差费3000多元。返校后,科研小组即着手重订《商周彝器通考》的工作。大家根据收集到的资料,在容庚先生的主持下,拟订了修改计划和章节提纲,对原书在内容和结构上作了较大的调整和增补,计划将文字部分增加到四五十万字,图版不少于2000幅,并作了具体分工。为了听取学术界的意见,部分初稿先行在刊物上发表,如修订稿第一章《中国青铜器的起源和发展》发表于《中山大学学报》(社会科学版)1962年第3期,《评中国青铜器外文著述》发表于《中山大学学报》1965年第3期。其他部分由于后续资料不济,一时还未能定稿,尚在继续撰写和讨论之中。1965年冬,容庚先生到北京开会,会上批判之声四起,一股浓浓的火药味,让他意识到一场大革文化之命的灾难即将降临。会后他决意到中华书局去,把正在排印的《颂斋述林》的书稿撤回来"修改",以免授人以柄。1966年初夏,"文化大革命"席卷全国,一向以质直无城府著称、敢于仗义执言、针砭时弊的容庚先生首当其冲,他被"莫须有"地扣上"反动学术权威"的帽子,家里的图书资料全被封存起来,失去了人身自由。这是他一生中最难熬的日子。"文革"后期，容庚先生将一篇 600 多字的《容庚自传》交给一位香港朋友。《自传》最后一段有这样的结语："一九四六年南归，以后整理国故，以传古人，甚少作画，如此一生，庶几其不负矣。光绪二十（一八九四）年八月初六日生，一九七　年卒，年七十　。著有《商周彝器通考》等书十余种。"① 按容庚先生于 1983 年 3 月 6 日逝世，享年 90 岁。从这段结语留下的两处空格可以看出，先生当年的心境已觉得自己天年无多，连 80 岁都不敢想，更不用说 90 岁了。而在他一生的著作中，只提到《商周彝器通考》一书作为代表，可见此书在先生心目中的分量。打倒"四人帮"以后，年迈的容先生把主要精力放在增补《金文编》和修改《殷周青铜器通论》方面，就没有再提及重订《商周彝器通考》的事了。这实在是中国学术史上难以弥补的损失。

五、《殷周青铜器通论》与"手批遗稿"

1953 年夏，中山大学历史系和中文系多位教师要求容庚先生为他们开设青铜器知识讲座，历史系考古教研室讲师张维持先生是这个讲座的发起人。张先生原来学的是社会学，对陶器颇有研究，精通英文和日文，曾担任过联合国儿童救济基金会专员的翻译和《澳门日报》的主笔，翻译过恩格斯的《家庭、私有制和国家的起源》，著有《石湾陶器》等书，容先生戏称他是个"淘气杂家"。对于大家热切的请求，容庚先生愉快地接受了，每逢星期五晚上在他家中讲授有关商周青铜器的专题，还有茶水招待。容先生结合自己收藏商周青铜器的实物，详细解说青铜器的名称、形制、花纹、铭文以及如何判断铜器的年代和鉴别真伪的方法等，讲了整整一个学期。听讲者感到收获很大，希望先生能编一本有关青铜器的通俗读物供大家学习。随后，容先生建议张维持把听课的笔记整理整理，吸收一些新的研究成果，两人合编一本 10 万字左右的青铜器读本，以应社会的需求。张先生遂按照《商周彝器通考》的体系，选择其重要内容，参考了近 10 多年来有关研究青铜器的论著，重新编写。在编写过程中，容先生十分强调一定要利用第一手材料，对书稿中引用的第二手材料都一一重

---

① 《容庚自传》，载《名家翰墨资讯》（香港）第 2 期，1994 年 9 月，第 22～23 页。

新核对①，结果在资料和字数上都比原定计划增加了一倍，凡 19 万字，图版 300 幅。由中国科学院考古研究所作为考古专刊之一，于 1958 年由科学出版社出版，印数只 900 册。此书共分 10 章：

一、中国青铜器的制作及其时代；
二、青铜器的埋藏及其发现；
三、青铜器的年代考证和分期；
四、青铜器的类别和用途；
五、青铜器类别说明；
六、彝器的考释及其对历史研究的作用；
七、青铜器花纹分析；
八、有关青铜器技术上的问题；
九、青铜器的仿造和伪造；
十、青铜器著录书的评介。

此书综合论述青铜器在历史研究上的价值，同时也探讨了青铜器在制作和整理上的技术问题，最后对历代著录的青铜器著作分"图像"、"款识"和"通考"3 大类逐一评介。正文插图 104 幅，书后图版 304 件。此书未能充分吸收当时考古发现的青铜器，在材料运用上还停留在上世纪三四十年代的阶段，可视作是《商周彝器通考》的通俗本。

1982 年，北京文物出版社应读者的要求，决定将《殷周青铜器通论》重印出版。容庚先生在病前曾亲自就初版作了详细校订，也作了若干的修订。如陈梦家指出初版图版壹陆 205 所收"车马狩猎纹方口壶"是伪器，经容先生再三研究，也认为是伪器，便删除了。有的同道指出图版玖贰 178"祖辛卣"，误印为"钩连雷纹卣"，也予以改正。至于有人怀疑图版陆 16"齐侯鼎"的铭文是仿刻，但经容先生考证认为是真刻，故仍保留自己的见解及说明。可见先生既能知错即改，又能坚持自己正确的判断，是实事求是的态度。

1986 年 8 月，刘翔发表《容庚手批校订〈殷周青铜器通论〉遗稿整

---

① 张维持：《著名考古学家容庚》，载《容庚容肇祖学记》，广东人民出版社 2004 年版，第 54 页；原载《广州文史资料》第三十八辑，广东人民出版社 1988 年 9 月版。

理》一文①。刘翔原是广州市某医院的挂号员,有志于古文字研究。1974年认识容庚先生后,在容先生的鼓励和帮助下自学古文字,于1979年考入中国社科院研究生院历史系金文专业研究生,毕业后在深圳大学任教。这本容先生手批校订的《殷周青铜器通论》,据刘翔说是容先生送给他学习的。在先生辞世3年之后,他把这份珍贵的遗稿整理出来,公诸于世,以为纪念。刘文按《通论》的页码和行数,分为"原版"、"重印版"和"容庚手批校订遗稿"三栏。据此文披露,先生对初版本的手批校订总共有135处。从校订的文字看,比较集中地体现在两个方面:一是先生非常重视科学考古发掘的新发现,二是高度评价出土遗物对青铜器铭文研究的重要价值,例如在"科学的发掘"一节中,修订之处就达8条之多(第8~10页),其中增加了30年代对陕西斗鸡台古代遗址和墓葬的两次发掘,对河南汲县山彪镇、辉县琉璃阁战国墓葬的发掘,50年代对河南郑州白家庄殷代墓葬的发掘等。在"铭文研究的意义和方法"一节(第81页),当谈及"我们要利用铭文考证的成果,再印证典籍上的史料"时,中间插进了"结合考古遗物"一项,把三者作为综合研究的内容,与饶宗颐先生的"三重证据法"不谋而合。此外还有不少重要的申述,如34页12行,原版作"簋之用顿少",重印版同原版,手批遗稿于"顿少"后增加"殷代前期的簋是大口,鼓腹,圈足,无耳。殷末周初的簋一般是有两耳的。西周中期的簋,圈足下还有三足的。晚周有卵形、豆形簋"。又如41页24行,原版作"《新郑》(图五四)著录",重印版同原版。手批遗稿则作如下补充:"关于此器(按指婴次盧)的用途问题,王国维认为是饭器;马吉樟认为是燔盘;关百益因为盧为盘未定,又暂名为方器;郭沫若则认为是古人燃炭之炉。1955年寿县蔡侯墓出土有一器,椭圆形,圈足,环耳,自名为䭯,当是盛饭的盧。现该器既自名为盧,故仍王说,归入盛食器类。"相当详细而具体地说明考证的过程及分类的理据。在对花纹的描述方面,手批遗稿也更加准确和细密,如112页倒1行,原版作"夔纹和龙纹一样具有高度的装饰性",重印版同原版,而手批遗稿则在"夔纹"前增加"殷代的夔纹多是一对的,左右对称,西周中期则多用单独的,不求对称。以后更发展成为自身环曲,头反转,成S

---

① 刘翔:《容庚手批校订〈殷周青铜器通论〉遗稿整理》,载《青年学者论学集》(《深圳大学学报》增刊1986年8月)第1~21页。

形状"一段。117页33行，原版作"构成几何纹样"，重印版同原版，而手批遗稿于"纹样"后增加"更有把屈曲的虺纹细密地纠结起来，构成所谓蟠螭纹"。118页倒3行，有"鸟纹发展至春秋战国"句，重印版同原版，而手批遗稿于句前加入"中期以后，鸟的形状比较抽象，长尾往往与鸟身分离"。由此可见先生精益求精和一丝不苟的治学精神。总之，对于学习和使用《殷周青铜器通论》的人来说，容庚先生这份手批遗稿是不可不读的。

容庚先生的同乡挚友、著名哲学家和历史学家张荫麟教授早就指出，容先生"自幼即醉心于金石之学，壮而弥笃，由文字而及器物，进而及于史迹"(《张荫麟致容庚书》)。这是对先生治学最精辟和最中肯的高度概括。先生在《通考》中自言治学经过时说："余于彝器，初仅治其文字。十四年(1925)冬，为故宫博物院提其彝器陈列，十六年(1927)春，为古物陈列所鉴定委员，始得摩挲，几及三千器，于形制、文字、花纹三者求之，真伪渐辨。"①先生治学先从文字入手，进而涉及青铜器的各个方面，在大量实践和详细占有第一手材料的基础上，对文字、形制、花纹做比较系统深入的综合考察。日本学者水野清一在《东亚考古学的发达》(1953)一文中，把《商周彝器通考》和梅原末治在1940年出版的《古铜器形态的考古学研究》一书并列为姐妹篇，并大加赞扬，称为近年来古铜器研究最好的两本书。著名青铜器学家马承源先生在《中国青铜器》中写道："容庚的《商周彝器通考》在当时的条件下把青铜器的彝器部分作了尽可能的综合考察，进行了缜密的论证，构成了比较完整的研究体系。于是，青铜器开始形成了独立的学科。"②唐兰先生在《颂斋吉金图录·序》中曾经指出："研究铜器之形制，定其名称，考其时代，验其真伪，此古器物学也。研究其所用之字，此古文字学也。研究其铭辞之有关于古史或古代文化者，此古器物铭学也。"③如前所述，先生之《殷周礼乐器考略》属古器物学也，《金文编》属古文字学也，《两周金文辞大系》属古器物铭学也。此三者，构成了中国青铜器学的基本内容。而《商周彝器通考》则是集古器物学、古文字学和古器物铭学三者之大

---

① 容庚：《商周彝器通考》全二册，哈佛燕京学社影印本1941年版，第225页。
② 马承源：《中国青铜器》，台北：南天书局，1991年版，第6页。
③ 唐兰：《颂斋吉金图录》"序"，考古学社影印本1933年版，第3页。

成者，所以说《商周彝器通考》是中国青铜器学的奠基之作，是名副其实的。

容庚先生毕生著书20余种，论文和其他述作近百篇，是我国著名的古文字学家、考古学家以及铜器书画鉴赏家和收藏家。他在《金石书录目·序》中尝引郑樵的话说："学之不专者，为书之不明也；书之不明者，为类例之不分也。有专门之书则有专门之学，有专门之学则有世守之能。人守其学，学守其书，书守其类，人有存没而学不息，世有变故而书不忘。"（见《通志·校雠略》）容庚先生毕生从事著述和教育工作，著作宏富，既著专门之书，又传专门之学，复献专门之藏，使后来者能够在前人的基础上不断前进，推动事业的发展，正所谓"人有存没而学不息，世有变故而书不忘"。这就是容庚先生对我国学术和艺术的不朽贡献。

〔《中山大学学报（社会科学版）》2008年第3期第48卷，第6～16页〕

商锡永先生与楚帛书之缘及其贡献

先师商锡永先生早负盛名,在我的记忆里,他才五十出头大家就都亲切地尊称他为商老。商老自幼酷好搜罗和摩挲古代文物,及长,除专攻甲骨、彝器、石刻等文字之外,于竹简、帛书等亦结下了不解之缘。本文仅就商老与楚帛书之缘略述所见所闻,以缅怀他老人家为学术、为后人做出的不朽贡献。

1937年抗日战争爆发,过了不惑之年的锡永先生为了替金陵大学觅购文物,冒着生命危险,于次年亲自到战火纷飞的长沙作考古调查,并在1939年完成《长沙古物闻见记》二卷,其中得楚缯衣缘、楚帛衣袖和楚束帛各一则①。此乃楚帛出土物之始见于记载者,虽无文字,亦足珍贵。1942年秋,有土夫子在长沙东郊盗发古墓,出土不少古物,中有帛书,为裁缝兼营古董的商人唐鉴泉所得。唐向当时正在重庆的锡永先生求售,商先生托友人沈筠仓到唐处了解情况,据说当时看到的帛书是"大块的不多,小块的累累。"正当商先生与唐裁缝反复议价之际,古董商蔡季襄回到了长沙,帛书遂为蔡氏所得。蔡氏请有经验的裱工将大块的帛书加以拼复和装裱。并于乙酉年(1945)春刊行《晚周缯书考证》一书②。1946年抗战胜利后,蔡氏将楚帛书携至上海,托原长沙雅礼中学美籍教员柯强带往美国待沽。几经易手,最后为赛克勒医生所得,这就是现藏美国华盛顿赛克勒美术馆的举世闻名的楚帛书。

一

从20世纪40年代中期到60年代初,人们对于楚帛书的认识全靠蔡季襄氏的《晚周缯书考证》一书,而由蔡氏儿子蔡修焕所作的楚帛书临

---

① 商承祚:《长沙古物闻见记》(线装二册),1938年成都印行,1996年11月中华书局影印本。楚缯帛三则见44~46页。

② 蔡季襄:《晚周缯书考证》,1945年春石印本,台湾艺文印书馆1972年影印石印本。

写本，更是研究楚帛书文字的唯一依据。由于蔡修焕本人缺乏文字学的修养，加上帛本文字漫漶不清，整个写本包括三部分文字在内，他仅摹存592字，其中误摹者竟达133字，基本上摹对的字仅得460个左右，还不足帛书原文的一半。人们研究楚帛书，只能根据这些残词断句推测文义，这犹如盲人摸象，难免以偏概全，对帛书内容的理解，也就不免支离破碎了。在这种情况下，学术界企盼着有更可靠、更清晰的楚帛书材料出现。

1957年冬，商锡永先生辗转从日本友人处获得弗利尔美术馆拍摄的楚帛书全色照片，即开始作临摹和诠释工作，并于1959至1964年反复核校摹本，仅1964年4月至6月即三易其稿，下面从其晒蓝摹本存稿中摘录题记数则，以见一斑。

1964年4月22日记云：

> 1957年冬得帛书原寸照片。求之三载，得之一朝，展读忻然。1959至62年，虽数以初稿校雠，认为仍有问题存在。今乃逐字思量，相互比附，反复探索，每至目眚，不敢草率，必求心之所安而后已。再稿既定，其准确性约百分之九十，百尺竿头，待诸异日。

5月29日题曰：

> 重新校正第二次晒蓝本。

6月2日又记云：

> 此为最末一次之写定本，厥后当不至有过大之更动。于照片穷目力之所及，尽心钩稽，务求正确而后已。恢复旧观既不可能，然视各家写本自有天壤，而为研究帛书者提供可靠之素材。宿愿既偿，亦自快慰。

经过如此反复修改和重摹，最终于8月间写定为《战国楚帛书述略》专文①，在1964年《文物》第9期上发表。这篇文章在楚帛书研究史上起

---

① 商承祚：《战国楚帛书述略》，载《文物》1964年第9期。

着承先启后的作用，尤其在下列几个方面有着不可磨灭的贡献：

一是确定了楚帛书出土的时间和地点。由于楚帛书出于盗掘，盗掘者为了掩人耳目，总是出东道西，混淆视听。商老经过深入细致地调查了解，尤其难能可贵的是，他不厌其烦，反复多次、直接间接地找当事者调查和核对，最后才确定楚帛书于1942年9月在长沙东郊子弹库墓地被盗掘出来，从而澄清了事实，纠正了许多误传。

二是在国内首次发表楚帛书的原大照片，提供了精确度更高的帛书摹本。商老经过三年的努力，才得到帛书的原大黑白照片；又经七年的临摹，才完成在《述略》上发表的摹本。商老临摹竹简和帛书有非常丰富的经验，且有一套著名的理论和方法。他主张临摹必须做到"主观与客观相结合，先无我然后才有我"。所谓"无我"，是要做到完全客观地将所见到的笔画都能准确地临写下来，而不管其对与不对；所谓"有我"，就是要根据自己的学识与经验，判断其笔画和结体是否符合规律，然后决定如何取舍；对于笔画漫漶不清或结构残缺不全的字，尤其需要反复斟酌和推敲。这就是"去伪存真，去粗存精"的意思。所以，此次《述略》刊出的摹本同此前诸家写本相校，确实精细无比，处处可以见到作者的苦心孤诣。例如，摹本上面另用透明纸描绘帛书拼复图，分别以实线和虚线标示拼接的正误，将它覆盖在摹本之上，即可看到拼接的情况；再如，此本删去蔡氏本甲篇下端误衍的二列方框及丙篇首段文字的第一列方框，都非常正确，对于乙篇当帛书对折处磨损最剧的一列文字，处理亦极为恰当。而更重要的是在文字方面，由于作者有丰富的临摹经验，又能根据弗利尔美术馆的全色照片"穷目力之所及，尽心钩稽"。故将商摹本与蔡氏本相校，字数大增，字的结构体势亦与真迹最为接近。经与红外线照片相校，商氏本包括甲、乙、丙三篇在内，计摹存839字，其中正确无误的字增至643个，视蔡氏本增加将近二百字，这对进一步理解楚帛书的内容和性质起了很大的作用。当然，此摹本同后来的红外线照片相校，尚存在若干不足，此乃客观条件所使然，是不足为怪的。但是无论如何，在红外线照片出现之前，商先生的摹本是研究楚帛书最好的依据乃是学术界所公认的。

三是考释了不少难字难词，进一步揭示楚帛书的内涵。在蔡修焕临本的年代，人们对楚帛书的认识，只能靠摹本透露出来的残词断句对帛书作些只鳞片爪的猜测；商先生摹本出来后，帛书文字的考释工作有了新的进展。人们不但可以通过某些比较完整的句子进一步理解帛书的内容，并且可以深入到具体区分章节的地步。例如，帛书甲篇是讲日月四时形成的故事，其中神话人物上阶段只知有炎帝、帝俊、女皇，以及女皇所生的四子即四神；此一时期又多认识了作为炎帝帝佐的祝融，以及夏商时代的代表人物禹和契，这就使帛书的神话更加具有南方系统的色彩，并且同夏、商的信史联系起来。值得指出的是，甲篇神话的关键性主神"雹戏"（即伏牺）在《述略》发表四年之后由金祥恒先生释出①，然金文正是在《述略》将雹"疑为霓，霓戏可能为神名"的基础上重新论定的，前说与后说可谓只差一间，而前者对于后者显然是富有启迪的。再如乙篇的中心思想是"天象是则"，而天象灾异在蔡氏本中仅见"卉木亡常"、"电震雨土"以及"日月既乱"等残句。而从商摹本中，已经可以知道篇中反复出现的"德匿"，也是一种反常的天象。商先生说："'德匿'有作'侧匿'、'仄慝'、'缩肭'，音同形异。《汉书·五行志》：'晦而月见西方谓之朓，朔而月见东方谓之仄慝。……'刘向以为，'朓者疾也，……仄慝者不进之意。'孟康注：'朓者月行疾在日前，故早见；仄慝者月行迟在日后，当没而更见。'"商先生解释说："月出无常，朔日的月应该在日落迟见，但赶在日落前而出现；晦日的月应走在日出之前，而又与之相反见于日出之后。这些逾轨乱行，是因阴阳之气不相调燮所引起的，故谓之德慝。"商先生还进一步指出"德匿"是一种反常的天象，它与孛、岁的出现，以及日月星辰运行的失当，春夏秋冬时序的相违等，都是天象对人们的警示，从中可以告诫下民对于上天必须"敬而无忒"。至于丙篇的边文，商先生虽然尚未发现月神名首字与《尔雅·释天》的月名之间的关系，但他试图将月神图像同月神名称以及当月的行事宜忌联系起来考察，并且指出甲乙两篇同丙篇互有关联，则是很有见地的。

二

正当锡永先生的摹本在帛书研究中发挥作用并获得重大进展的时候，1966年，美国纽约大都会博物馆楚帛书红外线照片试拍成功了。然而当时中国正处于"文革"期间，内地学者根本无缘见到。1972年美国总统

---

① 金祥恒：《楚缯书"雹慮"解》，载《中国文字》第28册，1968年6月。

尼克松访华，中美关系开始解冻。1973年5月，国民党元老叶楚伧之子，原国民党国防部二厅副厅长，美籍华人叶南及夫人袁晓园回国探亲，受到中央负责同志的接待①。由于袁晓园先生著有《汉字现代化理论与方案》一书初稿，需在国内征求有关专家的意见，故叶、袁二位于每年到广州参加春、秋两季"出口商品交易会"期间，都到中山大学访问，与商锡永、容希白二老、高华年、黄家教两位先生，以及庄益群和我等座谈中国文字的教学和改革问题。记得在初次会面时，商老即委托叶南先生到美国了解有关楚帛书的收藏和红外线照片的情况。第二年，叶南很负责任地向商先生报告调查所得。据他了解，楚帛书当时已归美国赛克勒（AR-THur. M. SACKLER M. D）医生收藏。其时，赛克勒医生任联合国卫生组织之世界卫生人员来源国际行动队主席，兼国际《医学公论》杂志出版人。除楚帛书外，他还收藏了不少中国宋、元、明、清的字画以及龙门石窟的石雕等。赛克勒医生说他收藏中国古物的志趣在乎集中，不愿任其分散，因为分散之后就不容易做到"物归原主"了。叶南说他与赛克勒医生经过一番极为友善的谈话之后，赛克勒医生遂将楚帛书照片的底片和三种相关资料托他转交给商先生，并表示有意到中国来参观访问，探讨归还楚帛书的有关事宜。可是在当时的大气候下，虽经商先生再三努力，赛克勒医生的访问计划依然未能成行，一直到赛克勒医生谢世，仍然未能偿此夙愿；而珍贵的红外线照片底片，在当时的内地也没有条件冲印出来。这实在是非常可惜的事。

直到1978年年初，商先生才从海外得到巴纳博士的《楚帛书译注》一书②。这可能是中国内地学者看到的第一部用楚帛书红外线照片写成的学术著作。当初直接从本书受惠的主要有两个人：一是笔者在撰写《楚月名初探》时③，利用红外线照片补充帛书边文十二个月的释文。好些同行不明我当时为什么能看出那么多字，其实是得益于红外线照片及巴纳氏所作的摹本，因而开始引起人们对红外线照片的注意。另一位得益者就是陈邦怀先生。陈先生经常同商老讨论楚帛书的考释问题，他对甲篇"禹"

---

① 分别见于《人民日报》1973年5月29日和11月30日第4版。
② 巴纳（Noel Barnard）：《楚帛书研究》第二部分《楚帛书译注》（英文），堪培拉，1973年。
③ 曾宪通：《楚月名初探》，载《中山大学学报》（社会科学版）1980年第1期；载《古文字研究》第5辑，中华书局1981年1月版。

字的见解，已被《述略》所采纳。1979年在广州召开古文字研究会第二届学术年会，由商锡永先生担任理事长，我负责具体的会务工作。会前，陈邦怀先生提交《战国楚帛书文字考证》一文①，所据仍为锡永先生《述略》提供的全色照片和摹本；商先生即命我等影印一份巴纳氏据红外线照片所做的摹本寄给陈邦怀先生。陈先生大喜，遂将旧稿34则修订、删削为28则，发表在《古文字研究》第五辑上。这是帛书红外线照片开始在国内传布并产生影响的时期。到了1985年，李零的《长沙子弹库战国楚帛书研究》②和饶宗颐、曾宪通的《楚帛书》③分别在北京和香港的中华书局出版，才揭开了全面利用红外线照片研究楚帛书的时期，一时蔚为大观。在这个过程中，虽然楚帛书与商老屡屡失之交臂，但商老对于获取楚帛书红外线照片可谓是不遗余力的，并且起到直接推动的作用。

三

1991年5月12日商锡永先生遽归道山。亲属在清理遗物时，发现一袋自书"帛书材料"的资料，内有13片残帛④，其中最大的一片夹在两片玻璃片之间，大概是当年锡永先生从徐桢立处得来的，《述略》对此曾有所记述，商老写道："还有些残帛书，徐桢立生前曾拿出给我看过，据徐老先生说，是得自蔡季襄手中的一部分，因此，我颇疑是那张匣上的覆帛残片粘连在匣面而蔡氏将之揭存。残帛文字清晰可辨，有朱栏和墨栏两款，字皆写入栏内，字大于此帛书，从栏色的不同，知有两张。"页下有注云："真实情况，只有蔡氏自揭其谜。此残帛文字，日后我另有文报道。"先生对于这些残帛不但做有精确的摹本，并且有过专门的研究，可惜一直没有撰成专文发表。据李零调查得知，1942年子弹库楚墓出土的楚帛书也是一个"群"，除去商先生收藏者外，"其他帛书和书笈其实是与通常所说的楚帛书一起由柯强带入美国，长期未能售出，只是1992年

---

① 陈邦怀：《战国楚帛书文字考证》，载《古文字研究》第5辑，中华书局1981年1月版。
② 李零：《长沙子弹库战国楚帛书研究》，中华书局1985年7月版。
③ 饶宗颐、曾宪通：《楚帛书》，香港：中华书局1985年9月版。
④ 商志𩔁：《商承祚教授藏长沙子弹库楚帛书残片》，载《文物天地》1992年第6期；《记商承祚教授藏长沙子弹库楚国残帛书》，载《文物》1992年第11期。

才成为赛克勒美术馆的藏品。"① 根据碎帛片上的朱丝栏、黑丝栏以及字形的大小疏密判断,原帛书估计有四五种之多。其中,商老藏帛最大一片残存3行14个字,从清晰可辨的"左坪辆,相星光"6字来看,当是古代观测天象的记录,有可能属于星占一类的数术书②。

1997年11月10日当楚帛书出土55周年之际,湖南省文物局和省博物馆在长沙举行"商承祚先生诞辰九十五周年暨楚帛书捐赠仪式"③,与会者有来自中国社会科学院、中山大学及有关的博物馆和高等院校的专家学者三十余人。会上,商锡永先生的亲属代表商志馥教授(中山大学人类学系)根据商老生前的意愿,将商老珍藏半个世纪之久的楚帛书残片郑重地捐赠给湖南省博物馆。商老亲属的这一义举,得到与会代表和各界人士的高度赞扬。这件帛书残片"是目前国内唯一的楚帛书,也是子弹库楚墓帛书中唯一留在国内的原物"④,其珍贵程度是不言而喻的。长沙子弹库楚墓出土残帛书的有关论述,已先后有李学勤、商志馥、饶宗颐、尹世同、何琳仪和李零等先生载文讨论⑤。据说当年由柯强带入美国、现藏赛克勒美术馆的一批残帛书目前正由有关专家进行揭开和整理。可以预见,这些新的资料公布之日,正是揭开子弹库帛书群真面目之时。一个自商老半个世纪前就积淀起来的、蓄势待发的楚帛书研究新高潮必将到来。记得商老驾鹤西归之时,著名戏曲大家王季思教授特敬撰挽联云:"一生师儒无遗恨,千秋学术有传人。"对于商老为之奋斗大半生的楚帛书研究来说,这个评语也是十分贴切的。

(《古文字研究》第二十四辑,第13~18页,中华书局,2002年)

---

① 李零:《楚帛书的再认识》,载《中国文化》1994年第10期。根据叶南带来的信息,1974年楚帛书已为赛克勒医生所有,可能到1992年才入藏赛克勒美术馆的。
② 伊世同、何琳仪:《平星考——楚帛书残片与长周期变星》,载《文物》1994年第6期。
③ 楚言:《楚帛书残片回归故里》,载《湖南省博物馆文集》第4辑,船山学刊1998年4月。
④ 商志馥:《商承祚教授藏长沙子弹库楚帛书残片》,载《文物天地》1992年第6期;《记商承祚教授藏长沙子弹库楚国残帛书》,载《文物》1992年第11期。
⑤ 有关残帛文字的论文,除见前页所注之外,还有饶宗颐:《长沙子弹库残帛文字小记》,载《文物》1992年第11期;李学勤:《长沙子弹库第二帛书探要》,载《江汉考古》1990年第1期;《试论长沙子弹库楚帛书残片》,载《文物》1992年第11期;《论楚帛书残片》,载《简帛佚籍与学术史》,台北:时报文化出版企业有限公司,1994年12月版。

选堂先生与荆楚文化的研究

荆楚文化是选堂先生涉足最早，持续研究时间最长，而且成果相当突出的一个重要领域。大体而言，主要包括《楚辞》研究、楚文化史研究和楚地出土文献研究三个方面。下面分别加以论述。

一、《楚辞》研究

选堂先生认为，"一切之学，必以文学植基，否则难以致弘深而通奥眇。"（见《固庵文录》后序）故先生早年即醉心于萧选与《楚辞》的研究，并以"选"字名堂。40年代，学术界对《楚辞》地名展开了激烈的争论，先是钱穆发表《〈楚辞〉地名考》，认为"屈原放居，地在汉北，《楚辞》所歌，洞庭、沅、澧诸水，本在江北"。方授楚对此提出异议，撰《洞庭仍在江南屈原非死江北辨》一文与之针锋相对。钱氏又作《再论〈楚辞〉地名答方君》，交相驳议，反复论难。鉴于《楚辞》地名涉及对屈原死地的认识乃至整个楚文化的理解问题，青年时期的选堂先生即著《〈楚辞〉地理考》一书，参与讨论。先生在"题记"写道："《楚辞》地名之讨论，为近年来文史界的一大事，拙作《〈楚辞〉地理考》一卷，即为解决此问题而作也。"书中考释自"高唐"至"楚黔中"共二十篇，以为旧说屈子早居在汉北，实无明证；《楚辞》所陈洞庭、沅澧诸地，疑在江南。力主屈原本无流放江北之事。童书业《序》谓饶书"钩沉索隐，多所自得，乍闻其说，似讶其创，详考之，则皆信而有征，并世治古史地理者，未能或之先也"。

为了正确理解和辨识错综复杂的《楚辞》地名，选堂先生在本书"自序"中提出两大原则：一是"辨地名"；二是"审地望"。前者追溯名称的由来和所指的范围，属于"考原"之事，必须区分地名的泛称、专称、合称、别称、借称和混称等类别和情况；后者在探求其地之所在和迁徙、沿革的过程，属于"究流"之事，必须留意于民族的迁徙和建置沿革的关系。先生最后指出："古代地名，多同号而异地，或殊名而同实。其纷纽繁赜,至难悉究,然亦有大例,可资循考,循是以求,或可得其情实。"

试举一例说明,本书卷上《涔阳考》引《九歌·湘君》:"望涔阳于极浦,横大江于扬灵。"句中之涔阳,汉唐时人都以为是洲、渚之名,接近郢都;宋以后人却以为是浦名、镇名和港名;唐人诗歌又将澧洲称为涔阳,而两《唐书·地理志》皆不载。对于这些旧说,选堂先生都一一加以爬梳和稽考,并得出这样的结论:涔阳以在涔水之北而得名。涔水在澧洲北七十里处会澧水入洞庭,因知涔与澧源异而流同,故涔水与澧水可以混称或合称,称其为澧水或涔水均无不可,后世称澧洲为涔阳即由此而来。选堂先生进一步指出,《湘君》"涔阳极浦"与大江对举,而下文言"捐予玦兮江中,遗予佩兮澧浦",亦以澧水之浦对江中,可知澧浦即涔浦。因此,《九歌》"涔阳极浦"只是泛指涔水以北的远浦,与澧水之浦名异而实同,则江南初未有涔阳之名亦由此得以判明。后人以《楚辞》推之,误以为洲名、渚名、碛名、浦名、镇名、港名,更进以为是滨涔水的澧洲城之名,便离史实越来越远。如果用这些互相递变而派生的地名去解释《九歌》便远非其朔了。

综观《〈楚辞〉地理考》,几乎篇篇都有独到的见解和翔实的论证,言之凿凿,令人折服。地名学家称先生此书就是"中国地名学发凡",筚路蓝缕之功,使它成为先生早期的成名之作。

十年之后,选堂先生继之而有《〈楚辞〉书录》之作。此书是集录《楚辞》书目之大成者,分书录、别录和外编三大部分。

"书录"部分收知见《楚辞》书目一百一十八种,包括通行本、古写本,正文本、篆文本和日人著述等。其中对《楚辞》重要著作考核尤详,如王逸《楚辞章句》共录十三种版本;朱熹《楚辞集注》共录二十七种版本,从中可以看到二书流行和传播的情况。此外还收录元以前《楚辞》佚籍二十六种,拟骚五十一种,图像二十二种,译文二十七种,大凡50年代以前中外存佚之《楚辞》书目,可以一览无遗了。

"别录"部分收录近人《楚辞》著述三十一种,论文要目一百一十三篇。限于当时的条件,对大陆方面的有关著述未及寓目,搜罗不易,有不少遗漏,但此书提供了台湾、香港方面的重要信息,亦属难得。

"外编"移录日本所藏之旧刊秘籍,钩沉辑佚,提供了不少有益的资料。如据足本《史记·索隐》知"离骚"二字《史记》一本作"离慅",

与《楚辞》异;据郭璞注《尔雅》、《方言》、《山海经》、《穆天子传》中援引《楚辞》之文辑录郭氏《楚辞》遗说,并从郭注《山海经》引《离骚》文间称《离骚经》,与王逸注本同,推知晋唐古本有称《离骚经》者;据僧道骞《楚辞音》残卷指出有裨于《楚辞》考证之八事;据唐本《文选集注》中之《离骚》残卷撰为校记,其中有可补证旧说者,如唐本无"曰黄昏以为期兮,羌中道而改路"二句,六臣本《文选》亦无之。洪兴祖疑后人误以《九章》二句增此,今唐本正无此二句,可为洪说佐证;移录唐陆善经《文选·离骚》注注文六十多条,中有不少新义,如解胡绳为冠缨,与叔师异诂;颇颔亦作咸摇,殊于他本,并足以资考镜而广异闻。又比较扬雄《反离骚》唐宋二本之异同,有唐本义长可证宋本之讹者,有宋本可证唐本之误字者,有异文且有关文义者,均一一加以校疏。凡此异文剩义,均有裨于《楚辞》之校雠与训诂,也是本书的一大特色。

本世纪下半叶是中国考古发现的黄金时代。大批楚墓和遗迹发现的楚文物层出不穷,研究的方法和手段也不断更新和进步。在这种情势之下,选堂先生敏锐地意识到,必须建立"《楚辞》学"这个新学科,才能在广度和深度上有力地推进《楚辞》的研究。他是第一个提出建立"《楚辞》学"的学者,并且长期乐此而不疲。1957年,他发表了《〈楚辞〉与考古学》(英文本)的学术论文,提出《楚辞》应与各种出土材料结合起来进行研究的指导性见解。同年8月,先生出席在德国马堡举行的第十届国际汉学会议,又发表了《〈楚辞〉对于词曲音乐之影响》一文。此文开章明义地指出:"《楚辞》和《诗经》,可说是中国文学的木本水源,一切韵文无不由它产生出来。历代文人,几乎没有一个不受过楚辞的影响。沈约云:'自汉至魏四百余年,辞人才子各相慕习,原其飙流所自,莫不同祖风骚。'因此有人说,'诗歌不从《楚辞》出者,纵传弗贵,能从《楚辞》出者,愈玩愈集。'(明蒋羣语)"《楚辞》在中国文化史上的影响可见一斑。1978年,先生在题为《"〈楚辞〉学"及其相关问题》的讲演中,进一步阐发建立"《楚辞》学"的意义,他指出:中国文学重要总集,如《诗经》与《文选》,都已有人著书成为专门之学,像《诗经》学,《文选》学之类,《楚辞》尚属阙如。"他强调说:"本人认为,以今日治学方法的进步,如果配合新材料和新观念,《楚辞》的研究,比较《诗经》更有它的重要性。"力主《楚辞》应该成为一门专门之学。

至于如何建立"《楚辞》学"？选堂先生主张要重视新的材料，引进新的手段，并且身体而力行。例如，山东临沂出上"唐革"的残简九枚，合一百三十余字，经先生与《淮南子·览冥训》互相比勘，部分内容得以通读，这是一篇言御马驰骋之术的佚文，作者为楚人唐勒当无疑问。唐勒与宋玉、景差同时，是新发现与《楚辞》有关的难得资料（见《唐勒及其佚文——〈楚辞〉新资料》1980年）；再者，先生认为《楚辞》之学的发展，有赖于利用神话学、民族学和考古学各方面的新观点和新资料，来考察《九歌》、《天问》上的各种问题。《九歌》的云气迎神人物图、《天问》的历史壁画，均可于同时代的考古文物或同区域的后世材料中求之。他在《〈楚辞〉与古西南夷之故事画》中指出："楚国壁画，现已没有直接资料可为佐证。可是从四川汉代文翁学堂的壁画，和现存云南霍承嗣晋墓的壁画，能够得到一些了解。蜀滇都是楚文化沾被的地方，借重这些材料来拟测屈原所见的先王祠庙中的壁画，自可提供重要线索。我所以主张利用同一地区或其统辖下的区域之材料来帮助研究，这正是一个很好的例子。"

选堂先生对《楚辞》学的贡献概括起来有两个方面，一是奠基的作用，二是向导的作用。目前，《楚辞》之学如日中天，成果卓著，是同先生所做的基础工作和积极倡导分不开的。

二、楚文化史研究

1970年，选堂先生发表了《荆楚文化》（载台湾"中央研究院"《历史语言研究所集刊》第四十一本第二分）的长文，略谓：过去对于楚国的史事只限于纸上材料，近数十年来，楚地墓葬不断有极重要之文物出土，而铜器铭文涉及楚国者亦提供了不少新知，楚文化由是灿然大明。对于这一地区文化的认识，较之王逸、洪兴祖又推进一步。选堂先生在这篇长文里，基于对这一地区文化的认识，为我们钩划出楚文化的基本轮廓来。

（一）楚与荆、荆楚与楚荆

卜辞楚字从足、字从屮从林兼见。《说文》"楚，丛木；一名荆。从林疋声。"《穀梁传》："荆者，楚也。何为谓之荆，狄之也。"荆与楚是一名，俱训丛林，在西周是泛指森林丛薄未开发的地区。楚在熊渠以前，犹称为荆，春秋改荆用楚，在僖公元年。西周金文屡言"伐荆"（贞簋）、"伐反荆"（过伯簋），又称"伐荆楚"（狱簋）、（按新出土之"子犯和钟"则称为"楚荆"），都是熊氏之楚的别名。

（二）楚族之迁移拓展与楚文化的渊源

楚人始祖是炎帝和祝融，本居中原，活跃于河南一带，后来祝融的传说向南传播，及于湘水流域，故衡山有祝融峰。楚族早年活动可能及于陕西一带，熊绎封于丹水之阳，地在汉中，原是三苗的旧疆。楚人国于丹水之阳而启荆山。楚灵王说："昔我先王熊绎，辟在荆山，筚路蓝缕，以处草莽。"荆山、草莽乃指森林丛薄未开发之地，即荆楚一名的由来。周夷王时伸展至鄂；周宣王、平王时开发濮地；在当日诸雄中，楚地最大，至战国末年，畲忎鼎上有"三楚"之称。从楚的疆域逐渐向东南拓展来看，楚文化的成分应该是多元的：商、周、三苗、百濮（羌）及吴越，都和它发生了密切的关系。

（三）楚国的财富及工商业的发展

荆地方五千里，地大物博，出产极丰。从长沙、信阳、江陵各地楚墓出土品物的工巧，可为有力的证明。而郢爯、殊布和蚁鼻钱等通货，更是财富发达的象征。

（四）楚人的宗教意识与巫风乐舞

楚人的宇宙观，是以九天配以九地，神民异业，绝地天通，无相侵渎。楚之先南正"重"与火正"黎"起了很大的作用。神民分开，神属天而民属地，各司其责，使"司民及司神之官各异"，此种观念成为楚国的传统思想。由于神民地位上下悬殊，民对神即下对上必持"敬"的态度，民对神是否持"敬"，是招致祸与福的主要依据，这点在楚帛书中表现尤为明显。在神民意识的支配一下，楚俗信巫鬼、重淫祀，蔚然成风，与之相应的舞与乐也盛行起来。

（五）楚学术思想与楚人才之盛

楚人本居中原，又徙陕西，颇受到周文化的熏陶。从《楚语》及

《楚辞》观之，楚国涵濡于文、武、周、孔之教甚深。从学术思想而论，《大学》里面的三领纲——明德、亲民、至善，成为楚国先贤时时论及的主要观念，并以此构成了楚学的精神；而这种精神，可说是与儒家息息相通的。由于楚文化的发达，造就楚国人才辈出，从楚先世鬻熊为文王师，著《鬻子》二十二篇，至后来诸子百家，大半出自于楚。

（六）楚制度的特点

从制度上考察楚文化，最突出的无如官制和兵制，此外还据新出鄂君启的舟、车节铭文，述及楚的交通与关税驿传之制。这些方面，随着考古的新发现，将有大量的补充。

从以上概略的叙述可以看到，选堂先生关于楚文化史的研究是相当全面和深刻的，它既初步理清了楚文化形成的来龙去脉，又揭示了楚文化的内涵与特征，亦是一种奠基性的工作。从文化学发展史这个角度来考察，实在有着不可低估的意义。

首先，选堂先生是最早提出"楚文化"这个名称，并给这一地区性文化加以系统阐发的学者，这对于楚文化的研究是有重大意义的。众所周知，提倡区域文化的研究是最近中国考古学发展的新趋势（见李学勤《中国考古学与古文字学的最新成果》，1995年）。而这一趋势的形成，可以说是以楚文化的研究开其端的。1981年6月，中国大陆成立了楚文化研讨会，标志着对这一区域文化的认识逐渐明确起来，并将其研究工作正式提到日程上来，付诸实施。自此之后，楚文化的研究有了长足的进步，有些方面甚至是突飞猛进的。1985年，俞伟超同志在楚文化研究会第三次会议上对楚文化的形成作了历史的、科学的解释，他说："自50年代至70年代，对东周楚文化的了解，主要是通过长沙、江陵、当阳等地的发掘而得到的，那是东周楚文化的中心区，那一带东周楚国遗址和墓葬所表现出来的特征，可说是典型的东周楚文化的。"又说："楚文化的源头现在尽管还看不清楚，但已知西周的楚文化不会是从某一个新石器文化单线条地进化为青铜文化并直线发展而来的。也就是说，楚文化应是由多支早期文化汇聚而成的，各个源头虽有主次之别，但绝不是从一个源头发展而来的。"俞伟超同志从考古学方面得出的结论，同15年前选堂先生关于楚文化的成分是多元性的认识是完全一致的。由此可见选堂先生对楚文化的渊源具有非凡的洞察力。80年代以来，楚文化方向研究向纵深发展，涉及这一区域文化的时空范围、族属关系、文化内涵与特征等,都取得可喜的成绩,这也同选堂先生的率先提倡和大力推动分不开的。

其次是研究方法的启示。选堂先生之所以具有非凡的洞察力,是同他运用科学的研究方法密切相关的。在楚文化研究方面,选堂先生既重视传世典籍的运用,又重视考古资料的应用。考古资料中,既重视没有文字的遗物遗迹的考察,更重视出土文献即古文字资料与传世文献相互印证。这就是选堂先生最近总结出来的"三重证据法",是对王国维"二重证据法"的重要发展和补充。在《荆楚文化》这篇四五万字的长文后面附有"楚境内重要遗物遗址发现简表"及"楚吞灭各国及置县略表"和篇末附有"引用书目"一百一十四种,这些洋洋大观的材料就是最好的证明。先生把中华文明看作是一个从未间断的文化综合体,区域文化是这个综合体的一个成员。要揭示这一成员的文化面貌,必须从纵的历史方面探讨其先后衔接的层次;从横的区域方面考察其交流和传播的史实;然后从错综的交叉中寻找其因果的关系。这就是选堂先生对荆楚文化研究在方法论上给予我们的重要启迪。

三、楚地出土文献研究

1979年冬,选堂先生首次回广州参加中国古文字研究会第二次年会,当时的广东省领导吴南生书记亲自设宴欢迎。席间,吴书记希望选堂先生今后多回内地看看,先生当即表示,自己年轻时写过《楚辞地理考》一书,可是书里考过的那些地方一直还未去过,很想此次能够前往考察。会后,先生便迫不及待地到两湖去参观访问,大有收获。第二年,选堂先生接受文物出版社王仿子社长的邀请,在赴成都出席中国古文字研究会第三次年会之后,即到全国各地进行学术考察,我有幸作为"陪同"一路随行。这次历时三个多月,行程数万里,先生的足迹遍及全国二十九个大小城镇,饱览了祖国的名山大川,看到许多新出土的文物资料,非常兴奋。然而,选堂先生对楚地出土文物依然情有独钟,在考察过程中,即同笔者商定以"楚地出土文献"作为近期的研究课题,邀我共同研讨。在先生的向导下,我也进入这个诱人的领域。80年代初,我们先后完成了《云梦秦简日书研究》、《随县曾侯乙墓钟磬铭辞研究》和《楚帛书》三部著作,在香港出版。90年代初复加修订和补充,收入《楚地出土文献三种研究》，由北京中华书局出版。与此同时，先生还陆续发表了马王堆帛书研究的系列论文。以上这些论著，比较集中地反映了选堂先生对荆楚文化研究的最新成果，其年代自战国早期至西汉前期，包括楚地出土的青铜器、竹简和帛书。先生的许多真知灼见，已被海内外学者广泛征引和采用，在学术界产生了很大的影响。下面仅就个人接触所及，略作介绍。

（一）随县曾侯乙墓钟磬铭辞研究

1978年在湖北随县曾侯乙墓中出土了一套距今二千四百多年的完整编钟，共八组六十五枚，铭文都二千八百余字，伴出还有成套的编磬，亦有同类的铭辞。选堂先生三度访问过湖北省博物馆，对编钟、编磬作过实际考察。先生除对铭辞中若干待定的古文字重新辨认之外，特别结合传世典籍中的乐律资料，对乐律术语、五声倍律的异名，以及一些乐律史上的问题试作说解，获得不少新知。例如钟磬铭辞记载着周、曾、楚、齐、晋各地不同的律名；而楚国使用的律名，则以吕钟为黄钟，六律之中有四个称曰某钟，而且特别指明其浊音，并不沿用周律，自成体系，这是过去所不知道的。又从训诂学的立场，根据金文所见钟上字的命名，讨论古代音乐美学的若干观念。更涉及楚国乐律学与琴艺，对《楚辞》中关于"劳商"的涵义作出合理的解释。此外，与曾侯乙编钟同出的漆器上铭文，向来未有人作过研究，先生不但破译了漆书上的古文奇字，提供了可靠的释文，还进而探讨了古代乐理与天文的关系，使漆书的天文学内容与同出乐器群之间的内在联系得到充分的揭示。总之，先生从人类文化学的角度，结合钟磬铭辞的记载，阐明先秦乐律思想的演进，从中可以看到汉代钟律学形成的来龙去脉。所以，陈应时教授称它是"一部振兴中国钟律学的奠基之作"是并不为过的。

（二）长沙子弹库楚帛书研究

自50年代以来，长沙楚帛书一直是选堂先生不停地探索的重点课题之一。他前后发表过许多文章，有着不可磨灭的业绩。随着帛书文本清晰程度的提高，先生的研究工作也越来越深入，创获越来越多。有关选堂先生对楚帛书研究的贡献，笔者已有专文论述（见《饶宗颐先生与楚帛书研究》，载《论饶宗颐》，三联书店（香港）有限公司，1995年11月出版），这里只作几点补充。

1. 楚帛书于1942年被盗墓者掘出之后，不久即为蔡季襄所得，1946年抗战胜利后，蔡氏携楚帛书到上海，由美国人柯克思（John Hadley Cox）带至美国。1967年在美国哥伦比亚大学举行的学术会议上，有人对楚帛书的可靠性提出怀疑。选堂先生列举多项证据，证明楚帛书是真实可靠的楚地文物，决非作伪者所能造作。先生精警的言论解除了人们的疑问，匡正了一般的误解，维护了楚文物的价值，得到收藏者沙可乐（A. M. Sackler）氏的赞扬。会后，沙氏为了表示对选堂先生的谢意，特地将会上用作展览的放大十二倍帛书红外线照片共一百一十张，空邮赠给选堂先生。这套照片将原来只有黄豆大小的帛文放大到拳头般粗，它对了解帛书文字结构和书写风格，特别是对辨识笔画模糊和残缺不全的字形尤有裨益。据这套红外线照片，帛书实存字数包括完整和不完整的文字在内，可达九百二十二文。1968年选堂先生根据这套照片制作的摹本精确度最高，它比前阶段最有代表性的商（承祚）氏本和林（巳奈夫）氏本，正确无误的字竟激增了一百数十字。由于此百余帛文的被发现和被认识，使楚帛书的研究产生了新的飞跃。另一方面，选堂先生反复从放大十二倍照片中潜心领悟帛书真迹的运笔体势，精心临摹，故能体现帛书书法的结构和神韵，看来十分逼真。李零评价"此本最为存真，是目前所见的最好帛书摹本"，并非过誉。由此可见，选堂先生在为学术界提供准确可靠的原始材料方面，是做出了重大贡献的。

2. 在帛书文字的释读中，认识帛书边文的月名是关键之所在。1956年李学勤氏在《战国题铭概述》的"补论"中，发现帛书周边文字与《尔雅·释天》的月名有关，但是由于李氏所据摹本的边文残泐太甚，难以理解，李氏的说法并未为人所接受。1964年选堂先生在纽约见到帛书原物，经过仔细辨认和反复勘读，证明帛书中与十二图像相配的边文首字确与《尔雅·释天》月名相同或相通，因作《楚缯书与〈尔雅〉十二月名核论》证成李说，从此，帛书周边的十二月名方被正式肯定下来，"始取（陬）终荼（涂）"的十二月序亦随之得到承认。由于帛书月名与其结构、性质密切相关，选堂先生一贯主张以"八行为正"的置图方式也得到进一步确认。后来李学勤氏在马王堆帛书中意识到"以南为上"可能是楚地置图的传统，因而修正自己过去以"十三行为正"的意见，改从以"八行为正"的摆法。选堂先生进而阐发八行正置而十三行逆置的理由，指出："甲篇（八行）道其常而乙篇（十三行）言其变，故甲篇居前而乙篇列后,前者顺写而后者倒书,所以昭其顺逆。两篇特殊结构的用意,可以推知。"先生此说揭开中间二篇颠倒为文的奥秘所在,是迄今最为合理的解说。

3. 选堂先生的《楚帛书新证》,是作者三十多年来研究经验和心得的结晶,篇中除对若干帛书文字作重要审订外,重点放在释读中间甲乙两篇帛文与某些疑难问题的探讨上,尤以甲篇创获最多。例如作者据《易纬·乾凿度》知庖牺亦号大熊氏,与帛书篇首"曰故(古)大熊雹戏"一语正合;据《墨子·非攻》知楚先世居于睢山,可证帛文"居于䢼"乃楚先所居之地,而䢼亦可定为睢之繁文;据《地母经》知女娲亦曰女皇,则帛文"某某子之子曰女皇"确指女娲。由此可知,由帛文雹戏、女皇、四神、炎帝、祝融、共工等所组成的神话系统具有鲜明的南方色彩,皆与楚之先世有关。这对理解帛书的神话渊源颇关重要,且篇首残缺最甚的一段文字亦由此得以贯通。研究帛书者无不折服。

(三) 云梦睡虎地秦简日书研究

睡虎地秦简于 1975 年 12 月在湖北省云梦县城关西睡虎地十一号秦墓中出土,共一千一百五十枚,经整理小组悉心研究,发现大部分属于法律文书,其中有名为《日书》者计有两个写本,甲本竹简一百六十六枚,乙本二百五十七枚,两本共一万八千零四十字。墓葬年代为秦始皇三十年(前 217 年),竹简的年代亦可据此而定。

秦墓竹简公布后,引起了国内外学术界的广泛重视,发表了大量的文章和专著,但这些成果大都是研究文书的,《日书》的研究从一开始就受到了冷落。选堂先生的《云梦秦简日书研究》是第一部研究秦简《日书》的专著,它首次打破了秦简《日书》少人问津的沉寂局面,引起了强烈的反响。

《日书》本是古代日者用来占候时日宜忌、预测人事休咎、以教人如何避凶趋吉的历书,带有相当浓厚的数术色彩。太史公自序提及作《日者列传》,但今《史记》此传仅述楚人司马季主之议,不及其他,知非史公旧文。此秦简日书正可补《史记》之不逮,故可珍贵。选堂先生通过"建除家言"、"稷辰"、"玄戈、招摇"、"反枳"、"归行"、"禹符、禹步、禹须臾"等十二个专题,结合文献记载,详加疏释。其中勘《淮南》剽与构之异文,证反枳即反支之殊写,揆之音义,若合符节。此书对日书中比较常见的数术项目作了详尽的解释，为研究数术者提供了有力的依据，林剑鸣教授称它是研究秦汉数术的"奠基之作"。随后，选堂先生还写有《秦简〈日书〉剩义》、《秦简中的五行说与纳音说》和《帛书丙篇与〈日书〉合证》等论文，都是从数术学的角度研究《日书》的。先生指出，《禹须臾》虽无写明十二律之名，但所记干支日辰都符合五行分配下隔八相生的律吕现象，所以在乐律史上有着特别重大的意义。它说明秦人已用十二律吕配五音、五行以占出、行之休咎。这是选堂先生的一大发明。新出放马滩乙种《日书》果然有十二律吕与五音、五行相配的明确记载，与先生的推论完全相符。

选堂先生认为秦简《日书》有两点意义，一是为考古天文学补充一些资料，如秦简记时的资料、日夕七舍的资料等；二是帮助宗教史解决一些难题，如禹符、禹步、禹须臾等，这两个方面正为越来越多的材料所证明。

还应该指出的是，将睡虎地秦简《日书》与放马滩秦简《日书》比较，便可发现两者各具南北不同的特色。睡虎地秦简出于原来楚国的南郡，保留着楚地的某些习俗是理所当然的，如《诘咎》篇中的那么多鬼名，就是楚人尚鬼的反映，这类资料当然也是研究荆楚文化所不可忽视的。

（四）长沙马王堆帛书研究

马王堆帛书发现于马王堆三号汉墓，墓葬的年代为汉文帝十二年（前168年），上距楚为秦所灭已有五十五年。但长沙为南楚重镇，帛书文本不少是抄写于秦楚之际甚或更早的时期，故马王堆帛书可以作为荆楚文化下限转化期的重要资料。选堂先生对马王堆帛书的研究主要集中在帛书《易经》、《刑德》、《医书》和《老子》几种写本方面。

帛书《易经》选堂先生有《略论马王堆〈易经〉写本》、《谈马王堆帛书〈周易〉》和《帛书〈系辞传〉"大恒"说》等论文，认为帛书《易经》卦序与今本《周易》不同，且异文也多，从帛书本常见"无咎"一词及用汇之古文茻来看，马王堆本应同于中古文本；年代与贾谊为长沙傅时相近。《周易·系辞》通行本"易有太极"句，帛书本作"易有大恒"，"极"之作"恒"，当是汉以前《系辞传》的本来面目。而"大恒"转写为"太极"或"太一"，也因为它们本是一事的异称。选堂先生还指出,"太一"在楚是主帅,而"恒"的道理在楚人著作和记录中也特别流行。

马王堆《刑德》乙本九宫图于各个方格之内填写干支与神明名字,其中六神之名为刑德、丰隆、风伯、大音、雷公、雨师。选堂先生认为,六神以刑德居首,次为大音,大音即大阴。其余之神为云、雷、风、雨。《论衡·祀义篇》"风伯、雨师、雷公,是群神也",而不及丰隆。《尔雅·释天》:"风伯谓之飞廉,雨师谓之拜翳,云师谓之丰隆。"是丰隆为云师矣。四仲之神有湍王和摄氏,先生认为湍王即颛顼,与炎帝相对之神,非颛顼莫属;摄氏即摄是,当即摄提,绝无疑问。颛顼、摄提之名,过去未见于出土文物,此次在帛书上出现,极为可贵。摄氏之为摄提,既是星名,也是神名。以往有人认为摄提格为外来语,此可证其不确。刑德属阴阳家,帛文自刑德以下,军吏编配,各当其日辰,如图所记,一一符合。故先生以为乙本九宫冈应属于风占,从四隅诸神与风角有密切关系,亦可佐证。

在马王堆帛书的医书中,有一部分唐兰氏定为《却谷食气》篇者,全文约三百余字。先生认为是古代"六气学说"中的残膏剩馥,与王逸《楚辞章句》引《陵阳子明经》甚近,故选堂先生考定此帛书六气说,当出自《陵阳子明经》的佚文。

马王堆帛书《老子》以"德经"在前,"道经"在后,说者以"德经"在前是法家《老子》本的本来面目。选堂先生不以为然,他说:"法由道而生,法家不特不贬道,而实尊道。法家解老自宜以道为先,岂有反以德居前之理。"因此,选堂先生推测说:"马王堆帛书《老子》之先德后道者,殆写经者偶然之例。"也就是说,选堂先生以为《老子》无论"先道后德"还是"先德后道",都是道家的经典,与法家无关。

楚地出土文献为楚文化研究提供了大量有价值的新资料,它既加深人们对原有观念的认识,也促使人们改变某些旧的观念,树立新的认识。

1983年12月,选堂先生在一次题为《道教与楚俗关系新证》的讲演中,列举马王堆帛书《十大经》中的"黄宗",《养生方》中的"黄神",《五十二病方》和秦简《日书》中的"禹步",以及马王堆三号墓出土的社神图和符箓等,说明楚俗与道教的关系非常密切。并谈及自己对楚文化的新认识,主要有如下三点:

第一,湖、湘境内的文化早就相当发达,决非"蛮陬遐壤荒江寂寞"

之地。前些时候，在疑古风气笼罩之下，有些历史学家对《楚辞》的发源地抱着怀疑的态度。目前由于地下新材料层出不穷，在证明纸上记载的可靠性，殷商遗物在湖、湘境内都有重要的发现，证明"楚文化不过长江"的说法是没有根据的。（参看高至喜《楚文化不过长江辨》，载《求索》1981年2期）。

第二，春秋战国时期列国文化呈纷歧及多型性，可谓多采多姿。从音律、星占、历法各方面均可见之，楚国在这些方面表现尤为突出。许慎《说文序》言"言语异声，文字异形"。其实应该再加"音乐异律，星辰异占"等等，这些已得到考古遗物的证实。

第三，楚文化既为一综合体，可从物质及精神两方面加以观察。物质方面，楚地的冶炼钢铁和丝绸技术的发达都值得称道。精神活动方面，楚人的高度成就突出地表现在文学和艺术上的宏业。这是由于她有特殊的神话背景和宗教信仰所造成的。楚人的宗教意识和巫医关系非常密切，从马王堆出土的各种文书来看，几乎包括了《汉书·艺文志》中有关数术和方技的所有内容。这些写本相当于后来《道藏》内涵中最重要的部分。从楚人信巫鬼，崇奉"黄神"，使用禹步、祝咒之术用以治病，说明当时虽无道教之名，而有道教之实。作为楚文化内涵的"巫"，同道教的萌芽和形成存在着非常密切的关系。

选堂先生强调指出："楚文化"这一名词所以能够成立，是因为楚可以说是南方文化的综合体。它吞并许多小国，"汉阳诸姬，楚实尽之"。吸收了北方中原华夏文化，和南方若干地区土著民族独特的崇祀鬼神的巫文化融合、升华，从而构成了楚文化的特色。保存在荆楚地区的丰富神话，处处可看到楚人的想象力、创造力的卓越与雄伟，在《楚辞》文学里更有充分的表现。以上这些，就是选堂先生根据楚地出土的新材料，对楚文化总体的新认识。

（原载《华学》第二辑，中山大学出版社，1996年12月）

明本潮州戏文所见潮州方言概述

研究一种方言，毫无疑问，首先应着眼于活的口语。但是，有关这一方言的历史材料也是不容忽视的。笔者在研读《明本潮州戏文五种》（广东人民出版社，1985年10月版）的过程中，注意到四五百年前流行于潮汕一带的潮州方言，同今天的口语有许多雷同之处，但也存在不少差异。尤其是一些年代明确的戏文，更是研究当时当地方言面貌的重要依据。现就明本潮州戏文所见，略述如次。本文凡引用戏文词句所标数字，均为《明本潮州戏文五种》页码。

一、明本潮州戏文与潮州方言的关系

本文所据潮州戏文的古本，计有写本二种，刊本五种，共七种。

写本新编全相南北插科忠孝正字《刘希必金钗记》，抄于明宣德七年（公元1431年）6月，在七种戏文中年代最早。1975年在潮安县凤塘后陇山的明初墓葬中发现。

写本《蔡伯皆》，据正文有"嘉靖"年号，可断为明嘉靖年间的抄本。1958年在揭阳县渔湖西寨村的明代墓葬中发现。

重刊五色潮泉插科增入诗词北曲勾栏《荔镜记》及附刻《颜臣》全部，均刊于嘉靖丙寅年（1566年）。

新刻全像增补乡谈《荔枝记》，刊于万历辛巳（1581年）冬月。

重补摘锦潮调《金花女》大全及附刻《苏六娘》，不书刊刻年月，但原书沿古卷子本款式，文字、版式亦略如万历本《荔枝记》，当属万历初期的刊本。参见杨越、王贵忱《"明代潮州戏文五种"后记》（《明本潮州戏文五种》第830页）。

以上七种戏文，先后写刻于公元1431年至1581年之间，距今已有400—560年。从书名冠以"新编、重刊、新刻、重补"等字样，可知其所据本当有更早的渊源。饶宗颐教授推测它们"大半属于徐渭所称的'宋元旧本'"，大致可信。参见饶宗颐《"明本潮州戏文五种"说略》

(《明本潮州戏文五种》第15页)。

潮州戏是由宋元南戏逐渐演变而成的。明本潮州戏文七种大体上反映了明代上述160年间潮州戏由演南戏发展为演地方戏的过程，也就是逐渐地方化，即编演当地民间故事，并增加潮州方言色彩的过程。就七种戏文与潮州方言的关系而言，大体上可以分为三类：

一是正字戏文。正字又称正音，是用潮州话的读书音来演唱的。宣德本《金钗记》标明"正字"，《荔镜记》上栏"新增北曲"标明"正音"，《蔡伯皆》沿袭宋元南戏以剧中主角作为剧名的体例，联系到戏文中的曲牌和文辞，都可以证明它们属于南戏的一支。《金钗记》和《蔡伯皆》是潮剧中最早的本子。尽管戏文源自南戏，但这两个写本都是潮属民间的唱本和演出手册，故仍杂用不少潮州话以及其他闽南话。这对研究当时共同语与闽南方言及其与潮州话的关系，都有一定的参考价值。

二是潮、泉插科戏文。《荔枝记》、《荔镜记》和《颜臣》全部属之。《枝》、《镜》二记写的是泉州陈伯卿和潮州黄五娘的恋爱故事，流行于潮、泉一带。所谓"潮泉插科"，就是潮州和泉州二本合刊。《荔枝记》书名标明"乡谈"，卷首又有"潮州东月李氏编集"字样，证明此本是明代潮州人根据乡谈编集的戏文。正文潮州方言成分颇高，但也夹杂着不少泉州话，是一种以潮州话为主体的插科戏文。《荔镜记》卷末题记云："因前本《荔枝记》字多差讹，曲文减少。今将潮、泉二部增入《颜臣》，勾栏诗词北曲，校正重刊，……名曰《荔镜记》。买者须认本堂余氏新安云耳。"据饶宗颐教授考证，这个新安（堂）余氏可能与籍贯福建建阳的余苍泉等有关。由此观之，《荔镜记》当是福建余氏在《荔枝记》前本的基础上，将潮本和泉本合刊而成，是最能体现潮、泉插科的戏文。"二记"对于研究早期潮州、泉州二地的方言，无疑是难得的好材料。

三是潮调戏文。即完全用潮州话演唱的戏文。《苏六娘》和《金花女》属之。苏六娘是揭阳县雷浦村人。戏文写的是苏六娘与郭继春的恋爱故事，地方色彩最为浓厚。从戏文可以看到当时潮州方言的概貌。《金花女》故事源出北宋，戏名注明"潮调"，是用潮腔唱历史题材的戏文。这类潮调戏文中潮州话的语料也十分丰富。

从以上三大类的情况看来，明本潮州戏文中的潮州话语料可以用一个"杂"字来表示，既有异时异地用语、读音的不同，又有口语、书面语，乃至戏文用语的差异；尤其是"插科"一类的戏文，还存在某些潮州话与泉州话杂糅的语言成分；加上用字方面的讹变、简化和同音替代、音近替代，更增加这种特殊书面语的复杂性。这显然同一般的口语是有区别的。对于这样"杂"的语料如何进行注音和释义，还是一个值得探讨的问题。本文只不过是一种初步的尝试，仅供参考。

二、明代潮州戏文中的俗字

俗字在汉字发展史上占有重要的地位，但过去很少人注意过。俗字是对于正字而言，旧时把流行于民间的简体字都称为俗字，不登大雅之堂。明代戏曲、小说仍属稗官者流，因其以街谈巷议为主，犹如野生之稗，有别于正史，不必苛求写正字。故戏曲、小说中保留民间俗字最多。就明本潮州戏文所见，俗字比比皆是，尤以写本为甚。本文讨论字词时，涉及的俗字、繁难字较多。为排印方便，这些字编号手写制版，见本文篇末附表，文内直接写编号，如"1a 1b 1c"就是"魂魄梦"，其他可以类推。

将写本与刊本合观，不难发现，刊本中的许多俗体字，皆来源于手写本。魂魄梦刊本作 1a 1b 1c，学觉举刊本作 1d 1e 1f，他如做作佐，妇作 1g，幽作 1h，免作兑，甘作 1k，头作 1n 等，皆可在写本中得到印证。戏文中有"娘刂"（86，87）二字，乍看难以索解；经仔细寻绎，始悟应读为"娘子"。原来"娘子"通常都写作"娘仔"，而"仔"与"行"形音俱近，故写本也常写作"娘行"（25，46，53，93，100），"行"字草书楷化后便成为"刂"，刊本"起行"（821）、"行礼"（822）、"施行"（824），"行"字皆作"刂"，可见"娘刂"实即"娘仔"，也就是"娘子"的变相写法。再从"1p、1q"二字的构成来看，"兊"字是先由正体的"幾"，经草书楷化为"1r"，再保留其上体"1s"为形符，加"几"为声符，构成了新的形声字。"舝"字是由"舞"的上体简化为"无"而成的。"无"实际上已成为新字的声符。经过这样改装之后，"幾"本是个从丝从戍的会意字便变为形声字，而"舞"本是个象征舞蹈的象形字也变成为形声字了。从这些例子可以说明，文字作为记录语言的符号，在使用过程中，形、音、义诸因素是互相制约的。虽然错综复杂，但仍有一定的规律可寻。明代潮州戏文在这方面为我们提供了许多珍贵的资料。下面将戏文所见的俗字，分为简体字、省笔字、衍笔字、借字、异构字、古体字、方言字、讹字及符号等项，略加介绍。

（一）简体字

比正体字笔画简省的都称为简体字。本文将简体字分为两类：与现行规范化的简化字相同者仍称为简体字，与现行简化字不同者则称为省笔字。现行简化字中除后起者外，几乎都可以在戏文中见到。例如：无 万 个 与 亏 义 云 圣 处 杀 刘 时 报 虽 庄 肖 听 礼 乱 炉 灯 烛 独 蚕 宝 实 穷 迁 还 过 里 离 两 尽 昼 弃 称 怜 灵 园 国 医 栖 碍 绣 楼 寿 祷 笔 断 铁 恋 鸾 弯 蛮 辞

（二）省笔字

省笔字中大量是由草书楷化而成的，其中有不少异体；一部分是由简化偏旁或笔画而成的；也有少量是重新构造的。

1. 草书楷化及俗写。例如：1t（买）1u（卖）1v（喜）1x（续）1y（应）1z 2a 2b（风）2c（原愿）2d（意）2e（煮）2f（再）1d（学）1e（觉）1f（举）2g 2h（齐）2k（画）1g（妇）2n（归）2p（伊）2q 2r（爹）2s（等）2t 2u（发）2v（泼）2x（节）2y（行）2z（佛）1h（幽）3a（继）3b 3c（世）3d 3e（张）3f（无）3g（声）3h（却）3k（两）3n（钱）3p（厘）3q（递）3r（鼠）3s（腊）3t（撑）3u（着）3v（要）3x（龟）3y（龙）3z（笼）4a 4b（气）4c（驴）4d（庐）4d（据）4e（据）4f（哥）4g（管）4h（显）4k（陆）4n（解）4p（我）4q（义）

2. 减省偏旁或笔画。例如：4r（然）4s（能）4t（态）4u 央（鸳鸯）专员（团圆）4v（图）4x（麝）4y（翠）4z（选）5a（曩）5b（箄）旧（舅）5c（孃）

3. 另造简体。这类简体字有几种形式：

①形声的：5d（众）5e（凄）5f 5g（磨）1p（幾）1q（舞）

②会意的：5h（逃）

③代号的：5k 5n 5p 5q（娘）5r（祸）

④轮廓字：5s 5t（命）5u（兴）5v（怀）5x（职）

(三) 衍笔字

在正体的基础上增加偏旁笔画的字叫衍笔字，主要见于手抄本戏文中。大部分衍笔字属于习惯性增衍笔画，与书写者的个人风格有关，如：5y 5z 6a 6b 6c；6d 6e 6f 6g 6h 6k；6n 6p 6q；6r 6s；6t 6u 等。有些是书写时连类相及而增益偏旁的，如供 6v（养）、艰 6x（辛）等。有的是书写者在原字的基础上增益偏旁以足义的，如殷勤写作 6y 6z。他如纸作 7a，齿作 7b，妻作 7c，凶作 7d 等，都是常见的衍笔字。最典型的是"定国夫人"的"定"作 7e，抄本两见（140，141），不明何故。

(四) 借字

潮州话中有义无字的词甚多，戏文为了记录这些词，常常借用一个同音字来记载，因而戏文中的借字相当普遍。大体上有两种情况：一是本无其字的假借，如潮州话管"玩耍"叫"得桃"，又写作"7f 桃"；管"石头"叫"石部"，又写作"石 7g"或"石 7h"。不同的写手（或刊本）常常有不同的写法。这类词本来就没有字，借什么字只要约定俗成就行了。另一种是本有其字的通假，如《荔镜记》中小七有一句唱词："头毛平坦去梳，鼻流不知去七。"此处"七"借为"拭"。戏文中这类本有其字的通假比古书里的通假要宽得多，只要音同音近的字，几乎没有任何限制，尤其是一些同声符的字，使用起来更加随便。如觅搁一词，同一个写手就有觅各、觅搁、担搁各种写法。还有借用同音字说俏皮话的，如林大鼻把"月宫"说成"月经"，把"出塞"说成"出婿"（381）。戏文中常见的借字有：佐（做）/ 七（拭）/ 罗古（锣鼓）/ 匀（君）/ 前 / 弗（忽）然 / 井（整）夜 / 兀（突）然 / 投（祷）告 / 掌（长）进 / 则（这）个 / 必（毕）竟 / 皃（冒）认 / 蘩（繁）华 / 伏（服）气 / 流（琉）璃 / 庵（阉）善了 / 辨（办）行装 / 见、记、计（既）然 / 比翌（翼）/ 年己（纪）/ 能勾（够）/ 就裹（理）/ 劝改（解）/ 爹娘（嬢）/ 风梭（骚）/ 目滓（汁）/ 金艮（银）/ 着吉（急）/ 埋冤（怨）/ 一值（直）/ 娘行（仔）/ 把鐘（锺）/ 万伏、覆（福）/ 残灯半失（熄）/ 打办、协（扮）/ 大路乾（墘）

（五）异构字

指结构或写法不同的字。戏文中这类字有下面几种方式：

1. 不同形旁的，如7k（杯）/7n（体）/7p（欢）/7q（纸）
2. 不同声旁的，如7r（槟）/7s（鬓）/7t（棰）/7u（辈）
3. 不同结构方式的，如7v（胸）/7x（气）/1a（魂）/1b（魄）/7y（漏）/7z（梅）
4. 写法小异的，如8a（声）/1k（甘）/8b（往）/8c（奇）/8d（趁）/8e（珍）/8f（坐）/8g 8h（边）
5. 草书楷化有别的，如華（华）/8k 8n 8p（毕）/8q 8r（菱）/8s（虎）/8t（卒）

（六）古体字

所谓古体字，是指戏文中某些资格较老的古字；严格来说，它们同当时规范的正体字也有所区别。戏文中往往是正体与古体并存，甚至正体、古体与俗体并见，如"个"是俗体，"個"是正体，"箇"是古体，各本常常互见迭现。当指人时还有写作"8u"（675）的，则是在"个"字的基础上新造的别体，可看作"個"的新形声字。古体字大致有下列几种：

1. 见于《说文》的古文及古文奇字：礼（禮）/弃（棄）/8v（风）/8x（德）/銕（铁）/无（無）
2. 据篆文隶定的古体：8y（似）/8z（留）
3. 早期的异体字：筭（算）/翫（玩）/9a 9b（粗）/箇（個）
4. 早期的通假字：蚤（早）
5. 保留某些字的早期写法：卓倚（桌椅）/元（原）来/流（琉）璃/尔、汝（第二人称）/每（们）

（七）方言字

为记录某些特殊的方言词而借用或专造的字，详第三节"方言词语"部分，此处从略。

（八）讹字

手抄戏文中有不少讹字，除了一些偶然性的笔误之外，大多是抄写者不明文字结构而致误的。主要有如下几类：

1. 因形体近似致误的。如商（商）／兑（兔）／9c（卵）／9d（养）／9e（登）

2. 因不明声旁致误的，如9f（痕）／9g（躲）／9h（私）／9k（慈）／9n（懊）／9p（最）／9q（楣）

3. 因不明结构致误的，如9r（旅）／9s（旌）／9t（饰）／9u（膝）／9v（坟）／9x（丧）／9y（荒）／9z（掩）／0a（糟）／0b（兽）／0c（遥）／0d（满）

（九）符号

戏文中有不少符号，都与文字表达有关，有的还具有正式文字的功能。主要有：

1. 重文号：写本的重文号一般作、，刊本则作ヒ。

2. 重句号：写本的重句号有∴、……及～～三种形式；刊本则一般作ヒヒ。

3. 符号字："〇"代表圆，"〇〇"代表重圆。例如：

十朋夫妻会合再〇。（《金花女》813）

今日返魂来相见，亲像花再重开，月再〇〇。（《金花女》823，824）

胜如新月上初弦，等到十五夜再〇〇。（《金钗记》25）

双亲未老时归来〇〇。（《金钗记》25）

符号"×"表达的意义比较多样，都与读音有关。例如：

娘仔呀！是我说×了。（《金钗记》128）

那条路恐怕是行×了。（《金钗记》56）

卜认又不敢，认来又畏×。（《荔镜记》448）

经过娘仔目认，小人也不×。（《荔镜记》448）

以上"×"读为"差"。后两例，《荔枝记》（644）此二处正作"差"。

则见他×手忙将礼数迎。(《新增北曲·小梁州》534)

"×手"即"叉手"，×读为"叉"。

　　×冷饭不肯食。(《金花女》810)

"×冷饭"即"炒冷饭"，×读为"炒"。

　　满街锣鼓闹××。(《荔枝记》596)

"××"读为"猜猜"，《荔镜记》(379)作"满街罗古闹咳咳"。××、猜猜、咳咳皆象锣鼓声。

　4. 钩倒符号：写本中常常因抄倒了词句而使用钩倒符号加以纠正，如：

　　文龙谙读诗书是则男儿四方志。(《金钗记》20，"是则"旁边加钩倒符号"S"。)
　　养尽大哥小和哥。(《金钗记》40，"和小"旁加钩倒符号。)
　　我不能勾尽相心奉侍。(《蔡伯皆》275，"相心"旁加钩倒符号。)

"是则"钩倒读为"则是"，"小和哥"钩倒读为"和小哥"，"相心"钩倒读为"心相"。可见钩倒符号的使用，已有很长的历史。

三、潮州戏文所见潮州方言词语

　　戏文中的潮州方言词非常丰富，有些是潮州地区特有的，有些是潮、泉二地共通的，都与当时的共同语有所不同。在用字方面，方言词借用同音字来记录的现象非常普遍，例如"女人"这个词，戏文中就有姿娘、恣娘、资娘、孜娘、诸娘等不同写法。"不如"这个词，有时写作"不米"，也有写作"不们"或"不微"的。又如"掞"字，本是铺张、舒展的意思，戏文中用为"掞胭脂"的掞，又常用作"掞荔枝"的掞，义与㨃同；有时还用作"听㨂"，意为"听错"。这些情形，本文或普遍出之，或选用比较通行的一种，尽可能照顾同本义的联系。但潮州话中还有好些只有音义并没有本字的词，戏文中往往随时写上个同音字来表示，如"陈三值处却二句书来咀"，句中"却"是"拾取"的意思。这一类词本文也适当选录一些。下面，我们将戏文所见的潮州方言词语分为八类，每类举若干例词，例词前的数码为该词所在的戏文页码，后附简注或说明。例词前四类中的方言字、训读字、同音字等都在该字下用浪线"～"表示。凡与今汕头话不合的语词，前加 * 号。

（一）与方言字有关的

374 亩——妻子
563 亩仔——妻儿
523 亩爹——岳父
548 查亩 = 817 咱亩——女子
376 查亩仔——女孩
817 囝子 = 819 简子——佣人
817 大小囝子夥——大小佣人们
602 阿娩——母亲
718 孥妑——娶妻
811 孥伊——找他
600 相孥走 = 520 相忐走——相约出走
648 孥尿——小便失禁
401 撽人可怜 = 395 孥人心欢喜 = 371 忐人心憔悴——引起某种反应
444 瞯——照着镜子看
381 春头瞯——伸出头去看

579 斟——亲嘴
682 咀——说
795 八咀——胡说
776 咦茹咀——别乱说
772 咦——不要、别
716 瘥——不可
471 袂 = 386 袜——不会
779 唃——躲藏起来
742 鼎粢——锅粑
487 有乜恶——有何难
819 乜——什么
791 乜人——什么人
783 值——什么
767 值处——什么地方
485 侢——怎么、怎样
784 侢生——怎么样
724 阮——我们
724 赧 = 22 俺——咱们
717 恁——你们

（二）与训读有关的

643 不知头——不小心

745 啼都不宿——叫个不停

495 不若好——不舒服，生病的委婉说法

643 鬓脚——发际

745 脚疮仓——屁股

719 脚疮仓胚——臀部

650 脚又胴瘸——腿又瘸

401 脚后根——脚跟

788 脚缠——旧时妇女的缠脚布

788 脚缠鞋——缠脚妇女穿的鞋子

501 蹬脚行——蹑着脚走路

786 （双脚）不缀地——（两脚）不着地，喻飞快

374 鬓仔——发髻

817 丈夫仔——男孩

391 姿娘仔 = 371 诸娘仔——女孩

462 娘仔——对女子的尊称

433 孜娘简仔——婢女、大小佣人们

791 官人子夥——官二们

409 仔婿——女婿

449 物食仔——零吃

791 老哥仔——小八哥鸟

399 病仔——妊娠期的反应

380 翁仔——化装人

377 傀儡仔——泥塑人

440 目高——眼高，瞧不起人。

791 夜头——夜里

593 今旦夜——今晚

817 透夜——整夜

371 尾蝶——蝴蝶

401 障多——这样多

778 刈落——割下

776 刈相思藤——割断相思藤

785 刈股 = 792 割股 = 800 刲股——割股

374 大夫人——男人

374 诸娘人——女人

462 小人——男子谦称

650 乞人饲——给人养，卖身

683 厝边人——邻居

818 僯里人——乡邻

427 熟事人——熟人

427 生分人——陌生人

401 后生人 = 625 浩生人——年轻人

507 丈人——岳父

428 人客——客人

649 巡田——查看农田

649 田埠角——田埂的角落

386 作田简——佃户

408 打柴头——打木头人，詈语

379 打狮——舞狮子

451 大小心——偏袒

475 返去厝——回家

725 口硬——强辩

376 识物——懂事

409 我做其事——我做的事

（三）与同音替代有关的

381 舂头瞰——伸头看
449 七面——擦脸
796 思存——即思忖
789 阁下——腋下
545 东尸——厕池
817 咱厶——女子
471 昨冥 = 809 咱冥——昨天夜里
424 昨暮日 = 774 昨茂日 = 774 昨戊日——昨天
549 幔 = 496 擩——披在身上
383 石部 = 412 石砶 = 749 石碑——石头
650 丁痦 = 451 丁古——即瘟鼓，瘟、鼓皆中医恶病名，詈语

396 伏事——即服侍
489 有采——幸亏、好在
440 秋采——即瞅睬、理睬
791 交郎——完整无缺
624 交罗——差得太远
447 见然——即既然
375 充着——冲撞，迎面碰着
471 袟 = 386 袜——不会
457 沃花 = 461 渥花——浇花
772 做年 = 808 佐年——怎么样
620 食昼 = 796 食日到——吃午饭
794 日到——中午、午饭
801 当到——正午

（四）与音近替代有关的

497 目涉——即目涩、眼睁不开，想睡
817 体——睇、看
544 加川 = 745 脚疮——屁股
718 赤交烈——光膀子
594 眠昏——今晚
585 眠旦——明天
687 眠旦日 = 622 明旦日——明天
404 会南——即回南，吹南风
413 清气——清洁
635 暗腾 = 592 暗笛——又僻又脏
143 假饶——假绸子
789 椰枘起——由后往前、由下向上提着
809 夭烧——还热
718 呕来——把（家畜家禽）招来
452 却——拾取、抓拿
539 却马屎——拾马粪
462 却二句书来咀——拾两句书面语来说
542 爻——能干，贤惠

460 爻呾话——善于言辞
400 向爻——那么能干
380 散茹——散乱
774 老人茹呾——老人家乱说
787 较量——即告量，商量
370 细二——即细腻、细致、小心
678 昧是——难道是

803 那是——如果是
670 诓骗——诈骗
773 一迿心酸——一阵难受
378 得桃——游玩、玩耍
380 跳翁个——指一种化装舞
463 听揿——听错
626 扣——可，太

（五）有关身体及称谓的

745 头壳——脑袋
746 揭起头——举头
778 头毛——头发
449 鬓毛——鬓发
795 剃毛——削发
646 目——眼睛
772 目汁——眼泪
791 目孔——眼眶
592 假目大——装着看不见，瞧不起人
593 开咀——开口
389 鼻——鼻涕
457 面——脸
445 洗面——洗脸
445 汤——热水
492 变面——反脸
426 肩头——肩膀
809 心肝头——胸口
649 缀手——不释手
374 屎肚——腹部
817 野姿娘——刁蛮女人
817 倒路姿娘——指出嫁了的女人久住娘家，贬义
596 蜑家——妇人自称
586 三舍——三少爷
791 阿妈夥——婆子们
791 轿夫夥——轿夫们
48 鼠贼——小偷
452 白贼——痴呆、傻瓜
399 青冥头——瞎了眼，詈语
477 乡里——老乡
462 家后——老家、家眷
492 妻小——妻儿
787 草头——原配，发妻
821 儿夫——向别人称呼自己的丈夫
599 儿婿——同上
823 夫主——丈夫
810 放亲情——求婚
379 年生——即生年，指生辰日月
627 对婚——订婚
482 明婚——明媒正娶
399 暗婚——非明媒正娶

605 媒姨——媒婆
768 有处好——已纳聘礼
818 随査——嫁妆，随嫁品
797 外家——娘家
823 大官——公公

823 大家——婆婆
408 老个——老伴
715 细弟——小弟
693 阿奴——孩童
71 痴哥——好色，色徒

（六）有关生活及环境的

791 日头——白天
627 今旦日——今天
384 今冥——今天夜里
821 走起——起身、起床
637 眠起——今早
745 天讨光——天快亮
770 日讨暗——天快黑
622 晏一下——晚一点
384 畏暗——怕黑
457 昨暮——昨晚
552 日暮时——黄昏，又喻人到晚年
396 冥日——日日夜夜
479 尽日——整天
734 霎时——一下子
695 点卯——旧时官厅在卯时查点到班人员叫点卯，此喻应付了事
378 十五冥——农历正月十五元宵夜
438 月娘——月亮
820 历日——日历
791 透风——刮风
498 风飓——疑指强劲的北风
375 门楼——大门的排楼

507 门兜——门柱
595 塗墙——土墙
374 盘墙——翻墙
557 眠房——卧房
552 眠床——卧床
789 甲被——盖被子
733 匣床——一种木制的刑具
730 甲柴被——盖木头被子，是受"匣床"刑的委婉说法
501 *困——即瞓，睡着
561 歇困——歇一会儿
774 床——桌子
605 床椅——桌椅
398 卓椅——桌椅的早期写法
125 弓鞋——缠脚妇女穿的鞋子，其形短小似弓，故名
782 缎裘裙——绸子做的裘裙
143 干红色——枣红色
789 裙裾——裙子的边缘部分
781 头插——首饰
793 当头——典当的东西
800 罗帕——手帕
823 卷笼——衣箱
660 食——吃
650 食饭——吃饭

650 食糜——吃粥、吃稀饭

810×冷饭——炒冷饭

787 饭粒——指米饭粒儿

660 涩过吞砂——比砂还难咽，喻饭硬难吃

462 食茶——喝茶

462 钟茶——即一盅茶

463 烧烧——很热

401 槟榔——待客果品，形似橄榄

599 荁叶——一种香草

594 荁粽——用荁叶包的粽子

774 煮眠起——煮早饭

788 食眠起——吃早饭

799 食近前——比喻节约过日子

791 车白——大蚌

791 蚌朦——牡蛎

791 大毛蚬——河蚬

791 狗螺蛏——蛏类的一种

791 赤蟹——指红膏肥蟹

749 石蛤——长在石缝的青蛙

453 厚染——小鱿鱼

532 客鸟——喜鹊

745 粪鸟——麻雀

24 鸟脯——鸟干

751 介雁鸟——飞雁

745 斗叫——争鸣

558 灵鸡——雄鸡

800 四五落——四五遍

768 粉蝶——蝴蝶

718 狗母——母狗

674 床下狗——桌下狗，喻下贱

696 水狗——一种浮游小动物

686 猪母——母猪

712 掌牛——牧牛

820 掌羊——牧羊

715 掌门——守门

817 收冬——庄稼收成

24 担担——挑担子

780 绣房——旧时指青年女子住的房间

440 绣厅——同上

668 绣帘——绣花纹图案的门帘

775 绣花——用彩色丝绒在绸面上绣出图案或花纹

371 绣床——绣花用的桌子

776 绣筐——用来盛绣花工具的竹筐

668 绣盒——专盛针线的盒子

667 交剪——剪子

743 绩紽——把棉麻等纺成线团

801 行——走

804 企——站立

464 梭——爬行

450 紧走——快跑

786 紧行去缀伊——快走跟上他

447 猛——快

793 行宽——走得慢

789 宽处——请坐

421 大路乾［墘］——大路旁
567 路途粗涉——形容走路艰难
592 使殣得缦——［船］靠不了岸
824 轻健——健壮
815 病相思——相思病
471 病厌厌——病得周身无力
645 癞哥——麻风病
462 书颠——读书引起的神志失常
402 目青冥——眼睛瞎了
399 青冥头——瞎了眼，呓语
785 害了——糟了

（七）有关思想感情的

451 相惜——相爱
452 爱——要
774 畏——怕
784 恐畏——恐怕
385 惊畏——害怕
770 惊营——受惊
407 ＊怯话——坏话
810 说尽零删——尽说风凉话
487 白贼话——傻话、痴呆话
451 话刺——讥刺的话
773 说哄——说谎
648 投——投诉
457 呵啕——赞扬
797 ＊沛赖——泼辣
789 ＊丑撮——羞辱
503 ＊刈吊——割吊，难受

810 鲠死——因硬物在喉窒息致死
549 家神——先人的神主牌位
95 佐［做］斋——做佛事，指为死者诵经超度
398 做功德——指为死者诵经念佛等
95 斋料——给和尚吃的东西
36 镨龟——即蠶龟，龟卜的一种方法
38 碌——摇动盒子等物使里头东西滚动
37 拜兴——跪拜、起立
745 保贺——庇佑

801 尅苦——刻苦
774 好怯——好坏
751 命怯——命运乖违
432 造化——幸运
489 有采——幸亏、好在
797 无中用——不中用
797 无能为——没办法
545 无行止——行为不端
593 庵［阉］善了——阉好了，喻改好了
777 教示——教导
643 牵拖——牵连
778 带累——连累
767 靠映——依靠、依赖
814 将就——凑合
770 误叫——误会

446 着切——急切
772 夭是——原来是
599 即是——真是
416 暗静——偷偷地
383 亲像——好像
660 张样——装模作样
41 引惹——惹事
792 稳心——放心
748 宽心——放心
687 小礼——害臊
774 光景——风景
568 撞着——碰上
383 闸——拦
746 龙船鼓——赛龙舟的鼓声
381 抽影戏——傀儡戏
592 赠声——帮腔
375 爽利——漂亮
432 着跋——跌倒
391 觅——寻找
374 掠着——逮住
374 蹊破——为硬物所伤

755 舍了兄弟——丢了兄弟的脸
523 妆金——镀金
686 假斗——装上假的
477 乞——给
684 约——猜
789 准——当作
651 拗——折断
478 扣——敲
769 甲——教、叫
471 甲——盖
590 转——回
525 追[刣]——杀
505 杀尾——收场
731 尾场——下场
600 落场——结局
744 下落——结果
476 才自——刚才
770 不未——不如
592 不们——不如
712 不微——不如

（八）疑问代词与指示代词

384 值方——什么地方
768 值时——什么时候
818 值人——什么人
790 乜事——什么事
811 乜个——什么东西
797 是乜——是什么
796 有乜——有什么
783 做乜——干什么
793 因乜——为什么

376 做俤——干啥、怎么
773 做在年——怎么样
793 做——怎么
772 做年——怎么样
718 障年——怎样
522 障生——这样
399 障紧——这样快
398 障晏——这样晚
592 障暗——这样黑

406 障损——伤成这样	721 溪向畔——河那边
472 障磨——折磨成这样	634 做二畔——分成两半
500 障青面——这样容易翻脸	739 东畔——东边
437 障牵缠——这样纠缠	786 后畔——后边
386 障边——这一边	382 拙长——这么长
386 障片——这一片	396 拙久——这么久
386 向边——那一边	471 拙晏——这么晚
385 向片——那一片	374 拙时——这些时候
768 向生——那样	414 拙日——这些日子
391 向细——那样小	374 拙年——这些年来
802 向阔——那样宽广	375 拙爽利——这么漂亮
793 向暗——那样黑	426 只处——这里
746 向恼——那样生气	426 只内——这里面
445 向爱——那样喜欢	724 只一个——这一个
427 向问——那样打听	776 在只——在这里
402 向切——那样着急	461 许处——那里
770 向咀——那样说	452 许内——那里面
793 向愚——那样傻	724 许一个——那一个
818 向年——那么	418 在许——在那里
803 人向众——人那么多	

四、明本潮州戏文中的潮州方言句型

戏文词曲由于受到演唱程式的限制，同当时的口语存在着一定的距离。这是事实，但也不能一概而论。一般来说，戏文词曲的口语化程度，往往与角色的身份有关。文化程度越低的角色，其唱词也就越接近当时的口语。《荔镜记》中林大鼻唱的《无厶歌》，今天读来仍朗朗上口。凡上节已出注的方言词语，下文一般不再加注，需要加注的词语下加细线用小字作注。现代潮州话不说的前加*号：

拙年无厶妻子，方言字守孤单，清清冷冷无人相伴。日来独自食，冥来独自宿。行尽暗臜路又僻又脏的路，踏尽狗屎乾；盘尽人后墙，屎肚都蹾破。乞人力一着掠一着，一逮住，鬃仔去一半。丈夫人无厶，亲像衣裳讨无带；诸娘人无婿，恰是船无舵；拙东又拙西忽左忽右，拙了无依倚。人说一厶强胜过十被，十被甲盖也寒。(374)

《苏六娘》中林婆唱的《卜算子》，也有异曲同工之妙：

伞子实恶持难持，恶白读葵扇准当作葵笠。赤脚好走动，鞋子阁下挟。裙裾椰枘起，行路正斩截。(789)

哼起这些小调，几乎同今天的口语没有什么差别。但就总体而言，潮州话的口语存在于"宾白"之中。宾白作为词曲的辅助和补充，起着叙事和点清眉目的作用，主要采取对话和自语的形式，比较接近于当时口语的实际。从潮州戏文的词曲和宾白来看，陈述句、祈使句、疑问句、感叹句俱全，且具若干特色。

（一）陈述句

陈述句是叙述一件事情或回答一个问题，使人明白。例如：

368 厝家在泉州蓬山岭后。
370 只去这一次去路上着须细二小心。
378 来去得桃到五更。
791 阿爹，天时透风，无物卖。

处置式在戏文中用"掠"来表示，相当于"把"和"将"。

739 风摆莲叶掠伊指鸳鸯惊散。
738 恨狂风掠阮鸳鸯拆散。
765 懊恨冤家掠人恩爱一旦分离。

但在更多的场合，是用"力"来代替"掠"字，相当于"把"字句，将宾语提前。

502 益春，我今力拙话这些话说乞给你听。
446 是谁力我一身泼得障湿这样湿。
501 元来三哥力火点光光只处困睡着。
402 你向爱，力恁孜娘仔女儿嫁乞伊给他。

"乞伊"缀于句末，往往起着把对象后置的作用。

485 去叫来我骂一顿乞伊。
748 长解押送犯人的头目值个是？待我粗打蛮打一顿乞伊。
822 恁儿夫在京共阮老爷相会，讨消息乞伊。
824 若恶如旧性不改，我正好凌迟凌辱一顿乞伊。

戏文常在句末缀以"在许"二字，本来是"在那里"的意思，但往往有强调语气（前二句）或表示持续（后三句）的作用。

772 夭是原来是薛兄在许。
770 我误叫是别人，夭是林婆在许。
779 阿嫂，许处夭二个羊子店躲在处食水在许。
772 林婆不见阿娘向久，心酸目汁流在许。
808 死狗又发狂在许。

戏文常在动词之后缀以"一下"，表示行为动作的轻微和短暂。

770 都讨快暗天黑了，不未不如住这里歇一下。
786 不免亲使你去体睇消息一下。
780 阿嫂，你且那处坐，我入来去绣房一下。
774 阿娘，一年四季都有光景，不免绣春夏秋冬来看一下。
811 阿娘去到值处哪里，回头呾乞梅香听一下。

（二）祈使句

祈使句常带有请求、命令或商量的语气。

①带"请求"语气的：

776 请阿娘上月台烧香。
375 直来特地来招兄你看灯。
781 林婆，有消息你就来。
796 小妹，请入内食日到午饭。

②带"命令"语气的：

784 进才，扛开轿！
776 哎茹呾别乱说！快持来。
462 益春，我一直口干，你入去捧一钟茶来我食喝。
786 轿今紧行快走去缀跟上伊，放紧赶快行去缀伊。

③带"商量"语气的：

780 林婆，你有话厶呾就说吧！
784 小妹，日晏接近中午了，恐畏人来一般，去收拾罢！
801 娘子，是你脚酸袂行不能走，待我扶插挽你行几步罢！
396 小弟，你卜要返去伏事爹妈，准是我亲去一般。
492 娘仔共小人断约一声，乞你入去。
809 阿娘心肝㿜心肝头、胸口天烧还热着，不未如再持药来灌。

（三）疑问句

戏文中疑问句最丰富多彩。常见的疑问代词有"值、乜、谁、若"和"俩"等。疑问代词"值"相当于"什么"，戏文中有"值处、值时、值人"等，相当于"什么地方、什么时候、什么人"。有时单用"值"，也可以代表"值处"。单用"值"一般都说得较快。

767 今旦值处来？
782 秀才，轿到值处了？

428 问看伊厝住值处？
464 蛇那如果无头，值处会梭爬行？
391 今即在值处恁带一观音来看灯？
485 陈三今在值？
462 陈三，阮我们呾花，你呾值去？
783 见既是刘割股，肉在值？
383 我今值时共伊和她成双？
375 你值时讨一个媳妇㧐爽利这么漂亮？
790 娘子，你值时好去大旧舅处？
768 向生那样起动老兄，值时得消息？
373 值日得返乡里？
782 去持拿来还伊穿，值人要伊个她的？
818 我那厶语气词食，亦是食阮父母阮兄个，敢乜食值人随查个？

疑问词"乜"也相当于"什么"。"乜人、乜事、乜物"相当于"什么人、什么事、什么东西"，"是乜、有乜、做（佐）乜、因乜"则是询问有关的对象和原因。举例如下：

809 不知刘郎今在乜乡乜所？
781 赶人跟着人家呾乜话？
786 走来脚痛都成乜？
786 农忙工课农活紧成乜？
803 乜人喊障惨这样惨声？
427 亲像乜人？
791 你去看是乜人？
627 伊家扣可有乜人无？
787 正持起笔就封乜事？
787 有书则管读，向烦愁那样烦恼伊乜事？
775 许一对是乜物？
385 许是乜灯？
779 许二个是乜故事向生那样子？
452 益春，你叫皇帝是乜生个？

797 是乜计？那是早时许计？

下文774、774、788、615四个句子中，"是乜"的"是"有时虚化成为衬托成分，用法同"乜"。

774 你老人识是乜药好？
774 想起来不知绣是乜好？
788 刘永若不做成功名，把是乜通好来报答你？
791 阿爹有乜分付？
787 官人叫我出来有乜较量？
796 今来问君有乜思存？
777 阿嫂有乜教示？
771 阿姑，那爱你会做人，有乜心肠要你报德？
776 第三枝香做乜不呾？
498 伊卜痛疼我，佐乜不来？
427 小姐笑小人做乜？
450 你力把荔枝揽投我佐乜？
794 娘子虽好意，继春做乜甘年呢？
471 三哥因乜得病？
808 一身因乜皮包骨？因乜冤家死少年？
793 桃花，你因乜来向暗那么晚？
471 拙晏这么晚三哥因乜都不开门？
798 当初不为钗帕相牵绊，因乜上门乞恁＊醜攝羞辱？

"谁"是指人的疑问代词，"値人、乜人"有时可以用"谁"来代替。

446 是谁力我一身泼得障湿？
461 谁人力甲恁吼誓？
473 谁敢力头毛去试火？

"若"是数量和程度的疑问词，戏文常用"若"来表示疑问。

790 林婆你来若久了？
769 许人有若富贵？
778 不知你绣有若多花了？

  疑问代词"㑚"在戏文中出现很频繁，变化很多，关系也比较复杂。"㑚"戏文中又作"在"，可能是合音字"怎样、怎么"的变体，常与语助词"年（=呢）"字结合成"㑚年"。"㑚"前面往往可以加上动词"做（佐）"，结合而成"做（佐）㑚（在）年"，这种复杂的结构，有时还可以简化为"做（佐）"或"做（佐）年"。举例如下：

383 㑚见得亲像你？
485 简㑚敢说？
494 林厝亲情今㑚样？
784 一官㑚生了？
382 在见是天妃吗？
782 甲叫我在奈何？
797 在会学得抢婚事？
775 未知夏景在生？
391 你㑚年袜佐媒人？
787 甲桃花㑚年呾得尽？
409 我做其事㑚年都不中仔意？
803 那是如是贼做年好？
801 在年就要去？
786 不知救伊病在年？
817 你当初在年都不劝解恁阿娘一下？
796 文君相如在年？
375 俗人可＊做㑚说？
410 生得可＊做㑚样？
464 恁娘仔＊做㑚瞒你？
573 ＊做㑚应爹妈？
410 小学上＊佐㑚说？
471 甲小妹佐＊㑚改为？

368 不得前去赴任，＊佐俪得好？
484 见伊便＊佐在样？
773 今来问娘＊做在年？
774 未知尾场好怯＊做在年？
789 又无盘费，＊做在年好？
787 读只书却无不中用，不知＊做在年好？
793 恁阿姑来，做不出来相体看一下？
792 你做不使人先来共我呾？
802 只处甚好风水，人做无乜大官？
457 鬼仔，花佐乜＊通好比人面？
383 你无厶妻子牵连伊无翁丈夫佐也？
812 阿娘今旦天神救，你佐乜又肯去死？
383 伊佐乜肯共你成双？
772 做年呾？得病吗？
803 官人，那如是贼做年好？
822 见你老爷做年行礼？
783 林婆，只肉今来做年？
784 父母皮肉，在甘障（＝佐）年？
769 甲叫我障（＝佐）年教伊？
769 阿妈，障（＝佐）年呾？

疑问代词之外，将否定词"不、未、无、袂（即'袜'，'不会'的合音）"等缀于句末，与前面的谓语相呼应，也可带有疑问语气而构成疑问句式。

823 你是金花娘子那不？
801 娘子，你可记得西芦那不？
438 益春哑呀，知得伊人会来相见哑呀不？
567 小七，你返来了，＊情见官人哑呀不？
627 曾有对婚那未？
793 待我去后门体睇，看关未？
475 三爹，只处姻缘可成就未？

793 益春，你入内去看阿妈阿公囡睡未？
473 尊兄，你可会画袂"不会"合音？
488 娘仔，你佐出一件事可记得袂"不会"合音？
437 益春，你∗句还记得正月十五冥袜"不会"合音？
627 伊家扣可有乜人无？
783 林婆，夭还有乜话呾无？
597 赧今天会得着碰见许一个娘子那㧽"不会"合音？

此外，戏文中还常见用语气助词"吗、年（呢）"来表示疑问，构成疑问句，带"吗"的例子较多。有时候"吗、年（呢）"常常跟句子的疑问词搭配，以加强疑问的语气。如：

793 秀才来吗？
815 甲叫你跪，敢不跪吗？
782 我苦唠，那是无人敢比伊向穷吗？
794 娘子虽好意，继春做乜甘年呢？
783 倘继春有乜差池年呢？
795 伊八呾胡说是乜话年？
819 是在年呢？是你好阿妹要对我死！

但带"年（呢）"的句子不一定是疑问句，也可能是陈述句。例如：

486 娘仔，你想看年。
794 且理你交己自己年。
794 王十朋亦是乞人假书害年。

（四）感叹句

戏文中带着浓厚感情色彩的句子非常丰富，用以表示喜悦、忧伤、生气等。带有感情色彩的感叹句常见的有下列几种结构方式：
①用感叹词"亚、哑"表示。"亚、哑"相当于"呀"。

382 天亚！那不看我，就死＊除了我！
546 官人哑！你一身着阮带累连累，受只劳冷！
438 娘仔哑！姻缘都是天注定，月老定会安排。
475 三爹哑！既是未成就，何必苦求！
488 秋哑！爱抢，抢去不好！

②用简短语句表示某种强烈的情感。

491 害槽！陈三，人来。
462 譬你狗头论，走！
465 好大挫手失手！都不挨着掷到别人。
461 谁人力掠甲恁叫你呪誓？好衰！
490 陈三胆大，放手！
433 贼畜生，好生无理！
490 跋跌倒着我，你着死！
811 死了死了，骗你不成？
790 咦哭别哭，好了。
489 天，只荔枝不是娘仔＊亲手挨度抛给阮，天就见责阮！

③带感叹语气的疑问句。

816 做年呾？天还笑吗？
803 尽心尽意应承君，值哪曾一处欠温存？
807 倘阿娘死了，伊人不死，俾一个爽利漂亮厶妻子来相惜相爱，许时不太亏了阿娘？
798 继春为你得病，险死在床，不知眠若久多久，何止七日？

④带感叹语气的陈述句

490 我那如死，你也着死。
795 爹妈若不从子愿，甘心剃毛削发去出家。
422 是一条手帕包一个荔枝。

428 这一<u>人客</u>客人<u>即</u>是真是会呾话。

445 阮哑娘＊<u>卜</u>要<u>洗面</u>洗脸，<u>甲</u>叫你行开去。

447 <u>见然</u>既然<u>障</u>说这样说，<u>恁猛</u>来去快去认伊。

452 恁<u>厝</u>家乡祖公<u>佐</u>做皇帝，你都乞人饲。

  本文是笔者对潮州戏文中的潮州方言所作的最初步的整理和分析，谈不上什么系统的研究。笔者撰写此文，目的是想借此引起同行的注意，希望有更多的专门家来从事这项工作。据说广东省潮剧院已收集到一千三百多个传统剧目，倘能对此一千多个戏文进行系统的整理，从语言文字的角度进行深入的分析和探讨，取其年代及地域之确定可靠者为潮州戏文的研究点，以时、地为经纬，推及其他，便可以整理出一个谱系来。这项谱系的工作，对于潮州方言本身语音、词汇、语法体系的研究，对于潮州方言历史演变和地域差异的研究，对于潮州方言与其他闽南方言相互关系的研究，都是很有价值的。60年代，台湾大学退休教授吴守礼先生曾用语言学的观点，对《荔镜记》戏文进行过系列研究，取得了很好的成绩。我们相信，随着《明本潮州戏文五种》的出版和传播，有关潮州戏文的研究必将出现一个欣欣向荣的新局面！

附：“本文出现的俗字、繁难字代码”表

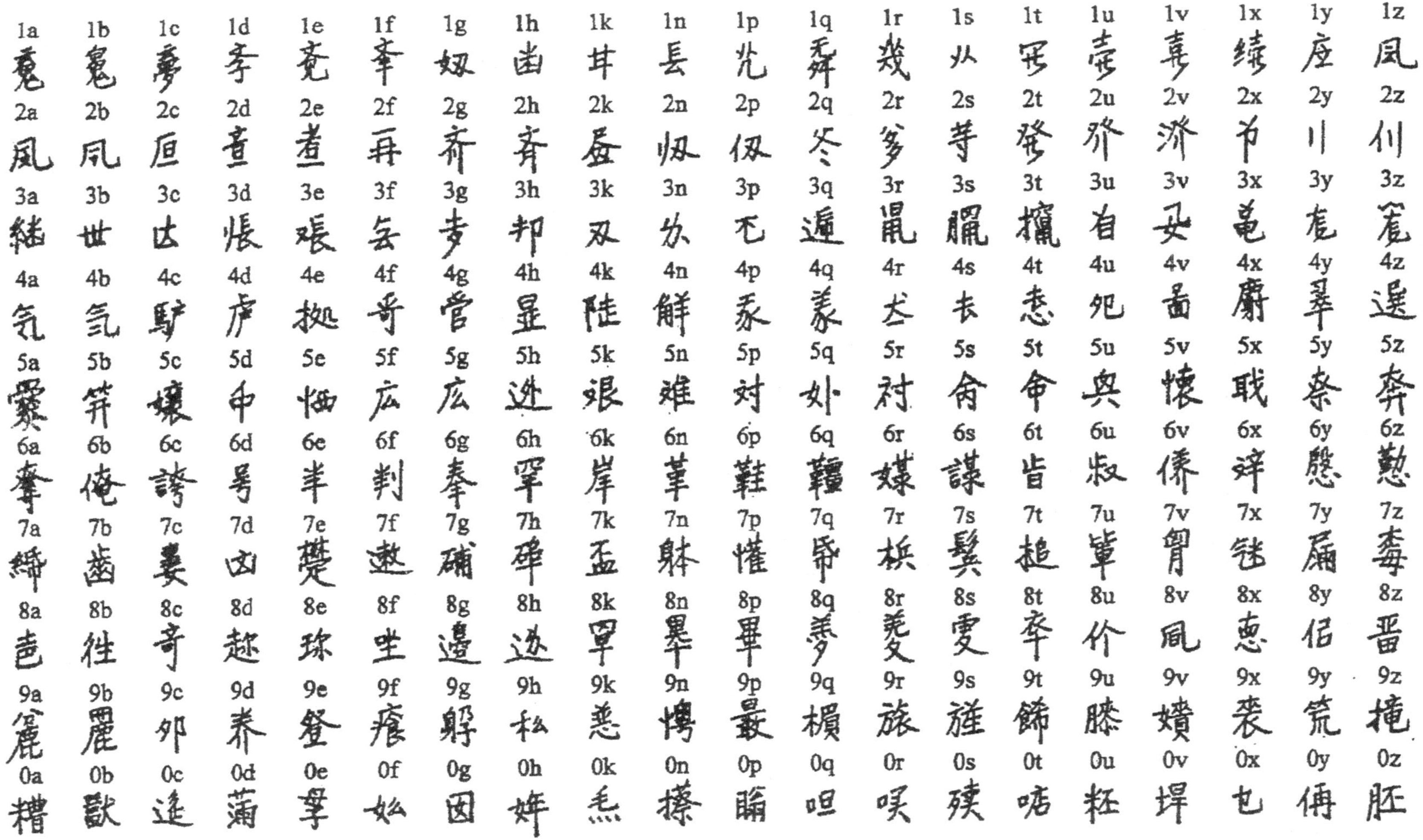

〔原载《方言》1991年第1期（收入本书时为方便印刷，删去潮汕方言注音）〕

明本潮州戏文疑难字试释

明本潮州戏文计出土抄本二种、传世刊本三种,另附刻二种(见《明本潮州戏文五种》,广东人民出版社,1985 年)。其中,宣德抄本《刘希必金钗记》、嘉靖抄本《蔡伯皆》,是迄今所见时代最早的潮州戏文。此二本用行楷抄写,间也夹杂不少草书。五种刊本皆为嘉靖至万历年间所刻,一般都用较规整的楷体,但也有不少据草书楷化的简体字。这些,笔者在《明本潮州戏文所见潮州方言述略》(《方言》1991 年第 1 期)一文中已有所述及。此外,戏文中还有几个疑难字,因为它们都与草书有关,按照通常的偏旁分析法无法解决问题。本文拟就这几个疑难字试作诠释,从中可以看到明代民间用字的一斑。所引例句里,浪号"~"代替所要讨论的疑难字,通假字或方言词用小号字注出本字或通语,句末括号内数码指的是《明本潮州戏文五种》页码。本文讨论的疑难字如下:

一、释牜(牜)

牜字在《金钗记》写本中近 40 见,基本上有三种用法:
(一)用作动词,义为等候、等待。如:

且不要去,~生有儿子便去。(17)
在家~得口都乾。(114)
有意种花花不发,~闲插柳柳成阴(荫)。(41)

"牜"后面常常引出具体的对象,戏文所见有我、俺、他、奴等。如:

~我相见。(12)
新龙为马玉为鞭,~阉(俺)平步上青天。(29)
~他守孝三年,他会忍得?(78)
望神通阴灵引指,~他夫妻父母团圆。(105)

～奴还了君恩义，孝满三年嫁未迟。(78)

戏文中 物 有时用"等"字来取代，二者互为异文，请看下面的例子：

～我挚錀龟来。(36)
等我分付道童，与我挚大龟壳、小龟壳、大古钱、小古钱，你便牵我去。(36)
～几时，私下放你走回家去。(94)
劝夫宽心，等几时，设计放你回乡里。(86)
我夫不必忧心，再等几时，休要苦痛。(86)

（二）用作名词，与指示代词"这"或"那"相结合，指示性质、状态、方式或程度，相当于这种、这类、这等、这样等。如：

这～缘故诉我知，你因投河寻死计。(121)
因这～谗（才）来跳水而死。(121)
你有这～孝心。(121)
你碌那～紧。(38)
老教化头也来说这～话。(135)
娶老婆，只是这～拜。(134)

"这"字下的"物"，有时可用"等"字，二字可以互易，例如：

这～情由，多谢那两个妇人有这孝心。(80)
这等情由，说这因缘言语相似我家妻室一般。(124)
这～，老汉安排房舍。(130)
这等，你叫媳妇出来。(116)

（三）在上下文连续使用"物"或"等"字时，戏文中为了避免重复，常常是"物"与"等"交替出现。例如：

这～在此等候，我去禀知将军。(63)

这等，敢谢那公主有这~心肠。(139)
你牵马桥边~着，等我问这妇人情由。(124)

从上面三种情况看来，"牜"字的意义和用法与"等"字完全相同，二者常常可以互易和交替使用。但牜字按楷书的形体分析为从牛从厶却无法讲通。如果我们改换一个角度，从草书的流变加以考察，便可发现，牜其实就是"等"字的另一种写法。按汉代草书"寺"字常写作才，《居延汉简》"等"字作才（甲 209）、寸（居 27.26）（见陆锡兴《汉代简牍草字编》）。在今草中，"等"字也有这样的写法，如王羲之书"鹊等不佳"，字也作才，王献之"等"字作才或牜（见《草字汇》竹部），与戏文更近。近代民间还有写作才的，简直如出一辙。从草书偏旁分析，寸才是"寺"的草写，右上之点是用来代替"竹"的部件，作厶则是竹的省形（𣎴—厶），草书用点代替偏旁的写法习见。民间所写的才即由今草脱胎而来。戏文更因左旁连笔和右旁移位而变成为牜，其递嬗蜕变之迹历历可见。121 页有一例作牜，竹旁之形尤显。总之，从牜在句中的意义和用法以及草书的源流来看，可以断定戏文的牜当是"等"字草写的变体。

二、释㧬

抄本《金钗记》中常见一"㧬"字，其主要意义和用法是：
（一）用在动词后面，表示动作的可能与否，如：

五星排~定，六爻知鬼神。(89)
论文章我最高强，专习~古朴文章。(13)

否定式则在"㧬"字的前面加"不"或"休"字：

恐怕爹爹知道，连状元也不~回去。(85)
我夫休~烦心意。(86)

（二）用在动词、形容词或副词的后面，连接表示程度、结果的补语。如：

水乾是你父母哭～肝肠泪尽。（90）
一时难～回身转。
鸾孤凤只何时再～成双？（87）

（三）表示疑问和推揣语气的：

那孤儿怎～出来报冤？（84）
若～你说，把我上祖都遗忘了。（90）

（四）用在别的动词前面，起"助动"的作用：

教后人～知，今日大拓文业。（10）

以上四项，与"得"字的意义和用法基本相同。将上面句子中的浪号用"得"字来顶替，便通达无碍。由此可见，㧱很可能就是"得"字。戏文86页有萧淑贞的一段唱词云：

奴想设计安灵位，三年孝满且得推辞，朝夕只㧱双泪垂。

得与㧱同在上下文出现，符合二体在上下文交替使用的惯例，也是㧱即得字的佐证。

从形体上看，得字草书一般作㣥，右旁末笔向下回转；而㧱字的末笔则向左上提，与左旁竖笔相交。二者用笔微有差别。但这种差别只是个人书写风格的不同，与戏文中某些衍笔字颇有共通之处。此外，二者总的结体是基本上一致的。所以，可以确定戏文的"㧱"就是"得"字的潦草写法。

三、释抇

潮州戏文《金花女》与附刻《苏六娘》，均为明万历年间的刊本，戏文中常出现一个"抇"字，表示转折的语气，但程度比"倒"、"可"等轻些，相当于"却"字。例如：

想起来，读只书～无中用，不知做在年（什么）好？（787）
来待好久，～不见桃花出来。（790）
桃花正使去西芦，路上～不相撞着（碰见）。（790）
你那（如）去死，～不太亏了恁兄？（820）

但戏文中的"抈"在多数情况下是用来表示总括和过去的意思，其意义和用法与"都"字相当。

（一）表示"总括"的：

三人相随来到只（这里），官人娘子～不见。（807）
想着龙溪时，半夜中落水去死，双人失散～不见。（812）

（二）表示"已经"、"甚至"的：

我帖上～呾（说）不写了。（787）
算定～会上天了，今又转来相搅扰。（810）

按"抈"是个草书楷化的讹体。从形体上看，由"却"或"都"的草写讹变成"抈"，都有可能。试看：

却（居283.45）→ 去（宋.定夫）
却（罗1）→ ？（居3.2）→ 去（居130.8）   ＞ 抈

由此看来，却和都二字的草体非常接近，极有可能混用。戏文经过楷化，更讹变为从扌（手）从卩（音jié），与楷书的"却"、"都"毫不相干。《金花女》戏文中有一段文字，叙述刘永祭江完毕之后与驵丞的对话：

刘永：驵丞过来，这猪羊～赏尔，余下的赏尔㡷（众）手下去，就看夫马起程，不要迟延，晓得么？

驵丞：呵呵，刘爷分付：猪羊是我老爹的，余下都赏尔㡷（众）手下去，打轿就要起程，㡷（众）人～要快些。（816）

刘永话中赏字前"挌"字表示总括,当是都字。驲丞话中赏字前正作"都",下句"丮(众)人都要快些","都"改作"挌",也符合正体或讹体连用时,二体交替使用之例,可为"挌"即是"都"的佐证。

抄本《金钗记》中有一段刘文龙与吉公的对话:

吉:相公除授何处任所?
刘:卑(鄙)人除授西川挌提点官,今夜晚了,寄宿公公贵宅。(130)

"挌"即都字。值得注意的是,宣德本的"挌"字从邑,与万历本的"挌"字从卩者小异。《金钗记》比《金花女》早百余年,当时手抄本的都字有可能写作"挌",即为后来《金花女》"挌"字之所本。由此可见,宣德本手写的"挌"(右旁尚从邑),可视为都字从挌到挌之间的过渡形态。

总之,《金花女》和《苏六娘》中的"挌"字,是由却、都二字混同的讹体,它在戏文中究竟是却还是都,要据"挌"在句子中的意义和用法来确定,读戏文时切要具体分析,区别对待,不可一概而论。

四、释县

刊本《金花女》、《苏六娘》戏文中有不少"县"字,字形与髟、套所从的县相同,按照一般的偏旁分析,当是长字,但讲不通。

"县"在戏文中有作实词用的,也有作后缀成分的,相当于"头"字。

(一)作实词用的:

~带(戴)珠冠龙凤髻,含(衔)环诸般要是金。(805)
抬~我看一下。(823)
用心安排香水,从~逐一洗尸。(805)

(二)作后缀成分的:
(1)作为名词后缀的,如日县、夜县、心县、手县、路县等。

人叿（说）：日～（白天）勿、叿（谈）人，夜～（夜里）勿叿鬼。（791）

心～想一下，无人逼你。（811）

使人心～伤悲。（813）

幸逢冬节，手～缺乏不能尽得事情。（787）

秀才路～远，骑马来，今就到。（784）

(2) 作方位词后缀的，如外兲。

外～听说是林婆，得来问伊（她）郭一官。（772）

(三) 与介词"同（从）"结合成介词结构，如"同兲"。

阿娘去到值处（何处）？同～（从头）叿乞（说给）梅香听一下。(811)

妇人，你是乜家人子（囝）？同～叿乞（说给）我听。（822）

有两处戏文值得注意：

[其一] 苏六娘唱：六娘有心放丢（掉）你……亦不刣（割）
　　　　　　　　股剪头毛（头发）。
　　　　　　白：～毛剪落肉未生，肉今刣了迹未平。（800）

[其二] 苏妈：做年起～？
　　　　桃花：起头发火筒（婢女）不知。（815）

其一的"兲毛"="头毛"，其二的"起兲"="起头"。由以上二项，可以证明兲即头字无疑。

从字形分析，头字之所以作兲，当是頭字的草写楷化。其源头可以追溯到汉代简牍的草书。试看：

頭（流薄17）　　䪼（居4·4A）　　䪼（居505·19）
䪼（居119·40A）　䪼（居59·37）　䪼（居286·19B）

汉简中从豆、从页的字，草写往往作夭、尐、人等形，所以，頭字的草写有上揭各种形体。不难看出，戏文中的"镸"字，就是汉简"頭"字诸种草体讹变楷化的结果，虽与长的别体"镸"同形，实际上却是形同字异，不可混为一谈。

五、释娘ㄐ

手抄本《金钗记》页86—87三见"娘ㄐ"二字，戏文如下：

娘～孝义直（值）千金，惟有感恩并积恨。(86)
官人去帝都一十八年，音信全无，亏得娘～受尽劳苦。(86)
官人去数年间，我与娘～眼望穿。(87)

从戏文看，娘ㄐ当是对女子的尊称，但为何写作娘ㄐ则不得其解。好在刻本《金花女》中有几处宾白，却为我们提供了解决问题的线索。

见你老爷做年ㄐ礼？(822)
在相公施ㄐ。(824)
提前讨夫马就起ㄐ。(821)

以上三处"ㄐ"都是"行"字草书的楷化。由此始悟娘ㄐ当即娘ㄐ，也就是娘行。《金钗记》戏文中"娘行"一词多见。例如：

字付娘行，好将父母相顾盼。(52)
娘行日夜想情郎。(53)
敢得娘行多情厚意。(68)
娘行玉体花容，敕（嫩）玉娇香，美皃（貌）聪俊。(35)
娘行休得泪双垂，千万莫伤你身体。(100)

这里的娘行，是不是见于元明小说、戏曲中的"娘行"呢？这一点似乎不能排除，因为《金钗记》是由南戏传入潮州的正字戏，其中仍保存有南戏的某些痕迹，并不足怪。但就潮剧《金钗记》而言，整部戏文中称"娘子"者36次，称"娘行"者14次（其中3次写作娘ㄐ），后者尚不足前者的半数。尤其值得注意的是，同是小玉的唱词和宾白而"娘ㄣ"与"娘子"兼称（86）；同是刘希必的唱词和宾白，"娘行"与"娘子"并见（100，101）。页25有这样一段戏文：

生白：多谢娘子，八条愿以（已）过。
旦唱：（略）
生唱：多谢娘行亲祝付（嘱咐），八条大愿我心中记取。

戏文"多谢娘子"又称"多谢娘行"，可见"娘行"的读法应与"娘子"相同。娘子在潮州戏文中大多写作娘仔，仔是囝的训读字，读为[kiã²]；仔与行[kiã⁵]形音俱近，故"行"很可能也同"仔"一样，是囝的训读字，都是娘子的俗称。所以戏文的"娘行"应读为[nioˬkiã²]。这样，娘子与娘行在唱词和宾白中互见的现象才能得到较好的解释。因为娘行[niáng háng]的"行"潮州话读为[haŋ⁵]，与"子"（囝 kiã²）字音异。且这个"娘行"多指一般的女性，甚至偏指年长的妇女。冯梦龙《古今谭概·吴妓张兰》："吴妓张兰色丽而年已娘行。"《燕子笺·误认》："见娘行发白。"与戏文尊称少女少妇为"娘子"者不类。《金钗记》既是流行于潮州地区的演唱本，把"娘行"作为是"娘仔"的前身，从词形与音义的流变来看，是更为合理的。

附记：本文曾在广东省中国语言学会1990年年会（佛山）上宣读。初稿蒙裘锡圭教授提过宝贵意见，又蒙施其生先生协助标注汕头话音，特申谢悃。

（原载《方言》1992年第2期。收入本书时为方便印刷，删去例句的方言注音）

附录

曾宪通主要著述目录

［1］《孙子兵法》（简注本——参加整理、校注），文物出版社 1976 年版。

［2］《睡虎地秦墓竹简》（参加整理），文物出版社 1978 年版。

［3］《郭沫若书简——致容庚》（编注），广东人民出版社 1981 年版。

［4］《云梦秦简日书研究》（饶宗颐、曾宪通合著），香港中文大学出版社 1982 年版。

［5］《楚帛书》（饶宗颐、曾宪通合著），中华书局香港分局 1985 年版。

［6］《银雀山汉墓竹简［壹］》（参加整理、校注），文物出版社 1985 年版。

［7］《随县曾侯乙墓钟磬铭辞研究》（饶宗颐、曾宪通合著），香港中文大学出版社 1985 年版。

［8］《金文常用字典》（陈初生编纂，曾宪通审校），陕西人民出版社 1987 年版。

［9］《香港人学汉字》（曾宪通、张桂光合著），中华书局香港分局 1988 年版。

［10］《长沙楚帛书文字编》，中华书局 1993 年版。

［11］《楚地出土文献三种研究》（饶宗颐、曾宪通合著），中华书局 1993 年版。

［12］《容庚选集》（选编），中国现代社会科学家选集丛书，天津人民出版社 1994 年版。

［13］《饶宗颐学术研讨会论文集》（主编），香港翰墨轩出版公司 1997 年版。

［14］《曾宪通学术文集》，汕头大学出版社 2002 年版。

［15］《古文字与汉语史论集》（主编），中山大学出版社 2002 年版。

［16］《古文字与出土文献研究丛书》（主编），中山大学出版社 2002 年版。

[17]《容庚文集》(选编),中山大学杰出人文学者文库,中山大学出版社2004年版。

[18]《古文字与出土文献丛考》,中山大学出版社2005年版。

[19]《汉字源流》——普通高等教育"十一五"国家级规划教材(曾宪通、林志强合著),中山大学出版社2011年版。

[20]《选堂访古留影与饶学管窥》,花城出版社2013年版。

[21]《容庚杂著集》,中西书局2014年版。